プトレマイオス一世

エジプト王になったマケドニア人

イアン・ウォーシントン
森谷公俊〔訳〕

Ian Worthington

PTOLEMY I

King and Pharaoh of Egypt

白水社

プトレマイオス一世——エジプト王になったマケドニア人

目次

地図

図版

凡例

一、本文中の〔 〕および＊は訳者による注を、引用文中の［ ］は原著者による補足を表す。

一、本書では以下の単位は換算せず訳した。

一マイル＝約一・六〇キロメートル

一フィート＝約〇・三〇メートル

一、本文では原著に倣い、年代はことわりのないかぎり紀元前を表わす。

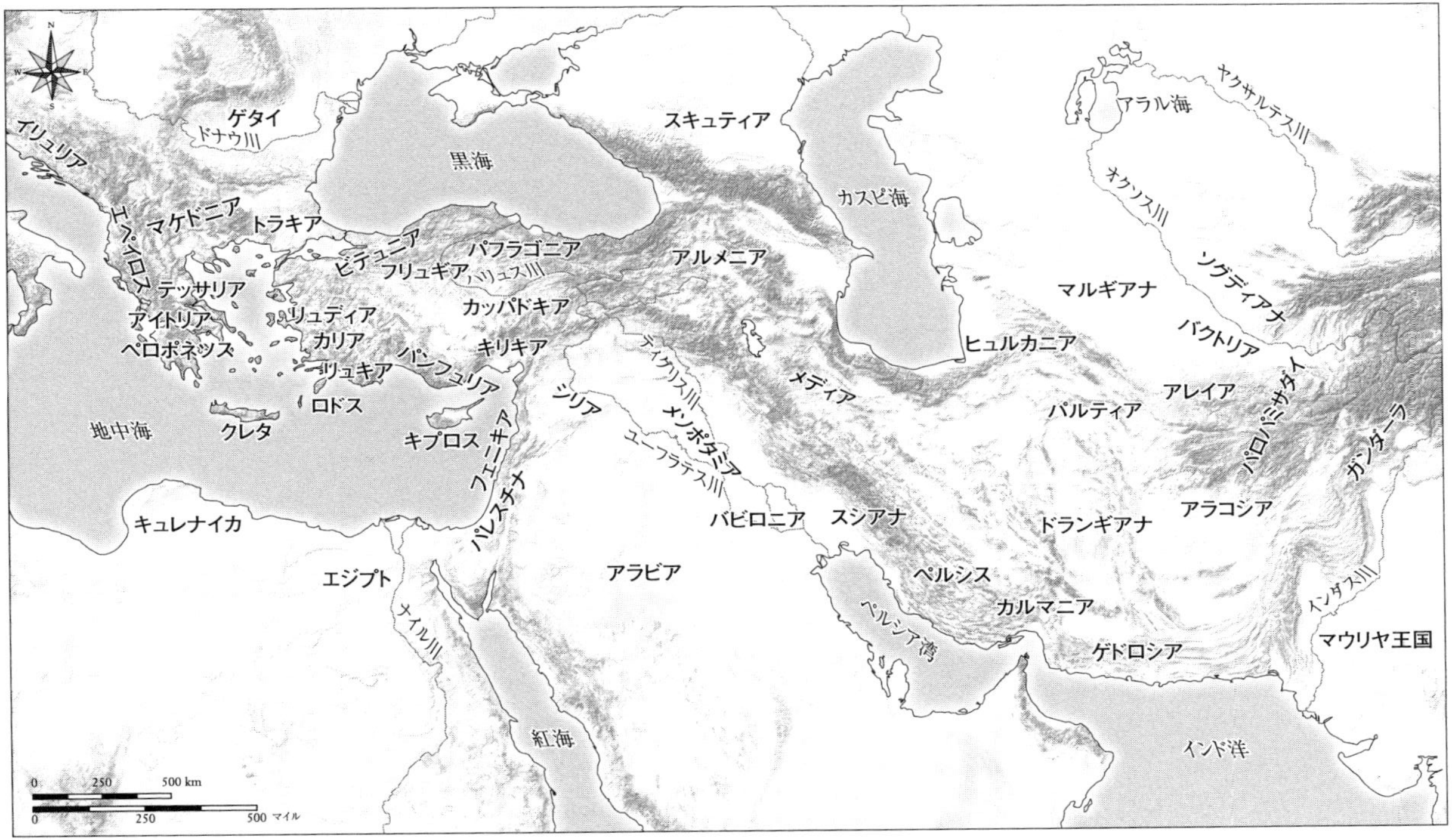

地図 1　アレクサンドロスの帝国

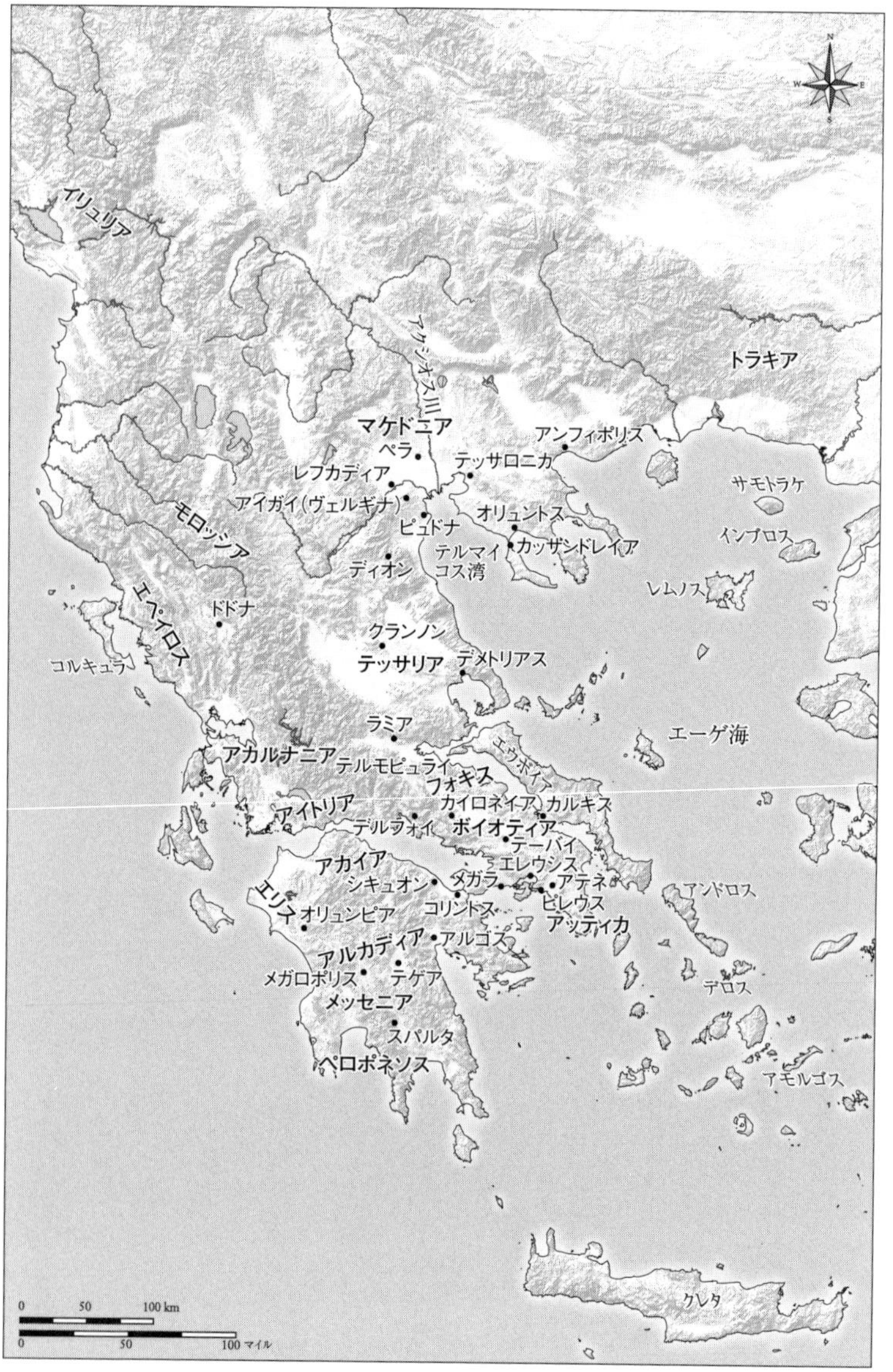

地図2　ギリシアとマケドニア

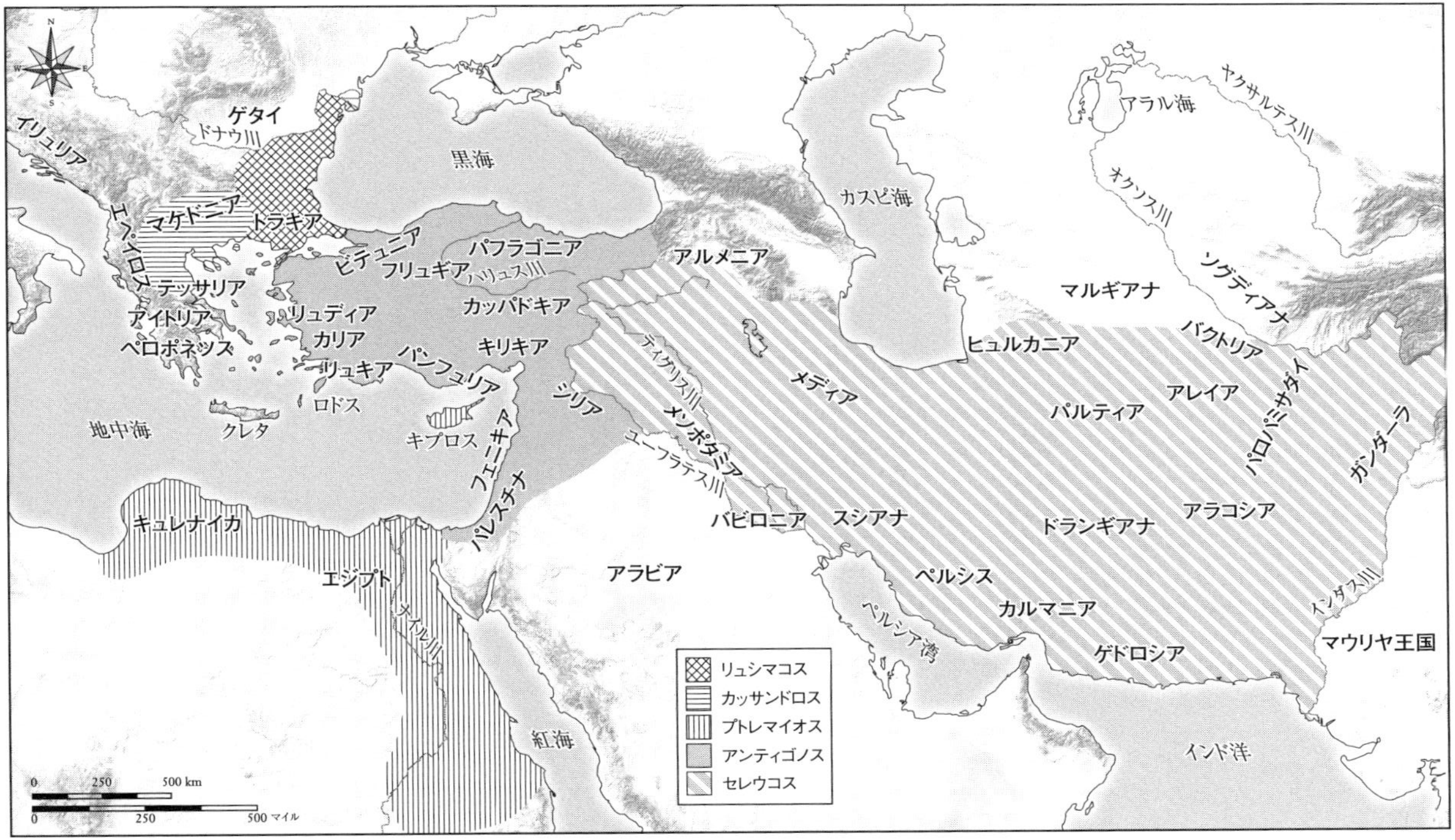
ゲタイ
ドナウ川
イリュリア
黒海
マケドニア
トラキア
エペイロス
テッサリア
アイトリア
ペロポネッソス
ビテュニア
フリュギア
パフラゴニア
ハリュス川
カッパドキア
リュディア
カリア
リュキア
パンフュリア
キリキア
ロドス
クレタ
地中海
キプロス
フェニキア
パレスチナ
シリア
アルメニア
カスピ海
アラル海
ヤクサルテス川
オクソス川
マルギアナ
ソグディアナ
バクトリア
ヒュルカニア
メディア
ティグリス川
メソポタミア
ユーフラテス川
アレイア
パルティア
パロパミサダイ
ガンダーラ
アラコシア
ドランギアナ
バビロニア
スシアナ
キュレナイカ
エジプト
ナイル川
アラビア
ペルシス
カルマニア
ペルシア湾
ゲドロシア
インダス川
マウリヤ王国
紅海
インド洋
リュシマコス
カッサンドロス
プトレマイオス
アンティゴノス
セレウコス
0 250 500 km
0 250 500 マイル

地図 3　ヘレニズム世界

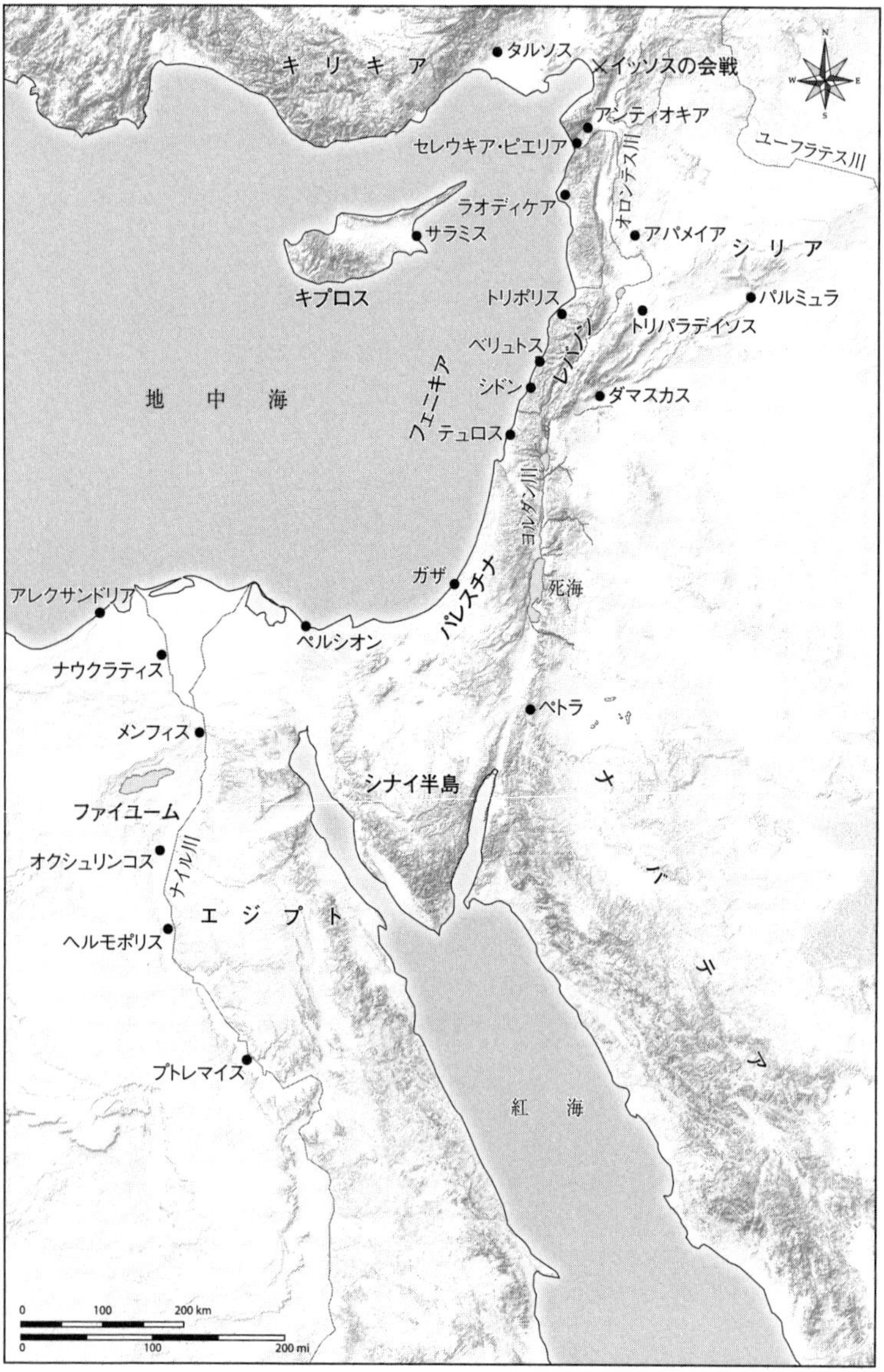

地図4　エジプトとシリア

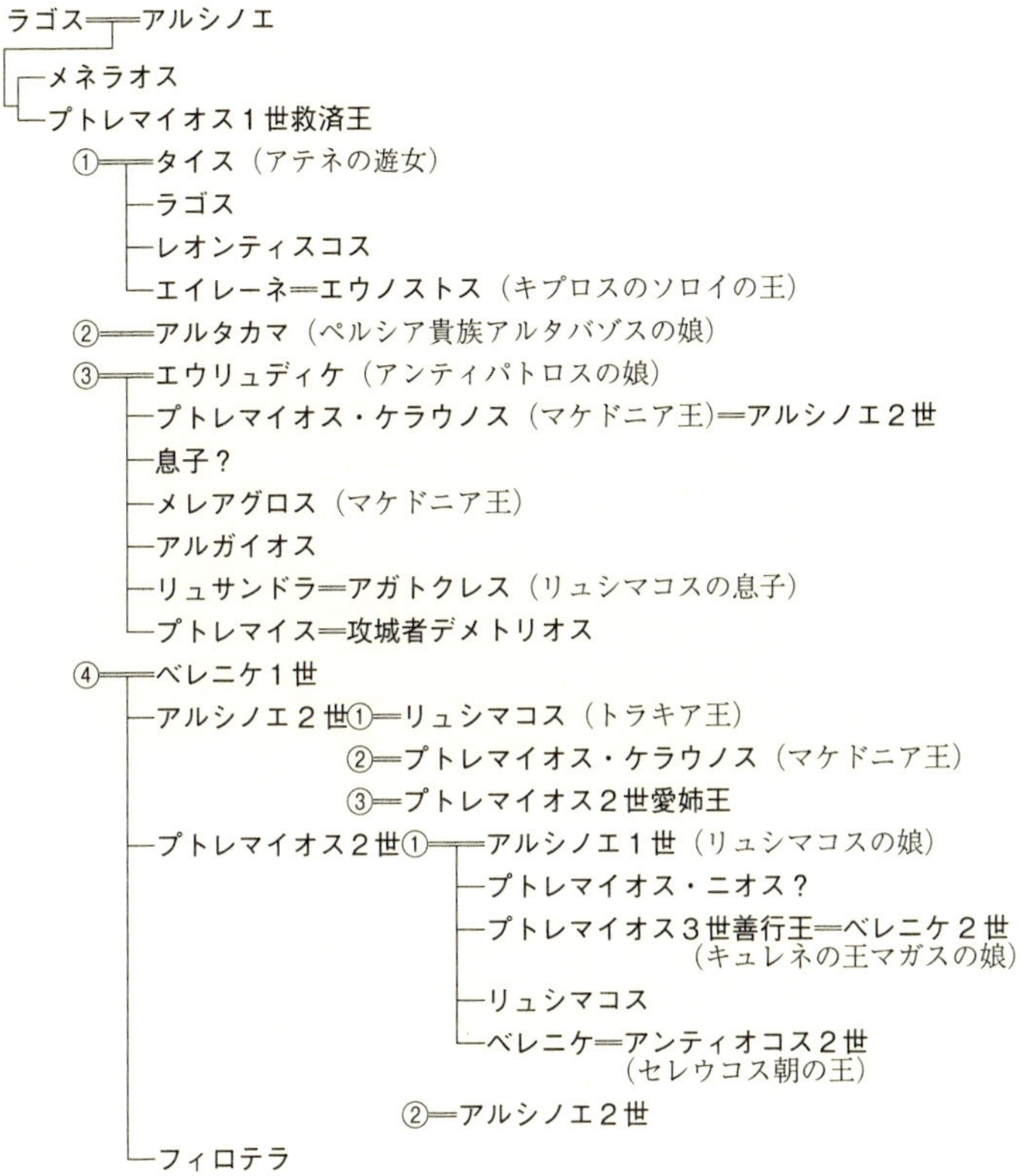
ラゴス＝アルシノエ
メネラオス
プトレマイオス１世救済王
①＝タイス（アテネの遊女）
ラゴス
レオンティスコス
エイレーネ＝エウノストス（キプロスのソロイの王）
②＝アルタカマ（ペルシア貴族アルタバゾスの娘）
③＝エウリュディケ（アンティパトロスの娘）
プトレマイオス・ケラウノス（マケドニア王）＝アルシノエ２世
息子？
メレアグロス（マケドニア王）
アルガイオス
リュサンドラ＝アガトクレス（リュシマコスの息子）
プトレマイス＝攻城者デメトリオス
④＝ベレニケ１世
アルシノエ２世①＝リュシマコス（トラキア王）
②＝プトレマイオス・ケラウノス（マケドニア王）
③＝プトレマイオス２世愛姉王
プトレマイオス２世①＝アルシノエ１世（リュシマコスの娘）
プトレマイオス・ニオス？
プトレマイオス３世善行王＝ベレニケ２世（キュレネの王マガスの娘）
リュシマコス
ベレニケ＝アンティオコス２世（セレウコス朝の王）
②＝アルシノエ２世
フィロテラ

プトレマイオス家初期の婚姻関係

＊　＝は婚姻関係を、①②③…は結婚の順序を示す

史料の略号と本文中で引用・言及された古代作家一覧

IG=*Inscriptiones Graecae*（ギリシア碑文集）
SEG=*Supplementum Epigraphicum Graecum*（ギリシア碑文補遺）
SIG=W.Dittenberger, *Sylloge Inscriptionum Graecarum*, Leipzig, 1915–1924（ギリシア碑文集成）

＊ 以下、生没年はおもに『岩波世界人名大辞典』による。カッコ内は本書に関連する邦訳。

アイリアノス　一六五頃〜二三〇頃。ローマの修辞学者、作家（『ギリシア奇談集』岩波文庫）。
アガタルキデス　前二世紀ギリシアの歴史家、地理学者。
アッピアノス　九〇年代前半〜一六〇頃。ギリシア人の歴史家で、『ローマ史』を執筆。本書で『シリア史』と呼ばれるのは第一一巻。
アテナイオス　二〇〇年頃のエジプトのナウクラティスの人。唯一の現存作品『食卓の賢人たち』は、食事や宴会に関する会話からなり、失われた作品の引用が豊富（『食卓の賢人たち』京都大学学術出版会）。
アポロニオス・ロディオス　前二九五頃〜一五頃。ギリシアの叙事詩人。一時アレクサンドリア図書館長をつとめる。ロドス島に隠遁したことからロディオスのあだ名がついた（『アルゴナウティカ』講談社文芸文庫）。
アリアノス　八五頃〜一六〇頃。ギリシア人の歴史家、ローマ帝政期の政治家（『アレクサンドロス大王東征記』岩波文庫）。

アリストテレス　前三八四～三二二。ギリシアの哲学者。その研究は形而上学や自然学から政治学、倫理学まであらゆる分野にわたり、学問万学の祖と称される（『アリストテレス全集』岩波書店）。

イソクラテス　前四三六～三三八。アテネの弁論家、教育家（『イソクラテス弁論集』京都大学学術出版会）。

エウリピデス　前四八五頃～〇六頃。ギリシア三大悲劇詩人の最後の人。晩年にアテネを去ってマケドニアへ赴き、客死（『ギリシア悲劇全集』岩波書店）。

カリマコス　前三〇五頃～二四〇頃。ギリシアの文献学者、文学批評家、詩人。アレクサンドリア図書館の図書目録一二〇巻を完成。

カレス　アレクサンドロス大王の侍従長で、大王の死後にアレクサンドロスの伝記を執筆。宮廷生活に関連した断片が残る。

クルティウス・ルフス　一世紀頃と思われるローマの歴史作家。物語的なアレクサンドロス大王伝を執筆。（『アレクサンドロス大王伝』京都大学学術出版会）。

クレイタルコス　前四世紀後半～前三世紀前半。ギリシア人歴史作家。アレクサンドリアに住み、大衆受けするアレクサンドロス大王伝を執筆。

サテュロス　前三～二世紀のギリシアの伝記作家。「ペリパトス派のサテュロス」と呼ばれる。

スエトニウス　六九～一四〇頃。ローマの歴史家（『ローマ皇帝伝』岩波文庫）。

スーダ辞典　一〇世紀末にビザンツ帝国で編纂されたギリシア語の百科事典。

ストラボン　前六四頃～後二〇頃。ギリシアの歴史家、地理学者（『ギリシア・ローマ世界地誌』龍渓書舎）。

ゼノビオス　二世紀ギリシアの学者、文法学者。

タキトゥス　五五頃～一一七以後。ローマ元首政期最大の歴史家、政治家（『年代記』岩波文庫、『同時代史』ちくま学芸文庫）。

ディオ（カッシウス・ディオ）　一六四頃～二二九以降。ローマの元老院議員で歴史家。ギリシア語で『ローマ史』八〇巻を著した。

ディオゲネス・ラエルティオス　三世紀前半頃のギリシアの哲学史家。多数のギリシア人哲学者の伝記と学説を紹介（『ギリシア哲学者列伝』岩波文庫）。

ディオドロス　前一世紀ギリシアの歴史家。シチリア出身で、ディオドロス・シクルスと呼ばれる。世界史に相当する『歴史叢書』四〇巻を執筆した。

ティマゲネス　前一世紀のギリシア人歴史家、弁論家。アレクサンドリア出身で、アウグストゥス時代のローマで活動した。

テオクリトス　前三世紀前半のギリシアの詩人。アレクサンドリアに居住。

デクシッポス　四世紀のギリシア人で、新プラトン派の哲学者。

ドゥーリス　前三四〇頃～二七〇頃。ギリシアの歴史家、サモスの僭主。主著は『マケドニア史』。

トログス（ポンペイウス・トログス）　アウグストゥス時代ローマの歴史家。世界史に相当する『フィリッポス史』を著す。各巻の序言がユスティヌスの抄録に含まれて現存する。

ネポス　前一世紀ローマの作家。伝記作品が現存する（『英雄伝』講談社学術文庫）。

パウサニアス　一五〇年頃に活動したギリシア人の旅行家、地誌学者。ギリシア各地の歴史的建造物や神殿、それにまつわる伝承を詳細に記録（『ギリシア案内記』岩波文庫、京都大学学術出版会）。

ビザンツのステファノス　六世紀中頃ビザンツ帝国の文法家。ギリシアの地名の由来や逸話を記した『民族誌』五〇巻の摘要が現存する。

プリニウス　二三～七九。ローマの政治家、博物学者。古典古代最大の百科事典である『博物誌』を執筆（『プリニウスの博物誌』雄山閣）。

プルタルコス　四五頃～一二〇以後。ギリシアの哲学者、伝記作家。非常な多作家で、その作品は伝記と倫理論集に大別される（『英雄伝』『モラリア』京都大学学術出版会）。

プロクロス　四一二～四八五。ギリシアの哲学者で、新プラトン主義の完成者とされる。

ホメロス　前八〇〇年頃のギリシア最大の叙事詩人（『イリアス』『オデュッセイア』岩波文庫）。

ポセイディッポス　三世紀ギリシアの喜劇作家。

ポリュアイノス　二世紀のマケドニア人弁論家。王や将軍の戦術例を広く蒐集し、マルクス・アウレリウス帝に献呈した（『戦術書』国文社）。

ポルフュリオス　二三二〜三〇三頃。ギリシアの哲学者で新プラトン派の思想を普及させた。

マネト（マネトン）　前二八〇年頃に活動したエジプト人の高位神官、歴史家。ギリシア語でエジプト史を著し、プトレマイオス二世に献呈。

メムノン　二世紀のヘラクレア・ポントス出身の歴史家。九世紀ビザンツの総主教フォティオスによる抜粋の一部が現存する。

ユスティヌス　生没年は二世紀から四世紀まで諸説あり。ローマの歴史家。ポンペイウス・トログス『フィリッポス史』の抄録を作成（『地中海世界史』京都大学学術出版会）。

リュクルゴス　前三九五頃〜二五頃。アテネの政治家、弁論家。アレクサンドロス大王時代のアテネの政治を主導した。

ルキアノス　一二〇頃〜八〇頃。ギリシアの作家。対話篇による風刺文学を著す（『遊女たちの対話』など、京都大学学術出版会）。

はじめに

エジプトの女王クレオパトラは、誰もが知っている名前である。その理由はおもに、ローマ共和政の終末期に、自分の王国がローマに併合されないよう、世界最高の権力者ユリウス・カエサルとマルクス・アントニウスを彼女が誘惑したと言われていることにある。結局、前三一年のアクティウムの海戦で彼女とアントニウスが敗れたことで、その大戦略は挫折した。翌年二人は自殺し、オクタウィアヌス、すなわち未来の皇帝アウグストゥスがエジプトをローマ帝国の一部にした。

プトレマイオス王朝の最後の女王クレオパトラの物語は有名である。しかしその時代からほぼ三百年も前に、彼女を生んだ王朝を最初に樹立した祖先の物語は、そこまで知られてはいない。彼の名はプトレマイオス。ギリシア本土でオリュンポス山の北、起伏の多いマケドニアの出身だ。アレクサンドロス大王がペルシア帝国に侵攻した時、彼は共に遠征し、かの帝国を打倒した数々の桁はずれの戦闘や包囲戦では大王のそばで戦った。彼は王のエリートたる選りすぐりの側近護衛官のひとりとなったが、小規模な部隊の指揮権以上のものは一度も任されなかった。そういう者として彼は、アレクサンドロスの遠征における周縁のひとりで終わる運命だったと思われる。しかし前三二三年、バビロンにおける王の死がすべてを変えた。王のかつての指揮官たちがギリシアからインドに至る広大なマケドニア帝国を自分たちの間で分配した時、プトレマイオスは協議の最中にすばやく名乗りを上げ、エジプトを手に入れた。それは驚くべき巧妙さと野心を示す考えぬかれた選択で、かつての同僚たちにたびたび手痛い打撃を与えた。

今や彼は四十四歳だった。彼が選んだ国は、アレクサンドロスの後継者たち――王の生き残った上級将校たちは一般にこう呼ばれた――の間で避けがたいことがわかっていた戦争の、重要な戦線となる地域から十分に離れていた。案の定、後継者たちはすぐにお互いの間で血みどろの戦争をくり広げ、一連の戦いは四十年も続いた。プトレマイオスはエジプトでゆっくりと、だが確実に権力基盤を築きながらこれらの戦争に参加し、行政および経済改革を導入して当時の最も裕福な人物のひとりとなり、アレクサンドリアに大図書館と研究所を創設して、この都市をヘレニズム時代全体の知的中心地とした。彼はまず総督として、次いでエジプトの王にしてファラオとしてエジプトの支配者であり続け、前二八三年に八十代初めで死去した。彼はエジプト帝国を樹立し、後継者の誰もが数ある領土の中で最も素晴らしいと見なしたギリシアとマケドニアを獲得しようという、野心的な挑戦にさえ乗り出した。もうひとりのアレクサンドロスになるという野心を実現することはなかったが、彼はどの敵対者にも負けず劣らず無慈悲であることを証明し、他方で敵対者たちに欠けていた抜け目のなさと、とりわけ辛抱強さを示した。王、兵士、政治家、知識人として、彼は独特の人物だった。だがエジプト王としてでさえ、あらゆる点でマケドニア人であり続けた。アレクサンドロスの学友のひとりとして経歴を始め、やっと側近護衛官の地位に昇進したにすぎないプトレマイオスは、敵の侵入を撃退し、敵対者の領域に侵攻し、あらゆる障害を乗り越えて、ヘレニズム諸王朝で最も長命な王朝――前三十年にクレオパトラの死と共に倒れた――を樹立することで、あらゆる人々を驚かせた。彼の業績はエジプトの歴史ばかりか、初期ヘレニズム世界の歴史を形成することにも役立った。さあ、彼をその歴史の舞台中央に連れて行こう。

序章　クレオパトラからプトレマイオスへ

あの女その人はと言えば、いかなる美辞麗句も
たちまち枯渇するほどのものであった、金糸と絹を
織りなした天蓋の中に身を横たえたその姿は、
想像が自然を越えることを示す画中のヴィーナスを
はるかに越える美しさであった〔小田島雄志訳〕。

シェイクスピアは『アントニーとクレオパトラ』で、エジプト女王の中で最も有名なクレオパトラ（七世）を、このように描いている（第二幕第二場、一九八―二〇二行）。シェイクスピアによるクレオパトラのイメージは、彼女が登場する数多くの映画やテレビの連続番組の中に引き継がれた。前五五年から前三〇年まで、ローマが地中海と中東のほぼすべてをその帝国に併合した激動の時代に、危険なまでに孤立したエジプトを支配した、息をのむほど美しいと言われる運命の女。彼女が支配したエジプトは、豊かで強大で異国風で退廃的であり、アレクサンドリアの大図書館と研究所のおかげで、古代世界における知的宝石であった。とはいえクレオパトラは単なるエジプトの女王以上だった。彼女はエジプトそのものだったのだ――こうして芝居の最後にオクタウィアヌスは、跪《ひざまず》いたクレオパトラに語りかける。「立たれるがいい、ひざまずくにはおよばぬ。さあ、お立ちを、エジプトよ」(1)（第五幕第二場、一一三―八行）〔小田島雄志訳。原文に合わせて一部改変〕。

芝居が我々に信じさせるところでは、クレオパトラは、ローマ共和政末期の最も強力な二人の男、ユリウス・カエサルとマルクス・アントニウスを誘惑するために、自分の魅力を利用した。その結果息子たちをもうけ、アントニウスとは結婚さえして、アレクサンドリアから一緒にエジプトを統治した。そこで彼らは贅沢で性的放蕩の生活を送った。このすべては、三一年に有名なアクティウムの海戦でエジプト艦隊が敗れると共に、終わりを迎えた。翌年、オクタウィアヌス（未来の皇帝アウグストゥス）はアレクサンドリアへ進軍した。捕虜になるまいとアントニウスは自殺し、クレオパトラもまた、侍女のひとりによって密かに持ち込まれた毒蛇に咬まれて自殺したと言われる。こうして歴史上最高の恋人二人は世を去り、その国はローマの属州アイギュプトゥスに、皇帝の個人財産になった。

実際はそうではなかった。シェイクスピアの『アントニーとクレオパトラ』は、クレオパトラやアントニウスとの関係について我々にロマンチックなイメージを持たせたことに、最も大きな責任がある。その胸像は、彼女が容姿においてヴィーナスを凌駕していたとはとても言えないことを示しているし、誰とでも寝るような伝説の男たらしではなかった。彼女はエジプトとその民衆をローマから守り、数世紀の長きにわたるプトレマイオス王朝を維持するために、自然が惜しみなく与えてくれたものを利用した。だからこそ十八歳で（当時五十三歳の）ユリウス・カエサルの子を身ごもり、エジプトの共同統治者となった息子のプトレマイオス・カエサル〔カエサリオン〕を産んだのである。同様に、アントニウスと結婚し子を二人産んだことで、プトレマイオス朝の支配の継続を確保した。実のところ、彼女は夫を必要としなかった。というのも、エジプトを単独で支配する以前は、近親婚というプトレマイオス家の慣習に従って、実の兄弟にして共同統治者であるプトレマイオス十三世およびプトレマイオス十四世と結婚していたからだ。

彼女がエジプト語を学んだプトレマイオス朝唯一の支配者であることが示す、自分の国と民衆に対する愛情、およびローマ帝国主義の趨勢に抵抗しようとする断固たる態度が、クレオパトラの性的かつ政治的な行動の核心にあり、それゆえ彼女はこの国の最も偉大な支配者のひとりとなったのである。

　結局のところ、彼女の巧みな権謀術数的たくらみは成功しなかった。クレオパトラが死んだことで、プトレマイオス王朝は瓦解しエジプトの独立は終わった。誰もがこの物語を知っている。しかしプトレマイオス朝エジプトがこのように瓦解したなら、始まりはなぜ、どのようなものだったのか？　誰がこの偉大で長命な王朝を創始したのか、その初期におけるエジプトは、アントニウスとクレオパトラのような人物によって象徴される栄光、権力、堕落とはどれほど異なっていたのか？　というよりむしろ、王妃を顎で使うような男性支配者と共に始まった王朝が、支配者として女王を、とりわけクレオパトラのような強力でカリスマ的な女王を戴く王朝へと、どのように発展したのか？

　これらの疑問に答えるために、アクティウムの海戦からほぼ三百年前、フィリッポス二世とアレクサンドロス大王のもとでマケドニア帝国が勃興し、とりわけ没落した前四世紀の後半へさかのぼろう[2]。その帝国は絶頂期にシリアとエジプトを含み、ギリシアからインドにまで広がった。フィリッポスが三五九年に王位につくまでは、この王国はギリシア世界の辺境における僻地であったことを思えば、これは驚くべき偉業であった。オリュンポス山の北に位置するマケドニアは、分裂し、経済的に弱体で、国境を接する諸部族による侵入の犠牲となり、内政においてはアテネやテーバイといったギリシア諸都市の干渉の餌食になった。二十三年間の治世でフィリッポスは国土を統一し、首都ペラに権力を集中した。強力無比の軍隊を造り上げ、国境地帯を安定させ、天然資源をかつてないほど開発し、拡張政策に乗り出して、アレクサンドロスによる大帝国の基礎を据えた。フィリッポスは三三六年に暗殺されたが、この時点でマケドニアは全ギリシアとヘレスポントス〔ダーダネルス海峡〕までのトラキアを支配していた。マケドニアは古典〔ギリシア〕世界の超大国であり、アジア侵攻というフィリッポスの大計画をまさに実行に移そうとしていた。

フィリッポスの死後、アレクサンドロスが権力の座につき、三三四年にこの新王はアジアに侵攻した。三二三年にアレクサンドロスがバビロンで死ぬと、その大帝国は後継者（ディアドコイ）と呼ばれる麾下《きか》のさまざまな将校たちの間で分配された。彼らはアレクサンドロスに続く二人の王、フィリッポス三世とアレクサンドロス四世に名目上は忠実でありながら、自分の領域を総督として統治した。しかしながら後継者たちは、旧帝国のより大きな分け前とよりいっそうの威信を常に追い求めて、まもなく互いに交戦状態に入り、ほぼ四十年にわたって戦い続けた。この間にフィリッポス三世とアレクサンドロス四世は無慈悲に処刑され、後継者のうちこの長い戦争を生き延びた者たちは、総督から本当の王へと変貌した。

ここにプトレマイオスを参入させよう。彼は若い頃アレクサンドロスに仕えたマケドニア人で、共にアジア遠征に参加し、高位の側近護衛官という、常時王を守る七人の選りすぐりの一団に昇進した。(3) 三二三年バビロンでアレクサンドロスが死んだのち、当時およそ四十四歳だったプトレマイオスは、帝国の将来についてきわめて重要な決定がなされねばならない時に、自分が突然アレクサンドロスの将軍や総督たちと対立していることに気づいた。アジアでは彼はたいてい王の取り巻きの周縁に留まっていたが、もしも上級将校たちがその地位ゆえに彼をまったく評価しなかったのであれば、それは間違いだった。野心の明確な兆候として彼は、アレクサンドロスの後継者と帝国をめぐるバビロンでの協議において、重要な関係者としてただちに名乗りを上げた。その結果として結ばれた合意でプトレマイオスはエジプトの総督に任命され、最終的にその公職を個人的な王位に変えた。彼は三百年後にクレオパトラと共に終わったプトレマイオス朝を樹立し、この三世紀の間エジプトがギリシア世界の大国のひとつになることを可能にした。首都アレクサンドリアが第一級の都市となり、彼が創設した図書館と研究所のおかげでヘレニズム時代の知的中心となることを手助けした。彼が作り出したエジプトは、まさしく「エジプト史とヘレニズム史の十字路」に位置していた[4]。

プトレマイオスの物語は、極貧から金持ちになったというものではなく、若い時からの一途な野心というわけでもない。彼は野心的だったが、時機を待っていた。というのも、アレクサンドロスの将軍たちが互いに憎み合っており、バビロンでもらった領土では満足しないであろうと、経験からわかっていたからだ。彼らはアレクサンドロスの命令を忠実に遂行したが、彼の人格という文句なしの力によってのみひとつにまとまっていたにすぎない。いったん彼が死んでしまえば、彼ら相互の反感は野放しになり、プトレマイオスが予想していたように、自らの性格と大望のせいで没落していった。位置と安全性ゆえにエジプトを選んだプトレマイオスは、その国の統治を賢明で抜け目のないやり方で始めた。経済、自分の軍隊、そしてとりわけ彼自身の金庫に利益をもたらす諸政策を導入し、後継将軍たちの外交的・軍事的関係という危険で油断のならない海を注意深く通り抜けた。十分に安全だと感じた時になって初めて彼は、帝国のより大きな分け前を欲する点で、自分が他の将軍たちと違わないことを示した。

古代史料が少ないせいで、残念ながら彼の人物あるいは統治についてはわからないことが非常に多い[5]（補論2）。マケドニアのアジア侵攻については、アレクサンドロス大王が古代の作家たちを魅了したおかげで、我々はかなりよく知っている。それどころかプトレマイオス自身がアレクサンドロスの伝記を書き、大王の死からずっと後の古代作家たちに利用された（補論1参照）。後継者たち――およびプトレマイオス――の伝記は、ここまで十分には残されていない。主要な記述史料は、前一世紀後半にシチリア出身のディオドロスによって書かれたもので、三〇一年の重要なイプソスの会戦までの詳しい情報を豊富に与えてくれるが、それ以降の叙述は断片的になる。ユスティヌスのような他の主要史料は、プトレマイオスにはまったく注目しておらず、治世の後半をおおざっぱに扱っている。後一世紀から二世紀にかけての伝記作家プルタルコスは、傑出したギリシア人とローマ人の伝記シリーズを書き、それはアレクサンドロスおよびデメトリオス・ポリオルケテス（攻城者）やエペイロスのピュロスといった、この時代の他の若干の人物を含んでいるが、プトレマイオスの伝記はない。それゆえプトレマイオスの生涯には大きな欠落がある。——ほんのいくつかを挙げるなら、生い立ちや若い頃、妻たちや子供たちとの関係はどのようだったか、彼は自分をどう見ていたか、アレクサンドロスの遺体を盗んだり、アレクサンドリアに研究所と図書館を建てたりした正確な理由は何か、エジプト人、ギリシア人、マケドニア人の臣民たちの間の隔たりをどのように埋めようとしたか、アレクサンドロスの影響をどの程度まで受け入れたか、彼の治世の最後の二、三年にいったい何が起きたのか。

にもかかわらず、それでも彼をアレクサンドロスの取り巻きの陰から引き出して、古代史のスポットライトの中へ引き入れることは可能だ。他の後継者たちはプトレマイオスの王国より大きな分け前を切り取ったが、どれひとつとしてプトレマイオス朝ほど長続きしなかった。他のいかなるヘレニズム勢力も、クレオパトラとユリウス・カエサルおよびマルクス・アントニウスとの関係のおかげで、ローマ社会をここまで分裂させることはなかったし、ローマ共和政を終わらせ皇帝による統治をもたらした第二次三頭政治の戦争において、これほどの役割を果たすこともなかった。そしてそのすべてをプトレマイオスが始めたのである。

プトレマイオスの権力掌握は、三二三年のアレクサンドロスの死後まもなく勃発し二八一年まで続いた、複雑で長期にわたる後継者戦争の一部であった。この四十年間に多くのことが起きた。これらの戦争については、プトレマイオス本人や接点のある人物たちと彼との交渉に関連する限りで論じるが、本書は後継者たちの歴史ではないし、そうあるべきでもない。これらの戦争について詳しく読みたい方は、註で引用された著作を参照していただきたい。

本書を通じて私は、アレクサンドロス死後の世界について語るために"Hellenistic"「ヘレニズムの」という語句を用いるが、この語句についてはひと言注意が必要だ。三二三年のアレクサンドロスの死はギリシア史における古典期（四七八─三二三年）を終わらせて、新しい時代、いわゆるヘレニズム期をもたらした。これは、ローマ人がエジプトを併合し、結果として東地中海世界全体を彼らの帝国に吸収し終える三〇年まで、三百年弱続いた。アレクサンドロスの死はまさしく古代史の転回点だった。彼の征服はギリシア人に、彼らが地中海世界よりはるかに広大な世界に属することを示し、彼は西方と東方の間に、この新世界で増大する多種多様な交流を開け放った。

「ヘレニズム時代」という用語は当時生きていた人々が使っていたのではなく、近代の用語であり、ドイツの歴史家ヨハン・グスタフ・ドロイゼンが、一八三六年に出版した『後継者たちの歴史』の中で初めて作り出し、一八七七年に彼の『ヘレニズムの歴史』が刊行される頃までには受け入れられた。ドロイゼンはこの名称を、ギリシア語の動詞 **hellenizō**（私はギリシア人である）と **hellenizontes**（ギリシア風にふるまう）から採った。なぜならギリシアの言語と文化、つまりヘレニズムがはるか東方のインドにまで広がったことが、この三世紀に固有の明確な特徴であると彼は信じたからである。

ドロイゼンの定義には、したがってこの語句には、これまで異議が唱えられてきた。というのも、ギリシア語を採用した諸地域に焦点を当てれば、主要な原動力であった人々、すなわちギリシア人自身を除外することになるのはもちろん、この時代にはほかにも重要で明確な特徴が（とりわけ知的文化的領域に）あったからである。あらゆる変化と事件の核心にあったのが、アレクサンドロスのアジア侵攻とそれに続く、王を兼ねた彼の将軍たちの治世および諸王朝だったことを考慮して、「ヘレニズム時代」の代わりに「マケドニアの世紀」という語句が提唱されてきた[6]。これは魅力的な提案だが、これまた問題がなくはない。実際のところ、この複雑な三世紀間に起きたすべてを適切にまとめるような単語は存在しない。それゆえ便宜的に私は「ヘレニズムの」を用いる。
特に断りのない限り、年代はすべて紀元前である。

第1章　若きプトレマイオス

「プトレマイオスはアレクサンドロスの側近護衛官のひとりで、一流の兵士だったが、戦時よりも平時の手腕において有能であり、評判も高かった。振舞いには節度があって愛想がよく、とりわけ親切で近づきやすく、王族の尊大さはいささかも帯びていなかった[1]」。

「[プトレマイオスは]洞察力のある人物だったが、カリスマ性は持たなかった。彼はアレクサンドロス大王あるいは攻城者デメトリオスでさえも行なったようなやり方で、一般大衆を高揚させることはなかった。しかし彼は抜け目がなかった。二人のどちらも、その世代の他のいかなる指導者たちも理解しなかったことを、彼は理解していた。アレクサンドロスの帝国が一個のものとして生き残ることはないだろうということを、彼はある程度まで、意識的にせよ無意識的にせよ理解していた[2]」。

これら二つの評価――最初は古代作家によるもの、二つ目は現代の学者によるもの――は、エジプトの支配者プトレマイオスを、人として、兵士として、政治家として、そしてのちの王として、疑う余地なく称賛している。プトレマイオスは成人後の壮年期の大半を、アレクサンドロス大王という傑出した人物の陰で生きた。三二三年にアレクサンドロスが死んだ時、その帝国はギリシアからインドまで広がっていた（地図1）。しかし彼は後継者を残さず、王家につきものの悪夢だけを残した。アレクサンドロスの将軍や上級将校たちと同じく、プトレマイオスも、この巨大な帝国をどうすべきかという問題に直面した。ひとりの王のカリスマ性によってまとめられた単一の大帝国の時代は過ぎ去ったのだということを、プトレマイオスだけが把握していたように思われる。一般にアレクサンドロスの後継者たち（ディアドコイ）と呼ばれる彼とその他の者たちは、かの帝国を切り分け、後に見るように、まず総督になり、それから自分の力で方々の地域の王となった。その過程で彼らは互いに干戈《かんか》を交え、二八〇年代末には、当初の後継者たちのうち残っているのはわずか三人だけ——プトレマイオスはそのひとりだった。

本章冒頭の引用文はプトレマイオスをある程度正当に評価しているが、後に見るように、戦場に呼び出された時には、彼の軍事的手腕は平時の手腕と確かに同等だった。これらの引用文が示していないのは、何がプトレマイオスを駆り立てたのか、そして彼が自分をどう見ていたかということだ。彼は勝ち残った、彼は野心的だった、彼は無慈悲だった、そして他の後継者たちと同じく、アレクサンドロスと同じ道を歩むべきだと感じる帝国主義者だった。エジプトを支配し、他の後継者たちとの交渉を取り決める過程で、プトレマイオスは注意深く、だが積極的に自分の領域と個人的勢力を拡大した。他の者たちは最初から手の内を明かしたが、プトレマイオスは辛抱強くかつ巧妙に隠し続け、機が熟したと感じた時に初めて領土を拡大した。

これまで長らく、プトレマイオスは「防衛的帝国主義」の政策を追求したというのが一致した意見だった。言い換えると、彼はエジプトを支配することで満足し、自分の国が危険にさらされたと感じた時にのみ対外問題に関与した、それどころか分離主義政策を追求したのであり、より大きな帝国から離脱することで、独立したエジプトを好きなように支配するつもりだった、というものである。[3] こうした見解は間違っている。本書の主張はこうである。エジプトで孤立するどころか、プトレマイオスは他の後継者たちと同じ帝国主義的な目標を持っていた。離脱するつもりなどなく、彼は帝国のより大きな部分を支配するつもりだった。(4) 古代作家たちでさえ、プトレマイオスを他の者たちと何ら違ったものとは見ず、ひとまとめに野心家として扱った。(5) 彼のエジプトは、ファラオ統治下のようなアフリカの一勢力ではなく、地中海勢力になろうとするだろう。彼がアフリカのさらに南方とかかわることに関心を持たなかったのは、そのためである。

最終的にプトレマイオスは海外での大計画のいくつかには失敗したが、本国では失敗しなかった。プトレマイオスのエジプトは「エジプト史とヘレニズム史の十字路に」立っており、「東と西が出会う最初の多文化社会」であった。(6) その時期はエジプトとその民衆にとって最も決定的な時期のひとつであり、それに続く、後六四二年のアラブ人の征服に至るまでのローマ時代ないしビザンツ時代よりも、おそらくはるかに決定的だった。(7) さらにプトレマイオスが創始したプトレマイオス朝は、すべてのヘレニズム諸王朝だけでなく、ファラオ時代のエジプト諸王朝のどれよりも長く生き延びたのである。(8)

プトレマイオスとは何者か？

初期ヘレニズム史において重要な役割を果たすようになり、エジプトにこれほど大きな影響を与えた人物にしては、プトレマイオスの生まれ、家族、教育、幼少年期について、我々は何も知らないも同然である。実際、彼は十年にわたりアレクサンドロスと共にアジア遠征に従軍したが、プトレマイオスが関与したことがわかっている機会は、重要ではあってもごくわずかしかない。(9) 彼が舞台の袖から中央へ登場したのは、三二三年のアレクサンドロスの死後、ようやくエジプト総督になってからである。アレクサンドロスがもっと長生きし、彼の息子が王として後を継いでいたら、我々はプトレマイオスを、アレクサンドロスの大勢の取り巻きのひとりとしてしか知らなかったかもしれない。(10)

プトレマイオスはラゴスという名のマケドニア人の息子だと言われ[11]、よってプトレマイオス朝のもうひとつの（そして実はより正確な）名前は、ラゴスの名を喚起させるラゴス朝だった。ラゴスは明らかに身分の低い家の一員であった[12]。もしもこの情報が正しいなら、アルゲアス王家の縁戚でフィリッポス二世（在位三五九―三三六年）の従姉妹だった可能性のあるアルシノエと結婚したことで、ラゴスの地位は上昇したに違いない[13]。ラゴスとアルシノエは、マケドニア西方の一郷国であるエオルダイアに住んだが[14]*、後にマケドニアの首都ペラに移ったと思われる。そのペラで二人の息子プトレマイオスは教育を受けた[15]。

＊マケドニアの山岳地帯には独立の小王国が群立しており、エオルダイアもそのひとつだった。フィリッポスは即位後にこれらを統合し、旧王族と貴族をペラに移住させた。アレクサンドロスの側近には、これら山地（上部）マケドニアの出身者が多い。

別の伝承は、プトレマイオスがフィリッポスの庶子であると主張するが、だとすれば彼はアレクサンドロス大王の異母兄弟になる[16]。それによると、どうやらアルシノエはフィリッポスの愛妾のひとりだったらしい。彼女はすでにラゴスと結婚していたか、あるいは王によって妊娠した時ラゴスと結婚させられた[17]。彼女が息子を生むと、ラゴスは嬰児を暴風雨にさらして死なせようとしたが、一羽の鷲（ゼウスを象徴する鳥）が彼を攫っていき、命を助けた。のちにプトレマイオスは家族の象徴として鷲を採用し、貨幣に描き、こうして自分とアレクサンドロスおよびアルゲアス家とのつながりを強調することになる[18]。（もしもこの物語が本当なら）庶子であるという汚点を取り除くため、ずっと後の二八二年と二七五年の間に、（プトレマイオスの息子）プトレマイオス二世は、ラゴスが彼の父であるとの信念を取り入れたのだと言える[19]。

最初の説明、つまりプトレマイオスの本当の父はラゴスであるというほうが、一般により正しいものと見なされている。[20] とりわけフィリッポスは心ゆくまで人生を楽しみ、愛妾やその種の女性たちと数多くの戯れの恋をした。アルシノエだけが彼によって妊娠し、息子を産んだとは想像し難い。もしもフィリッポスに二人以上の庶子がいたなら、プトレマイオスの場合（後述）と同じくらい宮廷で注目を集めたり軍隊で役割を果たしたりした者――あるいはアレクサンドロス帝国の一部を要求するために自分をアルゲアス王家と結びつけることまでした者を、我々がほかに誰も知らないのは奇妙である。また、アレクサンドロスが自分に押しつけられた庶子の異母兄弟をどう扱ったか、疑わずにはいられない。[21] もし彼が庶子を受け入れたなら、プトレマイオスはすみやかに高位へ昇進したのではないだろうか。もし嫌ったなら、アレクサンドロスはなぜプトレマイオスをわざわざアジアへ連れて行ったのか、ましてや彼をなぜ私的な護衛官に昇格させたのかが理解できない。

アレクサンドロスは父王の治世末期に、母オリュンピアスの名誉を毅然として守り、父親をひどく軽蔑した。たとえばフィリッポスが三三七年に七番目の妻（クレオパトラ）と結婚した時、花嫁の後見人でアッタロスという名のマケドニア貴族が新婚夫婦に祝杯を挙げたが、そのあと彼は、マケドニアがようやく正統の世継ぎを持てるようにと祈った。[22] これはアレクサンドロスと（エペイロス出身の）オリュンピアスに対する中傷であった。アレクサンドロスとアッタロスの間に猛烈な口論が起こり、オリュンピアスをほとんど愛していなかったフィリッポスはアッタロスの側についた。彼はアッタロスに謝るよう息子に命じたが、アレクサンドロスは拒否し、オリュンピアスともども愛想をつかしてマケドニア宮廷をしばらく離れた。両親に対する態度を思えば、アレクサンドロスは婚外交渉から生まれたいかなる子供も、自分の随員のうちの要職に昇格させるよりは無視したことだろう。アレクサンドロスに同行したプトレマイオスのアジアにおける経歴は、ゆっくりと上昇軌道をたどったが、それは家族の一員であるよりも少年時代の有能な友人であるほうがしっくりくる。後に見るように、プトレマイオスはフィリッポスのほうが自分の父であるとの物語を公表したとみられる。それは後継者戦争中の彼にとって決定的な時期、ギリシアとマケドニアの支配権を手に入れて自分の領土に組み込もうとしていた時である（第9章）。

プトレマイオス（ギリシア語で「戦争」を意味するポレモスという語句の叙事詩形、プトレモスに由来する）は、王位継承者アレクサンドロスの友人にして腹心のひとりとなった。アレクサンドロスは三五六年に生まれ、アレクサンドロスの少年時代から二人は友人だったので、ほぼ同い年だと一般に考えられている。ここからプトレマイオスの生まれは三五〇年代と見つもれるだろう。問題は、ある古代作家に、プトレマイオスが二八三／二八二年にアレクサンドリアで死んだ時、八十四歳だったと述べている一節があることだ。[23] もしこれが本当なら、プトレマイオスはアレクサンドロスより十年早く三六七／三六六年に生まれ、アレクサンドロスが三二三年に三十二歳で死んだ時には四十代半ばだったことになる。

プトレマイオスとアレクサンドロスが同年でなければならないということはない。三三七年にフィリッポスは、プトレマイオスと他の四人のアレクサンドロスの友人たち（ハルパロス、ネアルコス、エリギュイオスとその兄弟ラオメドン）を、後継者に対し、（アナトリア南部の）カリア総督ピクソダロスの娘との結婚を申し出るよう助言したことに激怒して、追放した。[24]* エリギュイオスはアレクサンドロスより年長で、確実に兄弟のラオメドンより年長だった。[25] 実際これらの人物はすべてアレクサンドロスよりおそらく年長で、友人であるだけでなく彼の助言者でもあり、ここから、アレクサンドロスでなく彼らがその助言ゆえに追放された理由の説明がつく。[26] これらの人物がアレクサンドロスより年長であれば、プトレマイオスもそうだったろう。それゆえ、プトレマイオスが死んだ時に八十代だったと述べる史料の一節を退けるべきではない。この場合、彼は三六七／三六六年に生まれ、二八三年におよそ八十四歳で死んだことになる。

＊フィリッポスはアレクサンドロスの異母兄弟で知的障害のあるアリダイオスを、小アジアのカリア総督の娘と結婚させようとした。ペルシア遠征を見越した婚姻同盟の企てである。ところがアレクサンドロスは独断で自分との結婚を総督に提案し、これを知ったフィリッポスは激怒して、同盟は破談になった。ピクソダロス事件と呼ばれる。唯一の史料はプルタルコス『アレクサンドロス伝』一〇・一−四。

プトレマイオスの兄弟については、メネラオスひとりだけが知られている。[27]彼は歴代のプトレマイオス王たちにとって大きな戦略的重要性を持っていた、キプロス島の将軍だった。プトレマイオスがこの島を失った三〇六年に、メネラオスはまだそこに駐留していたが、島が陥落した後に解放された捕虜の中に含まれているので、彼はエジプトに帰っている。[28]その後、二八四年のパピルス断片が示すところでは、メネラオスは、プトレマイオスがアレクサンドリアに創設し、アレクサンドロスのためにその名を冠した祭祀の神官となった。[29]メネラオスがいつ死んだかはわからない。

プトレマイオスの容姿はどのようなものだったか？　フィリッポス二世やアレクサンドロス（図一・四と一・六）と違って彼の頭部像はないので、何よりも彼の貨幣に頼らざるを得ない（図一・一と七・二）。彼の貨幣に見える顔は、（アレクサンドロスの場合にたいていそうであるような）理想化をされてはおらず、写実的な表現である。大きな鼻は曲がり、割れているようにすら見えて、「貨幣の反対側に現れる鷲の嘴」[30]によく似ている。額は広く、顎は突き出て、鼻に向かって上方に突き出ている（パンチ人形芝居の主人公と同じ型）＊。口は大きくて唇が厚く、目は悲しげで、疲れているようにすら見える。彼は美男子ではなかったが、ある程度の非凡さと威厳ある雰囲気を伴っている。

＊パンチ人形芝居（Punch and Judy show）とは、十八世紀英国の盛り場で人気のあった滑稽なあやつり人形芝居。パンチは背骨が曲がり鉤鼻をした主人公。

プトレマイオスには神殿の浮彫りに描かれた図像もある。こちらはたとえばシャルナにある浮彫りのように高度に様式化されている（図一・二）。同じように様式化されているのが、黒玄武岩でできたエジプト風立像の一部で、今は大英博物館にある（図一・三）。全身像は失われ、頭部と両肩、それに胸の上部だけが残っている。頭にはウラエウス（神々と王たちの権力を象徴し、支配者であることを示す蛇）を伴う頭飾り（ネメス）をこれ見よがしに着けているが、ウラエウスの頭は失われている。耳が大きいだけでなく、貨幣の肖像と同じように鼻と顎も大きいが、顎は上方に突き出てはいない。顔面の作り笑いは初期プトレマイオス朝の肖像に特徴的で、それはエジプト様式、とりわけ第三〇王朝（四世紀前半）の様式からなおも強い影響を受けている。[31]

プトレマイオスの背丈や体格はわからない。おそらくどちらにおいても平均的だったろう。というのも古代作家たちはたいてい、尋常でないと考えられるか際立っている背丈や体格、年齢、特徴について所感を述べるからだ——だから、エペイロスの有名な王ピュロスは歯がほとんどなく、上顎は切れ目のないひとつの骨だったし、デメトリオス・ポリオルケテス（攻城者）は「顔がまれに見るほど美しかったので、画家も彫刻家も誰ひとりとして彼を実物通りに表わすことができなかった」[32]。デメトリオスの父でその時代の中心人物のひとりであり、おそらくプトレマイオスの最大の敵だったアンティゴノスは、片目だったので、モノフタルモス（隻眼）というあだ名がつけられた。さらに彼は背が高く、肥満体で、大声で笑うと描写されている。[33] プトレマイオスの性格は時おり垣間見えるけれども、彼についてこのような批評はなされなかった。たとえば、ある者に一度卑しい生まれを嘲笑われた時、彼は挑発には乗らず、ユーモアのセンスを持つことは大切だと言った。[34] 彼はまた大変質素な人だった。派手な生活スタイルはとらず、たいてい普通の兵士の外套を身につけ、酢で煮込んだレンズ豆とトリッパの料理のようなあっさりした味の食事をとった。そして自分が裕福になるより他人を裕福にするほうが王にふさわしいと言ったとされている。[35]

プトレマイオスの出自

プトレマイオスはほぼ間違いなく、マケドニア宮廷における王の近習（バシリコイ・パイデス）のひとりだった。[36]だとすれば、彼は三五三年、おそらく十四歳の時にペラへ移っただろう。近習とは十四歳から十八歳までの貴族の子弟で、王の世話をすることや、最終年には王の軍事作戦に従軍することも含む、さまざまな義務があった。[37]フィリッポスはこの近習制度を、次の世代の軍事指導者を訓練する方法としてだけでなく、彼らの一族の忠誠を確保する手段としても導入したのだろう。もしもラゴスの一族が低い身分なら、その息子たちは必ずしも近習に向いているとは思われなかったろう。しかし（フィリッポスの従姉妹かもしれない）アルシノエとの結婚は、一族の社会的地位を大きく上昇させ、プトレマイオスを王国の首都で近習として訓練を受けるのに格好の候補者としたであろう。

以上の筋書きがおよそ正しいとすれば、プトレマイオスはアレクサンドロスが三歳の時に近習としての訓練を開始し、アレクサンドロスが七歳頃だった三四九年ないし三四八年に教育を完了した。訓練の最終年にプトレマイオスは、きっと三四九―三四八年のフィリッポスのカルキディケ侵入（とそれに続く併合）に参加しただろう。[38]彼はフィリッポスの注意を引き、明らかに自分の義務を立派に遂行したので、王の若き後継者のための朋友（ヘタイロス）に抜擢されたのだろう。

少年時代のプトレマイオスは、乗馬、戦闘、それにマケドニアで成長するのに不可欠な技術（後述）である狩猟を教えられたことだろう。またギリシア語の読み書きも習ったであろう。これらすべては近習としての研修期間にも続けられた。しかし三四二年、フィリッポスはオリュンポス山麓のミエザにアリストテレスを招き、当時十四歳だったアレクサンドロスの家庭教師として雇った。[39]プトレマイオスは

上：図 1.1　プトレマイオスの頭部 Wikimedia commons
下：図 1.2　シャルナにおけるプトレマイオスの神殿浮彫り　提供：ALBUM/アフロ

図 1.3　プトレマイオスの頭部像（大英博物館蔵）Wikimedia common

この時二十五歳ほどだったが、彼（または他のアレクサンドロスの友人の誰か）がアレクサンドロスと一緒にアリストテレスのもとで勉強したかどうかは、とりわけ家庭教師に師事した期間が三四〇年までの三年間だったせいでわからない。プトレマイオスがアレクサンドリアに研究所《ムセイオン》と図書館を創設したこと（第8章）を、アリストテレスに触発された知的芸術的な好みとつい結びつけたくなるが、この誘惑には用心すべきである。これらの制度に関するプトレマイオスの動機は、学術的であるだけでなく政治的なものであり、アリストテレスが彼の中に何かを吹き込んだわけではない。

とはいえ、プトレマイオスが知的な資質を何も持たなかったというのではない。エジプト王として彼は、アレクサンドリアで『幾何学原論』を書いた数学者エウクレイデスを保護した（第8章）。

プトレマイオスが後継者として長男よりむしろ年少の息子をあえて選んだのは、当時としては最良の家庭教師を下の子に与え、次の王が行動力と思考力の両方を備えた人物であることを望んだからかもしれない（第12章）。さらに当時の指導的哲学者のひとりであったファレロンのデメトリオスは、三〇七年にアテネから追放されるとエジプトへ亡命した。その地でプトレマイオスに仕え、哲学と文学の重要な著作を書き、研究所と図書館を準備するのを手助けした。デメトリオスはプトレマイオスに王権についてのさまざまな哲学的論考を読むことさえ助言したが、そこには彼がプトレマイオスのために書いた作品も含まれており、その中でデメトリオスは、公正にして敬虔であるべきこと、臣下の声に耳を傾けること、良き軍事指導者であることが必要であると語った[40]。

プトレマイオスはまた、歴史や歴史について書くことに関心を持った。彼は『アレクサンドロス大王伝』を書き、これは後にアリアノスによるアレクサンドロス治世の叙述の主要史料となった（補論1参照）。その記述の中でプトレマイオスは、アレクサンドロスのアジア侵攻における自分の役割を、他の者たちを犠牲にしてまでわざわざ潤色し、また自身を王にとって実際以上に近しい腹心の友として描いた。こうして彼の『大王伝』の真実性は損なわれたが、ともかくもその抜粋だけが、後世の作家たちによって引用されたり要約されたりして現存する[41]。後の章で私は、プトレマイオスが自身の立場から諸事件を描き出す事例として、より重要な断片のいくつかを引用するが、ここで明らかにしておくべきなのは、彼は自分が記述した出来事の現場にいたと私は信じているということだ。彼はアレクサンドロス死後の出来事についても、エジプトにおける自身の支配についても書かなかった。

マケドニア

プトレマイオスは、神々の住まうオリュンポス山の北に位置するマケドニア王国の、精悍で軍国主義的な社会の産物であった[42]（地図2）。彼のもろもろの経験は、アレクサンドロスと共にアジアで戦うことにも後継者戦争においても、大いに役立った。

オリュンポス山の南のギリシアでは、社会の中流および上流階層出身の男たちが、知的でより高尚な余暇活動を享受したのに対し、マケドニアではごく幼い時からはるかに厳しいしつけを受けて育った。誰ひとりとして、王族の成員でさえ、この生き方から逃れられなかった。少年たちは小さい頃から（野生の猪、狐、鳥、さらにはライオンの）狩りをすること、馬に乗ること、戦うことを教えられた。マケドニア社会にはさまざまな通過儀礼があり、たとえば男は、マケドニアをうろつく獰猛な野生の猪を一頭、捕獲用の網を使わずに槍で刺し殺すまで、宴会で寝椅子に横になることが許されなかった。*

*マケドニア人はギリシア人と同じく、食事の際には寝椅子の上に横になり、一方の腕で上体を支え、もう一方の手を使って飲食した。

マケドニア人が荒々しい生活を送り、痛飲したことは疑いなく、そこがギリシア人との違いとなった。ギリシア風のシュンポシオン（饗宴）は、参会者が水で割った葡萄酒を飲みながら、文学や哲学、公共の事柄について議論することから始まった（水と酒の比率は不明だが、肝心なのは葡萄酒が薄められていることだ）。踊り子の女たちというお楽しみはあっても、宴会全体が乱痴気騒ぎになだれ込んだ後のことだった。王と宮廷人が定期的に出席するマケドニアのシュンポシオンでは、葡萄酒を生《き》で、ないしは「水で割らずに」（アクラトス）飲むことが重要視され、唯一の話題は参加者の戦功や武勲だった。結果として彼らは「まだ最初の料理が提供されている途中で、食べ物を味わうこともできないうちに」酔っ払ってしまった[43]。アレクサンドロスは飲み比べの後、「二日二晩目覚めることなく眠り続けた」ことが何度かある、と言われた[44]。これらの宴会のいくつかは危険なものとなった。三三七年、フィリッポスの婚礼の宴会で起きた彼とアレクサンドロスの口論では（前述）、フィリッポスは実際に息子に向かって剣を抜いたが、酔っていたので飛びかかろうとしてテーブルの上で転んだ。[45] 三二八年、マラカンダ〔現サマルカンド〕の酒宴では死者が出た。アレクサンドロスとその将軍である黒のクレイトス*が酔いにのぼせ上って言い争いになり、あげくにアレクサンドロスがクレイトスに駆け寄って槍を突き刺し、その場で殺してしまったのだ（八一―八二頁参照）。

＊指揮官クラスのクレイトスは二人いて、あだ名で区別された。騎兵指揮官は「黒の」クレイトス、歩兵指揮官であるもうひとりは「白の」クレイトスと呼ばれた。

マケドニア王たちはまた外交的および軍事的な理由で結婚し、一夫多妻を実行した。フィリッポスは妻をひとりも離縁することなく七回結婚し、アレクサンドロスは三回結婚した。プトレマイオスも同じく一夫多妻で、四回結婚した（一六一―一六二頁）。ギリシア人にとってこの習慣は嫌悪感をもよおすものだった。彼らはマケドニア人を「バルバロイ」〔蛮族〕とも呼んだが、これは文化の欠如とは何ら関係なく、ギリシア人に理解できない言語を話す相手に用いられる語句だった。だがマケドニア人はギリシア語話者だった。なぜなら、たとえばギリシアやマケドニアからの使節が相手方を訪問した時に通訳が必要だったということを、まったく聞いたことがないからだ。さまざまな部族と国境を接していたことを考えれば、ほぼ間違いなくマケドニア人は、ギリシア人には馴染みのない（ペルシア人やイリュリア人が話すような）別の言語ではなく、ギリシア人が理解できない方言を話していた。

少なくともギリシア人の見方による彼らの公的イメージを別にすれば、マケドニア人は高度な文化をもつ民族だった。[46] 三九九年に新しいペラの都を創建したアルケラオス王（在位四一三―三九九年）は、自分の宮廷が文化的なものとなるのを望んだ。彼はソクラテスや、アテネの悲劇作家アガトンとエウリピデスに移住してくるよう招待し、実際にエウリピデスは移住して、この地で『バッコスの信女たち』と（今では断片だが）『アルケラオス』を書いている。マケドニアの金、銀、青銅の工芸品、墓の壁画、宝飾品は、モザイクと同じく一級品揃いである。アンフィポリスで最近発見された墓は、*ペルセフォネを誘拐するハデスの見事なモザイクを誇る（ヴェルギナ第一王墓の北壁にこの神話の壁画がある）。(47)** 後に見るように、確かにギリシアの芸術と文化はアレクサンドロスの後継者戦争の間でも繁栄を続けた。

＊二〇一四年夏、アンフィポリスで古代マケドニア様式の大規模な墓が発見された。被葬者については、大王の母オリュンピアスや親友へファイスティオンなどの説が出されたが、特定するには至っていない。

＊＊ヴェルギナ第一王墓は、一九七七年にギリシアの考古学者アンズロニコスによって発掘された。ほぼ完全に盗掘されて副葬品は残っておらず、被葬者は不明である。

プトレマイオスはこのような社会で成長した。おそらくその単純さから、エジプト王であった時でさえ彼が飾り気のない人物だったことの説明がつく。しかしそれ以上に彼は、国王フィリッポス二世のおかげでギリシア世界周縁の僻地から抜け出し帝国勢力として現れた、マケドニアで成長した。この時代の生活がいかなるものであったかをじかに経験したことが、彼（および他の後継者たち）に、それぞれの領土を統治する方法と彼ら相互の関係の点で、影響を及ぼし利益をもたらした。

フィリッポス以前のマケドニアは天然資源（とりわけ鉱物と木材）に恵まれていたが、開発はあまりなされていなかった。マケドニアは国境付近に住むさまざまな諸部族（とりわけ北西のイリュリア人と北のパイオネス人）に侵攻されがちであり、さまざまなギリシア諸都市がしばしば内政に干渉した。なかでもアテネとテーバイが最も差し出がましかった。マケドニアは軍隊を誇ることができなかった。それどころか、徴募兵はふだんは小農民で、訓練はお粗末、まともな武器も武具もなかったから、隣接する諸部族がしかけてくる略奪遠征を阻止しようにも、できることはほとんどなかった。さらに都合の悪いことに、王国は上部〔山地〕と下部〔低地〕の二つに分裂していた。首都のペラは下部マケドニア（テルマイコス湾にまで及ぶ王国の東部）にあったが、この両地域が統一されたことはなかった。（西の）上部マケドニアに住んでいた半遊牧の諸部族は、個々の首長に支配されて、ペラの王には何ら忠誠心を持たず、むしろ隣人であるイリュリア人やパイオネス人のほうにより大きな親近感を抱いていた。

三五九年、国王ペルディッカス三世と四〇〇〇人の軍勢が、イリュリア人の侵攻によって殺された。イリュリア人はマケドニアのさらに奥深く侵入を準備する一方、同時にパイオネス人が侵攻に向けて兵を動員した。これらに加えてアテネ人と（マケドニアの東で国境を接する）西部トラキアの王が、それぞれに王位僭称者たちを支援した。これら四つの対外的な脅威と、継承順位によって次の王となるべきペルディッカスの息子アミュンタスが少年にすぎないという事実から、（亡き王の弟）フィリッポスが王であると宣言された。この彼がマケドニアを超大国に変えたのである。[48] 彼は卓越した戦士王だった。アレクサンドロスと同じく、常に最前線で指揮をとり、常に戦闘の真っただ中にいた。フィリッポスは包囲戦の際に矢を受けて右目を失い、長年の間に何本もの骨を折り、片方の脚にひどい傷を負って、生涯片足を引きずって歩いた——だが彼は決して力を緩めなかった。ほぼ確実に彼のものである墓で発見された骨の断片から復元された顔は、彼が送った人生と彼の人となりを示している（図一・四）。

フィリッポスはこの時マケドニアが直面した危機のすべてを、その後の治世の手本となった、欺瞞と賄賂と外交の組み合わせによって、数週間で鮮やかに回避した。さらに軍隊の抜本的な改革に乗り出した。[49] マケドニア人はすでに屈強で獰猛な戦士たちだったが——兵士は戦闘で初めて敵を殺すまで、腰の周りに飾り帯を付けねばならなかった——、フィリッポスの軍制改革は、見事に訓練され装備も十分な常勤の兵士たちから成る、職業的な戦闘部隊を創り上げた。なかでも彼は新しい戦術、とりわけ衝撃と畏怖の戦術を導入した。そのひとつは、（標準的なギリシアの戦術とは逆に）歩兵でなく騎兵を最初の攻撃に送り出すことであり、もうひとつはマケドニア歩兵を安全な位置に保ったまま敵の戦闘員を突

図1.4　フィリッポス２世の復元された顔（マンチェスター大学ウィトワース美術館蔵）

き刺す、恐るべきサリッサ（ミズキの木でできた四・二メートルの柄に三〇センチの鋭く尖った鉄製の刃先を付けた長槍）のような新兵器である（図一・五）。結果としてマケドニア軍は、ローマ軍以前の古代において最も恐れられ、最も成功し、最も戦闘準備の整った軍隊となった。

アレクサンドロスがアジアまでつれて行き、彼がなし遂げた数々の成功を可能にしたのは、フィリッポスの軍隊だった。彼に抵抗したどんな都市にとっても弔鐘となった、捻《ねじ》り糸による射出機《カタパルト》さえ、父親の技術者集団が考案し、制作したものである。

フィリッポスは上下マケドニアを史上初めて統一し、ペラの首都に権力を集中し、野心的な経済政策を開始して、マケドニアを繁栄した王国へと変容させた。それにもまして彼は、これもマケドニア史上初めて、敵対的な隣人による侵攻の災いから国境を守り、ゆっくりと、だが着実に全方位へ領域を拡大し、ついにはトラキアとギリシアを征服した。数世紀にわたって独立を享受してきたギリシア人は、三三八年の（ボイオティア地方の）カイロネイアにお

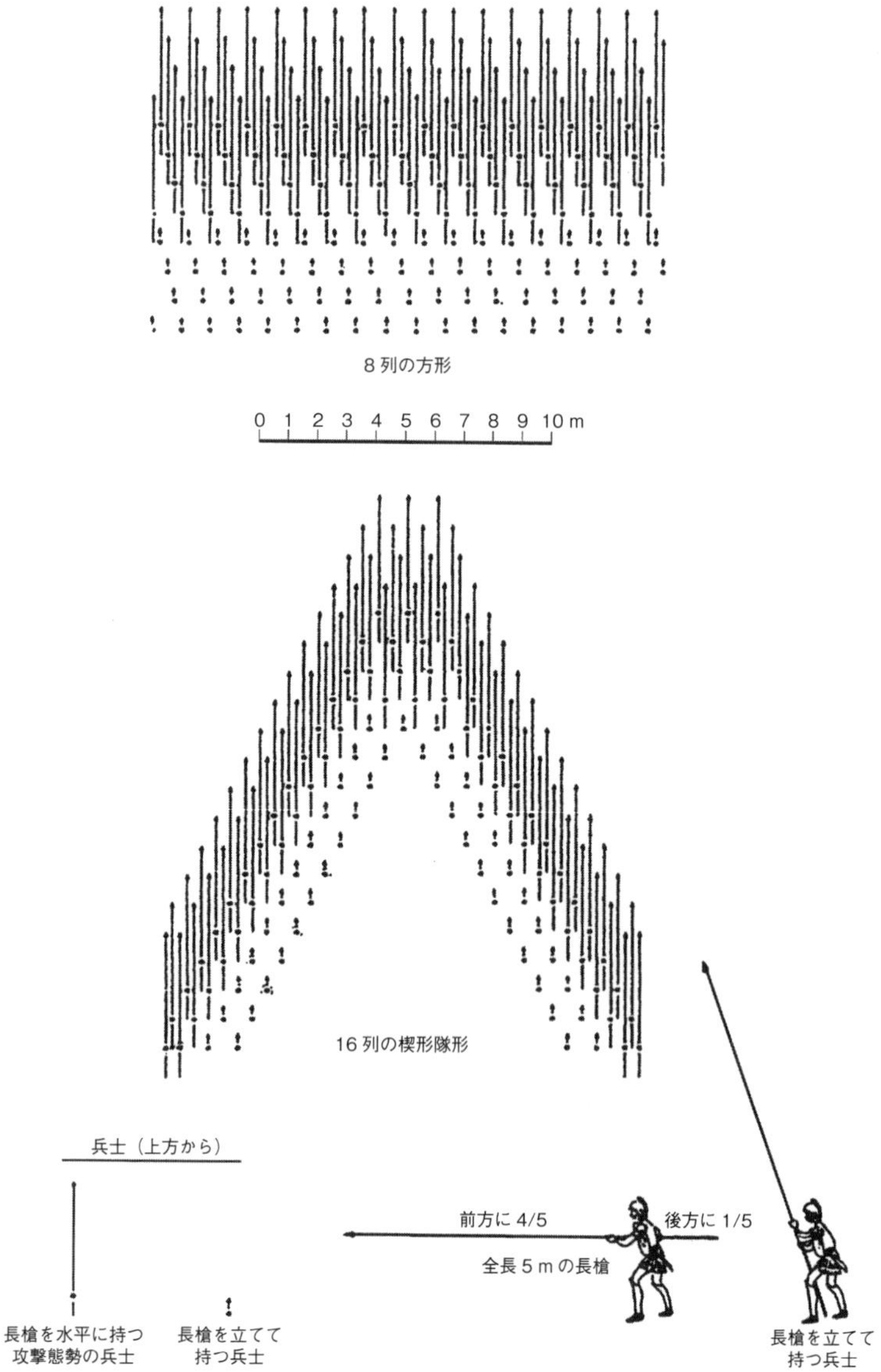

図 1.5　サリッサを携行するマケドニア密集歩兵隊形（N. G. L. Hammond, *Alexander the Great: King, Commander, and Statesman*, Bristol, 1994, p.55）

ける重要な会戦の結果、マケドニアの支配下に降った。同時代のアテネ人弁論家リュクルゴスは、「ここで死んだ者たちの遺体と共に、ギリシア人の自由も埋葬された」と述べた[50]。翌年フィリッポスはギリシア人にコリントスへ集まるよう命じ、そこで彼らは「普遍平和」として知られる条約において、フィリッポスと彼の子孫に対する忠誠だけでなく、お互いについても誓いをたてた。しかしフィリッポスは、ギリシア諸国が彼らの習い性である戦争に逆戻りするのは時間の問題にすぎないことを知っていたので、軍事力をもってこの平和を強要した。さらに彼は総帥《ヘゲモン》ないし指導者が主催する評議会（シュネドリオン）を創設し、ここへ各国が代表を派遣してギリシア人に影響するすべての問題を議論するようにした[51]。マケドニアはこの評議会の成員ではなかったが、ギリシア人はフィリッポスを、彼の期待通り総帥に選んだ。マケドニアがギリシア人の運命を揺るぎなく支配していたので、フィリッポスの普遍平和はもちろんギリシア人に独立を許さなかった。こうした管理統制の仕組みはマケドニアがギリシアを支配するための手段で、今日の学者によってコリントス同盟と呼ばれる。後にプトレマイオスを含む何人かの後継者たちは、フィリッポスを手本として、この同盟を復活させてギリシアの自由を宣言しようとするだろう。

　続いてフィリッポスは次なる大計画、アジア侵攻を布告した。しかしそれは実行されなかった。一年後の三三六年、彼がまさに軍を率いてヘレスポントス、すなわち（今もそうであるように）ヨーロッパとアジアを分かつ海峡を越えようとした時、かつての首都であり王族の結婚式と葬儀の開催地であるアイガイ〔現ヴェルギナ〕で、彼は娘の結婚式の翌日に暗殺された。彼の将軍のひとりアンティパトロスは、民衆を鎮めるためただちにアレクサンドロスを王として宣言し、こうしてアレクサンドロス大王が玉座についた（在位三三六－三二三年）。

　三三六年に死ぬまでに、フィリッポスはマケドニアの大きさを二倍にし、その人口を五〇万にまで増やしていた。彼の経済改革は王国を豊かにしたし、彼は本土に帝国を建設することに加えてアジア侵攻の計画を立てていた。より重要なのは、フィリッポスが議論の余地のない王位継承者を与えたことである。要するに彼の遺産は輝かしいものであり、後に見るように、王国に関する限りアレクサンドロスの遺産ははるかに及ばなかった[52]。

プトレマイオス少年がペラに移った時には、これらすべてははるか先のことだった。そのペラで彼は、フィリッポスが彼自身の臣下から外国人の臣下に至るまで民衆にどう対処するか、とりわけどのように自分の権力をふるうかをじかに経験することになる。マケドニアの王は、内政および外交政策のすべての面を支配する専制君主だった。彼だけが条約を結び戦争を宣言する権利を持っており、軍隊の唯一の指揮官であり、国家における最高神官だった[53]。強力なマケドニア貴族たちは宮廷で党派を率い、それは王も許したが、彼らの勢力は常に王に依存していた。同じことがアレクサンドロスにも当てはまり、アジアにいた時でさえそうであった[54]。マケドニアにはまた男性市民から成る民会と呼ばれる組織が存在したらしく、そこから王は助言を求めることができたが、その意見を受け入れる必要はなかった。王の最も身近な友人や助言者は朋友（ヘタイロイ〔ヘタイロスの複数形〕）と呼ばれ、軍事行動に際して王は彼らを最も頼りとするが、彼らの忠告に従う必要さえなかった。

大王の後継者たちは皆、党派よりも自分の廷臣である「友人たち」に助けられながら、専制的に支配するようになった[55]。これは驚くことではない。彼らの権力と地位は（アジアにおけるアレクサンドロスの場合と同じく）、国法の定めではなく征服に基づいていた[56]。なぜなら彼らは軍人だったからだ。彼らが創設した王朝は軍事的君主政であり、軍隊に根ざしていた。これらの支配者は皆マケドニア育ちで、プトレマイオスと同じく全員が、フィリッポスが自身の王国のために何をしたか、とりわけ軍事と外交をどうやったかを経験した。彼らは、軍事的な支配が最も重要であること、それに劣らず重要なのが、その軍事組織に給与を支払うための収入を生み出すことだと理解した。これらの点で、彼らが学んだことは終生変わらなかった。

プトレマイオスの時代までに、マケドニアはアルゲアス朝という同じ王朝によって三百年間支配されてきた。その名前はマケドンの息子アルゲアスに由来すると言われている。ただし支配者一族は、アルゴスのテメノスにちなんでテメノス朝〔テメニダイ〕とも呼ばれた。[*] マケドニア人はどの新しい王に対しても、ちょうど王が法に従って支配することを彼らに誓ったのと同じく、忠誠を誓った。そしてこの臣下と支配者の忠誠は非常に真剣に受け止められた。アレクサンドロスが三二三年に死んで後継者を残さなかった時(彼の妻ロクサネはまだ妊娠中だった)、アルゲアス朝が何らかの方法で存続せねばならないことは、誰の心中においてもほとんど疑いなかった。そして三一〇年にアルゲアス朝最後の王であるアレクサンドロス四世が殺された時、プトレマイオスを含む後継者たちは、王を名のるまでに五年ほど待った。これは彼らの側で何か遅れをとったせいではなく、思うに、彼らが生まれてこのかた知っており、三世紀にわたってマケドニアを支配してきた王朝が、もはや存在しないと実感したことと、そして王を名のるのは自らなすことだったからだろう。それは新しい世界であり、彼らが適応するには時間が必要だった。

＊ヘロドトスが伝える建国伝説によると、ヘラクレスの一族でアルゴスの支配者だったテメノスの子孫〔テメニダイ〕である三兄弟が、アルゴスから亡命し、マケドニアに王国を築いた(『歴史』八・一三七―一三九)。

マケドニア――その歴史、君主政、生活様式――は、プトレマイオスおよび他の後継者たちに常に残っていた。彼らの戦争では、マケドニアの玉座は最も価値あるもの、究極の宣伝道具と見なされ、プトレマイオスを含む彼らのほとんどがそれを手に入れようとした。フィリッポスのもとで始まり、アレクサンドロスのもとで続き、アレクサンドロスの死後に劇的に加速した彼の物語を、これでようやく語ることができる。

プトレマイオスの初期の功業

プトレマイオスが二十九歳頃だった三三八年、フィリッポスとギリシア人はカイロネイアの決戦を戦った[57]。当時十八歳だったアレクサンドロスはマケドニア側の左翼を指揮し、ギリシア側右翼のボイオティア軍を打ち負かし、有名なテーバイの神聖部隊（精鋭の歩兵部隊）を全滅させて、勇名を馳せた[58]。会戦とその時までのプトレマイオス、双方の重要性を考えると、彼もこの戦闘に参加したに違いない。彼がどこに配置されたかはわからない。ある古代史料は、アレクサンドロスがフィリッポスの「最も経験豊富な将軍たち」に支援されたと述べており、これは通常パルメニオンとアンティパトロスを意味すると考えられている[59]。プトレマイオスは彼らと格が違ったし、アレクサンドロスの下でさえ一度も将軍にならなかった。しかし二人の関係からして、おそらくフィリッポスは彼を若き後継者と共にマケドニアの左翼に配置したことだろう。

三十歳になるまでにプトレマイオスは、我々が知っている少なくとも二つの軍事作戦で活躍し、明らかにフィリッポスとアレクサンドロスに信頼された。前途は洋々かと思われた。ところがそこにピクソダロス事件が起こり（三二一―三三頁）、アレクサンドロスはフィリッポスの権限を無視して、自分がペルシア人総督の娘と結婚することを申し出た。フィリッポスはプトレマイオスをマケドニアから追放したので、アレクサンドロスとの友情は大きな痛手となった。プトレマイオスがどこへ行ったのかはわからない。これまで提唱されてきたところでは、アレクサンドロスとその母オリュンピアスが、三三七年にフィリッポスの結婚披露宴での口論の後、怒ってペラを飛び出してからエペイロスへ行くと、プトレマイオスはそこで彼らと合流し、三三六年のフィリッポス暗殺後にアレクサンドロスが彼を呼び戻した[60]。

図1.6　アレクサンドロス大王の頭部像（ペラ博物館蔵）© Ian Worthington, PellaMuseum, Amman, Jordan

史料が述べるところでは、フィリッポスがアイガイの劇場で暗殺されると大混乱が生じ、アレクサンドロスの友人たちは、とりわけフィリッポスが征服した諸民族の一部の不満を思い、アレクサンドロスまで攻撃された場合に備えて完全武装した[61]。この友人たちとは誰か？　アレクサンドロスは、フィリッポスが三三七年に追放した五人より多くの友人を持っていたに違いない。しかし治世が進むにつれてアレクサンドロスが友人たちに示した熱烈な忠誠心を前提にすれば、フィリッポスが息子にペラへ戻るよう命じた時、おそらくアレクサンドロスはプトレマイオスを含む仲間たちも一緒に帰るべきだと主張したであろう。アレクサンドロスが北方に遠征した三三五年までには（後述）、プトレマイオスは確かに宮廷に戻っていた。

アレクサンドロスは三三六年に王になった時点で弱冠二十歳だった（図一・六）。すぐにギリシアの反乱に直面したが、これをすみやかに制圧し、コリントスでコリントス同盟を復活させた[62]。父王が計画していたのと同じくアジア侵攻の意図を彼が布告すると、ギリシア人には支持する以外に選択の余地はほとんどなかった。同年彼は、アッタロスを含む、政敵となり得る者たちを排除するため一連の粛清を開始した。三三五年には（ドナウ川付近の一部族である）トリバッロイ人およびイリュリア人に対する遠征を敢行した。[63] プトレマイオスは『大王伝』にこれらの出来事を書いているので、アレクサンドロスと共に従軍したと思われる。[64] イリュリア遠征中に、ボイオティアの都市テーバイが反乱を起こしたとの報せがアレクサンドロスに届いた。彼はただちに三万の歩兵と三〇〇〇の騎兵を率いて南下し、反乱都市を包囲した。[65] ここでも、この包囲戦についてのプトレマイオスの実体験による記述が、彼が現場にいたことを示している。

アリアノスはプトレマイオスの『大王伝』に依拠して、テーバイ人が降伏を拒否した後、アレクサンドロスが攻撃を準備している時に、ペルディッカスが向こう見ずにも彼の機先を制したと述べている。「ラゴスの子プトレマイオスが述べるには、ペルディッカスは自身の部隊を率いて陣地の警護を指揮し、敵の防柵から遠くないところにいたが、アレクサンドロスからの戦闘開始の合図を待たず、自発的に最初に防柵を攻撃して破壊したのち、テーバイ人の前哨部隊に襲いかかった」[66]。ペルディッカスの行動に促されて別の将軍（アミュンタス）が追随し、アレクサンドロスも彼らに続くほかなくなった。そうするうちに攻撃側の多くは、防御側が築いていた二重の防柵の間の空間に閉じ込められてしまった。七〇人が殺され、ペルディッカスを含む他の多くの者たちが負傷した。アレクサンドロスはなんとか部下たちを救出し、防御側に対して優位に立つと、相手の一部は市内に退却しようとした。彼らは開いている城門に殺到したことで墓穴を掘った。敵の混乱と開いた城門につけ込んで、アレクサンドロスと兵士たちは市内になだれ込んだ。街路での残虐な白兵戦の末、テーバイ人は降伏した。六〇〇〇人が殺され、三万人が捕虜となって奴隷に売られ、都市の財産は没収された。マケドニア人とギリシア同盟軍は約五〇〇〇人を失った。さらに悪いことが起きた。アレクサンドロスの治世初期における最も暗いエピソードのひとつだが、彼はテーバイを根こそぎ破壊し、無傷で残したのは神殿および抒情詩人ピンダロスと彼の子孫の家屋だけだった。テーバイは三一六年まで再建されることはなかった。

テーバイ包囲戦でのペルディッカスの役柄については、古代史料に食い違いがある。ディオドロスによれば彼は決して早まったことをしたわけではなく、ゆえにアレクサンドロスに逆らってこれほど多くの味方の損失を引き起こしたのでもないことははっきりしている。クルティウスはこの点について彼にはまったく言及しない。[67] プトレマイオスだけがこのように彼を中傷しているのだが、これは疑ってかかるべきだ。アレクサンドロスの指揮官たちの多くは、アジア侵攻の間もその後も互いに仲が良くはなかった。プトレマイオスとペルディッカスの関係は非常に緊迫したものとなったので、ペルディッカスはプトレマイオスを権力の座から引きずり下ろすため、三二〇年にエジプトへ侵攻した〔第6章参照〕。それゆえプトレマイオスが『大王伝』を書く際に、機会あるごとにペルディッカスを中傷しようとしたのはありそうなことだ――テーバイでの向こう見ずについてペルディッカスに偽りの非難を浴びせるのも、そうした一例である。[68]

テーバイの破壊を見届けた後、アレクサンドロスはペラへ帰り（図一・七）、翌年春のアジア侵攻のための最終準備にとりかかった。彼は留守中のギリシアの監督官（エピトロポス）およびコリントス同盟の総帥代理にアンティパトロスを任命し、一万二〇〇〇の歩兵と一五〇〇の騎兵を委ねた。[69] こうして三三四年春、まだ二十二歳にもならないアレクサンドロスはヘレスポントス（ダーダネルス海峡）のセストスへ進軍し、そこからアジアへ船出した。彼が率いた軍隊は、マケドニア人とギリシア同盟軍の少なくとも三万の歩兵および五〇〇〇の騎兵で、おそらく歩兵は四万三〇〇〇、騎兵は五五〇〇もの数に上り、これに料理人や医者、鍛冶屋、大工といった非戦闘員、軍船一六〇隻と輸送船から成る艦隊を伴っていた。[70]

図 1.7　王国の首都ペラ、貴族の邸宅跡。訳者撮影

実際に岸辺に飛び降りる前、アレクサンドロスは象徴として敵の土地へ槍を投げて刺したが、これは彼が全アジアを「槍で勝ち取った」領土と見なしたことを意味した。(71) 彼はそのすべてを征服するために、そしてそれを自分のものだと主張するために戦おうとしていた。これと同じ信条が彼の後継者たちの行動を支配し、彼らもまた帝国の分け前を槍で勝ち取ったものと見なした。これらの男たちはいかなる犠牲を払っても自分の領土をつかんで離さず、それを拡大しようと決意していた。アレクサンドロスの帝国観念を共有していたからで、それはプトレマイオスも同じだった。

マケドニア帝国の歴史を支配するのはフィリッポス、そしてはるかに大きな割合でアレクサンドロスであり、プトレマイオスは彼らの補助的な役割を果たしたにすぎないけれども、プトレマイオスの物語が始まるのはアレクサンドロスのアジア侵攻に伴ってのことだった。この侵攻を背景として次の三つの章で、歩兵としての、最終的には王の護衛官としてのプトレマイオスの業績をたどることにしよう。そのあとで、まずエジプトの総督として、それから王としての彼に目を向けることにしよう。

第2章　アレクサンドロスと共にペルシアへ侵攻

異国の地に上陸したアレクサンドロスは、少数の部隊を伴ってトロイへ行き、そこで自分にとっての英雄（そして母方の祖先でもある）アキレウスの墓に供儀を捧げた。そしてヘファイスティオンと共に裸体で墓の周りを走ったと言われる。すでに自身を若きアキレウスと見なしていたアレクサンドロスは、自分の盾を、トロイのアテナ神殿に掛けられていたと言われる有名なホメロス時代の戦士の盾と交換し、しかるのちヘレスポントスの渡峡を完了していた自軍の残りの部隊と合流した。さらに、三三六年にフィリッポスが小アジアに派遣していたパルメニオンと一万の先発部隊とも落ち合った。そしてその地域の多くの町を手に入れた後、ペルシア軍との戦いに備えた。

マケドニア人がバクトリアとインドへ到達するまで、プトレマイオスはペルシア遠征で重要な役割を果たすことはなく、注目されることもなかった[1]。クラテロスやペルディッカス、コイノス、メレアグロス、パルメニオンの息子フィロータスといったより上級の者たちが、軍のさまざまな部隊を指揮した。プトレマイオスは歩兵部隊のひとつに属しており、ペルシア人に対する三度の激戦には参加したものの、彼の地位は何だったのか、彼個人がどうしていたのかはわからない。

ペルシアとの対戦

ペルシア帝国は、東はギリシア人がインドと呼んだ地域（今日のパキスタンとカシミール）まで、南はシリアとレヴァントを経てエジプトまで広がっていた。この広大さゆえに大王ダレイオス一世は五一三年、これを二〇のサトラペイア〔総督領〕または属州に分け、大王のために税を徴収し軍を招集する任務を負う総督《サトラップ》が、それぞれを支配するようにした。総督たちは大王に服属していたが、たいていは自分の総督領内で思い通り自由に統治を行なうことができ、結果としてしだいに大変裕福かつ強力になった。(2)

ヘレスポントス＝フリュギアの総督領内でアレクサンドロスは、アドラステイア平原のゼレイア（現サリキョイ）の町に近いグラニコス川で、急ぎ招集されたペルシア軍と対面した。大王ダレイオス三世は、自らペルシア軍を率いてバビロンから間に合うよう行軍することができなかったので、侵入者を追い返す任務は総督アルシテスの肩にかかった。アルシテスは歩兵を川の東岸土手の高みの優位な地点に、騎兵を水際から少しだけ後方に配置した。アレクサンドロスが川を渡ろうとすれば、敵の飛び道具が上から兵士に降り注ぎ、ペルシア騎兵の大集団が彼と対戦することになろう。(3) グラニコス川は、深さはわずか三フィートだが、川床全体は八〇フィートの幅があり、土手はどちらの側も険しかった。アレクサンドロスはひるむことなく、一万三〇〇〇の歩兵と五一〇〇の騎兵を率いて西側の土手を下ったが、多大な損害を被る危険を冒して正面から敵を攻撃するのでなく、右翼のアミュンタスおよび快速の騎兵（プロドロモイ〔前哨騎兵部隊〕）から成る少数の突撃部隊に、最初に川を渡って敵の攻撃をおびき出すようにと命じた。その間にマケドニアの（アレクサンドロス率いる）右翼と中央部、それに（パルメニオンが指揮する）左翼は斜めの隊形で、流れの速い川を渡って進んだ。この捨て駒作戦はうまくいき、侵入者は最小限の損失で川を渡り終えた。(4) 長さ一マイルのアレクサンドロスの戦列は、それから再び真っすぐな戦列に組み直され、対岸の土手を駆け上がり、歩兵二万、騎兵一万六〇〇〇の敵と真正面から交戦した。

マケドニア軍が襲いかかるとペルシア騎兵は総崩れとなり、土手の上での歩兵戦は、アルシテスと彼の（軽い投槍しか装備していない）兵士たちが、恐るべきサリッサ〔マケドニア式の長槍〕で切り刻まれたため、大殺戮と化した。ある時点でアレクサンドロスはあやうく殺されるところだった。ひとりのペルシア兵が彼の兜を剝ぎ取り、もうひとり（イオニア総督スピトゥリダテス）が剣を振り上げ、彼のむき出しの頭に斬りかかろうとした。騎兵部隊の指揮官、黒のクレイトスのとっさのひらめきが王を救った。クレイトスは剣のひと振りで攻撃者の腕を斬り落としたのだ。史料によれば、敵の歩兵二万と騎兵二五〇〇が殺され、アレクサンドロス側の死者は歩兵九人を含む三四人だったという。さすがにこれはマケドニアの勝利を賛美するため、おそらく誇張されている。アルシテスはなんとか逃れたが、アレクサンドロスを倒せなかったことに震え上がり、〔敗北の責任を追求されるのを恐れて〕その後まもなく自殺した。

この会戦はアレクサンドロスの戦術的天才と大胆さ、命知らずの勇敢さの見本であった(5)。それはまた、彼が戦うことそのものを愛していることもさらけ出した。アジアの地における最初の会戦で、彼はもう少しで殺されるところだった。未婚で後継者もいなかったから、彼が死ねば本国で王家の危機を引き起こしたであろう。マケドニアの王たちは、戦闘では最前線で軍を率いることが期待され、アレクサンドロスは父と同じく戦士王の素晴らしい手本であった。しかし遠征が進み、彼ら侵入者たちがギリシアから数千マイルも遠ざかるにつれて、部下たちが驚いたことに、アレクサンドロスはしばしば個人的な危険を冒し、命を落としかけた。

それでも敵に対するアレクサンドロスの最初の勝利は、二世紀前にキュロス二世によって創建されたペルシアのアカイメネス朝の終わりを告げた。* 会戦後、アレクサンドロスは部下たちを率いて小アジア沿岸を南下し、それまでペルシアの支配下にあった重要な〔ギリシア〕諸都市を味方につけ、またリュディア地方の首都であり大王の都の中では最も西に位置するサルディスを占領した。アレクサンドロスの戦略は、ペルシアの心臓部へと深く進軍する前に小アジアの全体とりわけ沿岸地帯を支配して、補給路を確保するというもので、同時に、諸都市が以前はペルシアに納めていた貢租が、今では彼の金庫に流れ込んできた。南方へ進んだ彼は、ミレトスおよびカリア地方のハリカルナッソス〔現ボドルム〕の抵抗に直面したが、前者はたちまち彼の軍門に下り、後者もまた二週間続いた激烈な包囲戦の後に降伏した。(6)

＊王朝名は英語形に拠って一般にアケメネス朝と呼ばれるが、本書ではギリシア語形に拠ってアカイメネス朝と表記する。

三三三年初めの数か月で、アレクサンドロスは小アジア南岸のリュキア、パンフュリア、ピシディアを平定した。(7) 彼の成功のすばやさを明らかにダレイオスは警戒して、バビロンに大軍を招集し始めた。敵が何をもくろんでいるのか十分認識した上で、アレクサンドロスはその夏（三三三年）、有名なゴルディオスの結び目伝説の故地であるゴルディオンへわざわざ出向いた。プトレマイオスが彼に同行したかどうかはわからない。伝説によると、誰であれその結び目を解いた者がアジアを支配するであろうという。結び目はミズキの木で作られ、*頸木《くびき》を荷車に結びつけていた。伝説では、この荷車で八世紀にゴルディオスがマケドニアからやってきて、この地にフリュギア人の王朝を創建した。何世紀もの間、多くの人々が結び目を解こうと試みては失敗してきたが、アレクサンドロスはおそらく単純に剣で結び目を切ることで成功を収めた。(8) その行為がペルシア人に与えた心理的衝撃は、彼が意図した通りとてつもなく大きかったろう。(9)

＊伝承によると、かつてゴルディオスの息子ミダスがマケドニアの一部を支配していたが、マケドニア王国の建国後に追放され、フリュギア人と共にアジアに移住した（ヘロドトス『歴史』七・七三、八・一三八、ユスティヌス七・一・一一）。

その間にダレイオスは、自ら侵入者と相まみえるべく出撃していた。侵入者たちはゴルディオンからタルソスへと進んだが、ここでアレクサンドロスはもう少しで死ぬところだった。[10]（タウロス山脈から流れる）キュドノス川の非常に冷たい水の中で泳ぐのは危険だという地元民の警告に耳を傾けることなく、夏の焼けつく暑さの中でアレクサンドロスは水に飛び込み、激しい痙攣を起こして、やっとのことで引き上げなければならなかったのである。彼はすぐに寝込んでしまい、重篤な熱帯性の熱病が一週間以上続いて、アレクサンドロスの予期した以上にダレイオスが前進するのを許してしまった。

最終的に両軍はイッソスで出会った。[11]戦場はおそらく地中海とアマノス山脈の間の幅二マイルの平野で、ほぼ間違いなくクルチャイ川のあたりである。＊今日これはただの小川だが、双方の軍が川の両側に陣地を築いたのだから、古代にはもっと広くまた深かったに違いない。プトレマイオスは『大王伝』で会戦後の生き生きした描写をもたらしているので、この戦闘に参加した可能性が強い。

＊戦場となった川は古代名でピナロス川。現代の川への同定については、北からデリチャイ川、クルチャイ川、パヤス川という三つの候補があり、学者の見解も一致しない。訳者は実地調査に基づいてパヤス川に同定する。

プトレマイオスがマケドニアの戦列のどこに配置されたのか、あるいは彼が何らかの指揮権を与えられたのかどうかはわからない。実際に指揮権を行使した最初の機会は三三一年ペルシア門でのことなので〔六九頁参照〕、イッソスでは彼は命令を受けて戦ったと思われる。アレクサンドロスの戦列は、パルメニオンの指揮するテッサリア騎兵部隊と〔ギリシア〕同盟騎兵部隊を、イスケンデルン湾に隣接した左翼に配置した。中央には密集歩兵のさまざまな部隊が、各々の指揮官の下に陣取り、アマノス山脈側の右翼には、マケドニア人および同盟騎兵部隊の残りが弓兵や傭兵の部隊と共に配置された。アレクサンドロスは五八〇〇の騎兵を含む約四万の軍勢を出動させ、対するダレイオスの軍は、古代史料によれば六〇万（アリアノスとプルタルコス）、または歩兵四〇万と騎兵一〇万（ディオドロスとユスティヌス）、歩兵二五万と騎兵六万二〇〇〇（クルティウス）を数えた[12]。これらの数字はまたしても誇張されている。より信用できそうなペルシア軍の兵力は一〇万から一五万だが、それでもなおアレクサンドロスの軍をはるかに上回っていた。

　正面きっての対戦では敵を負かすことができないとよくわかっていたアレクサンドロスは、彼の十八番となった心理戦に訴えることにした。彼は可能な限り素早くダレイオスを捕えるか殺すつもりであった。そうすればペルシア軍は意気阻喪《いきそそう》し、会戦は始まってすぐに終わるだろうとふんだのである。ダレイオスは安全上の理由および両翼と効率的に連絡が取れるようにとのペルシアの習慣に従って、戦列の中央に位置を占めた。マケドニア人がペルシア人を攻撃するとすぐ、アレクサンドロスとその騎兵部隊の一部はダレイオスだけを目がけて疾走した。部下たちが戦闘中いくつもの問題に直面したにもかかわらず、アレクサンドロスの集中力はゆるがなかった。彼が大王に追いつくと激烈な戦闘が起こり、近衛兵たちが次々と周囲で斃れると、ダレイオスは戦場から逃げた。彼の逃走の報せは、まさしくアレクサンドロスが予期した通りの反応を引き起こした。敵は戦意を喪失し、まずは歩兵が、それから騎兵が敗走したのである。

　プトレマイオスが書くには、アレクサンドロスは部下たちに、退却する敵を追撃し、いかなる容赦もするなと命じた。しかし彼らの血なまぐさい任務の大半はすでに達成されていた。というのも、敵の騎兵は歩兵のあとから逃走したが、その際に数百人の歩兵を踏みつけ殺してしまったからだ。生き残った者たちはあまりに数が多いためゆっくり移動せざるを得ず、マケドニア人は数千人を殺害した。それは実際の戦闘における死者より多かったと言われている。プトレマイオスが主張するには、とある峡谷にさしかかった兵士たちは「死体の上を踏み越えて行った」[13]。この主張は煽情的だ。戦場の周辺地域には峡谷のような深みなどほとんどなかったであろう。しかし、たとえば川床なら逃走する敵の速度が落ち、格好の標的となったことだろう。もしそれなりの人数が猛攻の犠牲になったなら、遺体はたやすく積み上がり、追撃者たちがそれを踏み越えて行くことができたかもしれない。

　会戦後、アレクサンドロスは自分をアジアの王と呼び始め、したがってダレイオスでなく自分がペルシアを支配するのだと強調した[14]。彼はまた、戦場までダレイオスに同行して捕虜となったダレイオスの家族に対しては、敬意をもって遇し、王女たちが年頃になったら夫を見つけると約束し、教育に配慮することによって、巧みに彼女たちの保護者という役割を引き受けた。ダレイオスは会戦前に彼の輸送部隊を保管のためダマスカスに送っており、アレクサンドロスはここでパルメニオンに行って捕獲してくるよう命じた。ペルシア帝国の富は語り草で、秘蔵された貨幣や財宝をアレクサンドロスが蓄え始められるようになった。しかしパルメニオンはダマスカスで別のものを見出した。それはバルシネという名のペルシア人貴族の女性で、かつてのヘレスポントス＝フリュギア総督アルタバゾスの娘だった。彼とその家族は三五〇年代、ペラのフィリッポスの宮廷で過ごしたことがあり、バルシネはアレクサンドロスと知り合いだったことだろう。パルメニオンは彼女をアレクサンドロスのもとへ送り、世評では、王は彼女によって童貞を失ったと言われている。若い頃のアレクサンドロスは女性にほとんど興味を示さなかったので、この話はおそらく本当だろう。アレクサンドロスとバルシネは事実上の夫婦関係になり、ヘラクレスという息子が生まれた。それはアレクサンドロスがより有名な妻ロクサネと結婚したのと同じ年（三二七年）のことである。

　アレクサンドロスはペルシア艦隊を無力化するため、東地中海の沿岸部全体を征服することにした。

シリアへ進軍し、ビブロスやシドンのような、進路に沿ったすべての諸都市の降伏を受け入れたが、キリキアとエジプトの間にある重要な港湾都市テュロスでは事情が違った。古代のテュロスは半マイル沖合にある島で、二つの天然の港がペルシア海軍に停泊地を与えていた。補給路全体を崩壊させかねないからには、アレクサンドロスとしてはテュロスが独立を保つのを許すわけにはいかなかった。その王アゼミルコスは当初、アレクサンドロスに対する友好を約束した。しかしテュロス人は、テュロスの主神殿でヘラクレスに相当する地方神メルカルトに供儀を捧げたいというアレクサンドロスの要求を妨げた。おそらくアレクサンドロスは、テュロス人が自分の供儀奉納を神聖冒瀆と見なしていると理解しただろうが、彼らの拒絶に神経を逆撫でされた。彼は降伏を要求し、テュロス人が逆らうと、都市を包囲した[15]。

これはアレクサンドロスの最も長い包囲戦で、三三二年冬から三三一年初夏まで六か月続いた*。都市を正面から攻撃するために自軍の兵士を率いて行けるよう、彼は大陸からテュロスまで突堤を築くよう命じたが、守るテュロス人たちは彼の攻撃を果敢に撃退した。ある時にはテュロス人は突堤に火船を差し向けて破壊し、突堤の上の攻城塔は焼け落ちた。アレクサンドロスは挫けることなく、もうひとつの突堤を築くよう命じ、突堤のそばに漕ぎ寄せた船の上に攻城塔を搭載して突堤を守る一方、船上に配備した破城槌《はじょうつい》がテュロスの城壁を激しく打ちつけた――海軍の攻城技術におけるこれらの革新は、彼の独創的な発明の才を証明している[16]。

*古代史料は七か月と述べている（プルタルコス『アレクサンドロス伝』二四・五、ディオドロス一七・四六・五、クルティウス四・四・一九）。

ついに都市は降伏し、苛立っていたアレクサンドロスは兵士たちが乱暴狼藉に走るのを許した――六～八〇〇〇人のテュロス人が殺戮され、三万人が奴隷となった。マケドニア人の損害がわずか四〇〇人というのは明らかに誇張である。[17] アレクサンドロスは今やレヴァント地方の支配者となったが、誰であれ自分の進路上で抵抗するかもしれない者への警告として、テュロス人の生存者二〇〇〇人を磔刑に処し、遺体をシリア沿岸にさらした。だが身の毛もよだつ彼のメッセージは功を奏さなかった。エジプト国境に近づくと、ペリシテ人の古い都市ガザが抵抗した。アレクサンドロスはその包囲を命じ、二か月後、すべての戦闘員が殺戮される中でガザは降伏した。[18] 次はエジプトだった。

ゼウスの子

ガザを出立して一週間後、アレクサンドロスの軍隊はシナイ半島の砂漠を一三〇マイル横断し、エジプト国境の町ペルシオン（現テル・エル＝ファラマ）へ到着した。[19] 当時のエジプトはペルシア帝国の属州で、総督マザケスの支配下にあった。[20] 土着のエジプト人がペルシア人に対して感じていた憎しみから、マザケスはアレクサンドロスに抵抗しても無駄であることを知っていた。それゆえ、エジプト三千年来の古都であるメンフィス（今日のカイロの南）で、マザケスは国土をアレクサンドロスに明け渡した。[21] 数度の短い独立時代を除き、リビア人、エチオピア人、アッシリア人、そして（五二五年以降は）ペルシア人を含む外国勢力が、六世紀にわたってエジプトを支配してきた。今度はこの国はマケドニア帝国の一部となった。

アリアノスは、目撃者の記述を示唆するような多少とも詳しい情報についてプトレマイオスを引用しているので、彼はアレクサンドロスに同行してエジプトへ行ったに違いない。[22] ペルシア人はエジプト人を侮蔑的に扱い、中でも土着の宗教を露骨に無視して彼らの聖牛を殺した。アレクサンドロスは、メンフィスのプター神殿の聖域で（牡牛の形をした）土着神アピスに入念な供儀を捧げ、テーベのアムン＝レー神殿やヘルモポリスのトトの大神殿の一部を含む、エジプト最古の神殿のいくつかを修復するのを援助するなど、自分がそうではないことをわざわざ示してみせた[23]。実際にファラオとして戴冠こそしなかったが、この地位を表わす持物《じぶつ》を身につけた。これらのおかげで彼自身は、民衆および強い影響力をもつ社会階層である神官たちから慕われた[24]。マザケスに対するエジプト人の態度と、地元住民を味方につけるためのアレクサンドロスの慎重な行動は、エジプトの支配を手に入れた時のプトレマイオスに影響を与えた——他の後継者たち数人の脅威に直面していたので、マザケスのように無視されるはめになるのはまっぴらだったのである。

　マケドニア人はエジプトで一年近くを過ごし*、その間にアレクサンドロスは、リビア砂漠のシーワ・オアシスにあるゼウス・アンモン（ギリシア人が彼らのゼウス神と同一視したエジプトのアメン＝ラーのギリシア語形）の託宣所を訪問するため、メンフィスから旅に出た。（エジプトの）テーベの主神アンモン（アムン）は、中王国の始まり（前二〇五〇年）以来、エジプトのすべての神々の中でも重要な神だった。彼はギリシアの宗教ではゼウスと結びつけられ、アテネの港ピレウスとカルキディケ半島のアフュティスにはゼウス・アンモンの神殿があった。アレクサンドロスは自分自身の神性について知るため、この神に伺いを立てたかったのである。アジアに上陸してまもなく〔ミレトス管轄下の聖域〕ディデュマを訪問した時、そこのアポロンの託宣所の巫女はアレクサンドロスに、ゼウスが彼の本当の父親だと告げた。アレクサンドロスはすでにファラオの公式称号を受けており、これは彼を地上の神であるホルスとした。全地上の頂点にあって、彼はまだ弱冠二十五歳というのに、すでにペルシア帝国の広大な範囲を征服していた。彼がなぜ自分自身を超人的な存在だと考え始めていたかを理解するのはたやすいことだ。そしてゼウス・アンモンの託宣所を訪問したことは、自らの神性の主張における転換点となった[25]。

＊マケドニア軍のエジプト到着は三三二年十一月、出発は三三一年五月、よって実際にはエジプト滞在はせいぜい七か

月である。

シーワへの五〇〇マイルの旅は危険なものだった。そしてプトレマイオスは一行が直面した困難を記録しているので、おそらく彼は、アレクサンドロスが自分の随行者としてじきじきに選んだ者たちのひとりだったろう。[26] 彼らの道程はメンフィスから、ファロス島の対岸にあって狭い地峡で地中海につながる沿岸部のマレオティス湖へ通じていた。この地域はギリシア人の古い交易植民市ナウクラティスから四〇マイルしか離れておらず、軍船が地中海へ近づくのも容易であることから、アレクサンドロスは交易と通商についての将来性を見込んだのだと言われる。それゆえ彼は都市を建設し、自分にちなんでアレクサンドリアと名づけた。のちにプトレマイオスがこれを彼の首都にした。

アレクサンドロスとその一行は、マレオティス湖から（今日のエル・アラメインを通過して）西へ一八〇マイル進み、沿岸の国境都市パライトニオン（現マルサ・マトルーフ）へ至り、そこから南へ、リビア砂漠の焼けつく暑さと過酷な条件を通り抜ける一五〇マイルの行進が始まった。プトレマイオスは『大王伝』の中で、他の同時代の作家たちもそれぞれの著作で、ベドウィンがこの旅行に要する通常の日数ではなく一行が二週間を要したこと、砂嵐や突然の滝のような豪雨が道しるべと人の足跡を消してしまったため道に迷ったこと、そして飢えと渇きに耐えた末、頭上を飛ぶ数羽の鳥につき従ってついにオアシスにたどり着いたことなどを語っている。[27] アリアノスはこの行進のいくつかの局面について、同時代の史料に食い違いがあることを記している。たとえば一行が道に迷った時、アリストブロスとカリステネスは、彼らが鳥《からす》に導かれて安全な場所へたどりついたと述べるが、プトレマイオスは、「二匹の蛇が声を発しながら一行の前を進んだ。そしてアレクサンドロスは案内人に、神の前兆を信じて蛇についていくよう命じた」と主張した。[28] プトレマイオスはアレクサンドロスの訪問の目的を思い、アンモンの祭祀との関連をより強めるため、ゼウスにつながる蛇を利用しようと決心したのかもしれない。*

＊アレクサンドロスの出生をめぐっては、オリュンピアスが蛇に変身したゼウスと交わって彼を妊娠したとの伝承があった（プルタルコス『アレクサンドロス伝』二・六、三・一―三）。

アレクサンドロスは託宣所の神官と聖室で面会し、それから随員たちの前に現れて良い知らせを告げた――自分はゼウスの子であり、フィリッポスは人間としての父親にすぎない、と。何よりもプトレマイオスが、アレクサンドロスは「彼の望みに適うことを聞いた」と書いているため、神官が本当にこの託宣をアレクサンドロスに告げたのかどうかははっきりしない(29)。治世のあいだに強まった神性に対する彼の主張は、部下たちには受け入れられないだろう(30)。彼らの反応をプトレマイオスはじかに目撃した。彼が三〇四年以降に、ロドス人のような他の者たちが彼のための祭祀を持つのは許したが、彼自身の王国では神性に対するいかなる見せかけも注意深く避けたのは、このためである。

プトレマイオスによると、アレクサンドロスはニトリア砂漠を横切るよりまっすぐな道筋でメンフィスへ帰った。時は三三一年の四月末または五月初めで、彼は一年近く過ごしたエジプトを発つ準備をした(31)。この国を統治するため、その広さと多様性を考慮して、アレクサンドロスは二人のエジプト人を任命し〔ひとりは辞退した〕、ペルシオンとメンフィスの駐留軍（総計で約四〇〇〇）を管轄する指揮官たちをじきじきに選抜し、他方で全軍隊はペウケスタスとバラクロスの指揮下に置かれた。さらにナウクラティス出身でクレオメネスという名のギリシア人が、エジプト全土から税を徴収し、それらが確実に王に支払われるようにし、アレクサンドリアの建設を監督することとされた。クレオメネスはすぐさま自分の地位を活用し、三二五年にアレクサンドロスは彼をエジプトの本当の総督にした(32)。エジプト統治におけるこの任務の分割は、実のところ抑制と均衡のシステムであり、プトレマイオスは三二三年ないし三二二年にこの国の支配権を得るとこれを受け継いだ（第11章）。

この時までにアレクサンドロスは、ダレイオスが新たな大軍勢を招集していたこと、そこにバクトリアとソグディアナ（ヒンドゥクシュ山脈とオクソス川の間、今日のアフガニスタン北部、タジキスタン、ウズベキスタンの一部）の総督ベッソスの提供する騎兵が含まれていることを知っていただろう。バクトリア騎兵はその強さと技量においてマケドニア騎兵の好敵手だった。こうしてペルシア帝国にとって最後の会戦の舞台が整った。ペルシア軍とマケドニア軍が出会ったのは、カジル川とニネヴェ（アッシリアの首都）の廃墟の間、おそらく今日のモスルに近いガウガメラ（テル・ゴメル）であった。三三一年九月末のことである。そこの、ティグリス川とザグロス山脈の麓の間、ブメロス（ゴメル）川とジャバル・マクルブ丘陵にはさまれた広大な平原で、両軍は戦闘準備を行なった[33]（会戦は十月一日）。

ペルシア帝国の崩壊

アレクサンドロスは再び自軍をはるかに上回るペルシア軍と対面したが、ただし史料の数字は非常に誇張されている。アリアノスの主張では、ペルシア軍は四万の騎兵と一〇〇万の歩兵から成っていた。ディオドロスとプルタルコスは総数を一〇〇万とするが、ディオドロスはそれを二〇万の騎兵と八〇万の歩兵に分けている。クルティウスは騎兵四万五〇〇〇と歩兵二〇万とする[34]。より信憑性が高いのは、ダレイオスが一〇万の軍勢を率いていたというものだが、それでもなおアレクサンドロスの騎兵七〇〇〇、歩兵四万の二倍だった[35]。マケドニアの戦列のどこかにプトレマイオスがいた[36]。

バクトリア騎兵がもたらす脅威、それに加えて車輪と台座と頸木の棒に刃先の鋭い鎌を付けた二〇〇両のペルシア風鎌戦車という、さらなる危険にもかかわらず、アレクサンドロスが勝利を収めた。彼はダレイオスを殺すか捕えるという、イッソスと同じ戦略に従い、大王は再びそれに引っかかった。アレクサンドロスはダレイオスが、マケドニア右翼に対面するベッソス麾下の左翼を計画よりも早く展開せざるを得ないようにし、しかるのちマケドニア右翼は見せかけの退却をした。ベッソスの動きで予想通りペルシア軍の戦列に隙間ができたところへアレクサンドロスは突入し、大王めがけて突進した。ダレイオスはより多くの部隊でもって急ぎ隙間をふさごうとしたが、まったく役に立たなかった。彼はあわてて、アレクサンドロスを寄せつけまいとしたので、鎌戦車の攻撃が遅れ、ようやく鎌戦車を発進させた時には、マケドニアの密集歩兵部隊は準備ができていた。恐るべき鎌戦車が突撃してくると、事前に打ち合わせたラッパの合図が、戦場の騒音に負けじと甲高く大きな響きを上げた。ただちにアグリアネス人の弓兵と投槍兵が、戦車を曳く馬をめがけて飛び道具を放ち、他方でマケドニアの密集歩兵部隊は一瞬のタイミングで左右に分かれた。戦列に突然現れたこれらの空隙を戦車が走り抜けると、マケドニア人は背後から馭者に襲いかかった。

ひとたび敵の戦列の背後に出ると、アレクサンドロスはダレイオスを圧倒し、完全に負けたと覚ったダレイオスは、戦場から約七〇マイル離れたアルベラへ逃れた。ベッソスとその部下たちもすぐそれに続いた。アレクサンドロスは逃げる敵を数マイル追撃したが、左翼のパルメニオンを救援するため引き返した。そこではペルシア軍右翼の指揮官マザイオスによる猛攻が、パルメニオンの兵士たちを後退させていたのである。しかしダレイオスがすでに逃走し、アレクサンドロスが迅速に戦場へ戻りつつあるという報せは、マザイオスにとって十分すぎるものだった。彼の意志がぐらつくと、パルメニオンは麾下の兵士たちを集めて攻勢をかけ、マザイオスとその兵士たちは踵《きびす》を返して逃走を余儀なくされた。マケドニア人の損失一二〇〇に対し、ペルシア人はおそらく四万人もの死者を出したこの会戦は、アカイメネス朝の破滅を告げていた。(37) ダレイオスとベッソスは東方のザグロス山脈へ逃れ、マザイオスは南方のバビロンへ逃れた。彼らが逃げ延びたといっても、ガウガメラの勝利がアレクサンドロスにペルシア帝国を与え、アカイメネス朝の終わりを意味したという事実を変えることはなかった。アレクサンドロスは今や、バビロン、スーサ、ペルセポリスというペルシアの偉大な首都の占領にのりだした。

三週間後の十月二十四日または二十五日、マケドニア人はバビロニア地方を通る王の道に沿って南へ三〇〇マイル行進し、ティグリス川とユーフラテス川の合流点に位置するバビロンに到着した[38]。バビロニア総督マザイオス（ガウガメラではペルシア軍右翼の指揮官）は、アレクサンドロスとじかに面会し、おそらく彼自身の命を救うため、都市（とその莫大な財宝）を若き征服者に譲渡した。アレクサンドロスはイシュタル門を通り、民衆の歓呼に迎えられて都市に入り、伝説的な空中庭園を見下ろすネブカドネザルの大宮殿に居を定めた。ここでも彼はペルシア人の抑圧的な振る舞いから距離を置こうとして、都市の守護神マルドゥックの、エサギラという名で知られる神殿を再建することを約束した。現地の宗教的慣習を尊重しようとする彼の配慮は、後に彼の帝国のさまざまな部分を支配した者たちにより、文化的に多様なそれぞれの臣民の心をつかむために踏襲された。

一か月後、アレクサンドロスはバビロンを発った。その前に彼は帝国行政に重要な変更を採り入れた。広大なペルシア帝国を統治するのに最も効果的な方法として、属州制というペルシアの組織を維持していたが、それまでは自身の部下たちを総督に任命してきた。今や彼は現地人を総督として用い始め、マザイオスをバビロニア総督に任命した。アレクサンドロスは政治的および実際的理由からこの変更を実施した。イラン人貴族たちは、これから進もうとする諸地域の習慣、言語、宗教を知っていたし、彼としては地元民に自分の支配を受け入れさせるのをこれらの者にやらせたかったのである[39]。と同時に地元出身の総督たちを牽制するため、総督領の財宝と軍隊の指揮官にマケドニア人を任命することで、彼らの権力の範囲を限定した。アレクサンドロスの統治の成功と失敗は、プトレマイオスがエジプトを治めるやり方と、文化的に多様な彼自身の臣民との関係に多大な影響をおよぼした。これについては第11章で見ることになろう。

帝国の次なる首都スーサ（シューシュ）は、南東に二〇〇マイル、イラクとイランの国境付近に位置していた[40]。アレクサンドロスは三三一年十二月にそこへ到着し、総督アブリテスからスーサの引き渡しを受けた。ここでも彼はおびただしい量の資金と財宝を獲得したが、侵攻目的にとっていっそう意味深いのは、宮殿の一室で、クセルクセスがペルシア戦争中にアテネから盗んだ芸術作品を発見したことだ。*彼はこれらをアテネ人に送り返した。

*ペイシストラトス家の僭主政を打倒するのに功績のあったアテネ人、ハルモディオスとアリストゲイトンの像。

アレクサンドロスは、ダレイオスがまだ逃亡中であることに不安をつのらせていった。それゆえ、真冬ではあったが標高一万五〇〇〇フィートのザグロス山脈*を、道が雪に覆われていたにもかかわらず越えて進み、最後の偉大なる首都パールサ——ギリシア人がペルセポリスと呼んだ、ペルシス地方においてペルシア帝国を象徴する中心——を占領する準備をした。ペルシス地方との境界——おそらく今日のファーリアン**——で、彼は軍勢を二つの集団に分けた。パルメニオンが指揮する一方は動きの遅い輜重《しちょう》部隊を、カーゼルーンとシーラーズを経由する容易だが遠回りの経路をとって、ペルセポリスまで率いていく。アレクサンドロスは二万の兵から成るもうひとつの集団を率い、ペルシア門を経由して、より迅速にザグロス山脈を越えて行き、パルメニオンが到着する前にペルセポリスを制圧するものとする。しかしながら数日もたたないうちにアレクサンドロスは、ペルシア門という長さ六マイルの徒歩でしか通れない狭い峠道で、長期間の立ち往生に追い込まれることになる。ここでプトレマイオスは初めて独立した指揮権を委ねられた[41]。

*約四五〇〇メートルはザグロス山脈の最高地点であり、アレクサンドロスの復元可能な進路は標高二〇〇〇～三〇〇〇メートルである。

**通説ではファーリアン渓谷だが、訳者の実地調査により、正しくは現ヤースージュ近郊のメーリアン渓谷である。

プトレマイオスとペルシア門の戦闘

ペルシス州の総督アリオバルザネスは、歩兵四万、騎兵七〇〇〇という大軍を渓谷の両側に配置して、アレクサンドロスのペルシア門通過を阻止した[42]。アリオバルザネスの計画は、ダレイオスが新たな軍を招集してペルセポリスを守るための時間が稼げるよう、できるだけ長くアレクサンドロスの行軍を遅らせるというものだった。アレクサンドロスはためらうことなくアリオバルザネスの部隊を攻撃したが、今回ばかりは行動を早まった。彼の兵士たちが渓谷の中へ押し入ったところ、両側の高みに陣取る敵の部隊から巨石や岩を落とされ、矢を浴びせられた。それは罠だった、珍しいことにアレクサンドロスが罠にかかったのだ。彼は退却命令を出した。しかし、前線の兵士たちは狭い道で向きを変えるのが困難なのに、後衛の兵士は自分たちの前方で起きていることに気づかないまま前進し続けたため、まったくの混乱状態となった。結局兵士たちは無事に逃れたが、アレクサンドロスは死者も瀕死の者もあとに残さねばならなかった。これはギリシア人が将軍の側の重大な過失と見なした行為だった。

丸一か月間、アリオバルザネスはアレクサンドロスを食い止めた。それからどうやら地元の羊飼いが、ボロル〔ボルソル〕峠を越えてアリオバルザネスの陣地の背後に通じる、起伏の多い一二マイルの道をアレクサンドロスに教えたらしい。その夜、アレクサンドロスはフィロータスと三〇〇〇人の兵士に、敵の戦列のおよそ中間の地点に到達するまで隣接する道をたどって行くよう命じ、他方でアレクサンドロスは他の部隊を率いてボロル峠へ向かった。彼はクラテロスを歩兵の残り二隊と五〇〇の騎兵と共にあとに残し、アリオバルザネスをだましてマケドニア人がまだ彼らの陣地にくぎ付けになっていると思わせるため、夜間はよけいに火を燃やし、昼間はできるだけ大きな音を出すようにと命じた。

アレクサンドロスとその兵士たちは、岩だらけの道とひどい寒さのため、峠を越えて進むのにその夜の残りと翌日丸一昼夜かかったが、ついにアリオバルザネスの背後に現れた。ここでアレクサンドロスはラッパをけたたましく鳴らすよう命じた。それはクラテロスが正面から、フィロータスが中間地点から、アレクサンドロスが背後から攻撃するようにという、示し合わせた合図だった。プトレマイオスは、逃げようとする敵を皆殺しにするため、峠の背後から少し離れた場所に陣取るよう命じられた。マケドニア軍の攻撃の結末はペルシア人の大殺戮だった。アリオバルザネスはこの戦いで死んだのか、それともなんとかペルセポリスに逃れたものの、アレクサンドロスに追いつかれて殺されたのか、諸史料には混乱がある。どちらであるかは問題ではない。アレクサンドロスはペルシア門を突破できたが、彼の行軍ペースはひどく落ちていた。

プトレマイオスは『大王伝』で、中間地点からペルシア人を攻撃することになっていた三〇〇〇の兵を率いたのは、フィロータスではなく自分だったと書いた。しかしアリアノスは、アレクサンドロスはプトレマイオスに、逃走者を皆殺しにするため峠の背後に待機するよう命じたとしている。クルティウスの記述はアリアノスと一致するが、プトレマイオスの役割については何も述べていない[43]。我々は、アレクサンドロスがこれ以前にはいかなる指揮権もプトレマイオスに与えなかったと知っているので、アリオバルザネスへの攻撃においてこれほど重要な役割のため、数千人もの兵を彼に委ねたというのはありそうにない。さらに三三〇年、アレクサンドロスがプトレマイオスをえりぬきの護衛官（七人の側近護衛官）のひとりにした時、「兵卒から」昇進させたと言われており[44]、このことは彼がそれまで指揮権を持たなかったことを示唆する。それゆえ、プトレマイオス自身は自分が明らかに地味な掃討作戦に抜擢されたとみなしたのだが、アレクサンドロスの目にはプトレマイオスが、この時は実際以上に、重要で信頼できる者だとうつった出来事だったのである[45]。

三三〇年一月末までにアレクサンドロスはペルセポリスに入り、パルメニオンと輜重部隊を迎えるのにちょうど間に合った[46]。彼は王宮に居を定めたが、それは市壁の外（おそらくイシュタクル）に位置するクセルクセスの以前の住まいだった。さらに金一二万タラントンにおよぶペルセポリスの財宝も掌握し、安全に保管するためその大半をスーサとエクバタナに送った(47)。ペルセポリスはペルシア帝国の宗教儀式の中心地であり、伝統ある心臓部であった。ギリシア人はそれを「アジアで最も憎むべき都市(48)」と呼んだ。今やアレクサンドロスはコリントス同盟の負託に従って、またペルシア人が百五十年前にギリシア人になしたことに対する復讐として*、兵士たちにしかるべき返報をするよう命じた。終日マケドニア人は市内の軍人と民間人を手当たり次第に殺し、女性たちを凌辱したのちその子供もろとも奴隷にした――多くの女性が惨事を逃れるために自殺した。

*ペルシア軍がアテネの神殿を焼き払い、神聖冒瀆の罪を犯したこと。

マケドニア人はペルセポリスで三か月過ごした*。彼らが出発する少し前に、宮殿は焼き尽くされた(49)。ある説明によると、アレクサンドロスとその側近たちが酩酊してから、タイスというアテネ人の遊女が、出身都市にペルシア人がしたことへの復讐のため、宮殿に火を放つよう彼らに強く促したという。プトレマイオスがこの件でタイスに言及しないのは驚くことではない。タイスはのちにプトレマイオスの妻のひとりとなり、三人の子どもをもうけている。もうひとつのよりもっともらしい説明は、おそらくプトレマイオスによる『大王伝』の記述に基づいている。すなわちアレクサンドロスは、四八〇年のクセルクセスによるアテネ放火に対する報復として、またアカイメネス朝の終焉と新時代の幕開けを布告するために、宮殿の破壊を命じたのである。

*プルタルコスは滞在が四か月間だったと述べている（『アレクサンドロス伝』三七・六）。ペルセポリス到着は一月末、出発は五月末だったと思われる。

ペルセポリスの運命はダレイオスにとって打撃だった。彼はわずか三〇〇〇の騎兵と七〇〇〇の歩兵を伴い、すでにアフガニスタンに向かって東へ逃走していた。アレクサンドロスはペルセポリスからパルメニオンと輜重部隊をエクバタナ（現ハマダーン）へ送り、二万二〇〇〇の兵を率いてダレイオス追撃に出発した。彼は兵士たちに、塩の大砂漠の焼けつく暑さの中の行軍に耐えることを強要し、わずか十日で二二〇マイルを踏破した。それでもダレイオスは、〔南〕カスピア門を通り抜けてなんとか逃げ延びた。ここで彼の運勢は変わり、それと共に彼の人生の結末も変わった。[50] 一週間後、マケドニア人がタラ（現セムナーン）のオアシスに到着すると、ダレイオスの陣営から離脱した二人の者がアレクサンドロスに情報をもたらした。ベッソスとナバルザネス（ペルシアの千人隊長ないし副司令官）、それにドランギアナとアラコシア（アレイア地方の南で、今日のアフガニスタンの大半を含む地域）の総督バルサエンテスが、すでにダレイオスを廃位し鎖で縛ったというのである。この驚くべき事態の展開に先立ってナバルザネスは、アレクサンドロスに対抗して再び支援を興すため、ダレイオスは玉座から降りて、アカイメネス家と実際に血縁関係のあるベッソスにその称号を与えるべきだと提案していた。[51] 拒否したダレイオスは拘束され、ベッソスがアルタクセルクセス五世を名のって自ら大王と宣言したのである。

ただちにアレクサンドロスは最も頑健な男たちから五〇〇〇人を選抜し、ダシュテ＝カヴィールの人を寄せつけない塩の砂漠を越えるべく出発した。ダレイオスと彼を裏切った捕獲者たちが、パルティアの首都ヘカトンピュロス（現クミス）にいるとの報せがアレクサンドロスに届いた。そして二日後、（昼間だけ休息し、夜を徹して急行した）アレクサンドロスはそこへ到着した。彼の驚異的な速度と、残りの部隊がそのすぐ後ろにいるという恐怖に、新しい大王とその取り巻きたちは狼狽した。ベッソスはバクトリアへ、ナバルザネスはヒュルカニアへ逃走し、アレイア総督サティバルザネスおよびバルサエンテスも、彼らにならって各自の総督領へ向かった——しかしその前に、あとの二人はダレイオスを刺し殺した。大王に対する敬意からアレクサンドロスは、彼の遺体を盛大かつ礼を尽くしてペルセポリスに埋葬するようにとの命令を下した。

マケドニア帝国は今やシリアとエジプトを含み、ギリシアからパルティアまで広がった。——これらすべてを、アレクサンドロスがアジアの地に槍を最初に突き立ててからわずか四年で獲得したのだ。それでもアレクサンドロスはベッソスが王権を簒奪したことを思い、自分の成功に甘んじることはできなかった。兵士たちは目的を達成したのだから侵攻は終わったと考えて、今では帰国の準備に取りかかったが、アレクサンドロスは、ベッソスが帝国の安全に対し脅威を与えていることを知っていた。それゆえ彼は気の進まない軍勢に、バクトリアでベッソスを捕えようと説得した。そうすることで彼は、アジア侵攻をまったく新しい段階へ、自身の軍事的名声と個人的栄光を推し進める段階へと引き上げた。この新たな戦争において、プトレマイオスは兵卒から昇進することになる。

第3章　アフガニスタンへの遠征

アジア遠征におけるプトレマイオスの役割は、アレクサンドロスがバクトリアおよびソグディアナ（今日のアフガニスタン北部）へ侵攻する間に高まった。[1] アレクサンドロスはバクトリア侵攻の理由としてベッソスからの脅威を標的としたが、個人的な理由もからんでいた。自分が文明の果てと見なしていたもの、すなわちインドの地をめざして、可能な限り東へ遠く進みたかったのだ。[2] こうしてマケドニア人はヘカトンピュロスから北へ、ヒュルカニアの首都ザドラカルタ（現サーリー）へと出発した。伝説によると、ここでアマゾン族の女王タレストリスが、アレクサンドロスから子供をもうけるため彼に会いにやって来た。[3] 二人の出会いに先立って彼女がどのような感情を抱いていたにせよ、アレクサンドロスの背丈が低いのを目にしておそらく気持ちが冷めてしまい、* 彼はその輝かしい業績には釣り合わない、と洩らした。[4]

＊イッソスの会戦で捕虜になったダレイオス三世の母は、アレクサンドロスより背の高いヘファイスティオンを王だと思って跪拝の礼をとった。

側近護衛官プトレマイオス

それでも三三〇年冬、遠征軍はドランギアナの首都フラダ（現ファラー）に到着し、アレクサンドロスはここで軍を休ませた。しかし彼に対する不満がつのり始めていた。彼が（ペルシア風の直立の頭飾り《ティアラ》や数々のペルシア風衣装の着用に見るように）ますますオリエント風になっていくことや、自らの神性の主張、東への進軍を続けることに対し、陰謀が起きてしまった。[5] 彼の朋友のひとりディムノスが暗殺を企てたのである。陰謀はフィロータスに密告されたが、フィロータスは何らかの理由ですぐにはアレクサンドロスに報告せず、結局陰謀に気づいた別の者が王に警告した。ディムノスはすぐに自殺したが、アレクサンドロスは側近護衛官のひとりデメトリオスを含む他の共謀者たちを一斉逮捕した。[6] それから彼は思いがけないことに、陰謀に関与したとの理由でフィロータスを告発した。不運なフィロータスは拷問を受け、裁判にかけられ、裏切りの罪で処刑された。同時にアレクサンドロスは、フィロータスの父親で当時八〇〇マイル離れたエクバタナにいたパルメニオンを死罪に処すべし、と命令した。マケドニアの法では、裏切り者の家族も処刑されたからである。

たいていフィロータス事件と呼ばれるこの陰謀は物議をかもしている。いかなる陰謀であれ、フィロータスがそれに関与していたとは到底ありそうにない——裁判での彼の弁明は、自分は訴えを調査したが根拠がないことがわかった、それゆえわざわざアレクサンドロスに告げようとは思わなかった、というものである。彼が王に告げなかったのはもちろん過失だったが、死刑に相当するものでないことも確かである。フィロータスとパルメニオンに対するアレクサンドロスの行為を説明できる説得力ある理由は、個人的な動機以外にない。しばらく前から二人とも、アレクサンドロスがペルシア風の習慣をひいきするのを批判していた。そして三三五年のテーバイ人や三三二年のテュロス人の場合に見たように、誰であれひとたびアレクサンドロスを怒らせると、罪の贖いは論外だった。実際フィロータスが最初にアレクサンドロスと衝突したのは三三七年、アレクサンドロスがピクソダロスの娘との結婚を計画しているとフィリッポスに告げた時だった（ピクソダロス事件、三三一―三三三頁参照）。そしてアレクサンドロスは記憶力が良かった。彼らの高い地位や軍事的功績にもかかわらず、今や彼は二人の声高な批判者を取り除くため、この陰謀を利用したのである。

　この事件の顚末《てんまつ》は怪しく、アレクサンドロスが被害妄想をこじらせつつあった一例であり、プトレマイオスと将軍たちはこれをじかに目撃していた。アレクサンドロスはフィロータスの以前の地位である騎兵ヘタイロイの指揮権を分割し、少年時代からの友人であるヘファイスティオンと（彼の初めての重要な指揮権だった）、グラニコス川の会戦で自分の命を救った黒のクレイトスに与えた。おそらくプトレマイオスの友情と、とりわけピクソダロス事件で彼が示した忠誠心の見返りとして、アレクサンドロスはプトレマイオスを「兵卒から」、デメトリオスが持っていたソーマトフュラクス（「側近護衛官」）という選り抜きの地位に昇進させた[7]。今やプトレマイオスはアレクサンドロスにいつでも自由に面会できた。彼の地位は序列が高く、軍事的位階制におけるさらなる昇進への扉を開くものでもあった[8]。プトレマイオスが昇進するのにこれほど長くかかったのは奇妙だという見解が提唱されてきた[9]。そうとは言えない。アレクサンドロスは、自分が父親から受け継いだ保守派の面々と、（少年時代からの友人を含む）次世代の兵士たちの両方が、協力して働き続けるよう努めねばならず、それは保守派に依存することを意味した。しかしパルメニオンとフィロータスの排除が潮目を変えた。それによってアレクサンドロスは今やゆっくりと、だが着実に友人たちを上級の地位に昇進させ始め、それによって自分の壮大な野心により適合した者たちが自分を取り巻くようにし始めたのだ。ヘファイスティオンとプトレマイオスは台頭しつつある次世代の二つの例である。プトレマイオスの運勢は今や確実に上昇機運にあった。

ベッソスへの挑戦

ベッソスを捕えるべき時がやってきた。遠征軍はフラダから（ギリシア人がカウカソス〔コーカサス〕と呼んだ）ヒンドゥクシュ山脈へと進んだ。彼らは三三〇―三二九年の真冬、深い雪と凍てつくような気温にもかかわらず、ヒンドゥクシュで最も高く最も東寄りの峠である一万一〇〇〇フィートのカワク峠を越えた。峠越えは過酷をきわめた。兵士たちは凍傷にかかり、食料不足のため輸送用の家畜を生で食べざるをえなかった。アレクサンドロスはすべての苦難を他の者たちと同様に耐えた。そうすることで彼は偉大な指導者にふさわしい資質と兵士たちへの共感を示し、それにより伝説的な将軍となった。彼の資質は軍事的な模範となり、後継者たちが熱心にまねた。

最終的に軍は峠を越えて、七〇〇〇人の兵士と共にアオルノス〔現タシュクルガン〕にいたベッソスの西方わずか八〇マイルの地点に現れた。ベッソスは敵が冬に峠を越えたことに驚いた、などと言うのは控えめな表現である。彼とその指揮官たち、スピタメネスとオクシュアルテス（後にアレクサンドロスが結婚することになるロクサネの父）は、ただちにオクソス〔現アムダリア〕川を渡り、ペルシア帝国の北東端の属州であるソグディアナ（現ブハラおよびトゥルキスタン）へ逃走した。それゆえアレクサンドロスはドラプサカ（現クンドゥズ）まで順調に走破し、そこから布告を出した。誰であれベッソスを自分に引き渡した者には友誼を与えるつもりだと。この訴えは遠からず効果を現すことになる。

アレクサンドロスの目覚ましい行軍は、バクトリアの首都バクトラ〔現バルフ〕を経てオクソス川まで続き、三二九年初夏に彼はこの川に到着した。ここで少なくとも兵士の一部がうんざりしてしまい、アレクサンドロスは彼らに名誉ある除隊を与え、地元の部隊で置き替えるほかなくなった。ベッソスは狡猾にもアレクサンドロスの渡河に必要な舟をすべて破壊していたが、王は慌てなかった。兵士たちに何であれ浮く物をかき集めるよう命じ、一週間後には彼らは、皮と干し草で作られた、形も大きさもまちまちのいかだに乗り、幅四分の三マイルの川を渡った。彼らが逆境に直面しても断じて諦めなかったことの意味は、スピタメネスおよびソグディアナ人のもうひとりの首領ダタフェルネスにとって歴然としていた。彼らはベッソスを捕え、アレクサンドロスからの友誼の申し出を念頭において、ベッソスを差し出すつもりだとの伝言を王に送った。

アレクサンドロスは最大の敵に再び自分の手から逃れさせるわけにはいかなかった。スピタメネスとダタフェルネスが彼らの申し出を反故《ほご》にするおそれ、あるいはそれがマケドニア人の一部を捕えるための罠という危険さえ常にあったけれども、アレクサンドロスは彼らの言葉を信じるほかなかった。そこで彼はこの任務の遂行をプトレマイオスに託し、四〇〇〇の歩兵と一六〇〇の騎兵を与えた[10]。これはプトレマイオスにとって初めての本物の指揮権であり、兵力の大きさと任務の重要性は、アレクサンドロスが彼を信頼していたに違いないことを示している。

プトレマイオスは『大王伝』の中で、もちろんベッソス拘束にあたっての自分の役割について多くのことを語っている[11]。たとえば、スピタメネスとダタフェルネスはもともと自分たちが選んだ村でベッソスを引渡すつもりだった、しかし彼らはそれから心変わりしたか、気持ちがくじけてしまったため、プトレマイオスはやむなく村を包囲し、住民たちに、ベッソスを引き渡せば害を被ることはないと説得する羽目になった。村人たちは彼の如才ない懇願に従い、スピタメネスとダタフェルネスはそれに先んじて急ぎ退却したという[12]。しかしながらほかのどの古代史料も、プトレマイオスがこのような軍事行動をとるのを余儀なくされたとか、外交の才に頼らねばならなかったなどとは主張していない[13]。と同時に、これが緊迫した危険な任務であったことは認めねばならない。スピタメネスとダタフェルネスは信用できなかった。彼らの申し出は、アレクサンドロスがベッソスのために派遣した者たちを誰であれ捕えて殺し、侵攻軍の士気を挫くための罠であったとしてもおかしくない。アレクサンドロスにはこれらすべては承知の上だったろう。もしかするとアレクサンドロスがプトレマイオスを選んだのは、他の上級指揮官たちと違って、彼を使い捨て可能と考えたからかもしれない。だがもっとあり得るのは、ベッソスの重要性を思えば、それはプトレマイオスの軍事的力量に対する信頼と称賛を知らしめたということである。だからといって、プトレマイオスが自分の役割を潤色したことの言い訳にはならない。

アレクサンドロスはベッソスを、木の首枷で拘束し裸にして自分のもとへ連れてくるよう命じた。それから王殺しに対する処罰に従って鞭で打ち、バクトラに送り、そこで鼻と耳を切り取った。翌年ベッソスはエクバタナにおいて、慣例に従い杭刺しの刑に処せられた。

反乱

スピタメネスとダタフェルネスは、アレクサンドロスに取り入ろうと望んでなどいないことをすぐに明らかにした。というのも、バクトリアとソグディアナで大規模かつ苛烈な反乱を画策したからだ[14]。アレクサンドロスはこの報せをソグディアナの首都マラカンダ（ウズベキスタンの現サマルカンド）へ向かう途中で聞いた。続く二年間、マケドニア人は未知の戦闘様式である残忍なゲリラ戦に直面した。彼らはすばやく適応しなければならなかったが、それでも負けることがあった。たとえば、ペルシア帝国の最果ての北東国境であるヤクサルテス（現シルダリヤ）川を渡った直後、彼らはこの地域に住むサカイ人の攻撃の餌食となった。サカイ人騎兵は、敵を囲んで大回りに駆けながら真ん中目がけて矢を射るという、恐ろしい戦術で有名だった。不意打ちを受け、一〇〇〇人もの兵士を殺されて、アレクサンドロスは退却を命じなければならなかった。彼は部隊を再結集し、サカイ人を一〇〇〇人殺し、一五〇人を生け捕りにして打ち負かすことができたが、当初の損失は相当な打撃で、おかげで地元住民は抵抗を続ける勇気を得てしまった。

アレクサンドロスがサカイ人に対処している間に、スピタメネスはマラカンダを包囲し、歩兵二〇〇〇と騎兵三〇〇から成るマケドニアの救援部隊を虐殺した。この時点でザラフシャン河谷《かこく》の全域が彼に合流し、侵攻軍と敵対した。激怒したアレクサンドロスは自軍の半分を率い、マラカンダを救いに戻るため三日間の強行軍を敢行した。スピタメネスは逃走し、報復としてアレクサンドロスは三二九年の夏の残りを費やして、穀物を焼き払い、町々を破壊し尽くし、河谷地帯に住むおそらく一二万人にもおよぶソグディアナ人を、スピタメネスを支援したとの理由で虐殺した。この時以降――アフガニスタンや後のインドで――マケドニア人が彼らに背いたすべての現地民に見せつけた暴虐と無慈悲さの程度は、劇的に強まった。時には住民すべてが――男も女も子供も――全滅させられた。それは紛れもない集団殺戮《ジェノサイド》であった。

一年の最良の時期が過ぎたが、マケドニア人に対するスピタメネスの執拗なゲリラ攻撃も、地元民の引き続く反抗も終わりが見えなかった。アレクサンドロスはまたもプトレマイオスを呼び出し、他の大隊や指揮官たちと協力してソグディアナでくまなく作戦行動を行なう部隊の分遣隊指揮官に任命した。(15) アレクサンドロスが感じていた苛立ちは、翌（三二八）年夏にマラカンダの宮殿にあった彼の司令部にて、ぞっとするような形で現れた。この時彼は、ヘタイロイ騎兵部隊の共同指揮官で、誰よりも信頼できる将軍クレイトスを殺害したのである。(16) この逸話でもプトレマイオスは巻き込まれた。

常日頃から開かれていた宴会のひとつの最中に、アレクサンドロスとクレイトスは激しい口論になった。クレイトスは、列席したさまざまな追従者たちがアレクサンドロスにふんだんに浴びせる熱烈な賛辞に幻滅し、彼らがマラカンダで斃れた仲間たちの指揮官を嘲笑ったことに激怒した。出席者の全員が大酒を飲んでいた。おそらくそのせいであろう、クレイトスは立ち上がり、嘲ったことで皆を叱りつけた。それからアレクサンドロスの東方かぶれと神性の気取りを激しく非難した。締めくくりに彼は右手を上げてこう言った。「アレクサンドロスよ、これがあの時そなたを救った手だ」——三三四年のグラニコス川で、王の命を救ったことへの言及である。[17]

アレクサンドロスは怒りのあまり、最初に手に触れたもの——林檎——を投げつけ、それからつかみかかろうとクレイトスに駆け寄った。この時プトレマイオスは王の側近護衛官のひとりとして、急場をしのぐためクレイトスをつかみ、部屋から押し出した。[18] ある古代作家は、プトレマイオスがアレクサンドロスを引き留めようとしたと言っている。しかし側近護衛官ならまず間違いなく、守っていた人物への脅威を取り除くことだろう。[19] もしもアレクサンドロスがクレイトスを大声で呼び続けたりしなければ、プトレマイオスの素早い行動は急場を救ったことだろう。しかしクレイトスはプトレマイオスの手を振り切ると、部屋へ駆け戻った。彼とアレクサンドロスは口論を再開した。アレクサンドロスは酔っ払ってのぼせあがり、理性をまったく失った。彼は護衛兵（宴会で唯一武器の携行を許された者たち）のひとりから槍をひったくり、走り寄って無防備のクレイトスを刺し、その場で殺した。アレクサンドロスは後悔したが、この行為は、何についてであれ彼に反対したい者皆に、もうひとつの不吉な警告を送ることになった。さらに、あれほど執拗な敵と対決している遠征のこの時、アレクサンドロスは経験豊かな者たちをありったけ必要としていただけに、クレイトス殺害は重大な誤りであった。偉大な将軍や王の行為とはとても言えなかった。彼の遠征を駆り立て、他の者たちにも期待した個人的名誉は、とっくに消え去っていた。[20]

我々が知る限り、プトレマイオスは『大王伝』でクレイトスの逸話について書いていない。アリアノスがこの件についてアリストブロスを史料に用いたのはこのためである。ひとつの説明は、プトレマイオスはアレクサンドロスの恥ずべき行ないに注目を集めたくなかったというものだ。これは部分的には正しいかもしれない。[21] しかしプトレマイオスが人生の晩年、すなわち（三〇六年に）王になってからずっと後に記述したのだとしたら、彼は亡き征服者の不都合な事実を隠蔽する必要はなかった（補論1参照）。プトレマイオスがアジア遠征における彼自身の役割を潤色したいくつかの機会については、すでに言及した。同様に彼は自分の失敗に注目されたくなかったのだろう。王の側近護衛官として彼は、王に対する脅威の発生を阻止しなかったことで、厳密に言えば自分の任務を果たせなかった――クレイトスは彼をふりほどき、アレクサンドロスのもとへ駆け戻ったし、彼を傷つけた可能性があった。プトレマイオスがマケドニアの侵攻における自分の役割を高めたければ、これは彼が注意を引きたくない状況である。だから省略したのだ。自分がアレクサンドロスを守れなかったことを覆い隠すため、プトレマイオスが沈黙した可能性が高いもうひとつの事例は、三二六年インドのマッロイ人包囲戦で登場する（一〇二頁）。

三二八年末あるいはおそらく三二七年初めまでには、バクトリアとソグディアナの征服が視野に入ってきた[22]。三二八年後半または三二七年初め、コイノス指揮下のマケドニア軍がガバイでマッサゲタイ人の騎兵三〇〇〇人を全滅させた後、スピタメネスはマッサゲタイ人によって殺害され、首を刎ねられた。スピタメネスの首はアレクサンドロスのもとへ送られた。今や残るは、侵入者への降伏を拒否したり、属州南東部（現タジキスタン）のさまざまな岩砦《がんさい》に避難したりした地元民たちへの掃討作戦であった。ここでアレクサンドロスはさらに壮大な包囲戦のいくつかを敢行した。

これらの包囲戦のひとつは三二八―三二七年の冬、いわゆるソグディアナの岩砦で起きた[23]。アリアマゼスという名の貴族が支配するこの要塞は、高く険しい断崖の上にあった。アレクサンドロスに降伏を要求されると、アリアマゼスは拒否し、高い場所にいる自分を捕えるには「翼をつけた兵士たち」が必要だろうと言って、アレクサンドロスを嘲った。凍えるような冬の気象条件にもかかわらず、三〇〇人のマケドニア人部隊が志願して、夜の闇にまぎれ、天幕用の鉄の杭を岩肌に打ち込んで体を支えながら、崖の背後をよじ登った。このうち三〇人が夜間の登攀《とうはん》で転落死したが、生存者たちは夜明けに白い亜麻の旗を掲げ、アレクサンドロスに成功の合図を送った。アリアマゼスは自殺行為に等しい登攀など誰も試みないだろうと信じ、背後を守っていなかった。アレクサンドロスはこの敵失に気づき、ただちに利用したのである。王は、アリアマゼスが敵の軍勢に挟み撃ちにされたことに気づいた心理的影響で意気が挫けるだろうと踏んでいた。彼は正しかった。アリアマゼスは降伏し、アレクサンドロスは、翼をつけた兵士たちをついに見つけたぞと皮肉たっぷりに自慢した。彼は守備兵の多くを磔刑《たつけい》に処し、残りの者はこの地方に彼が建てた新しい諸都市で労役につかせた(24)。

この地域での最後の包囲戦にプトレマイオスも関与した。シシミトレスという名の地方豪族の本拠であるナウタカの岩砦に対するもので、この人物はコリエネスという名前でも伝わり、岩山は彼にちなんで名づけられた(25)。いわゆるコリエネスの岩砦は、正面攻撃が不可能な深い渓谷の向こう側に建てられ、現地の食糧や水がシシミトレスのすぐ近くにあることは、包囲戦を持ちこたえられることを意味した。アレクサンドロスは三三二年のテュロスと同じ戦術を使おうと決意した。ただし海をまたぐ突堤の代わりに、渓谷の上に橋をかけようというのだ。作業員たちは昼夜兼行で工事を遂行した。渓谷の両側に木製の杭を打ち込み、木製の支柱を交差させた構築物をそれにつなぎ、押し固めた土で覆ったものの上から、兵士たちがシシミトレスを攻撃するのである。プトレマイオスともう一人の側近護衛官、ペルディッカスとレオンナトスが夜間の作業を監督した(26)。敵が射る矢で多数の死傷者を出したものの橋は完成し、アレクサンドロスは巨大な攻城塔を数台そこへ曳き出した。アレクサンドロスが見込んだ通り、それらを見ただけでシシミトレスには十分だった。これほど短期間でアレクサンドロスが成し遂げたものに仰天し、彼は意気阻喪して降伏した。

こうしてアレクサンドロスは、バクトリアとソグディアナの広範囲にわたる反乱を終息させた。いよいよ彼は他の事柄、とりわけインド侵攻について考えることができた。しかしその前にもうひとつの陰謀と、自分が地上の神であるとの彼の信念に対するさらなる反対に直面した。

ロクサネ

マラカンダでの滞在も終わりに近づいた三二七年春、アレクサンドロスは、バクトリアのオクシュアルテスの娘で十六歳のロクサネ（ロシャナク、「美しい星」の意）と結婚した。[27] 初めて彼女と出会ったのがどこかはわからないが、彼がソグディアナの岩砦とコリエネスの岩砦のどちらかを占領した後のことである（前節参照）。アレクサンドロスはロクサネとの結婚式を、一塊のパンを剣で薄く切り、それをオクシュアルテスと分け合うという、マケドニア風のやり方で行なった。だが兵士は自分たちの王がマケドニア人の妻を娶ることを望んでいたので、何の感銘も受けなかった。クルティウスは、「ペルシア人とマケドニア人の通婚は、彼の帝国を固めるのに役立つことだろう」と主張するが、アレクサンドロスのあらゆる行為と同じく、ロクサネとの結婚には実際的な理由があった。バクトリアとソグディアナを無抵抗にしておくため、オクシュアルテスの援助を必要としたのだ。アレクサンドロスは今やインド侵攻を決意していたので、背後でバクトリアの反乱を許すわけにはいかなかった。彼はバクトリアの豪族であるオクシュアルテスが、いかなる問題も防いでくれるだろうと信じた。このようにこの結婚は政治的なものであり、彼の父フィリッポスの数々の結婚を思い起こさせる。

ロクサネはこの時代の最も悲劇的な人物のひとりである。彼女は、三三三年以来の愛人であるバルシネとまだ一緒に暮らしていたアレクサンドロスと結婚させられた。追い打ちをかけるように、この時バルシネは彼の子を妊娠しており、（アルゲアス朝の神話上の創設者にちなんで名づけられた）ヘラクレスという息子が生まれた。三二三年にアレクサンドロスが死んだ時、ロクサネは彼の子供を身ごもっており、息子（アレクサンドロス四世）を生んだ。しかし後継者たちは、アレクサンドロスの未亡人にして皇太后たる彼女にふさわしい威厳と敬意をもって彼女を遇することは決してなく、アレクサンドロス四世は彼らの戦争における駒にすぎなかった。アレクサンドロス四世とロクサネは二人とも三一〇年に殺され、アルゲアス家が支配するマケドニアの王朝は終わったのである。

跪拝礼と陰謀

遠征軍はマラカンダからバクトラ（アフガニスタン北部の現バルフ）へ進んだ。ここでアレクサンドロスは、プロスキュネシス（跪《き》拝《はい》礼）というアジアの習慣を部下たちに実行させようと試みたが、カリステネスの反抗のせいで惨めにも失敗した(28)。ペルシア人は日常的に大王の前で跪《ひざまず》いたし、大王に投げキスをしてもよかった。ギリシア人とマケドニア人は、このしぐさは生きた支配者を崇拝するに等しく、それゆえ神を冒瀆するものだと考えた。アレクサンドロスはこの儀礼に対する彼らの態度をよくわかっていただろうから、なぜ彼は自分自身の臣下にそれをさせようとしたのか、という疑問が起きる。時おり提唱されるような、彼がすべての臣民に共通のあいさつの仕方としてこの習慣を取り入れようとした可能性は低いと思われる。もしそうなら、ペルシア人の臣民はマケドニア人と同じように敬礼すればよい、とアレクサンドロスは言ったのではないだろうか。最も可能性が高いのは、彼は自分を神だと信じたのであり、プロスキュネシスは臣下が自分を崇拝できる方法だったということだ。ところがある夜の宴会で、宮廷歴史家のカリステネスは彼に投げキスをしないで立ち去った。アレクサンドロスがキスをするよう命じると、カリステネスは拒否した。彼の反抗に他の者たちは勢いづいて追随し、アレクサンドロスは試みを放棄せざるをえなかった。後に見るように、プトレマイオスはエジプトの支配者になった時、アレクサンドロスに対する軍の反発を思って、どのような神性の見せかけからも注意深く距離を置いた。

アレクサンドロスにとってさらに重大だったのは、まだマラカンダにいた時にヘルモラオスという者が首謀した、王の近習の一部による暗殺計画だった(29)。少し前の狩りの際、アレクサンドロスが一頭の野猪《ちょや》を槍で射止めようとしたところ、ヘルモラオスが仕止めてしまった。最初に獲物を殺すという伝統的な王の権利を無視したため、彼は鞭で打たれた。ヘルモラオスに非があったのだが、どうやら彼は他の数人の近習に、王が眠っている夜間に自分が王を殺害するのを手伝うよう説得したらしい。アレクサンドロスはそうとは知らずに友人たちと徹夜で飲んだため、思いがけず未然に陰謀を防いだ。しかし翌日、近習たちのひとりエウリュロコスがプトレマイオスに陰謀を自白した。フィロータスの身に起きたことを思い出し、プトレマイオスはただちに王に報告した。アレクサンドロスは情報を得るため、近習たち全員を拷問にかけた。

ヘルモラオスは、「我々があなた［アレクサンドロス］の殺害を企てたのは、あなたが自由な生まれの臣下を持つ王としてでなく、奴隷を持つ主人として振舞い始めたからだ」と主張して、暗殺計画を政治的動機によるものにしたと言われている(30)。しかしここでアレクサンドロスは、さまざまな古代作家たちが、近習の誰ひとりカリステネスの名前を挙げなかったと力説するにもかかわらず、彼を共犯の罪で告発した。ただしプトレマイオスとアリストブロスはこの事件について異なる見方をしている。「アリストブロスが述べるには、若者たちは、自分たちにこの大胆な試みをするよう扇動したのはカリステネスであると断言した。プトレマイオスも同様に言っている。だが大半の作家たちはこれに同意せず、アレクサンドロスはカリステネスに対してすでに抱いていた憎しみから、彼について最悪のことをたやすく信じたのだと記述している(31)」。少し前にプロスキュネシス導入の試みを挫いた張本人であるカリステネスを排除するため、アレクサンドロスが陰謀事件を利用したという可能性は見逃せない(32)。近習たちの陰謀には、アレクサンドロスが敵を排除するため意図的に連座させた可能性があるという点で、フィロータスの陰謀と類似性がある。

プトレマイオスは『大王伝』の中で、エウリュロコスは自分だけに会いに来たと主張する。[33] 他方でクルティウスは、エウリュロコスはプトレマイオスともうひとりの側近護衛官レオンナトスに近づき、両者がアレクサンドロスに警告したと述べている。[34] どちらの伝承が正しいかを言うことは不可能である。とはいえプトレマイオスの記述は彼が単独でアレクサンドロスに警告を発したとしており、このたびは（クレイトスの逸話とは違って）王の安全を守るという自分の任務を果たしたことになる。ゆえに彼の物語を疑ってかかるのが正当かもしれない。[35]

今やバクトリアとソグディアナの支配は固まったと思い、アレクサンドロスはようやくインドへ向かうことができた。そこでの彼の遠征はアジア侵攻の頂点になり、プトレマイオスはさらに脚光を浴びることになる。

第4章　インドへ、そして帰還

三二七年晩春、アレクサンドロスと七万の軍勢は、ギリシア人がインドと呼んだ土地、ただし一九四七年の分離独立後は今日のパキスタンとカシミールである土地へ進軍した。[1] ギリシア人はインドについてあまり知らなかった。ペルシアの首都から非常に遠いこと、それに北西辺境のスワート、バジャウル、ブネルといった諸地域におけるインド人諸部族の独立状態を考えれば、アレクサンドロスの時代にこの国がペルシア帝国の一部だったのは名目上にすぎなかった。アレクサンドロスがインドに侵攻した理由はたくさんあった。四八〇年にクセルクセスと共にギリシア人と戦ったインド人への復讐、ガウガメラでダレイオスに軍勢と一五頭の戦象を送ったカブール河谷のインド人への復讐、祖先である（ギリシアへの旅の途中インドを通ったと言われる）ディオニュソス神および（娘の子供がインド人の王朝を建てた）ヘラクレスと同じ道を歩む機会、インド人に自分を神として受け入れてほしいという望み、（インドの）南の大洋に到達し、それによってインドは南の大洋に突き出た小さな岬であるとアリストテレスが信じるのは正しいかどうかを知ること、そして、単純に人の住む世界の果てに到達し、[2] キュロス大王のように、かつてインドにも侵攻した過去の支配者たちを凌駕したいという個人的願望。

インダス川へ

アレクサンドロスは侵攻の最初の行程で、インダス川へ到達するつもりだった。彼は軍を二手に分けた。半分はヘファイスティオンとペルディッカスの指揮下に、インドへの幹線路であるハイバル峠を経てコペン（現カブール）川をたどり、もう半分はアレクサンドロスとクラテロスの指揮下に、コアスペス（クネル）川に沿ってバジャウル地方北部およびスワート地方へ進むこととした。双方の軍はインダス川で合流する予定であった。プトレマイオスはアレクサンドロスの側近護衛官のひとりだったから、もちろん彼につき従った(3)。

アレクサンドロスは道中で、自分がヘファイスティオンとペルディッカスより大きな抵抗に遭うだろうと感じていたが、それは正しかった。コエス川に沿ったスワート河谷では、アスパシオイ人が彼の進軍を阻止するためさまざまな城砦に陣どっており、彼はそれを一つひとつ包囲することを余儀なくされた。最初の包囲戦では一本の矢が彼の胴鎧を貫通し、レオンナトスとプトレマイオスも負傷した(4)。それでも二日目にマケドニア人は、襲いかかって来た守備隊に対して優位に立ち、彼らは山へ逃げ込んだ。捕えられた者たちはその場で殺され、アレクサンドロスの兵士たちは他の者たちを追撃した。ここでプトレマイオスは、少なくとも彼の『大王伝』によると、アスパシオイ人の首長と激しい死闘をくり広げた(5)。

ラゴスの子プトレマイオスは、この地方のインド人指導者自身がとある丘の上におり、盾持ちの護衛兵を周りに従えているのを認めると、数の上でははるかに劣勢だったが、それでも騎乗して追撃し続けた。しかし馬で丘を登るのが難しくなったので、その場で馬から降り、馬は盾持ちの従者のひとりに委ねて曳かせた。それから彼は遅滞なく徒歩でかのインド人を追った。相手はプトレマイオスが接近するのを見てとると向きなおり、従っていた護衛兵たちもそれに倣った。接近戦でインド人は、長槍でもってプトレマイオスの胸を目がけて胴鎧を刺したが、胴鎧はその一撃に持ちこたえた。それからプトレマイオスはインド人の腿を刺して貫き、彼を斃して武具を剝ぎ取った。護衛兵は自分たちの指導者が死んで横たわったのを見ると、もはや踏みとどまろうとはしなかった。しかし山にいた者たちは、首長の遺体が敵の手で運び去られるのを見て怒りにかられ、駆け下りて、遺体をめぐって丘の上で決死の戦いを挑んできた。その時にはアレクサンドロス自身も、すでに馬を降りた歩兵たちと共に丘に迫っていたからだ。彼らもインド人に襲いかかり、激戦の末に彼らを山へと撃退し、遺体を確保したのだった。

彼とインド人首長との激闘は、ホメロスで読まれるような類の激戦を読者に思い起こさせるので、この記述が真実だと仮定すれば、プトレマイオスの自画自賛が記述から輝き出ている[6]。三二〇年にペルディッカスに対して要塞を防衛する時も、彼は同じようなホメロス的武勇を示すので（第6章）、ここでもまた自身の戦闘についての彼の記述はとっぴなものではないかもしれない。と同時にもしも細部が事実だとすればプトレマイオスは、遺体の引き渡しを拒否したことでインド人を遺体確保のためのさらなる戦いへと挑発し、結局はマケドニア人が直面する状況を複雑にしてしまったとして批判されてもおかしくない。

アレクサンドロスはできるだけ多くの現地住民と折り合いをつけたいと望んだ。アリガイオンという町に着くと、彼はプトレマイオスを糧秣確保隊として送り出した[7]。プトレマイオスは、アレクサンドロスの陣営よりずっと多いかがり火を見たという、ありがたくない報せをもって戻った。これは地元住民の数が、アレクサンドロスが予想していたよりはるかに多いことを意味した。最初は王も懐疑的で、軍勢を三つに分け、それぞれ個別の指揮官――彼自身、レオンナトス、プトレマイオスのもとに置いた（プトレマイオスの部隊は騎兵と精鋭の近衛歩兵部隊を含んでいた）[8]。彼ら全員が丘の中腹にある地元民の野営地めざして進んだ。そしてプトレマイオスとレオンナトスが激戦の末に彼らを打ち破り、名を上げた。四万以上のインド人が、二三万頭の牛と共に捕えられた[9]。予想されるように、プトレマイオスは彼独自の戦闘を最も屈強な敵相手の最も激しいものとし、アレクサンドロスとレオンナトスの成功はわずか数語で片付けている[10]。

激しい戦闘が起きたが、アレクサンドロスはたやすく勝利を手に入れた。……レオンナトスも軍の第三隊を率いて同様な成功を収めた。彼の兵士たちも相対する者たちを打ち負かしたからだ……［プトレマイオスは］歩兵部隊を縦列に組ませ、丘の最も攻めやすいと見えた地点へ［進出したが］、丘を完全に取り囲むことはせず、もしも現地民が逃げ出そうと思えばそうできるだけの余地を残しておいた。この土地の地勢の険しさと、相手のインド人がこの地域の他の現地民たちと違って近隣住民よりはるかに好戦的だったことから、これらの者たちを相手に激烈な戦闘が起きた。しかし彼らもまたマケドニア人によって山から追い払われた。

アレクサンドロスがクナル河谷のニュサへ着くと、この町からの使節が彼のもとを訪れて慈悲を乞い、町の住民の祖先たちはディオニュソスと一緒に旅をして、彼の乳母にちなんで町の名前をつけたと主張した[11]。この話は、最初にそう思われるほど空想的ではない。というのもディオニュソスはギリシアへ行く途中インドを通過したと信じられていたし、アレクサンドロスもこの頃には自分をヘラクレス以上にディオニュソスと同一視していたからだ。ディオニュソスの象徴である蔦らしきものがそこに生えているのを見ると、彼はこの物語を受け入れて彼らを放免した。彼はニュサに十日間滞在し、その間彼と兵士たちは蔦の冠をかぶり、熱狂し酩酊しながら森の中や山の斜面ではしゃぎ回った。アレクサンドロスがこの神とのつながりをますます深めていたことを考えれば、ニュサの住民がほぼ間違いなく、放免されるために自分たちとディオニュソスとの関係をでっち上げたことは、ほとんど問題にならない。

すぐにさらなる戦いが、ヒマラヤ山麓の丘陵に近い下部スワート河谷で続いた。相手は泥煉瓦や石でできたいくつもの城砦に陣取るアッサケノイ人であった。アレクサンドロスが最初に包囲したのはカトガラ峠の北端にあるマッサガで、ここにはアッサケノイ人の王と七〇〇〇のインド人傭兵が避難していた。プトレマイオスはこの包囲戦にも参加したことだろう。四日にわたる攻撃の後に王は殺され、女王のクレオフィスは、アレクサンドロスの降伏条件およびインド人傭兵が彼の軍に合流することに合意した。しかし傭兵たちが列をなして都市を出て、すぐ近くの丘に移動すると、アレクサンドロスは彼らをひとり残らず殺戮した。彼らの妻たち――というより寡婦たち――は事態を知ると、走り出てアレクサンドロスの兵士たちと英雄的に戦い、彼女らもまた皆殺しにされた。この奸計ゆえにアレクサンドロスは古代作家たちからも非難された[12]。彼の行為とマッサガの人々の勇気に、他の城砦にいるアッサケノイ人たちはいっそう抵抗の思いを強くした。多くの者たちは陣地を捨て、シャングラ峠を通って避難し、インダス川の数マイル西、地上から一万フィートの高さにそびえるアオルノスの岩山の東の頂上（ピール＝サルの山頂バル＝サル）の要塞を占拠した*（図四・一）。

＊アオルノスの山頂は標高二二〇〇メートルの細長い平坦な丘で、その北端にあるバル＝サルの最高地点は実地調査により二四一六メートル。

アレクサンドロスがコペン河谷の全域を制圧するには、アオルノスを奪取しなければならなかったが、それには戦略的理由を超える個人的理由があった。すなわち、十二の難業の間にこの岩山を奪取するのに失敗したヘラクレス（彼に相当する地方神はクリシュナ）を凌駕する絶好の機会ということだ。アレクサンドロスはプトレマイオスを頼り、部隊を率いて（要塞の向かいにある）西の頂上〔小ウーナ〕を占拠して、そこに拠点を築くよう彼に命令した。[13] 自分たちが二つの敵陣に挟まれたとアッサケノイ人が知れば、ちょうど前年にアリアマゼスがソグディアナの岩砦でしたように、彼らも降伏するだろうと望んでいたのである。しかしこの心理的策略はうまくいかなかったので、アレクサンドロスはさらなる部隊を率いてプトレマイオスの野営地へ行った。そこで彼らは大胆な計画を決断した。アレクサンドロスはアグリアネス人および二〇〇の朋友と共に、八〇〇フィート下にブーリマール＝カンダオ峡谷──その向こうにアオルノスの砦があった──を見下ろす高い尾根に上る。他方でプトレマイオスは守備側のインド人に圧力をかけるため、頂上の野営地に留まって指揮をとる、というものだった。

アレクサンドロスと兵士たちは、二日かけて所定の位置に到達した。それから彼らは、ピール＝サルと自分たちを分かつ深い溝をまたぐ橋を建設し始めた。その上に攻城兵器を据えて石弾で砦を攻撃する一方、他の部隊が正面から守備側を攻撃しようというのである。四日後、攻城兵器を配備するのに十分な橋が建設された。この時点で守備側は完全に負けたことを悟り、講和を申し出た。夜の闇が落ちると、彼らはアレクサンドロスがマッサガで同胞たちにしたように、約束などおかまいなしに自分たちを殺戮しにかかるのを恐れ、山の斜面を降りて逃げ始めた。しかしアレクサンドロスは何らかの逃走の試みを予想していたので、兵士たちと共に急いで橋を渡り、砦を奪取した。アッサケノイ人の一部はインダス川を越え、（今日カシミール地方にある）ハザラのアビサレスのもとへ逃れた。残りの者たちは捕えられ、奴隷にされた。最終的にはアレクサンドロスが包囲戦の成功の立役者だったが、プトレマイオスの果たした役割を見過ごすことはできない。[14]

今やコペン河谷を支配下に置いたアレクサンドロスは、ヘファイスティオンとペルディッカスおよび

図 4.1　アオルノスの戦場（現ピール＝サル）。右側の頂上バル＝サル（アオルノスの最高地点）に現地民が砦を築き、左側の頂上をプトレマイオス隊が占領した。マケドニア軍は中央の谷間に土壇を建造して現地民を攻撃した。訳者撮影

彼らの部隊と、おそらくオヒンド（現ウダバンダプーラ）で合流するために出発した。二人の指揮官は、アレクサンドロスが出くわしたような問題には何ひとつ直面しなかった。例外はペウケラオティス（現チャルサッダ）の君主による反乱で、この君主は自分の都市を彼らに譲渡しておきながら、彼らが去るとすぐに約束を反故にした。都市は三十日におよぶ包囲戦の後に降伏し、その間に君主は殺された。軍がインダス川に近づくと、イスラマバードの北西二〇マイル、インダス川とヒュダスペス（現ジェルム）川の間で最大の都市であるタクシラ（現タクシャシラ）の支配者タクシレスは、親善の印として食料を送った。アレクサンドロスと部下たちは、三二六年四月頃タクシラに着いた。ギリシアからの距離を考えると驚くべきことだが、軍がアジアの地に最初に上陸してからわずか八年しか経っておらず、アレクサンドロスはまだ三十歳にもなっていなかった。

タクシラで当然得られるはずの休息期間を楽

しもうという兵士たちの希望は、報せが届いたことで打ち砕かれた。隣接する君主で、インダス川の支流であるヒュダスペス川とアケシネス（現チェナブ）川の間にあるパンジャブの一地方、パウラヴァの支配者であるポーロスが、アレクサンドロスの進軍を阻止するため、ヒュダスペス川の自領側〔南岸〕へ軍を率いてきたというのである。さらに悪いことに、雨季の豪雨がすでに始まっていた。にもかかわらず、アレクサンドロスはただちに一〇〇マイル行進し、塩の山脈を越えて、ハランプールでヒュダスペス川を見下ろすナンダナ峠へ至った。ほぼ五年におよぶゲリラ戦と包囲戦のあとで、マケドニア軍は再び戦場への準備を整えた。

戦闘と騒擾

アレクサンドロスはおそらく三万四〇〇〇の歩兵と七〇〇〇の騎兵を率いていた。ポーロスはおそらく二万五〇〇〇の歩兵、四〇〇〇の騎兵、三〇〇両の六人乗り戦車、二〇〇頭におよぶ戦象を動員した(15)。歩兵と騎兵はほぼ互角だったが、アレクサンドロスにとって大きな心配は、侵略者には未知のものである戦象だった。だがアレクサンドロスがインドで戦象を経験したおかげで、それから三十年以内に戦象はヘレニズムの軍隊に欠くことのできないものとなった。

アレクサンドロスは軍勢をハランプールへ率いて行ったが、インド軍はその対岸に展開しており、その戦列は四分の三マイルから一マイル半の間の長さに延び、それに沿って五〇フィートごとに戦象が配置されていた。これに加えてアレクサンドロスが懸念したのは、ヒマラヤの雪溶け水と雨季のため、川の深さと流れの速さが増していることだった。にもかかわらず彼は雨がやむ九月まで待とうとせず、別の適切な渡河点を見つけるよう命じた。敵の目をごまかすため、彼は今いる場所に本陣を構え、兵士たちを絶えず食料の貯蔵に従事させて、あたかも彼が雨季の終わりをじっと待っているように見せた。

約一八マイル上流でアレクサンドロスの兵士は、ポーロスからは見えず、樹木に覆われた（塩の大山脈の）岬を発見した。彼らは大きさもとりどりの間に合わせの舟を多数建造した。そしてある夜、ひときわ猛烈な嵐が起こると、アレクサンドロスはこれを隠れ蓑に利用した。彼は六〇〇〇の歩兵と五〇〇〇の騎兵を率いて岬へ行き、川を渡り始めた。ポーロスには何も起きていないと思わせるため、自分が実際そこにいるかのように陣地に代役を置いた。彼の計画は、一方からポーロスに不意打ちをかけ、他方で本陣のクラテロスと他の兵士たちが川を渡って相手を真正面から攻撃するというものだった。こうすればポーロスは二つの攻撃戦線の間で動きがとれなくなるだろう。プトレマイオスは彼らが川を渡りきった時の苦闘について書いているので、アレクサンドロスと一緒にいたに違いない(16)。

アレクサンドロスの計画は見事なまでに単純で、こうした傑出した戦略家から我々が期待するものに合致していた。にもかかわらず、事はうまく運ばなかった。川幅の広いヒュダスペス川には多数の小さな島があり、それらのひとつが隠れた出航地点の沖に横たわっていた。しかしアレクサンドロスが船で密かにそのそばを通り過ぎた時、彼は川の対岸だと思っていたものがもうひとつの島であることに気づいた。このため兵士たちはもう一度難しい流れを越えて進まねばならず、やりとげた頃には嵐は止み、月が出て、隠れ蓑を奪われてしまった。事実、彼らが本当の対岸にたどり着いた時には夜が明けつつあり、ポーロスの息子のひとりに率いられた敵の偵察隊が彼らを発見した。アレクサンドロスがポーロスを打ち負かすための策略だった不意打ちは潰え去った。

軍勢はさんざんな苦労の末に上陸し、二〇〇〇の騎兵と一二〇両の六人乗り戦車を含む敵の偵察隊と向き合った。侵入者にとって幸運なことに、インド人の戦車は地面のぬかるみにはまったが、それでも戦闘は激しいものだった。ポーロスの息子を含むインド人四〇〇人が殺された。生き残った者たちはポーロスのもとへ逃げ帰ったが、誤ってマケドニアの全軍が渡河しつつあると彼に報告した。それゆえポーロスはアレクサンドロスと対戦するため、陣地を移動するほかなかった。

　戦列を展開する時間は双方にあったが、アレクサンドロスはかなりの苦境に立たされた。兵士たちはほとんど一晩中川と格闘したのち、敵の偵察隊と戦ったばかりで、疲れ切っていた。しかもインドの戦象は、兵士とその馬を戦慄させる光景だった。ポーロスは、敵の全容を視野に入れ自軍の兵士をなおいっそう鼓舞するため、自ら戦象の上に座っていた。それでもアレクサンドロスには巨大な野獣を無力化する計画があった。インド側左翼に対面する彼の右翼には、正面の騎兵を蹴散らして、ポーロスが右翼側の騎兵でもって左翼を増強せざるを得ないようにせよと命じ、彼が最初に攻撃をかけた。ポーロスがそうすると、（すでに川を渡っていた）コイノスと彼の騎兵がインド人の戦列を突破して、マケドニア側の二つの攻撃戦線の間で身動きがとれないようにした。ポーロスは計画していたより早く戦象を解き放つ以外に選択の余地がなくなり、ここでアレクサンドロスは計画の第二段階を実行に移した。ガウガメラで鎌戦車に対応したのと同様に、打ち合わせておいたラッパのひと吹きで彼の歩兵を左右に分かれさせ、戦列に隙間を空けさせた。戦象たちは足を踏み鳴らしながらこれらの隙間めがけて突進してきた。すると長槍が象使いを撃退する一方、他の部隊は動物の目や外性器、鼻を剣で切りつけた。苦しみ悶え、統制を失った戦象たちは向きを変えて逃げ、自軍の戦列をまたぎ、多くのインド人を足で踏み潰した。

　戦いは圧勝となった。アリアノスによれば、マケドニア人の損害が歩兵二八〇、騎兵三五だったのに対し、ポーロスは二万の歩兵と三〇〇〇の騎兵を失った。ディオドロスの主張では、マケドニア人の損害が歩兵七〇〇、騎兵二八〇なのに対し、インド人は一万二〇〇〇人を失った[17]。これらの数字が修辞的に潤色されているにしろ、それはアレクサンドロスにとって重要な勝利であり、数的に優勢で、しかも指揮官が戦場から逃げなかった敵に対する、おそらく彼の最も輝かしい勝利であった。負傷したポーロスは、アレクサンドロスに対して身を屈することを拒否した。彼が征服者の前に連れてこられ、どのように扱ってほしいかと問われると、彼は「王にふさわしく」と答えた。彼の威厳に深い印象を受けたアレクサンドロスは、ポーロスを自分の臣下にして、マケドニア軍を仰天させた。

会戦後、アレクサンドロスは新しい都市を二つ建設した。ニカイア（会戦の戦場に、おそらくジャラルプール）とブーケファラ（現ジェルム）で、後者は傷を負って死んだ彼の馬、ブーケファラスにちなんで名づけられた。さらに二種類の記念貨幣を鋳造した。そのひとつはデカドラクマ（一〇ドラクマ貨）で、表面《おもてめん》にはブーケファラスに騎乗して象の上のインド人（おそらくポーロス）を攻撃する、アレクサンドロスと信じられている人物が描かれ、裏面では（勝利の）女神ニケが、王の飾り紐《ディアデーマ》を頭に巻いて長槍と稲妻を握りしめるアレクサンドロスに冠を被せている。これらの貨幣の図像学は、ポーロスに対するアレクサンドロスの勝利を、象徴的にインドに対する勝利へと変えた[18]。この種の政治宣伝を、アレクサンドロスの後継者たち、とりわけプトレマイオスがそこから学び、彼らが自分の力で支配者となった時に利用した。

ヒュダスペス川の会戦がアレクサンドロスのインド侵攻の頂点だった。その後アレクサンドロスは兵士たちをさらに東へと前進させ続け、そこで激烈な抵抗に出会った。たとえば（ラホール近くの）サンガラの包囲戦では、逃げようとする多数の守備兵に対してプトレマイオスは果敢に戦ったが、約一二〇〇人のマケドニア人が負傷した。その報復としてアレクサンドロスは、一万七〇〇〇人の守備兵を殺し、七万人を捕虜にし、サンガラを根こそぎ破壊するよう命じた[19]。

三二六年の夏までに、遠征軍はヒュファシス（ベアス）川に到達した。ここまできて、兵士たちが長らく故国を離れすぎたことがわかった。ほかにも問題は山積していた。ひどく不案内な土地で未知の人々と戦うことの影響、ごく短時間で終わる正規戦を戦うことに慣れているのに何年にも及ぶゲリラ戦と包囲戦、赤痢や咬まれれば命取りとなる蛇や塹壕足〔長く塹壕内に立っているため湿気と寒気によって生じる足の病気〕など災難の数々、東へ進軍し続けるというアレクサンドロスの一貫した計画、ぼろぼろになった武具の心理的作用、彼らを絶え間なくずぶ濡れのままにする、止むことのない雨季の豪雨――。要するに、戦争と戦闘にかかわる彼らの経験全体が、今日と同じく打ちのめすほど強烈だったのである。[20] アレクサンドロスはヒュファシス川を越え、戦いを続け、ガンゲス〔ガンジス〕川に到達したいとまで思った。だが彼の軍勢はそうではなかった。クルティウスが指摘するように、彼らは「事態を異なる風に見ていた。彼の意向は世界帝国を含み、彼の計画はまだ初期の段階にあるにすぎないが、兵士たちは遠征の困難によって疲弊し、最も手近にある遠征の果実を享受することだけを望んでいた[21]」。

それゆえ彼らは騒擾を起こした。[22] プトレマイオスの共感がどこにあったかは知られていない。コイノスが兵士たちの気持ちを代弁し、アレクサンドロスは彼らを恥じ入らせて自分について来させようとしたが、彼らは譲歩を拒否した。三日目には、彼はさらにインドの奥深くへ突き進むという計画を捨て、引き返すほかに選択の余地がなかった。そうする前に彼は、自分の帝国の東の境界を印すため、オリュンポスの神々に捧げられた、各々が高さ八〇フィートの一二の石の祭壇を建てた。それからまもなく、河畔でアレクサンドロスに反抗したコイノスが、とある不可解な病気で倒れ、死んでいるのが見つかった。偶然だろうか？　古代作家は誰ひとり、コイノスの死に何らかの関係があるとしてアレクサンドロスを非難してはいない。しかしすでに見たように、誰であれいったんアレクサンドロスを怒らせたら、つぐなうことなど論外だった。

挫折と反乱

アレクサンドロスはそれでも南の大洋（インド洋）を航海したいと思った。それゆえ軍は、クラテロスが大艦隊を建造していたヒュダスペス川へと戻った。十一月、賑やかな喧騒のただ中で艦隊は出航した。しかしインダス川とアケシネス川の合流点で、悪天候のせいで多くの船が難破、損傷した。船の修理期間を無駄にすることなく、アレクサンドロスは、低地パンジャブ地方で、ヒュドラオテス川の両岸に位置するマッロイ（マラヴァス）人の領土を襲撃した。降伏の印を送ってこず、いかなる外交的接触もなかったことは、彼らを敵と見なすのに十分な根拠だと確信したのである。彼は自軍をいくつもの師団に分け、それぞれにひとりの指揮官を置いて、その地域の異なる箇所を攻撃させた。プトレマイオスは本陣に三日間とどまってから彼らのあとを追い、今回も生存者を残らず掃討するよう指示された。

わずか一週間で、ヒュドラオテス川西岸のマッロイ人の諸都市はすべて制圧され、住民たちはこの「恐怖による征服」の中で虐殺された(23)。残りの現地民は避難のため、同じくマッロイという名の都市へ逃げ込んだ。都市はたちまち陥落したが、城砦はしっかり持ちこたえた(24)。アレクサンドロスの兵士たちは、全力を挙げて城砦を占領しようとはしなかった——おそらく包囲戦にはもううんざりだったのだ。そこで彼らを鼓舞しようと、アレクサンドロスは胸壁にかけた攻城梯子を駆け上った。この手本は効果てきめんだったが、不運なことに兵士が一斉に攻城梯子へ殺到したため、その重みで梯子が壊れた。アレクサンドロスはペウケスタス、レオンナトス、アブレアスと一緒に、今や城壁のてっぺんに身をかがめて座っていた。

アレクサンドロスに導かれ、彼らは討死覚悟で敵の真っただ中に飛び降りた。たちまちアブレアスが敵の矢を受けて斃れ、別の矢はアレクサンドロスの胸を貫いて首から抜け出た。その矢は肺に穴をあけたに違いない。というのもプトレマイオスは『大王伝』で、「空気が血と共に傷口から吐き出された(25)」と語っているからだ。外の兵が、アレクサンドロスが死んでいるかもしれないと怯えつつ、城砦に突入して彼らを救出するまで、ペウケスタスがなんとかアレクサンドロスを守りぬいた。兵士たちはアレクサンドロスの重傷の報復として、城砦の中にいる者を皆殺しにした。侍医はきわどいところで彼の命を救ったが、回復には数週間を要した[26]。

マッロイの包囲戦はプトレマイオスに、『大王伝』の中で自分が戦闘場面に加わる絶好の機会を提供した。しかし何らかの理由で彼は、自分がそこで果たしたいかなる役割についても語らない。アリアノスは、プトレマイオスが城砦の中でアレクサンドロスと一緒にいたこと、そして大王が倒れた時に彼を盾で庇ったのは、ペウケスタスでなくプトレマイオスだったことが信じられていると述べている。しかし続けて、史料における食い違いについて議論している。「一部の者たちは、ラゴスの子プトレマイオスがペウケスタスと一緒になって、アレクサンドロスと共に梯子を上った、そして大王が傷を受けて横たわった時にプトレマイオスが盾で彼を庇った、このために彼はソテル（「救済者」）と呼ばれた、と記録した。しかしプトレマイオス自身は、自分はこの戦闘には参加すらしておらず、別の軍を率いて別の蛮族と戦っていたと記録している[27]」。当然のことながら、（たとえ答えが出せないとしても）次のような問いが提出されてきた。プトレマイオスが戦っていたというこの「蛮族」とは誰なのか、そしてアリアノスと他の作家たちはなぜ彼の任務に言及しなかったのか[28]？　おそらくプトレマイオスはもともとマッロイにいたのである。そして彼の沈黙はここでもまた、王の側近護衛官のひとりとして彼が王を適切に守らなかったという事実を覆い隠すためであったろう。彼は三二八年のクレイトス殺害を扱ったのと同じことをしたのだと思われる。

マッロイでアレクサンドロスが危うく死にかけたことは、彼の側の重大な欠点を浮彫りにした。もしアレクサンドロスが死んでいたら、誰があとを継いで王になったろうか？　彼にはまだ世継ぎがいなかった。兵士たちにとってさらに気がかりなのは、いったい誰があとを引き継いで、自分たちを故国へ連れ帰ってくれるのかということだった。さまざまな指揮官たちの異なる個性と、互いに抱いていた不信感は、のちにアレクサンドロスの死の余波が証明したように、彼らの誰ひとりとして他の者たちには受け入れられないだろうということを意味した。ヘファイスティオンとクラテロスに至っては、遠征中のある時点で殴り合いになり、彼らを引き離すためアレクサンドロスは、インダス川を下る時に二人を川の両岸に分かれて進ませた。いかなる揉め事も防ぐ「抑制と均衡」の手段として、上級将校たち各々にさまざまな任務や指揮権を与えることで、アレクサンドロスはおそらく相互の反感を煽ったのであろう。その反感は、後継者戦争においてさらにいっそう明白なものとなった[29]。

我々がバクトリアで初めて注視し始めた傾向である残虐性の度合いをますます際立たせながら、軍事作戦はさらに続いていった。インダス川西岸での、オクシュカノスという名の君主およびサンボスなる者に対する軍事行動では、八万人のインド人が殺戮された。インドで最も神聖な人々であるブラフマン族でさえ容赦されなかった。ブラフマン族とは、哲学者、兵士、王の助言者たちの混合民族で、アレクサンドロスとその兵士たちがそれまで一度も出会ったことのない組み合わせだった[30]。マッロイへの作戦行動の間に、侵入者たちはブラフマン族が住むハルマテリアの町を攻撃し、皆殺しにした[31]。この殺戮はひどい誤りであることがわかった。というのもブラフマン族は今や同郷人たちに、アレクサンドロスに対する反乱を扇動し始めたからである。

ハルマテリアに対する攻撃の間に、プトレマイオスを含む多くの侵入者たちが、蛇の毒に浸したブラフマン族の矢によって負傷した[32]。負傷者は次々と死に、アレクサンドロスはプトレマイオスを彼の天幕で看病していた時、夢の中で植物を口にくわえた一匹の蛇が彼のもとに現れたと言われる。その植物は解毒剤で、アレクサンドロスはすぐにそれを発見した。彼はそれをプトレマイオスの体に塗り、負傷した他の兵士たちの命だけでなく彼の命をも救った[33]。夢の物語は明らかに創作である。なにしろプトレマイオスは自著でそれを語っていないし、もしもアレクサンドロスが自分の命を救ってくれたことを語る機会を逸したとしたら、それこそ驚くべきことであろうからだ[34]。

三二五年夏、アレクサンドロスはパタラ（おそらくパキスタン南部のハイデラバード）にたどり着いた。そしてそこからインダス川を下り、自分の帝国の南の境界だと主張したインド洋に至った。プトレマイオスは三段櫂船の一隻を指揮したので、大王に同行していた[35]。どんな形にしろ、これはアレクサンドロスがインドで手にした最後の成功になる。パタラへ戻った時でさえ、ブラフマン族はさまざまな君主たちと協力して、侵入者に対する反乱の先頭に立った。アレクサンドロスは（バクトリアと同じく）インドをも西方に開き、セレウコス朝の王たちは彼が達成したことを足がかりにした。しかしとりあえず反乱は、インドにおけるアレクサンドロスの軍事作戦にとって不名誉な結末だった。事実、彼がバビロンへ向けて西へ転進すると、バクトリアとソグディアナも同様に反乱を起こしたのである。

西への途上で

往きと同じ道筋でインドをあとにする代わりに、アレクサンドロスは約三万の兵士を引き連れ、彼らのアジア人の妻や家族、持ち物からなる輸送部隊も伴って、荒涼たるゲドロシア（バルチスタンのマクラン地方）の海岸線に沿って進み、さらにゲドロシア砂漠を横断してカルマニアへと向かった。動機は個人的なものだった。アッシリアの女王セミラミスやキュロス大王のような、砂漠の過酷な条件のせいでほぼすべての兵士を失った伝説上の支配者たちより、うまくやりたかったのだ。そうすることで彼は、治世全体でおそらく最大の軍事的失敗を犯した[36]。

アレクサンドロスは現在のカラチを出発してラスベラ平原を通過し、キルタル山脈を越えてゲドロシア砂漠へ入った。三二五年の十月初めから十二月初めにかけて、ダシュティアリ平原を横切ってバンプール川の北へ向かい、最終的にゲドロシアの首都であるプラ（おそらく今日のイランシャール）に達する、四五〇マイルのこの恐ろしい行軍で、プトレマイオスはアレクサンドロスと一緒だったに違いない[37]。同時代の作家アリストブロスは、誰もが耐え忍んだことを生々しく描いた[38]。多くの兵士が日中の猛烈な暑さに負け、ばたばたと倒れると、そのまま死んでいった。アリアノスが冷静に指摘したように、この行軍は過去十年間のすべての戦闘よりもひどかった[39]。鉄砲水もまた大きな問題だった。ある夜、軍は涸れ川の川床で野営したが、突然の豪雨がそれを荒れ狂う川に変え、兵士たちの家族もろとも輸送部隊のすべてを押し流してしまった。＊兵士たちがプラに着いた時、息つく間もなく食べては飲み、それからカルマニアを西へ横断する際に、一週間にも及ぶ乱痴気騒ぎの痛飲を始めたのは、少しも不思議なことではない。アレクサンドロスはディオニュソス神の扮装をして特別仕立ての戦車の上で踊り、とりわけ自分とこの神とのつながり、それに自己の神性に対する彼の信念を呼び起こした[40]。次に王は自分がキュロスとセミラミスを凌駕したのを自慢した。だがどれだけの犠牲を払ったことか。

＊大王は翌年スーサにおいて一万人の兵士とアジア人女性の結婚を正式に承認し、オピスでは彼らの子供たちの養育を引き受けると約束した。よってアジア人の妻と子供の相当数が生き残ったことがわかる。

アレクサンドロスはカルマニアからパサルガダイを経て（ここで彼はキュロス大王の墓を訪れた）、ペルセポリスへと進んだ。ここでプトレマイオスがもう一度姿を見せる。インドでアレクサンドロスは、ブラフマン族のひとりでカラノスと名のる者を説得し、自分の遠征に同行させていた。カラノスはパサルガダイで病気になり、ペルセポリスに到着するまでに、自分の最期が近いことを知った。自己の宗教的信条に従って、彼は焼身自殺による死を選び、アレクサンドロスに自分のための火葬堆《つい》を用意するよう依頼した。アレクサンドロスはカラノスを大いに尊敬し、火葬堆を建てる任務をプトレマイオスに委ねた[41]。用意が整うとカラノスは頂上に登り、その間ずっとラッパが鳴り、兵士たちは彼に喝采を送った。それから彼が静かに座ると火葬堆が点火され、炎が彼を包んで死に至らせた。アレクサンドロスは飲み比べを含む競技会と祭典でもってカラノスの死を称えたが、飲酒の度が過ぎたため、三五人が飲み比べの最中に、六人がその後まもなく死んだ[42]。

ペルセポリスからアレクサンドロスはスーサへと進み、三二四年の二月末または三月に到着した。ここで彼は集団結婚式を催し、彼と九〇人以上の上級将校がペルシア人貴族の女性たちと結婚した。花婿の多くはマケドニア本国に妻を残してきただろうが、マケドニア人は一夫多妻婚だったので、これらの新妻たちは問題にならなかった。アレクサンドロスはダレイオス三世の長女スタテイラ、それにアルタクセルクセス三世の末娘パリュサティスと結婚した[43]。プトレマイオスはアルタバゾスの娘アルタカマと結婚した[44]。彼はまた結婚の贈り物として、（他の側近護衛官たちと同じく）黄金の冠を受けた[45]。アルタカマについては何も知られていないも同然で、プトレマイオスはアレクサンドロスの死後に彼女を離縁したとも考えられる〔一六二頁参照〕。

集団結婚式は一見すると不可解な出来事である。これまでそれは、軍隊と行政への外国人の統合、跪拝礼〔導入〕の試み、彼とロクサネとの結婚、数か月後にオピスで彼が人々の間の調和を祈ったこと（後述）、諸民族を同胞人類に統一しようとする試みなどと共に、アレクサンドロスの側での理想主義的な政策の一部と考えられてきた。しかしアレクサンドロスは理想主義者ではなく、純粋かつ単純な現実主義者であった。もしも彼がスーサでのこれらの結婚から本当に人類の統一を望んでいたとすれば、ギリシア人女性がペルシア人の男性貴族と結婚するため本土からやって来ていいはずだが、女性はひとりも来なかった。これらの結婚が意図したのは、ペルシア人の血統を汚染することであり、自分が大王であると主張してアレクサンドロスと対立するような別のイラン人が決して現れないよう保証することであり、そしてイラン人とマケドニア人の血を併せ持つことで外国人征服者と見られないような、次世代の指揮官や行政官たちを生み出すことであった。同様に軍中の外国人は予備の兵員を増やし、騎馬弓兵や投槍兵のような専門的軍事技術を提供した。そして行政部門における現地民は、人々とアレクサンドロスの間の連絡役となった。

遠征軍はスーサからオピスへ向かい、三二四年夏に到着した。アレクサンドロスがアラビア侵攻を計画しており、それゆえギリシアへ帰るつもりがないことは、今では兵士たちにはあまりに明白だった。彼がすべての古参兵と負傷兵に、名誉ある除隊と資金を与えて帰国させるつもりだと告げると、くすぶり続けてきた軍の不満が思いがけず爆発した。彼らは再び騒擾を起こした[46]。アラビア遠征に適さないと思われる者たちを除隊させるのは理に適っているから、この騒擾は意外である。しかし引き金になったのは、リュディア、リュキア、シリア、エジプトおよび北東部の総督領から、三万人の若者が最近到着したことだったと思われる。アレクサンドロスはこれらの地域を通過する際に、彼らをマケドニア式の武装で訓練するよう命じていた。アレクサンドロスはこれらの新参者を彼自身の兵士たちと取り換えるつもりであり、彼らをマケドニア密集歩兵の対抗勢力（アンティタグマ）として示すほどだった[47]。だから除隊の通告は、自分の兵士に対する信頼の欠如だと受け取られたのである。

アレクサンドロスは、最も声高に反抗した一三人をただちに処刑したが、何の効果もなかった。彼は兵士たちに向かって長々と熱弁をふるい、自分の功業とほとんど同じくらい父親の功業を称えた[48]。ここでも効果はなかった。軍は三日間彼に抵抗し、ついに彼は上級マケドニア人将校をペルシア人に置き換え始めると共に、歩兵へタイロイ、騎兵へタイロイというマケドニア式称号をペルシア人部隊に譲渡した。もう十分だった、兵士たちは降参した。アレクサンドロスは彼らを許し、その夜に和解の饗宴を催して、そこで彼はすべての者たちの協調を祈った。彼の祈りは時おり理想主義的な動機を与えられ、彼は全人類の同胞たることを創出しようという願望の一部として諸民族の協調を祈ったのだとされてきた。しかしここでも彼の動機は現実主義的である。アラビア遠征の間、兵卒の中でいかなる不協和も望まなかったのだ。

アレクサンドロスは除隊された一万の歩兵と一五〇〇の古参騎兵をオピスからギリシアの故国へ引率するために、将軍のクラテロスを任命した。クラテロスはその上さらに、七十三歳になるアンティパトロスの、ギリシアの守護者という任務を引き継ぎ、今度はアンティパトロスが一万の増援部隊をバビロンのアレクサンドロスのもとへ連れてくることになっていたらしい(49)。しかしアンティパトロスはアレクサンドロスの動機を疑っており、自身の安全のため、代わりに息子のカッサンドロスを増援部隊なしで送り出した。もちろんこれは息子を相当な危険にさらしたかもしれない。三二三年、カッサンドロスは王が死ぬ少し前にバビロンに到着し、十年間会うことのなかったプトレマイオスとの友情を新たにした。

国王崩御

アレクサンドロスの少年時代からの友人の中で、おそらく彼と同性愛関係にあったヘファイスティオンほど近しい者はいなかった(50)。三二四年の秋、遠征軍がオピスからエクバタナへ移動した際、ヘファイスティオンが死んだ。彼は宴会のあとで病気になり、熱を出したので、医者は厳格な食事療法を課した。回復に向かうと彼は大胆になり、一度の食事で鶏を丸一羽と半ガロン〔約二リットル〕の冷えたワインを平らげた。その日のうちに死がやって来た。アレクサンドロスは悲しみに打ちひしがれ、とりわけヘファイスティオンをしのんで競技会を開き、自分の髪を切り（パトロクロスが殺された時のアキレウスの反応を思い起こさせる）、不運な医者を磔刑に処し、全帝国が三日間の喪に服することを命じた。そして――とりわけペルシア人に憎まれたことに――この期間に聖なる火を消させたが、これは大王が死んだ時にだけ定められたものだった。ペルディッカスがヘファイスティオンの遺体を葬礼のためバビロンへ運ぶことになり、そのために建てられた尖塔は高さ二〇〇フィート、費用は一万タラントンに及んだ(51)。

アレクサンドロスの悲しみの大きさは、彼の孤立感がますます強まったことを示している。三二四／三二三年冬、彼はエクバタナの南西、メディア地方に接するザグロス山中（現ルリスターン内）のコッサイオイ人に対して、四十日間の軍事作戦を行なった。これは彼が企てた最後の遠征で、プルタルコスによれば、アレクサンドロスはヘファイスティオンの死から気持ちを紛らわせるためにしたのだった(52)。コッサイオイ人は重要な交通路を支配して、エクバタナとバビロンの間を行きかう旅行者から通行料を取り立てていた。彼はさまざまな部族を兵糧攻めにして降伏させており、コッサイオイ人の通行料請求権をやめさせることにした可能性がある。プトレマイオスはこの遠征に参加し、その成功に大きく貢献したと思われる。ただしアリアノスに含まれるその記述（おそらくプトレマイオスの『大王伝』に由来する）は、あまり詳しくは述べていない(53)。

プトレマイオスの話で重要なのは、この時アレクサンドロスが彼を毒見係に任命したという奇妙な逸話である(54)。しかしながら、アレクサンドロスが自分の飲食物を毒見させるためだけに、えり抜きの側近護衛官のひとりの命を危険にさらそうとしたというのは、まずあり得ない(55)。

アレクサンドロスがコッサイオイ遠征でプトレマイオスに依存したのは、おそらく彼の他の将軍たちが別の任務に従事していたからだろう。たとえばクラテロスは古参兵たちを率いてギリシアへ帰国する途中だったし、ペルディッカスはヘファイスティオンの遺体をバビロンへ運んでいた。しかしアレクサンドロスはペルディッカスの任務をプトレマイオスに与えることも容易にできたのだが、そうはせず、この遠征でこれほどプトレマイオスを当てにしたのは、プトレマイオスがついに真価を発揮しつつあったという兆しである。ただし、ヘファイスティオンの死後に目覚ましく勢力を増していった人物は、これまた王の側近護衛官だったペルディッカスである。アレクサンドロスは彼を自分の右腕と見なすようになり、おそらくヘファイスティオンが以前持っていた副将ないしキリアルコス〔千人隊長〕の地位に彼を昇進させた[56]。ペルディッカスは次章で見るように、王の死の余波においてその権限を利用した。

アレクサンドロスはエクバタナからバビロンへ進んだ。彼は今ではギリシアへ帰るふりをかなぐり捨てて、バビロンをアラビア侵攻の発進地にするつもりだった。その後は西地中海における、より広範な軍事作戦の一環として、カルタゴへの攻撃さえ考えていたかもしれない。だが運命は彼に逆らった。アラビアに侵攻するより早く、三二三年六月十一日の午後遅く、三十三歳の誕生日まであと数週間というところで、アレクサンドロス大王は世を去った[57]。例のように一晩飲んだ後で倒れ、意識がもうろうとして、一週間後に死んだ[58]。毒殺が疑われたけれども、おそらくは過酷な生活ぶりや（マッロイでの致命傷すれすれを含む）数多くの傷、それに過度の飲酒によってもたらされた、自然の原因で死んだのだろう。

アレクサンドロスは死んだ時、フィリッポスがしたような領土の安定も、誰もが認める後継者も残さなかった。彼は偉大な将軍であったが、王としてはそれほど偉大でなく、彼の遺産は父親のそれに比べて見劣りがした[59]。実際のところ、本国のマケドニア人が三二三年にアレクサンドロスと彼の帝国について考えたことは、アレクサンドロスが個人的名声のために自身の王国を見捨てたやり方や神の気取りのせいで、三三六年のフィリッポスの治世の終わりにこの王やマケドニア人の増大しつつある影響力について考えたこととは、おそらく非常に異なっていた[60]。アレクサンドロスの遺産は、ひとつの新しい時代とひとつの新しい世界、すなわちヘレニズム世界を生み出した戦争と混沌を含んでいた（地図3）。これから見るように、それはまたプトレマイオスがその形成に重要な役割を果たした世界でもあった。

第5章　プトレマイオスと後継者たちの勃興

アレクサンドロス死後の最初の二、三十年に起きた出来事はすべて、古代史料の多くが断片的もしくはわずかに逸話を扱うだけであるため、ギリシア史のそれ以前の時期のように一貫した広範にわたる歴史像を構成することができない。具体的にはディオドロスが、彼の作品が断片しか残っていない三〇一年の時点より前にかんしては、後継者戦争について大半の情報を与えてくれる。プトレマイオスの動向については、時には推測に頼らねばならないとはいえ、生涯の最後の数年まではかなりの程度によく知られている。古代史料については補論2を参照されたい。

アレクサンドロスの死のあとで

アレクサンドロスは衰弱しつつある中で、帝国統治の務めが確実に途切れることなく続くよう、今や副将となっていたペルディッカスに自分の印章指輪（最高権力者の公印）を与えた(1)。アレクサンドロスが死んだ夜、崇敬の印としてすべての火を儀礼的に消すよう命じたのはペルディッカスであった。他の上級将校たちは、少なくとも王が生きている間は、ペルディッカスをアレクサンドロスの代理として受け入れたが、王が死んだあとでは別問題だった。「アレクサンドロスの体から〔最後の〕息が去りきらないうちに、野心家［ペルディッカス］は自ら王位継承を夢見た」というのは言い過ぎである。[2] しかしペルディッカスは野心家であり、自分の地位を、アレクサンドロス帝国全体を支配するための単なる足がかりと見ていた。[3]

アレクサンドロスの健康が衰えると、将軍たちは枕元に集まり、帝国を誰に任せるつもりかと尋ねた。プトレマイオスによると、アレクサンドロスは「最も優れた者に」と答えた。[4] 王の側近護衛官として、プトレマイオスはその場にいてアレクサンドロスの返事を聞いたことだろう。だがアレクサンドロスはなぜ単に誰かの名前を挙げなかったのか？　実のところ、そもそもなぜ質問がされたのだろう？　アルゲアス朝に属していない何者かがアレクサンドロスを継いで王になるなどという考えは、地位の如何にかかわらず、誰の頭にも浮かばなかった。ロクサネはまだ妊娠中で、もし息子が生まれれば、明らかに父を継ぐことになるだろう。生まれたのが娘でも、アレクサンドロスの異母兄弟が、つまりフィリッポスと三番目の妻、テッサリア出身のフィリンナとの息子であるアリダイオスがいつもいた。三五七年に生まれたアリダイオスには知的障害があったらしく、父王は彼をとばして王位継承者を弟のアレクサンドロスとしていた。[5]* しかしそうであってもアリダイオスはアルゲアス朝の血統をなおも継続することができたし、かつて正しく指摘されたように、「アレクサンドロスが征服したものはマケドニアのものであり、マケドニアはアルゲアス朝のものであった」。[6] 将軍たちの質問とアレクサンドロスのうわべの返事は、あまりに過大視されてきた。もしも瀕死のアレクサンドロスに向かって質問がなされたとすれば、おそらく将軍たちは誰が彼を継いで王になるのかではなく、たんにロクサネが出産するまで誰が国事を担当するのかを尋ねただろう。

＊フィリッポスとフィリンナの結婚は三五八年で、オリュンピアスとの結婚より一年早い。アリダイオスとアレクサンドロスのどちらが先に生まれたかを示す史料はなく、多くの学者はアレクサンドロスが年長だったとする。

それでも帝国の統治について決断が下されねばならなかった。通常ならマケドニア王が死ぬと、息子が成人していれば父のあとを継ぎ、後継者が未成年なら摂政が任命される。(7) マケドニアは以前にも危機に陥ったことがある。一番最近は三五九年で、侵入してきたイリュリア人部族との戦闘で王（ペルディッカス三世）が殺され、後継者（アミュンタス）はまだ少年だった。二つの異なる部族が二方面から王国に侵入しようとしていたこの時、二人の僭称者が王位に挑戦した。そしてアミュンタスが退けられ、彼の叔父であるフィリッポスが王と宣言された(8)（第1章）。

しかし三二三年のバビロンは、地理的にも年代的にも三五九年のマケドニアとはかけ離れた世界だった。アレクサンドロスの子供はまだ生まれておらず、将軍たちは未知の領域にいた。王の宮廷はペラに帰ることなく、王と共にバビロンにあった。そして首都で王に仕える強力な貴族たちの代わりに、アジア中に散らばった相当規模の軍隊を伴う強力な将軍たちがいた——本土のアンティパトロスや、三二四年にオピスで除隊された一万の軍勢を率いてキリキアにいたクラテロスは言うまでもない。アレクサンドロスは王として、帝国の東西どちらの半分においても、すべての者が自分の命令に服することを期待したが、それは彼が正統の王だったからである。上級将校たちを統制する者がいなければ、相互の敵意が表面化するのは時間の問題にすぎなかった。(9) それどころかアレクサンドロスの最後の言葉は、「彼の友人たちの間に戦争の合図を与えた、あるいは彼らの間に不和の林檎《りんご》を投げ込んだ」(10)*。それは本当に国制上の危機だった。(11)

＊「不和の林檎」とは、ギリシア神話で争いの女神エリスが「最も美しい女に」与えると称して投げ込んだ黄金の林檎を指す。三人の女神がこれを争い、ゼウスによって審判を命じられたトロイの王子パリスは、見返りに絶世の美女ヘレネを与えると約束したアプロディテを選び、これがトロイ戦争の原因を作った。

後継者たちは私的な権力を熱望し、アレクサンドロスの多様な要素からなる帝国を分割すること、あるいは目的に応じて長年にわたる同盟を結んだり破ったりすることに、何のためらいも感じなかった。その結果彼らはギリシア世界を四十年にわたる戦場へと突き落とし、何より三百年に及ぶアルゲアス朝の終焉と、歴史の中心舞台へのプトレマイオスの登場を目撃することになる。[12]

誰が王に？

アレクサンドロスの死後、事態は急速に動いたとたいてい考えられているが、古代作家は誰もそうは述べてはいない。[13] ペルディッカスがアレクサンドロスの遺体の処置を完了し、差し迫った諸問題に対処し、とりわけ落ち着かない軍に万事問題ないと安心させるには、時間がかかったことだろう——伝えによると「兵士たちは、［マケドニアの］新たな支配に満足するどころではない敵たちに囲まれ、ユーフラテス川のかなたで見捨てられたと感じ」、王位継承者がいないので内乱を予感した。[14] これは、各指揮官が自身の権力を追い求め、そうしてさらなる流血と結局はアジアにおける死を引き起こすだろうことを意味した。

ペルディッカスは、できるだけ長く国事を支配することに喜びを感じたことだろうから、何をなすべきかを決定するためバビロンで上級将校の会議を招集するまでに、ある程度の日数が経っていたかもしれない。[15] おもな関係者は、プトレマイオスの生涯にかかわりを持つ範囲で以下の面々だった。ペルディッカス、隻眼《モノフタルモス》のアンティゴノス（三三三年のイッソス会戦後、[16] 小アジア中西部のフリュギア総督領を与えられ、[17] 巨大な軍を思いのままにしていた）、プトレマイオス自身、セレウコス、レオンナトス（もうひとりの王の側近護衛官[18]）、リュシマコス（同じく側近護衛官[19]）、カッサンドロス（アンティパトロスの息子で、三二四年にバビロンへ到着した）、アンティパトロス（マケドニアとギリシアの守護者[20]）、そしてクラテロス（三二四年にアレクサンドロスがオピスで除隊させた古参兵を率いてマケドニアに帰る途中で、当時キリキアにいた)[22]。アンティパトロス、クラテロス、あるいはアンティゴノスがバビロンまでやってくるだろう――その場合には軍を含めて誰もが、そこでなされる決定に従うはず――と誰かが推測したことを示すものは何もない。同様に、フリュギアのアンティゴノスがアレクサンドロスの旧帝国を復活させるため誰より奮闘し、次の二十年間の諸事件に劇的な影響を与えるだろうとは、誰ひとり思いもしなかった[23]。

ペルディッカスがその地位のおかげで議事を取り仕切った。アレクサンドロスは三三四年にアジアへ向けて最初に出発した時、アンティパトロスを自分の代理人にしていたのだから、本当はアンティパトロスが皆を取りまとめるべきだった。しかしアンティパトロスは数千マイル離れたギリシアにおり、ペルディッカスは明らかな理由により、バビロンに列席するよう彼に求めるつもりはなかった。古代史料(すべて後世のもの)からは議論の一部始終はわからず、しかもそれらが述べることは、とりわけバビロンにおけるプトレマイオスの役割の話になると、しばしば混乱し矛盾している[24]。ディオドロスは、少なくとも三〇一年のイプソスの会戦までは、後継者たちの時代全体について大半の情報を与えてくれるが、ロクサネの赤子をめぐる問題を完全に省略し、次の王の選出のことになると、アリダイオスが常に望ましい選択であったと思わせるようにしている。我々の目的にとって幸いなことに、史料の真実性についての詳細を議論する必要はなく、クルティウスの叙述に従った以下のような事件の説明が、最も信憑性が高い。

何をなすべきかを決定するため、上級幕僚だけがバビロンの王宮に集まったが、(プトレマイオスを含む)王の側近護衛官たちも出席した。アリダイオスもバビロンにいたが、ペルディッカスは彼を会議に招かなかった。ペルディッカスは抜け目なく、アレクサンドロスの玉座と王の衣装、飾り紐《ディアデーマ》、武具を室内に持ち込んだ。そして王の印章指輪を、あたかもそれを返却するかのように玉座に置き、ロクサネが男子を生んで（これが重要だが）その子が成人するまでの指導者を選ばねばならないと全員に告げた。[25] 彼は明らかに自分が印章指輪を取り戻すよう出席者が求めるのを期待しており、そして後に見るように、誰かが彼を幼児王の摂政に推薦するよう準備していたのだろう。奇妙なことにバビロンにいた誰もが、ロクサネが男子を生むと予想していたらしい。もしも彼女が娘を生んだらどうなるだろうかとは、誰も思わなかったようである。

さてペルディッカスの計画は失敗した。不安をかかえたまま宮殿の外で待機していた軍隊が、彼ら自身の要求をすると同時に何が議論されているかを聞こうと、突然押し入ってきたのである。[26] 今や一般兵士たちはどのような計画についても賛同（または反対）を示すことができたので、少人数の内輪の幹部会合ではなくなった。[27] ロクサネの赤子は（もし男子なら）明らかに王位の重要候補者だった。しかしこの時、アレクサンドロスの提督ネアルコスが、アレクサンドロスとアルタバゾスの娘バルシネとの事実婚関係から生まれた非嫡出子であるヘラクレスを提案した。[28] アレクサンドロスが死んだ時、バルシネとヘラクレスは小アジアのペルガモンに住んでいた。ヘラクレスは三二七年に生まれたので、この時わずか四歳ほどだった。[29] この提案がネアルコスから出されたのは興味深い。彼はインドを発つ時にアレクサンドロスの命令に従って行動し、三二四年の伝説的な航海ではマクラン地方の沿岸を一〇〇〇マイル航海しており、[30] 三二四年のスーサにおける集団結婚式でバルシネの娘を妻として与えられた。このように彼が（自分の義兄弟である）ヘラクレスを支持したのは、影響力を獲得しようとする明らかな試みであった。しかしながら彼の計画は失敗に終わった。なぜならヘラクレスは庶子であり、正統なアルゲアス家の成員に代わる支配者としては決して受け入れられなかったからである。スーサでバルシネの姉妹アルタカマと結婚していたプトレマイオスでさえ、ヘラクレスの立候補を支持しないだけの明敏さがあった。ネアルコスは提案の取り下げを拒否したが、軍勢は槍を盾に打ちつけて、どれほど強くネアルコスの提案に反対しているかを示した。

ここでプトレマイオスが発言した。[31] ユスティヌスによると、プトレマイオスはアリダイオスが王となるのに反対した。それは彼の障害ゆえ、また母親がフィリッポスと結婚する前は娼婦だったという確信からだった。* 一方クルティウスの記述では、プトレマイオスはヘラクレスとロクサネの両方に反対して侮蔑的な演説をした。母親がバクトリアの生まれである以上、アレクサンドロスの後継者は半分だけのマケドニア人になるし、「ヨーロッパはその名前すら聞くのを恥じるだろう」からだという。[32] 古代作家たちがプトレマイオスをこのように描いた動機が何であれ、フィリッポスを父親とするアリダイオスに彼がこれほど激しく反対したというのは疑わしい。しかしロクサネの子供に対する彼の敵対感情は、マケドニア人が誰であれ自分たちの血筋でない者をどれほど見下していたかを示している。

＊フィリッポス二世の妻フィリンナが娼婦であったとの伝承はギリシア語史料に由来し、マケドニア王の一夫多妻に対するギリシア人の誤解と偏見を反映している。フィリンナはテッサリアの貴族出身だった。

プトレマイオスは声高な攻撃に続けて急進的な提案を持ち出した。帝国統治にあたる顧問団を設立し、全構成員は対等な地位を有すること、というのである。[33] ――「［アレクサンドロスに］かつて助言をしていた者たちが、何かを決定する必要があるたびに組織として集まること。そして多数決を有効とし、将軍と他の部隊長たちはこれに従うこと」。[34]「彼はこう言った。王が名目上の権力しか持たない間、それに値しない者たちの支配に服するより、個人の資質ゆえに王の身近にあった者たち、属州総督であった者たち、軍事作戦を任された者たちから選ぶほうがよい、と」。[35] プトレマイオスの提案は、アルゲアス朝による単一の王国の代わりに、統一されてはいるが別個の総督国家からなる集合体が現われることを意味した。彼は明らかに、側近護衛官としての自分の権威にもとづき、一夜にして総督への昇進をなし遂げ、その顧問団における地位を、そしてすでに将軍や総督の地位にあった影響力のより強い同僚たちと対等な地位を、手に入れようとしていた。[36] ペルディッカスや他の者たちは、プトレマイオスの巧妙な計画を見抜いたに違いない。そして数人がそれに同意したが、最終的には拒否された。にもかかわらずプトレマイオスは名を上げた。そして一週間後に合意が成った時、彼の大胆さは報われた。後に見るように、付帯条件があったものの彼はエジプトの総督になったのである。

プトレマイオスの演説の後に、別の側近護衛官であるアリストヌースがペルディッカスを支持する発言をして、彼こそアレクサンドロスの「最も優れた者」であり、印章指輪も彼が取り戻すべきだと言った。アリストヌースは明らかにペルディッカスの配下だった。とりわけクルティウスが言うように、ペルディッカスは、自分が控えめに見えるほど、指輪を取り戻してロクサネの息子が成人するまで摂政職を引き受けるよう勧められると考えて、迷っているふりをしていたからである。[37] アリストヌースがこのような発言をしたのは、出席者の賛同が、ペルディッカスの提案よりプトレマイオスのほうに集まっているのを見てとったからかもしれない。確かにプトレマイオスは『大王伝』でアリストヌースを完全に無視したが、それはおそらく彼の演説がプトレマイオスの計画を挫くのに役立ったからであろう。[38] それから大隊指揮官のメレアグロスが、アリストヌースが作り出せていたかもしれないペルディッカスへのどんな支持をも台無しにしてしまった。彼は熱のこもった演説でペルディッカスを激しく非難し、彼の野心を警告し、あげくにこう言ってのけたのだ。もしもアレクサンドロスが自分の後継者にペルディッカスを指名したのなら、「それは彼の命令の中で唯一、諸君が従うべきではない命令だ」と。[39]

それから無名の人物が明らかに軍を代表して、アリダイオスがフィリッポス三世として王と宣言されるべきだと提案した。[40] 兵士たちはアルゲアス朝の血統の連続性を強調するため、意図的にフィリッポスの名を選んだのであり、たぶんロクサネの血筋に対する反発から、彼女が出産するまで待つつもりはなかった。[41] おそらく自分たちの提案が無視されるだろうと感じて、兵士たちは暴力沙汰におよび、アリダイオスが臨席しないまま議論を続けようとする者は殺すとさえ威嚇した。ここに至ってメレアグロスがアリダイオスを会議に招き入れ、彼は王として挨拶を受けた。ペルディッカスと他の若干の者たちは命の危険を感じて逃げ、宮殿の他の区域に隠れた。ほぼ一週間、歩兵のさまざまな諸部隊が、それぞれ異なる将軍に忠誠を誓う騎兵部隊と対決したため、かなり大きな騒乱が生じた(42)。

最終的に妥協が成った。ロクサネが出産するまで、フィリッポス三世が唯一の王であること。もしも彼女が男子を生めば、その子がフィリッポス三世との共同支配者となること。ペルディッカスが千人隊長《キリアルコス》となり、君主に直接の説明責任を果たすこと。メレアグロスがペルディッカスの副官に昇進すること(43)。ペルディッカスの地位は、マケドニア帝国で彼が最も強力な人物となることを意味したが、メレアグロスはこの提案で重要な位置を占めてはいなかったので、プトレマイオスと同じく満足するどころではなかった。とはいえ、ペルディッカスにはメレアグロスの条件に同意する以外にどうしようもなかった。騎兵はペルディッカスを支持したが、歩兵はそうではなく、数がものをいった。結局すべての陣営が、アレクサンドロスの遺体の前でこの妥協の遵守を誓った(44)。

すでに一週間が過ぎており、この間にアレクサンドロスの遺体は防腐処置が施されたが、これは遺体を火葬堆の上で焼くというマケドニアの伝統からは逸脱していた。ペルディッカスは、アレクサンドロスがマケドニアの古都アイガイに埋葬されることと決定していたので、そこまでの長旅の間、遺体の保存が不可欠であった。アレクサンドロス自身は、三三一年に自分が神であるかどうかを知るために訪問した、ゼウス・アンモンの託宣の本拠地であるシーワに埋葬されることを望んでいたと信じられている(45)。もしそうなら、彼の遺体をアイガイに埋葬するというペルディッカスの決断は、前王の埋葬が後継者の責任である以上、王権の要求と見なされ得る。また統治顧問団についての提案ゆえに、おそらくペルディッカスはプトレマイオスをも自分に対する脅威と見なし、アレクサンドロスをエジプトに埋葬することからプトレマイオスが得るであろう政治的利点を否定したかったのだろう。そんなものは役に立たなかった。二年もしないうちにプトレマイオスは遺体を奪い取り、エジプトに埋葬したのである（第6章）。

合意が成ったにもかかわらず、ペルディッカスは、メレアグロスがにわかに手に入れた影響力を行使させるつもりはなかった。狡猾にも、フィリッポス三世に対して王としての歓呼をするため軍の閲兵を命じると、ペルディッカスは劇的なやり方でメレアグロスと彼の三〇〇人の部下を裏切りの科で告発し、戦象に踏み殺させた(46)。注意すべきは、これは彼の命令であってフィリッポス三世の命令ではないことで、フィリッポス三世は早くも無視されつつあった(47)。メレアグロスは殺されずに済んだが、見せしめのためにすぎなかった。まもなく彼は、どうやら神殿で保護権を主張しながら処刑された(48)＊。

＊聖域内で殺人を犯すことは神聖冒瀆にあたるため、聖域や神殿に逃げ込んだ罪人は助命されるのが慣例だった。内乱や外国軍隊による占領の際には、女性・子供を含む一般市民が神殿に避難したが、たいていこの慣例は無視された。

バビロン協定

メレアグロスが死ぬと、ペルディッカスは自分が先に意図していたような条件で合意を確定すべく、ただちに上級幕僚の再度の会議を招集した(49)。パウサニアス〔後二世紀のギリシア人旅行家〕は、帝国分割のおもな責任者はプトレマイオスだったと主張するが、明らかにそれはペルディッカスだった(50)。ペルディッカスはフィリッポス三世の摂政とされ、もしロクサネが男子を生めば、その幼児王の摂政にもなることとされた。ロクサネがどのくらい身重だったのかはわからない。アレクサンドロスが死んだ時、彼女は妊娠五か月ないし八か月だったと史料は述べているから、明らかに待ち時間が長すぎることはなかったろう(51)。ペルディッカスの地位は、クルティウスがアリストヌースの演説で示唆するように、彼が自分の野心の実現に一歩近づいたことを意味した[52]。しかるのちペルディッカスは彼の取り決めの残りを続けた。彼の目的は、自分の仲間である将軍にして直接の競争相手たちを孤立させ、かつ彼らの注意を手一杯にすることだった。すなわち、広大な帝国のさまざまな地方に彼らを派遣することによって「孤立させ」、それぞれの地域を支配することで「手一杯にする」、そうして自分が思い通り自由に活動できるようにしようというのである。おそらく他の者たちは、ペルディッカスがメレアグロスをあまりに迅速かつ無慈悲に打倒したことに面食らい、彼の取り決めに合意する以外に選択肢はなかった。プトレマイオスはペルディッカスの盟友ではなかったが、当面は彼の脇役を務めることで満足していたと思われる。

アンティパトロスとクラテロスはギリシアとマケドニアの共同の将軍とされ、二人のうちではアンティパトロスが常に上位にあったものの、事実上二人は帝国西部の支配を与えられることになった。三二四年にアレクサンドロスは、たぶんクラテロスをギリシアでアンティパトロスの後任にするつもりだったので、彼らの共同指揮権はペルディッカスの側の天才的なひらめきだった[53]。こうしてペルディッカスは、アンティパトロスとクラテロスが互いに激しく対立し、自分は望み通りに行動できるものと期待した。ところが予想された不和は何ひとつ起きなかった。彼らは軍を集めてギリシアの反乱を鎮圧することに成功したのち、ペルディッカスに立ち向かったのである（後述）。

アンティゴノスはまだ〔フリュギア総督領で〕ケライナイの要塞化した首都にいた[54]。彼は大フリュギア、リュキア、パンフュリアの総督になったが、これは彼が西部アナトリアの大部分の事情にかかりきりになるだろうことを意味した。アンティゴノスはアレクサンドロスのアジア遠征期間の大半を、総督としてひとつの場所で暮らしていたので、ちょっとした未知の存在であった。しかし他の者たちはおそらく、彼をその総督領に再任することについて不安を感じていなかった。

プトレマイオスはエジプトと、アラビアでそれに隣接する地域、それにリビアを得た。しかしペルディッカスは、当時のエジプト総督であるクレオメネスが、表向きはプトレマイオスを援助するため国に留まるという条件を付け加えた(55)。一面では、プトレマイオスは行政についての理解がなく、時おり部隊を率いる以上の本物の軍隊指揮の経験を持っていなかったので、これは理にかなっていた。もっとも、バビロンでの最初の会議でプトレマイオスがペルディッカスと対立したことを考えれば、より確かなのは、ペルディッカスは彼を監視したいので、クレオメネスがペルディッカスの密偵になるだろうということである(56)。

リュシマコスはトラキアを得て、アジアからヘレスポントスのヨーロッパ側へ移った。彼が北方でセウテス三世の率いるオドリュサイ族のトラキア人相手に直面した軍事上の諸問題は、(間違いなくペルディッカスが意図したように)数年にわたって彼を事実上統治不可能な状況に追い込んだ(57)。しかしリュシマコスは後継者たちの中で最も影響力のあるひとりとして現れ、その晩年にはマケドニア王にさえなった(58)(図五・一)。

レオンナトスはヘレスポントス=フリュギアの総督に任命され、これは彼に相当な富を約束した。後継者で唯一のギリシア人(トラキアのカルディア出身)であるエウメネスは、アレクサンドロスの筆頭書記官で騎兵指揮官でもあったが、小アジアで反乱中のカッパドキアおよびパフラゴニアを得て、在地のイラン人支配者アリアラテスを追放するようにとの命令を受けた。アンティゴノスとレオンナトスは彼を支援するよう命じられた。エウメネスは次の数年間に恐るべき敵となることだろう(59)。

最後にセレウコスはヘタイロイ騎兵部隊の指揮官となった。彼には他のいかなる者とも同等に領土を要求する権利があったことを考えれば、これは興味深い職務である。しかしながら彼は、バビロン協定に関与した者たちの顔ぶれからして、それがつかの間のものになるだろうと思い、脇に控えていること

図5.1　リュシマコスの肖像
Wikimedia commons

を選択したのかもしれない。彼は正しかった。ほどなく紛争が勃発し、取り決めは破綻した。セレウコスの慎重な戦略は報われた。彼はバビロニアの支配者となり、セレウコス王朝を打ち立てた。それはヘレニズム世界で最も広大な領域のひとつを支配し、存続期間はプトレマイオス王朝に次いで二番目に長かった[60]（図五・二）。

こうして「険悪な妥協」が生まれた[61]。これらの者たちは王ではなく、フィリッポス三世に従属する総督であった。ただし彼は権力を保持していたとはとても言えず、アレクサンドロスが持っていたような敬意を生み出すこともまずなかった。しかしながらペルディッカスは、バビロンから帝国を支配するという独特な地位にあった。彼はまたクラテロスを除く仲間の誰よりも、アレクサンドロスの古参兵——マケドニア軍の核となる戦力——の最大数を指揮していたかもしれない[62]。次の数年間の出来事は、これらの者たちがバビロン協定を真剣に受け止めていなかったことを示している。彼らの性格と野心を考えれば、権力を求めて絶えず激しく争ったことは、彼

図 5.2　セレウコスの肖像（メトロポリタン美術館蔵）
Wikimedia commons

らの同盟が常に利己的かつ短命となることを意味した。誰も自分が所有するものに満足せず、誰も落ち着いていられなかった。それはひとつには、アレクサンドロスの征服が彼らに並はずれた影響力を及ぼし、帝国支配という野望を養ったことからきていた[63]。しかし誰もお互いを信頼できずにいた。三二三年でさえペルディッカスについて、「誰もが彼に疑いを抱き、彼も彼らを疑っていた[64]」というありさまだった。加えてプルタルコスは、アンティゴノスが「ペルディッカスの勅令などには左右されず、常に野心的で、彼の仲間たちすべてを軽蔑していた[65]」と述べている。お互いについての意見があまりに頻繁に彼らの政策を左右し、悲惨で血なまぐさい結果をもたらしたことに驚きはない[66]。

しばらくしてロクサネが男子を生み、夫にちなんでアレクサンドロスと名づけた。こうしてペルディッカスを摂政とする、フィリッポス三世とアレクサンドロス四世の二重君主政が現実のものとなった[67]。ロクサネは、アレクサンドロスの未亡人にして王の母でありながら、決して摂政とは見なされなかった。オリュンピアスやフィリッポス三世の妻エウリュディケのような王の妻や未亡人*は、歴史においてしばしば政治的軍事的な役割を果たしたが、ロクサネはそうではなく、三一〇年に息子と共に無情にも殺害されることになる（第7章）。彼女がこれほどまでのけ者にされた理由はおそらく、バクトリア人の家系であること、そして王権を支配することで自身の権力を合法化しようという後継者たちの意図が原因だった[68]。

＊エウリュディケはフィリッポス二世の孫で、もとの名はアデア。大王の死後、母キュンナ（フィリッポス二世の娘）と共にバビロンへ行き、叔父にあたるフィリッポス三世と結婚してエウリュディケと改名した。

次の二十年間の出来事は二つの時期に分けられる。三二三–三二〇年の第一期はペルディッカスの私的な野心に支配され、彼の没落に終わる[69]。三二〇–三〇一年の第二期は隻眼のアンティゴノスが優勢となる年代で、帝国支配という彼の夢が同じように彼の終焉をもたらした。バビロンでの協定でペルディッカスに端役扱いされていたアンティゴノスは、エウメネスの支援を強要されたことに不満だったのかもしれない[70]。もしそうなら、彼はまもなく自分がぞんざいに扱われるべき者ではないことを示すことになる。そしてすべての後継者たちの中で、マケドニア帝国全体の支配に最も近づいたのは、彼と後のセレウコスであった。

エジプトとプトレマイオスの野心

プトレマイオスがエジプトを選んだのは気まぐれではなかった。彼の人となりと同じく、現実的で抜け目がない選択だった。ギリシア人はすでにファラオ時代のエジプトについて、ホメロス、ヘロドトス（ペルシア戦争の歴史の一巻全体をエジプト事情に充てた）や、ギリシア悲劇（たとえば四一二年作のエウリピデス『ヘレネ』はエジプトと大いに関係がある）、さらに（後には）、たとえばアブデラ出身のヘカタイオスのような、アレクサンドロスの遠征に関する同時代のさまざまな記述から、非常に多くのことを知っていた[71]。また第二六王朝のファラオ、アマシス二世が六世紀に交易植民地としてナウクラティスの都市を創設して以来、数世紀にわたってギリシア人はこの国との交易関係を享受してきた[72]。事実、五世紀〔初め〕におそらくマケドニア王アミュンタス〔一世〕によって委嘱された詩の中で、抒情詩人バッキュリデスは、エジプトの大きな富とギリシア人が渇望した作物である穀物について謳った[73]。それゆえエジプトとその産物はよく知られていた。

しかしプトレマイオスがエジプトに惹かれた理由はほかにもあり、それはおそらく彼がアレクサンドロスと共に滞在していた折に注目していたことだった。ひとつには、国土が小さく（二万三〇〇〇平方キロ）、そして西は過酷なリビア砂漠、東はアラビア、それにナイルデルタの沼沢地のおかげで――イソクラテスがナイル川をエジプトの「不滅の城壁[74]」と説明したのは当を得ていた（地図4）――防衛が容易だった。後に見るように、プトレマイオスによる総督領の選択は、何度かの決定的な場面で利益をもたらした。

エジプトはまたナイル河谷のおかげで、金や鉄などの鉱物資源に富み、肥沃だった。人口は約七〇〇万で（その大半は小さな町や村に住んでいた）、アレクサンドロスのおかげでエジプト人とマケドニア人が入り混じって機能する行政組織や、ギリシアおよび東方との十分に確立した交易商業ネットワークを持ち、裕福であった。プトレマイオスはまた、アレクサンドリアの新都市がナウクラティスを凌駕するほどの刺激を交易に与えるであろうことも、十分認識していただろう。さらにクレオメネスが八〇〇〇タラントンというかなりの規模の財政備蓄を築いていた[75]。それに加えて、アレクサンドロスが支配を維持する助けになるようエジプトに残していった、四〇〇〇人の兵と三〇隻の三段櫂船があった[76]。

とはいえもっと重要なのは、エジプトが、多くの後継者たちの間で争いの舞台となる諸地域、すなわちアジアとギリシア／マケドニアから地理的に隔たっていることだった。エジプトを選んだおかげでプトレマイオスは、彼自身の権力を増強する好機がくるまで、争いを横目に見ながら財政と人的資源と安全を築いていくことができた。彼はペルディッカスがバビロンでおとなしく余生を送るはずがないことを知っており、アンティゴノスが自分の総督領に留まることにも、エウメネスのカッパドキア平定を支援することにも満足しないであろうと、おそらく感づいていた。それゆえプトレマイオスは好機を待つことで満足し、時至れば決然と打って出た。

プトレマイオスにかかわる最も大きな疑問のひとつ、おそらく唯一最大の疑問は、彼がエジプトを帝国勢力に変え、マケドニア王権を求めて争うという野心を持っていたかどうかということである。もしそうでなかったなら、彼はライバルたちの争いから時おり利益を得るものの、エジプトだけを支配することで満足する、単なる「見物人」にすぎなかったのだろうか[77]？　あるいはまた時々そう信じられているように、彼は「分離主義者」としての理由からエジプトを選んだのか——言い換えると、彼は帝国の残りの部分から離脱し、他の誰からも十分離れたところに自分自身の自立した国家を打ち立てるつもりだったのだろうか[78]？　一般的な見解は防衛的政策のほうに傾いているが、これはたいていエジプトの安全への悪影響を伴ったとされ、このために彼はしばしば非難される[79]。

だが、これほど真実から遠いものはない。プトレマイオスは仲間たちと同じくらい帝国主義者であった。古代の作家たちでさえ、その私的野心および旧アレクサンドロス帝国のより大きな分け前を得ようとする点で、彼を他の後継者たちと同じように扱っている[80]。実際プトレマイオスは次の数年間に軍事的にも外交的にもあまりに迅速かつ決然と行動したので、アレクサンドロスのアジア遠征のほとんどの期間、我々にとって名前でしかなかったのと同じ人物を扱っているとは、とても思えないほどである。

まずは、プトレマイオスがバビロン協定のおかげで数日にして側近護衛官からエジプト総督になった時の、彼の昇進ぶりを描くことから始めよう。この協定については多くのことが書かれてきたが、私の知る限りひとつだけ問われていない問題がある。それは、なぜプトレマイオスがこの決定的な会合で発言したのかということだ。王の側近護衛官という、エリートであり重要な地位ではあるが、将軍や総督のような権力を何も持たない一成員が、当時マケドニア帝国で最も強力な高官であったペルディッカスに立ち向かおうとしたことについて、学者たちは無関心であるように思われる。プトレマイオスの提案が否決されたからといって、彼が自分の意見を聞いてほしいと望んだという事実は変わらない。明らかに彼はこの会議の始めから腹に一物あり、それまでの数年間、慎重かつ巧みに自分の権力を築き始めていた。[81]おそらく彼は自分からエジプトを要求したのだろう。もしそうなら、この大胆さは見事に報われた。他の側近護衛官たちは何も受け取らなかったか、リュシマコスやレオンナトスのように、政治的軍事的な動乱のただ中にある遠方の場所に送られたのである。

プトレマイオスは日陰に甘んじはしなかった。彼が首脳会議という驚くべき提案をした理由は、本物の指揮権をすぐにでも手に入れたかったからである。[82]アレクサンドロスの少年時代からの友人のひとりであるにもかかわらず、他人が影響力ある地位に昇進するのを見ながら、自分は遠征の間ずっとアレクサンドロスの指揮官たちの陰で生きてきた。時おりアレクサンドロスは彼を軍事作戦に活用し、彼は任務をうまく遂行したが、それらは比較的小規模な作戦であり、それでは十分でなかった。アレクサンドロスの死とマケドニア帝国の将来は、プトレマイオスに陰から抜け出す機会を与えたのである。

ゆえにプトレマイオスは始めから権力を渇望していたのであり、それはエジプト支配者としての時代を通じて変わらなかった。[83]そして後に見るように、他のすべての後継者たちと同じく、エジプトに到着すると同時に彼は国境をはるかに越える活発な対外政策を開始した。ロドスとの緊密な同盟だけでなく、西ではキュレナイカの（多年にわたる）支配、北東ではコイレ＝シリア（ヨルダン河谷の窪みに由来する「窪んだシリア」)、パレスチナおよび北東にあたるシリアの支配、キプロスの支配、東地中海とエーゲ海の島々の支配、これらすべてが彼の安全に不可欠であったこと、だがそれらはまた抜け目のない経済的軍事的政策の一部であったことに疑いの余地はない。これらの地域は、艦隊用の木材のようにエジプトでは得られない多くの天然資源を供給し、プトレマイオスの人的資源の蓄えと収入に貢献した[84]。最終的には三〇八年にアレクサンドロスの後継者になろうとして、プトレマイオスはギリシアとマケドニアの獲得に乗り出したが、この試みは大失敗に終わることになる。

プトレマイオスは必要に応じ、また必要な時には他の後継者たちと積極的にかかわりを持ち、安全と自己の勢力拡大のため自ら海外への冒険的行動に首をつっこんでいった。賢明にもおもな紛争地帯から離れた国を選んだことで、彼は帝国の中で自分の持ち分を拡大する準備ができるまで、外敵の侵入からの高度な安全性を確保した。エジプトの首都をメンフィスからアレクサンドリアに移したことでさえ、地中海に面した都市の立地とアレクサンドロスとのつながり、それに艦隊への依存を考えれば、彼が自身の総督領のかなたに目を向けていることを示していた[85]。

プトレマイオスのエジプト時代は、後に見るように、支配権力をふるいたいという欲望から、他の後継者たちに同等な者として、そしてより優れた者として見られる必要へという、彼の野心の向上を描き出している。エジプトの領土拡大とそれによるヘレニズム世界での彼自身の立場の拡大、王位の宣言、すべての後継者が究極の賞品と見なしていたマケドニアとギリシアを手に入れる試み、プトレマイオス家がほぼ三世紀の間エジプトを支配し続けるのを確実にするための王朝の創設、これらが彼の野心と成功を証明している[86]。

風雲急を告げる

ギリシア本土では、アレクサンドロスの死は当初は疑われた――もしもそれが本当なら、全世界が彼の死臭を嗅ぐことだろうと、アテネの弁論家デマデスはからかった。[87] しかしひとたび報せが確認されると、アテネ人はマケドニア支配に対する反乱を主導し、帝国の西半分を脅かした。ギリシア人はこの反乱をギリシア戦争と呼んだが、一般にはディオドロスに従って、アンティパトロスが危うく捕われるか殺されそうになったテッサリアの町ラミアにちなんで、ラミア戦争と呼ばれている。[88] 反乱が勃発すると、アンティパトロスは鎮圧すべく迅速に動いたが、アテネの将軍レオステネス指揮下のギリシア軍にテルモピュライで敗れ、三二三―三二二年の冬の間、ラミアに封鎖されてしまった。アンティパトロスの失敗は少なからずマケドニア人兵士の不足によるもので、それは三三四―三三一年にアレクサンドロスが何度も増援軍を求め、アンティパトロスの人的資源を減らした結果であった。[89]＊

＊遠征軍への増援部隊の派遣がマケドニア本国の人的資源を枯渇させたのかどうかをめぐっては、論争がある。これを否定する論者は、マケドニアの人口減少の原因を二八〇年のガリア人の侵入に求める。

幸いなことに三二二年春、アンティパトロスはレオンナトスからの援軍を受けた。レオンナトスはアレクサンドロス軍の歴戦の古参兵を含む二万の歩兵と一五〇〇の騎兵を率い、フリュギアからアンティパトロスに合流したのである。[90] レオンナトスはラミアからアンティパトロスを救い出すことができたが、自身は戦闘中に殺された。それでもアンティパトロスは無事マケドニアへ帰還した。続く三二二年六月、マケドニア人提督クレイトスがアンティパトロスの艦隊に合流し、ギリシア艦隊を二度にわたって、最初は（ヘレスポントスの）アビュドス沖で、二度目はエーゲ海のアモルゴス島の沖で破った。最終的にクレイトスの勝利のおかげで、ギリシア人の制海権のためキリキアに閉じ込められていたクラテロスは、オピスから率いていた一万の軍勢をアンティパトロスのもとへ連れ出すことができた。[91] 彼らの到着が潮目を変えた。

（三二二年）八月、四万八〇〇〇のアンティパトロス軍が中部テッサリアのクランノンで二万八〇〇〇のギリシア軍と対戦し、破った[92]。ラミア戦争は終わり、マケドニアによるギリシアの支配が再び課せられた。しかしその支配は以前とは違っていた。フィリッポスが樹立してアレクサンドロスが継続し、ギリシア人に彼ら自身で決定する自由を許していたと思われるコリントス同盟は廃止された。その代わりにアンティパトロスは圧政を敷くべく、重要拠点の町々に駐留軍を置いた。首謀者のアテネは最も厳しく扱われた。駐留軍がピレウス〔の港湾地区〕に配置され、アテネの民主政は廃止され、市民権には財産資格が課せられて多くの市民が排除された[93]。反マケドニア派の政治家たちは告発された――フィリッポスの時代以来最も声高だった、有名な弁論家デモステネスは、都市から逃亡し、カラウリア（現ポロス島）で自殺した[94]。

今やクラテロスがアンティパトロスの娘のひとりフィラと結婚したことで、二人の男の結束はより固まった。ただし、二人のうちではアンティパトロスのほうが明らかにより強力だった。その理由はとりわけ彼が、「［クラテロスが］アジアへ戻る準備をするのを援助した」からだが、それはまたクラテロスをお払い箱にする手段でもあった[95]。しかしまもなく二人ともペルディッカスが起こした面倒な事態に直面した。ペルディッカスはこの時までにアンティゴノスの総督領に狙いを定めていたのだ。アンティゴノスは実際その冬にマケドニアへ逃亡せざるを得なくなり、アンティパトロスとクラテロスに、対ペルディッカスで連合するよう説得した[96]。彼らの動きは非公式の宣戦布告であり、ペルディッカスは、彼らに向かって進軍しマケドニアとギリシアの支配を勝ち取るという計画を立ててこれに応えた。ペルディッカスの計画を挫くため、アンティパトロスとクラテロス、アンティゴノスは、小アジアへ侵攻してペルディッカスを戦いに誘い出すことに決めた。この侵攻は行なわれなかった。なぜなら後に見るように、プトレマイオスがこの争いに加わることを決断し、ペルディッカスは代わりにエジプトへの侵攻を余儀なくされたからである。

プトレマイオスがいつバビロンを発ってエジプトへ向かったかは知られていない[1]。彼とペルディッカスは互いに憎み合っていたので、おそらくプトレマイオスは、ペルディッカスができたばかりの協定を脅かす行動に出られないよう、少なくともロクサネが妊娠している間はバビロンにいたであろう。エウメネスもすぐにはカッパドキアへ出立せず、軍隊への対処を続けていたと言われている。後継者たちが互いにどれほど不信感を抱いていたかを考えれば、プトレマイオスが誰も各自の境界を踏み越えることのないよう確実にしたいと思ったのはもっともである[2]。さらにクレオメネスのおかげでエジプトは、帝国の他の諸地域に影響するような騒動は何ひとつはびこっていなかったから、プトレマイオスには国内の不安定を心配する必要はなく、できるだけ早くそこへ赴かなくてもよかった。ある古代作家は、プトレマイオスは四十年間エジプトを支配した、総督として十七年、王として二十三年、と主張しており、これは彼が三二二年までにエジプトへ行かなかったことを意味する[3]。プトレマイオスがいつクレオメネスを亡き者にしたかを考えれば（後述）、これを信じるだけの根拠がある。

プトレマイオスはいかなる軍隊を率いてエジプトへ行ったのか？　彼は王の側近護衛官だったので、他の指揮官たちのように大規模な軍勢の指揮権はなく、バビロン協定の混沌とした時期に、彼が熟練の兵士たちを引き寄せることはほとんどなかったろう。それゆえ多少とも傭兵を雇ったに違いない。クレオメネスがエジプトの国庫に八〇〇〇タラントンを集めていたことを知っていたので、プトレマイオスは傭兵たちに、実際にエジプトへ着いて国庫が利用できるようになりさえすれば支払えるという合意のもと、追加の報酬を約束したことだろう。(4) エジプトを支配するようになったプトレマイオスが人的資源を最優先事項としたのは驚くことではない。三二二年にガザの会戦を戦った時までには、彼は本物のマケドニア軍を有していたが、その理由はおそらく、それまでに自分がかつての将軍たちと対等であることを証明していたからである。(5)

プトレマイオスとクレオメネス

プトレマイオスはクレオメネスに用心せねばならなかった。クレオメネスはエジプトを拠点とする四〇〇〇人のマケドニア軍を率いており、ペルディッカスの内通者でもあって、プトレマイオスの動きを逐一報告していたであろう。(6) クレオメネスはバビロン協定をとうてい歓迎しなかったろう。そのせいで総督から補佐役に降格されたし、実際にエジプトで生活する上官に対処せねばならないことを意味したからだ。プトレマイオスがクレオメネスを嫌っていることは、エジプトに到着したその時から明らかだった。事実、メンフィス到着後のある時点で、彼はクレオメネスを処刑した。(7)

クレオメネスが正確にいつ殺害されたのかはわからない。ある古代作家は、それはプトレマイオスが、三二一年の晩夏または秋にマケドニアへ搬送される途中だったアレクサンドロスの遺体を奪い取る前であると主張する。これが本当だとすると、プトレマイオスがもしもバビロン協定の直後にエジプトへ行ったとして、とりわけクレオメネスが自分を見張っていると疑っていたならば、ほとんど二年間もクレオメネスと顔をつき会わせるのを我慢していたことになるが、これは信じられない。より可能性が高いのは、プトレマイオスは協定のかなりあと、三二二年にエジプトへ行き、エジプトの行政に関する経験を買ってクレオメネスを容認したということだ。プトレマイオスとペルディッカスの関係が悪化していった時に、プトレマイオスはかねてから忠誠を疑っていたこの部下を処刑したというわけである。

前任の総督クレオメネスが搾取していたので、彼をたちまち追い落としたプトレマイオスはエジプト人の間で人気を得た。プトレマイオスは、自分がエジプト人にとって無名の存在であり、自身の権力は盤石でないことをよく知っていただろう。そして他の後継者たちに対してと同様に、現地住民とのあいだの緊張関係を覚悟しなければならなかった。アレクサンドロスが三三二年にエジプトへ着いた時、ペルシア人の支配に対する憎しみゆえにエジプト人がペルシア総督マザケスを見捨てるさまを、彼は見ていた。敵対者の誰かにエジプトを奪い取られそうになった時に、マザケスの二の舞になるのはごめんだった。彼は「困難なくエジプトを引き継ぎ、住民を親切に扱った」[8]と言われているので、支持基盤を築こうと努めながら自分の臣下を味方につけようとする、当初からの彼の注意深い態度を見てとることができる[9]。

支持を得るためにクレオメネスを排除したというのは、エジプト社会における権力集団である神官たちを宥めるという、プトレマイオスの外交的行動の説明にもなる[10]。とりわけクレオメネスが彼らから神殿財産の一部を奪ったと言われているのだから、なおさらである。プトレマイオスはアレクサンドロスと同じく、土着の宗教には危害を加えないことを保証し、彼のエジプト到着時に死んだ、聖牛アピスのうち一頭のための服喪期間さえ受け入れて、埋葬費用の支払いの補助に五〇タラントンもの巨費を気前よく与えた。見返りとして神官たちはプトレマイオスの支配を容認し、二十年後に彼がファラオに昇格するのを裁可した。彼の行政・宗教政策を含むプトレマイオスと臣下たちとの関係については、第11章で論じることにしよう。

ペルディッカスはクレオメネスを助けようにも――おそらくプトレマイオスはそう疑っていただろうが――、なすすべがなかった。プトレマイオスは「ペルディッカスが自分からエジプト総督領をもぎ取ろうとするであろうとよくわかっていた」というディオドロスの記述が正しいとしても、クレオメネス排除は無慈悲なまでに実際的と見なされて当然であり、それは支配者としてのプトレマイオスの特徴のひとつであった(11)。まず間違いなく彼はここでエジプトのマケドニア軍に、クレオメネスが彼らの年俸から横取りしていた十二分の一を戻してやり、おそらく自分に対する忠誠を確実にするため、不当に安い給料を支払うことは二度とないと約束した。こうしてプトレマイオスは迅速かつ決然と行動して、自分は補佐役を必要としておらず、「エジプトはプトレマイオスの所領である(12)」という彼なりの信念を持っていることを、すべての者に明らかにしたのである。彼が採ったすべての施策は、初めてエジプトに到着した時でさえ(13)、プトレマイオスがエジプトの安全および外へのその拡大のための基礎を築いていたことを示している。

プトレマイオスの最初の遠征

プトレマイオスは支配の連続性を民衆に印象づけるため、始めはエジプトの伝統的な首都であるメンフィスに住んだが、ゆくゆくはアレクサンドロスが三三一年に建設したアレクサンドリアからエジプトを統治するつもりであった。都市の建設はこの年以来進行中であったが、その完成に重要な役割を果たし、おそらくアレクサンドロスが心中に描いていたところをはるかに超えるものを付け加えたのはプトレマイオスであった(第8章参照)。アレクサンドリアは艦隊基地にもなる予定だったが、その立地は安全面で問題があった。天然の荒野が西と東と南の境界を守っていたが、アレクサンドリアは北の沿岸にあったので、地中海からの攻撃に対して脆弱だったのである。

アレクサンドリアと北の海岸線の防衛を支援するため、プトレマイオスは隣接するキプロスで、かつてアレクサンドロスの同盟者であった九人の王のうち数人と戦略的同盟を結んだ。* そのうちのひとり、ソロイのエウノストス王に、彼はタイスからもうけた娘エイレーネを嫁がせた。タイスとは、ペルセポリスの王宮を焼き払うようアレクサンドロスを唆《そそのか》したと信じられているのと同じ女性である。[14] キプロスの位置およびエジプトとその経済にとって不可欠なその天然資源（金属、木材、穀物）から、プトレマイオスの行動の説明がつく。事実、すべてのプトレマイオス王たちは彼の前例にならっており、これが、この島が王朝の全領土の中で最も長く保持された理由である。[15]

＊当時のキプロスには都市国家が群立し、それぞれが王を戴いていた。

キプロスに対するプトレマイオスの外交的介入にすぐ続いたのが、西側の独立国キュレナイカ（北東リビア）に対する軍事遠征であった。六三〇年にテラ（サントリーニ島）からの入植者によって建設されたギリシア植民市キュレネ（リビア東部のシャハト近く）では、少し前に寡頭派と民主派の間で内乱が勃発していた。[16] この党争の最中の三二四年、キュレネから亡命した数人の民主派が、ティブロンという名のスパルタ人傭兵隊長の支援を得た。ティブロンはクレタ島で、アレクサンドロスの不興を買った帝国財務官ハルパロスを殺害したばかりだった。[17]* ティブロンはハルパロスの傭兵七〇〇〇人を自軍に編入し、キュレネに連れて行った。亡命した民主派の運動を支援するのではなく、ティブロンは自分が権力を奪い取り、都市を包囲した。彼はキュレネ人に対して、彼の軍隊への将来にわたる兵力の提供と銀五〇〇タラントンの支払いを含む条件を強要し、自分の兵士たちには周辺地域での略奪を許した。打つ手がなく、絶望した寡頭派はプトレマイオスに支援を訴えた。好機が転がり込んできたと見て、プトレマイオスは即座に反応した。おそらく三二二年晩夏、彼は（オリュントス出身の）将軍オフェラスに、艦隊を率いてキュレネに軍を上陸させるよう命じた。[18] オフェラスはティブロンと彼の兵士たちを打ち負かし、のちにキュレネでティブロンを絞首刑にした。その後オフェラスは、キュレナイカ全域をプトレマイオスに引き渡した[19]。

＊ハルパロスはアレクサンドロス帝国の財政責任者だったが、バビロンで贅沢三昧に溺れ、公金を乱費した。大王がインドから帰還すると、処罰を恐れた彼は資金と傭兵を持ってアテネに逃れ、さらにクレタ島へ渡った。

プトレマイオスはキュレネ人に、諸都市の駐留軍の支援を受けた穏健寡頭政を課し、自分を彼らの将軍とした上、役人を選出する独占的な権限を手に入れた[20]。さらにキュレネで自身の貨幣を鋳造し始めたが、これは彼がこの地域を支配したことのさらなる証拠である[21]。ただし念のため、プトレマイオスはオフェラスと大規模な派遣部隊をそこに留まらせた[22]。今日とまったく同様に、対外遠征は費用がかかるし、キュレナイカで軍を維持するのは、国境をはるかに越える他の侵攻と同じく、収入を生み出すための官僚組織の改革の説明になる（第11章参照）。キュレネはプトレマイオス王たちにとってしばしば問題の地域であったけれども、この時から（プトレマイオス・アピオンが遺言でローマ人に遺し、ローマ人がただちに諸都市を解放した）九六年まで、プトレマイオス王のものとなった[23]。

キュレナイカにおけるプトレマイオスの行動は、彼に対するペルディッカスの警戒心を増しただけだった、そしてペルディッカスは、この遠征について自分が最初に相談を受けなかったことに不満さえ抱いたかもしれない。しかしプトレマイオスは、クレオメネスの処刑の場合と同じく、ペルディッカスが何も手出しできないのを知っていた。もしもペルディッカスが抗議したら、プトレマイオスは単にこう言えばよかった。自分はエジプトの国境を守っているのだ、結局それが総督たる自分の任務のひとつなのだ、と。

アレクサンドロスを奪う

誰にも脅かされないよう、プトレマイオスには西方の防衛を強化する必要があり、ゆえにキュレナイカ地方を支配したいと熱望することは、我々も理解できる。しかしキュレネに対する彼の執心は、アレクサンドロスとも関係があったかもしれない。キュレネは、シーワのゼウス・アンモンの託宣所へ向かう海外からの訪問者が、アフリカ沿岸で経由する地であった。キュレネは東へ約三五〇マイルのパライトニオンへ向かう街道上にあり、そのパライトニオンから、砂漠を通って南方のシーワへ向かう道が始まっていた。[24] 実際、シーワとの位置関係と、とりわけ小麦とシルピオン〔薬用・香辛料用の植物〕の貿易が、そもそもキュレネという町の成長を説明する。ゼウス・アンモンの祭祀はギリシア人によく知られており、アレクサンドロスはエジプト滞在中に（プトレマイオスに伴われて）託宣所への特別な旅を行なった。

アレクサンドロスはシーワに埋葬されることを望んだという伝承がある。[25] キュレネの支配権を握ったことで、プトレマイオスは、世界のこの方面で最も重要な託宣所に至る隊商路だけでなく、アレクサンドロスの墓に至る唯一の道をも支配することになる。しかしながらペルディッカスは、アレクサンドロスをアイガイ〔ヴェルギナ〕に埋葬しようと決意していた。次の王が先代の王の埋葬に責任を負うのだから、これはマケドニアの王位を主張する彼なりの方法であった。ペルディッカスが少し前にアンティパトロスの娘ニカイアと結婚したこと、さらにフィリッポス二世の娘でアレクサンドロス大王の唯一の実の姉妹であるクレオパトラと結婚しようとしたことも、彼の野心を示している。[26] プトレマイオスとペルディッカスの関係が急速に悪化したこと、プトレマイオスはアレクサンドロスをエジプトに埋葬する機会を失いそうな状況にあったことをふまえて、プトレマイオスはペルディッカスの同輩であるというふりをかなぐり捨てることにした。（シリアの）ダマスカスへ行き、葬列がバビロンからマケドニアへ向けてその地を通り過ぎる時、精巧な彫刻が施された霊柩車からアレクサンドロスの遺体を盗んだ。[27] おそらくこれは三二一年の晩夏または初秋のことである。[28] 葬列の護衛を指揮していたアリダイオス（王とは別人）は戦おうとせず、これは彼がプトレマイオスと事前に何らかの取り決めをしていたことを示唆しているかもしれない。[29] ペルディッカスは遺体を奪回すべくピトンとアッタロスの指揮下に部隊を派遣したが、手遅れだった。[30] プトレマイオスは遺体と共にエジプトへ戻ったが、シーワに埋葬するのでなくメンフィスへ持っていった。後に彼はそれをアレクサンドリアに移すことになる。[31]

プトレマイオスがアレクサンドロスの遺体を横取りしたのは、この時期の最も大胆な出来事のひとつである。彼がペルディッカスから権力を奪い取るために、「図々しい試み」で遺体を押収したというのは言い過ぎだろう。[32] しかし自分の行動が及ぼす影響を彼が知っていたであろうことを思えば、乗っ取りはまさしく彼の野心のあからさまな宣言である。メッセージは明白だった。自分はもはや側近護衛官ではなく、対等な者なのだ。ペルディッカスはアレクサンドロスの印章指輪を持っていた、だがプトレマイオスは今ではアレクサンドロスの遺体を持っており、自身をアルゲアス王家により密接に結びつけることで、エジプト支配を正統化するのに役立った。[33] プトレマイオスによるアレクサンドロスの横取りと、それが彼自身および新首都にいかなる利益をもたらしたかについては、第8章で再度考察しよう。

プトレマイオスとペルディッカスとの外交関係は、すでにクレオメネスの処刑後からぎくしゃくしていたが、今や後戻りできないほど壊れてしまった。プトレマイオスが疑っていたように、ペルディッカスはプトレマイオスの行動を、自分がマケドニア王位を主張しようとすることへの重大な打撃であるばかりか、摂政としての彼自身に対する攻撃であると見なした。最初にペルディッカスは自軍に、裏切りの科でプトレマイオスの有罪宣告をさせようとしたが、無罪とされた。評決がプトレマイオスの思惑通りになったのは、おそらく彼がペルディッカスより人気があったからであり、また内戦を回避しようと兵員会ができ得る限りのことをしたからである。[34] それゆえペルディッカスは、「プトレマイオスを引きずり降ろして代わりに自分の手でエジプト総督を任命し、そして遺体を取り戻すため」、エジプト侵攻を準備した。[35] ペルディッカスは、自分の攻撃を正当化するためにアレクサンドロスの遺体を利用していたにすぎず、兵士たちの支持を保つため個人的な計略は隠していたので、二人の間の紛争はしばらく燻ぶっていたかもしれない。[36]

マケドニアを奪い取ろうとする試みの一部として、アンティパトロス、クラテロス、隻眼のアンティゴノスの連合を攻撃するという計画をわきに置き（一三一－一三二頁）、ペルディッカスはエジプトへ進軍した。こうして第一次後継者戦争が始まった。[37] 全体として見れば、この時点と三〇一年との間に四度の戦いが起き、その影響を受けた諸地域では数千人の兵士と市民が命を落とす結果となった。実を言えば、すでに指摘したように、本当は切れ目のないただひとつの戦争があったのであり、それはこれら〔四つ〕の局面に分割され、それぞれの局面は前の諸事件の結果から生じたのである。[38]

ペルディッカスのエジプト侵攻

ペルディッカスは戦象を含む大軍を率いてエジプトへ進軍した。戦象はマケドニア人がガウガメラで初めて、次にインドで遭遇した動物で、ヘレニズム時代の軍隊の定番となった。彼はまたフィリッポス三世とアレクサンドロス四世、ロクサネを引き連れていた。というのも厳密に言えば、彼は摂政として王の名のもとにエジプトへ侵攻していたからだ。

その間にカッパドキアでは、驚くべき事件の展開があった。アンティパトロスとクラテロスは、ペルディッカスがマケドニアで彼らを攻撃するのを阻止しようと決意して、これより前に小アジアへ侵攻していた。アンティパトロスはキリキアに陣を構える一方、クラテロスの任務はペルディッカスの同盟者エウメネスを打ち破ることだった。エウメネスは自分の領土で立派に任務を果たしていたが、それはとりわけ期待していた援軍がアンティゴノスとレオンナトスから到着しなかったためである（前者はカッパドキアとはいかなるかかわりも持ちたくなかったし、後者は三二三年にラミア戦争で戦死していた）。そのあとアンティパトロスとクラテロスは合流してペルディッカスに向かって南進し、自軍とプトレマイオスの間でうまく挟み撃ちにする予定だった。ところがエウメネスは戦闘でクラテロスを打ち破り、殺してしまった[39]。この衝撃的な結果の報せがペルディッカスあるいはプトレマイオスに届いたのは、ペルディッカスが三二〇年五月または六月にエジプトへ接近した後だったと思われる[40]。

ペルディッカスのエジプト侵攻は大失敗だった[41]。ペルシオンで彼の兵士たちは脱走し始めたが、おそらくそれはプトレマイオスが敵の軍中に密偵または少なくとも同調者を持っていたためである。というのも敵の軍事力を弱めるため、日常的に賄賂を贈ったり、傭兵により高い給与を与えたりしていたからだ[42]。しかし「敵の力以上にペルディッカスを害したのは、自らの傲慢によって招いた憎悪であった。これは同盟者たちすら怒らせた[43]」。たとえ彼がアレクサンドロスとの経験から学んだ歴戦の兵士だったにしても、兵士たちが王に示した類の忠誠心を、自分の兵士に植えつけることは決してできなかった。

ペルディッカスはペルシオンから夜間に一三〇マイル行軍し、メンフィスに遠くなくナイル川の良好な渡河点である「ラクダの砦」へやってきた[44]。そして川を渡って首都を攻撃する準備を整えた。あいにく「ラクダの砦」には駐留軍がいた。砦を奪うという計画をペルディッカスの脱走兵から聞いたであろうプトレマイオスは、駐留軍の兵力を増強するためすばやく動き、自ら援軍を連れてきたのだった。夜明けにペルディッカスが砦を攻撃した時、プトレマイオスの姿は城壁の上にくっきりと見えた――「彼は危険などまったく無視し、梯子を上ってくる者たちを攻撃して動けなくし、彼らを武具をつけたまま川の中へ転がり落とし」、一頭の戦象を槍で突き刺すことまでやってのけた。インドでの戦いぶりを彷彿させるプトレマイオスのホメロス的な戦いぶり、武勇、常に先頭に立って率いるアレクサンドロスの統率力の模倣は、報われた。配下の兵士たちは彼の周囲に集まり、ペルディッカスの軍勢を退却させた。こちらは夜間の行軍のあと、疲労したまま戦っていたと思われる。ペルディッカスは包囲を解く以外に手だてがなかった。

それからペルディッカスは、プトレマイオスがまだ砦にいる間にメンフィスを占領しようと、不意打ちの強行軍を決意した。彼の発想はすばらしく、敵の状況を利用するすばやい戦略的思考は、アレクサンドロスが彼を副官に選んだ理由を物語っている。前夜の強行軍と砦での挫折をへた兵士たちを、彼は再び厳しく駆り立てた。そして運命はまたも、今度はナイル川の姿をとって彼に逆らった。ペルディッカスはメンフィスに面した川の東の支流にある島に、段階的に渡ることにした。軍の第一陣は、速い流れと胸まで届く水に直面しながらも渡河に成功した。残りの兵士たちを助けようとして、ペルディッカスは渡河の条件を和らげるため――それにマケドニア人兵士は一般に上手な泳ぎ手ではなかったので、誰であれ押し流された者を捕まえるため――数頭の戦象を島の左手の上流に、騎兵を右手の下流に展開した。[45] 不運なことに動物たちはバランスを保つためあまりに激しく動いたので、かえって水のうねりを増してしまい、第二陣の多くの兵士が完全武装していたため溺れてしまった。

ナイルでの挫折を思い、またプトレマイオスとその兵士たちが混乱状態にある自軍に突然追いつくのではないかとおそらく心配して、ペルディッカスは場所を移そうと決め、島にいる兵士を呼び戻した。兵士たちは同僚の重装備が溺死の一因であったことに気づいていたので、泳ぎにかかる前に武具を脱ぎ捨てた。それでも彼らの多くが溺れたり、流されたり、「川の生き物」――ワニと、もしかしてカバ――に食べられたりしてしまった。[46] ペルディッカスの兵士二〇〇〇人以上がほんの一両日の間に死んだ。もうたくさんだった。その夜、あふれんばかりの嘆きと非難のあとで、部隊長の二人、ピトンとセレウコスが天幕の中でペルディッカスを刺殺した(47)。

プトレマイオスはペルディッカスの兵士たちを味方につけるため、彼の死をすばやく利用した。彼はすでに敵の死体を火葬して、その遺灰を家族のもとへ送り返していた。これは指揮官の肩にかかる厳粛な任務であった(48)。彼の行為は必ずしもペルディッカスの兵士を味方につけるつもりだったわけではない。そもそもプトレマイオスはその性格からして親切で面倒見のいい人物だったからで、これは民衆受けする特徴だった。そして翌日、彼は馬でペルディッカスの陣営に入った。そのさい王たちへの贈り物を携えていたが、それは自分の忠誠心を示すためであり、またペルディッカスが王の名においてエジプトに侵攻していたので、裏切り者だというどんな非難にも対抗するためであった(49)。それは賢明な行動であり、効果があった。フィリッポス三世は、二人の王に対するプトレマイオスの忠誠を受け入れた。忠誠心のさらなる印として、プトレマイオスはカルナック神殿に、フィリッポスの名における神域を建設するのを後押ししたと思われる。そこには神聖文字で王の名前が書かれており（エジプトにおける彼の名前のごくわずかな事例のひとつ）、それは神官たちがフィリッポスを彼らの王として進んで認めたという興味深い例である(50)。

二人の王を自分のそばに置き、プトレマイオスはペルディッカスの軍勢に向かって演説した。自分に投降するなら食料と彼自身の軍に職を与える、もしくはエジプトから安全に退去させることを、彼は約束した。彼の軍は大きくはなかったので、明らかにこれは現実的な行動であった。そしてプトレマイオスは可能ならいつでもどこでも、自軍の人数を増やせる機会に目を光らせていたのだろう。また、アレクサンドロスと共にした経験から、いかなる敵をも味方につける必要性を彼は教わったのではないかと思う。アレクサンドロスがマッサガのインド人傭兵に助命を約束したのに、奸計によって殺害したせいで現地の抵抗が強まった時、プトレマイオスはその場にいた（九三頁）。プトレマイオスは常に敵の軍勢に訴えかけるよう注意を払っていた。

どうやらペルディッカスの兵士たちはプトレマイオスに、二人の王の摂政も含めて、彼らの前任指揮官の地位を引き受けてくれるよう懇願したらしい[51]。しかしプトレマイオスは断り、代わりにピトンと（アレクサンドロスの葬列を監督していた）アリダイオスを摂政に推薦した[52]。強力な摂政の座をプトレマイオスが拒んだことは、彼が帝国とかかわりを持たないことを望み、エジプトを帝国から分離することを計画していたことの、もうひとつの証拠とされてきたが、それはあまりに飛躍した解釈である[53]。実際、プトレマイオスに摂政職の申し出がなされたかどうかさえ議論の余地があり、この逸話全体が、プトレマイオスの「私心のなさ、節度、友好」を示すための、偏向したディオドロスの側での創作だったかもしれない[54]。

しかしおそらく、ここで扱っているのはまったくの創作ではない。プトレマイオスが王たちと会った時にまず間違いなく議論されると思われるのは、アレクサンドロスの遺体の問題だろうが、史料にはこのやり取りについての言及がない。先の王を埋葬するのは次の王の義務だというのに、フィリッポス三世は、プトレマイオスがアイガイでの埋葬のために異母兄弟を返してくれるかどうかを、本当に気にかけなかったのだろうか？　この沈黙は意味深長であり、舞台裏でのプトレマイオスのマキャヴェリスト的な裏工作を暗示している。第一に、ピトンとアリダイオスを摂政に選ぶのは奇妙である。もしもプトレマイオスがアレクサンドロスの遺体を横取りした時からアリダイオスと接触していたなら、そしてこれもあり得ることだが、ペルディッカスの陣営に密偵がいたなら、ペルディッカスが最初にエジプトへ入った時、プトレマイオスはアリダイオスと何らかの暗黙の取り決めを交わしていただろう。ペルディッカスは非常に有能な戦士であり、彼の侵攻がどれほどの成功を収めるか、プトレマイオスには予測できなかった。プトレマイオスがペルディッカス殺害の背後にいた可能性すらある。というのも暗殺者のひとりピトンはかつての側近護衛官で、プトレマイオスがよく知っていたはずの者なのだから。[55]

こうして浮かび上がるのは、プトレマイオスのような狡知を持つ者だけに実現可能な筋書きである。彼は自分が摂政職を申し出られるだろうと予想しながら、ペルディッカスの暗殺を許し、摂政職は断ってピトンとアリダイオスに譲った。彼にどのような利益があったのか？　答えは単純で、エジプトで放っておいてもらうこと――そしてアレクサンドロスの遺体を保持することでその影響力をわが物とすることである。最近の諸事件と何人かの死を思うと、もうひとつの全般的な協定が必要であることを彼は知っていた。そしてともかく彼にはキュレネで処理すべき緊急の案件があった（一三七頁）。たとえフィリッポス三世がアレクサンドロスの遺体の返還を要求しても、無視された。

この時陣営でなされた最後の決定は、エウメネスおよび少なくとも五〇人のペルディッカス支持者を非合法化することで、欠席裁判で彼ら全員に死刑を宣告した。[56]この決定は、エウメネスがクラテロスを殺害したという報せに影響されたに違いなく、ペルディッカス支持者たちの公式の追放の始まりを告げた。それから二人の王とロクサネは、アレクサンドロスの遺体をプトレマイオスの元に残し、マケドニアへ向けて出立した。バビロン協定は明らかにぼろぼろになったので、三二〇年初秋、存命の後継者たちはプトレマイオスを除き、新しい協定について徹底討論するため、上部シリアのトリパラデイソス（「三つの狩猟庭園」という名前から判断するに、贅沢な狩猟庭園、おそらくバールベク）で会合した。[57]*

＊狩猟庭園は原文では game park、庭園はギリシア語でパラデイソス（パラダイスの語源）。古代中東では野生動物、とりわけライオンの狩猟は王の力の象徴だった。ペルシア大王や総督たちは狩猟用に囲いを持つ広大な庭園を作り、そこに野生動物を放し飼いにしていた。

トリパラデイソスの協定

続く十年間の編年は大きな論争問題で、二つの異なる年代配列の体系、すなわち「低い」編年と「高い」編年が提案されてきた。私は、諸事件を高い編年より一年遅く年代づける、いわゆる低い編年に従う。よってトリパラデイソスの協定は、(高い)三二一年ではなく(低い)三二〇年である。(58)

今や八十代も後半のアンティパトロスは、自分の年功ゆえに議事を主宰できるものと期待しながら、キリキアからトリパラデイソスへ到着した。しかしフィリッポス三世の妻で気性の激しいエウリュディケのせいで、事はすんなりとは進まなかった。* 自分は王妃なのに二人の王の後見人として無視されていることに腹を立て、彼女は軍を焚きつけて、おそらく彼らにしばらく支払われていなかった給与をめぐって憤激させた。(59) これに応えてピトンとアリダイオスは摂政職をアンティパトロスに譲渡し、彼はなんとか議事進行の秩序を回復して、協定を取り決めることができた。(60) 彼が成功したのはおそらく、何らかの外交的手腕というより、兵士たちに給与の支払いを約束したからである。

＊野心に満ちたエウリュディケは知的障害のあるフィリッポス三世に代わり、自ら実質的な王権を行使しようとした。彼女に煽られて暴動を起こした軍は、あやうくアンティパトロスを殺すところだった。

アンティパトロスは、マケドニアとギリシアおよび二人の王の監督官(エピメレテス)に任命された。プトレマイオスはエジプト総督およびリビアの支配者の地位を安堵された——ディオドロスが言うように、「彼を解任するのは不可能だった。なぜなら彼は、あたかもそれが戦利品であるかのように、自身の才覚のおかげでエジプトを保有しているように思われたからである」(61)。プトレマイオスはまた「かなたの土地」に出征することも許されたが、これはリビアの西を指していた。(62) こうして彼は西方では思い通りのことができたが、東方ではそうはいかず、パレスチナやフェニキアのような場所では彼の領土拡張に対する抵抗があった。彼が獲得したものは何ら驚くことではない。ペルディッカスを倒してのち、彼の地位は大規模な侵攻でもないかぎりほとんど挑戦できないものであり、当時は誰もそのような侵攻を試みる気にならなかったからだ。プトレマイオスの勢力のさらなる証拠は、ディオドロスがエジプトを戦利品だと述べていることで、これは三三四年のアレクサンドロスの小アジア侵攻とよく似ている――ヘレスポントスを渡った後、船から降りる前にアレクサンドロスは異国の地に槍を突き立て、全アジアは自分の「槍で勝ち取った領土」であると主張した。[63] この用語は、征服の権利によって王に帰属する領土を意味した。[64] それゆえプトレマイオスはエジプトに対して同じ態度をとったのであり、事実三一一年までには、すべての後継者が自身の国を同じ観点で見るようになった。

ピトンはペルディッカスを仕留めた報償として、メディアと他の東部諸地域を受け取った。アリダイオスはヘレスポントス＝フリュギアを、一〇〇〇の兵と共に与えられた。アンティパトロスの息子ニカノールはカッパドキアで、公式に無法者となったエウメネスの後任となった。そしてセレウコスは今や元指揮官たるペルディッカスの陰から抜け出した。彼はバビロニアを与えられ、最終的に総督となった。

アンティゴノスは、亡くなる直前のクラテロスによく似た責任とともに、最大の分け前を手に入れた。[65] 彼はフリュギア総督の地位を安堵され、アジアにおけるペルディッカスの軍隊を引き継ぎ、こうしてアジアの将軍となった。アンティパトロスの息子カッサンドロスが副官となった。さらにペルディッカス派に対する行動の一環としてアンティゴノスは、今なお大軍を擁しているエウメネスを捕えるという任務を与えられた。アンティパトロスの承認を得て、クラテロスの寡婦となったフィラ（アンティパトロスの娘）は、アンティゴノスの息子デメトリオスと結婚した。アンティパトロスがこれほど大きな権力をなぜアンティゴノスに与えたのかはわからない。もっともアンティゴノスは、二年前バビロンにいた時と同様にこの時点でも不可解な存在だった。アンティパトロスが彼を自分の後継者と見て

図6.1　デメトリオス・ポリオルケテスの肖像
© The Metropolitan Musuem of Art, Gift of C. Ruxton Love Jr., 1967, www.metmuseum.org.

いたのではまずない[66]。ほぼ確実にアンティパトロスは、エウメネスとアジアにおけるその支持者をある程度打ち負かせられるのは自分だけだと信じており、この点で彼は正しかった[67]。こうして協定は西方ではアンティパトロスを、東方ではアンティゴノスを、それぞれ最も強力な人物としたのである。

協定をまとめ上げると、アンティパトロスは二人の王を伴ってマケドニアへ帰った。ほどなくしてアンティゴノスが本性を露わにした。ピトンを裏切りの科で処刑し、他の公職者たちに小規模な粛清を行ない、それから自分の兵士に給与を支払い将来の軍事行動を賄うため、エクバタナ、スーサ、ペルセポリスの大宮殿の宝蔵を組織的に略奪して、二万五〇〇〇タラントンもの資金を得た[68]。彼はアジアで歩兵六万、騎兵一万、戦象三〇頭という恐るべき軍隊を指揮下に置き、息子で、後に見るようにこの時代の最も個性的で癖のある人物のひとり、デメトリオス・ポリオルケテス（「攻城者」）から巧みな支援を受けた[69]（図六・一）。

二世紀のギリシア人歴史家ポリュビオスがマケド

ニアのフィリッポス五世（在位二二一－一七九年）の目的について論じた時、アンティゴノス家の誰もが全世界の支配を欲したと主張したように、アンティゴノスの行動には誰も驚かなかったろう[70]。父と息子は五年間エジプトを無視し、おかげでプトレマイオスは行政機構と官僚制にさまざまな方策を導入し、現地住民とこの国に住むギリシア人およびマケドニア人との間に何らかの調和を創り出そうとするための、貴重な時間が得られた（第11章参照）。トリパラデイソスの協定のあと、プトレマイオスはアンティパトロスの娘エウリュディケと結婚したが、この同盟はアンティパトロスの祝福を受けたに違いない。エウリュディケはプトレマイオスの三番目の妻で、婚約した時はマケドニアにいた。この結婚は、マケドニア人が確実にヘレニズム世界における支配エリートであり続けるために後継者たち（とその子孫）が行なった、複雑な王朝間の（たいていは一夫多妻の）政略結婚の好例である[71]。エウリュディケが結婚のためメンフィスに到着したのは、三二〇年も末だったろう。彼女には姪のベレニケが同行しており、プトレマイオスは三一七年にこのベレニケと結婚することになる。

トリパラデイソスで受け取ったものについてプトレマイオスは、自分が独力でペルディッカスと対戦したことを思って落胆したかもしれないが、結婚によるアンティパトロスとの絆のおかげで、少なくとも残りの後継者たちの中で最も影響力があると考えていた人物と巧みに提携することができた。だが次の二十年にわたるアンティゴノスの行動が証明したように、この点で彼は間違っていた。

エジプトを拡張する

プトレマイオスはアンティゴノスに不信感を持っていたので、トリパラデイソスの協定後、エジプトの東の防衛を強化しようと決心した。三二〇－三一九年の冬の間、彼は将軍（で友人のひとりでもある）ニカノールの指揮下の軍勢をコイレ＝シリアとフェニキアに派遣し、この地域をエジプトに併合した[72]（地図4）。どうやら彼は最初、シリア総督ラオメドンを買収してシリアを自分に譲渡させようとしたらしい（ラオメドンはアンフィポリス出身のギリシア人で、プトレマイオスと同じくアレクサンドロスの少年時代からの友人のひとりであり、三三七年のピクソダロス事件に関与したため追放された）。ラオメドンが拒否すると、プトレマイオスはニカノールを派遣して彼を捕らえた。おそらくこの短い軍事行動のあいだに、プトレマイオスの軍隊はエルサレムを占領した――安息日のことだったので、彼も知っていた通り、ユダヤ人はこの聖なる日には抵抗の姿勢を示さなかったろう。プトレマイオスは相当数のユダヤ人にアレクサンドリアへ移住するよう奨励した。最終的にそのユダヤ人居住区の人口は、エルサレムに次いで二番目となった[73]。

このような行動によってプトレマイオスは、王国の安全だけでなく領土をも増やした。コイレ＝シリアとフェニキアは、考えられる最も近い競争相手と彼自身との間の緩衝地帯となり、フェニキアの港と艦隊の支配を与え、エジプトが持たない原材料の入手を可能にした[74]。実際プトレマイオス王たちは全体として、二世紀にシリアをセレウコス朝に奪われるまで、これらの地域を常に注意深く支配した[75]。さらにキプロスを攻撃したり東地中海に乗り出したりする必要があれば、シリアの支配がプトレマイオスに出撃拠点を与えた。プトレマイオスによる重要な戦略諸地域の体系的併合は、エジプト防衛のためだけではなかったことを見逃すわけにはいかない。彼の軍事行動は、成長しつつある彼の野心のもうひとつの事例である。

しばらくの間、プトレマイオスは放置された。おそらくここで彼は、オフェラスとその支持者に対する不満が増大しつつあったキュレネに介入せざるを得なかった。プトレマイオスはいわゆるキュレネの国制を作成した。王と諸都市と国との関係に光を投げかけるこの文書は、寡頭派に下位の権力を与えた一方で、駐留軍に支援された最高権力を彼自身のものとした[76]。こうしてキュレネは自由都市でなくな

図6.2　カッサンドロスの肖像 Public domain

り、プトレマイオスの西の国境は再び安全なものとなった。

三一九年夏、西方で晴天の霹靂が起こり、混沌の時代が幕を開けた。アンティパトロスが死んだのだ[77]。その息子で当時四十歳ほどだったカッサンドロスは、父が持っていた二人の王に対する監督権と西方の支配を引き継ぐ準備をした（図六・二）。しかしそうはならなかった。死の直前にアンティパトロスはその任務を、アレクサンドロスの歩兵隊長のひとりでクラテロスのかつての副官であり、当時六〇代半ばのポリュペルコンに与えるべきと決定し、カッサンドロスを彼の副官に指名していたのだ[78]。おそらくアンティパトロスは、自分がアンティパトロス朝を樹立しようとしているという印象――それはマケドニアの貴族たちを動揺させるかもしれなかった――を避けようとしたのだろう[79]。もっとありそうなのは、カッサンドロスより経験と名声で優るポリュペルコンのほうが好ましい選択だったということだ。なぜならアンティパトロスとクラテロスがペルディッカスを攻撃するためアジアへ進軍した後は、ポリュペルコンがギリシアを任されて残ったし、マケドニア人は彼を高く評価していたからだ。[80] 無視できないもうひとつの説明は、アンティパトロスが単に息子を嫌っていたということである。結局のところ彼は、三二四年にアレクサンドロスがアンティパトロスに軍を率いて〔バビロンへ〕来るよう明確に求めたにもかかわらず、カッサンドロスをひとりで王のもとへ送り出すのをためらわなかった。カッサンドロスが父の不服従のために苦しんだのも当然である。

カッサンドロスは激怒した。ディオドロスは彼の反応について二つの説明を与えている。ひとつ目はこうだ。彼はポリュペルコンから支配権を奪い取るため、ただちに友人たちに支援を求め始めると同時に、他の「指揮官」(おそらくリュシマコスとアンティゴノス)ばかりかプトレマイオスにも密かに使いを送り、軍事援助を依頼した。[81] 二つ目はこうである。友人たちを集めた後、彼はアジアのアンティゴノスのもとへ行き、援助を求めた、そして自分はすでにプトレマイオスから積極的な返答を得ていると言った。[82] アンティゴノスは彼に四〇〇〇の兵と三五隻の軍船を与えた。表向きの理由は自分とアンティパトロスとの関係ゆえだったが、本当はポリュペルコンの注意を逸らせ、マケドニアとギリシアを自分が手に入れようと望んでいた。

プトレマイオスがなぜカッサンドロスを支援したのかはわからない。これまで提唱されてきたのは、統治評議会を設置すべきだというバビロンにおける自分の提案を——ある意味で——彼はここで実行しつつあり、カッサンドロスも同様の見解を持っていたのかもしれないというものだ。[83] 他方で二人は友人であり、プトレマイオスは〔エウリュディケとの結婚により〕カッサンドロスの義兄弟として、トリパラデイソスでアンティパトロスと結んだ同盟を継続したいと単に望んだのかもしれない。ただし、カッサンドロスへの彼の熱意あふれる返答の中に、アンティゴノスと似かよった動機——言い換えれば、ギリシアに対する彼自身の真剣な関心を見てとることができる。それは三〇八年に現れた。

これらすべての結末は、後継者たちのさらにもうひとつの協定〔トリパラデイソス協定〕が台無しになったということである。ポリュペルコンに権力を与えるというアンティパトロスの決断は、続く数年間の一連の諸事件を引き起こした。実際のところポリュペルコンは決して重要視されなかった――彼はアレクサンドロスのもとで一度も上級指揮権を得たことがなく、それゆえ他の者たちと対等に競うことができなかった。彼がオリュンピアスに、エペイロスからマケドニアに帰ってアレクサンドロス四世の後見を手助けするよう依頼したこと、そしてエウメネスに軍事援助を求めたことは、同様に憤《いきどお》りをもって見られた(84)。今や誰もがマケドニア王権という賞品に眼を向け、二七六年までに（カッサンドロスを含む）六人もの支配者が交代するという王朝の混乱の中に王国を突き落とした。ようやくこの年にアンティゴノス二世ゴナタスが最終的な安定をもたらし、アンティゴノス王朝を樹立したのである(85)。

後継者たちは皆、アレクサンドロスとのつながりを利用しようと、王の肖像を刻印した貨幣を発行した。しかし三一九年、プトレマイオスはさらに進んで彼の貨幣の表面《おもてめん》に新しい図像を印した。象の頭皮をかぶりゼウス・アンモンの角をつけた、アレクサンドロスの頭部である。裏面にはゼウスが鷲と雷霆《らいてい》を持って玉座につき、「アレクサンドロスの」と刻印してあった[1]（図七・一）。象の頭皮はインドにおけるアレクサンドロス、とりわけ三二六年のヒュダスペス河畔の会戦での勝利とその後の記念貨幣——そのひとつには騎乗して象を攻撃する（おそらくは）アレクサンドロスが描かれている——に関連していた（九九頁）。またインドの象は、アレクサンドロスの石棺にみられる特徴のひとつであった。*

＊フェニキア都市シドンから出土した、いわゆる「アレクサンドロスの石棺」の戦闘場面で、左端の大王がかぶっているのはライオンの頭皮である。

プトレマイオスがなぜこの変更を導入したのか、とりわけインドとの視覚的関連を採り入れたのはなぜか？　それはわからない。すでに指摘したように、おそらく彼はアレクサンドロスのインド遠征において自分が名を上げたことを強調したかったのだろう。『大王伝』の多くをインドで自分がなしとげた功績に割いたのはこのためである[2]。しかし、人々はプトレマイオスの新しい図像を、貨幣のそもそもの

図 7.1　象の頭皮をかぶるアレクサンドロスの貨幣肖像　提供：Heritage Image/アフロ

目的であるアレクサンドロスのインド侵攻ではなく、彼自身の軍事的台頭と結びつけただろうか？

プトレマイオスは、より小さい単位の貨幣を含む幅広い通貨鋳造政策を推し進めた。これについては第11章で、彼の行政・経済改革の一環として考察しよう。おそらくここで議論している新しい貨幣は、政治宣伝と経済的理由による、単純に新しいアレクサンドロス像であった。結局のところ彼の次なる主要な改革は八年後の三一一年に行なわれるのだが、この時彼は、とある型の銀貨の銘に自分の名前を付け加え、「プトレマイオスのアレクサンドロス（貨幣）」とした。[3] じきにアレクサンドロスの名前だけに戻している。実際彼がすばやく自分の名前を削除したのは、おそらく自分が引き起こした不都合な反発のせいだったので、三一九年から八年間という隔たりは意味深い。どちらの場合（三一九年と三一一年）も、彼は自分の支配に正統性を与えるため、単純にアレクサンドロスおよびアルゲアス家とのつながりを強調しようとした。三〇六年に王の称号を得たあとでさえ、このつながりを維持した。というのも、アレクサンドロスの肖像と名前を刻印したドラクマ銀貨は公式に流通し続けたからである。

カッサンドロスとギリシア本土

アンティゴノスは、自分が王にもその後見人にもこれ以上責任を負えないと決心し、自分の権力を樹立することに着手していた[4]。この目的のため、彼は小アジアにおける所有地を増やそうとし、エフェソスを占領して、マケドニアのポリュペルコンに向かうはずだった船と七〇〇タラントンの地金を捕獲した。彼がカッサンドロスを支援したことは、ポリュペルコンにとってすでに重要な関心事であった。そしてカッサンドロスがアジアからギリシアへ移動した時、ポリュペルコンは、この二人の連合が自分にとって重大な脅威となることに気づいた。こうして第二次後継者戦争（三一九―三一六年）が始まったが、プトレマイオスはこれにほとんど関与しなかった[5]。

続く数年間、主要人物――カッサンドロス、ポリュペルコン、アンティゴノス、エウメネス――を巻き込んで、とりわけギリシア本土で展開した複雑な諸事件については、ここであまりかかわる必要はない[6]。アンティゴノスから受け取った大軍に支援されてカッサンドロスが侵入したことで、ギリシアにおけるポリュペルコンへの支持は著しく低下したので、ポリュペルコンはギリシア人に自由を与えるとの宣言を発布した。これはほとんど支持を得なかったし、得たとしても疑いの目で見られた[7]。次の数年間、プトレマイオスを含む後継者の多くが、自分自身でそうした宣言を発布することになるが、そのすべてが単に〔ギリシア人の〕支持を勝ち取るためにすぎなかった[8]。本土で最も重要な都市であるアテネが三一七年にカッサンドロスに味方した時点で、ギリシアの支配に関する限り、ポリュペルコンの運命は決した[9]。彼はペロポネソスへ撤退し、そこでカッサンドロスに対する策略をめぐらせ続けた。アテネの服従を確実にするため、カッサンドロスはマケドニア駐留軍を置き、アテネの統治者にはアリストテレス派の哲学者でファレロン（沿岸部でアテネ市に最も近い町）出身のデメトリオスを据えた[10]。

デメトリオスはまだ四十歳にもならなかったが、アリストテレスの学園リュケイオンの卒業生で、この時代の第一級の知識人のひとりであった。次の十年間、彼はカッサンドロスの名のもとにアテネを独裁的に支配し、アテネ人の贅沢を制限するため一連の法律を導入する一方で、彼自身は豪華な宴会と数多くの遊女を楽しんだ。それでもアテネは平和な時代を享受し、市内では知的生活が栄えた。この時代に（アリストテレスを継いでリュケイオンの学頭となった）エレソス出身のテオフラストスが、植物学と生物学に関するさまざまな著作を書いたが、中でも彼の『人さまざま』は、不愉快な人々を三〇の類型に分けた風刺的な性格寸描である[11]。新喜劇という分野が文化生活における定番となり、その最も偉大な作家はデメトリオスの弟子のメナンドロスだった。新喜劇は五世紀および四世紀初めの政治的に辛辣な旧喜劇と異なり、ロマンチックで現実逃避的な筋書きをもち、その舞台は田園地帯に設定された。この変化には理由があった。デメトリオスの支配はアテネ人に、彼らの軍事的政治的な無力さを容赦なく思い知らせるものだった。新喜劇の上演は彼らに、マケドニアの支配という現実をしばし忘れさせたのである[12]。

その間にカッサンドロスはマケドニアに目を据えた。ある時点でポリュペルコンはアレクサンドロスの母オリュンピアスと謀り、彼女をマケドニアに帰国させて民衆を自身の大義に結集させようとしていた。しかしながら考慮せねばならないもうひとつの勢力が、フィリッポス三世の妻エウリュディケだった。なにしろオリュンピアスがエウリュディケの夫より自分の孫息子（アレクサンドロス四世）を擁護していたので、エウリュディケはオリュンピアスが宮廷で勢力を取り戻すなど考えるのもまっぴらだったのだ。だからオリュンピアスがエペイロスから軍勢と共にマケドニアへ接近すると、フィリッポスとエウリュディケは彼ら自身の軍を率いて対抗した。エウリュディケは（女性としては異例なことに）戦士としての訓練を受けており、自軍を鼓舞するため完全武装で現れた[13]。それでもアレクサンドロスの母親に対する忠誠心は、彼の異母兄弟に対するいかなる感情をも上回り、フィリッポスとエウリュディケの軍勢は二人に反乱を起こした[14]。「情熱的で憎悪に満ちた女性である[15]」オリュンピアスは彼らの失脚を巧みに利用して、フィリッポスとエウリュディケをちっぽけな空間に閉じ込め、小さな隙間だけを通して食べ物を与えた。最終的にオリュンピアスはカッサンドロスがマケドニアにいないことにつけ込んで、フィリッポスを刺し殺すよう命じ、エウリュディケには残酷なことに剣と縄と毒薬を送り、自分で死に方を選ぶようにと伝えた。これに反抗してエウリュディケは自分の帯で首を吊った[16]。

オリュンピアスはアレクサンドロス四世が単独の王として支配する道を切り開くため、アルゲアス朝の王を処刑した。王殺しは凶悪な犯罪だったが、彼女はさらなる罪を重ねた。当時カッサンドロスは、以前にポリュペルコンが占領していたペロポネソス諸都市を味方につけようとしてテゲアを包囲していたので、オリュンピアスは大丈夫と思って、カッサンドロスの兄弟ニカノール、それに個人的に憎んでいてカッサンドロスとエウリュディケに味方した他のマケドニア人貴族一〇〇人を殺害した[17]。彼女の行為はマケドニア人の反感を買った。カッサンドロスは、ポリュペルコンとオリュンピアスが自分に勝ち目がないほど強力になる前にマケドニアへ帰る必要があるとわかって、テゲアの包囲を解き、本国へ向かった[18]。

カッサンドロスは軍の先頭に立ってマケドニアを占領した。オリュンピアスはアレクサンドロス四世、ロクサネ、それにさまざまな支持者を引き連れてピュドナに逃れた。カッサンドロスに包囲されたピュドナでは、冬の間に多くの者が餓死し、非ギリシア人は生き残るためその遺体を食べるまでに追い込まれた。ついに都市は降伏し、オリュンピアスは捕えられた[19]。裁判にかけて殉教者にする危険を避けるため、カッサンドロスはオリュンピアスを、三三六年にフィリッポス二世の七番目の妻クレオパトラと生まれたばかりの娘を殺したばかりか、フィリッポスとエウリュディケをも殺害した裏切り者として（おそらく石打ちにより）処刑した。[20] 彼女の遺体は埋葬されずに放置されたと言われている。[21]＊

＊二十世紀初めにピュドナでオリュンピアスに捧げた墓碑銘が発見された。その年代は三世紀前半で、彼女は死後数十年たって埋葬されたと見られる。

カッサンドロスはマケドニア王殺害の復讐を果たしたことで民衆に慕われた。彼は若きアレクサンドロス四世の後見役を引き受け、その夏には「マケドニア王国への望みを抱き始め」て、アレクサンドロス大王の異母姉妹（フィリッポス二世とテッサリア人の妻ニケシポリスの娘）であるテッサロニケと結婚した。[22] 彼をアルゲアス王家に結びつけたこの政略結婚の利点は、三〇八年にプトレマイオスがギリシアに目を据えた時にあらためて注目された。＊ カッサンドロスは今やアレクサンドロス四世の伯父となったが、王またはその母親に宮廷で勢力を持たせるつもりはなかった――二人をアンフィポリスへ護送し、王位の表徴を持たせず軟禁したのである。[23] 次に彼は自分の支配権力をなおいっそう強調するため、フィリッポス三世とエウリュディケの入念な埋葬式をアイガイで執り行なった。[24] また表向きは都市化政策の一環として、彼は二つの都市を建設した。カルキディケのパレネ半島に（彼自身にちなんで名づけた）カッサンドレイア、テルマイコス湾の奥に（彼の妻にちなんで名づけた）テッサロニカである。[25] さらに富裕な個人や諸国から資金援助を得て、三三五年にアレクサンドロスが破壊したテーバイを三一六年に再建した。[26] アレクサンドロス四世よりも自分自身にちなんでカッサンドレイアと名づけたことは、彼のギリシア支配の維持を助けたテーバイ再建と同じく、カッサンドロスが自分をどのように見ていたかを明瞭に示している。[27] 彼はここに滞在することになった。

＊プトレマイオスが大王の妹クレオパトラに求婚したことを指す（二二三頁参照）。

プトレマイオスはカッサンドロスの旭日の勢いを十分認識していた。とはいえ彼がこの新たな後継者戦争に全面的に関与することはなかった、おそらく個人的に得られるものがあまりに少ないので、危険を犯すに値しなかったためである。エジプトは平和と安全を享受しており、彼は今では三二三年に有していたよりはるかに大きな領域を支配し、それは西方ではリビアまで、東方ではシリアまで広がっていた。また、キプロスの何人かの王たちとの同盟のおかげでキプロスを実効的に支配し、海域の支配を強化するため、エーゲ海のいくつかの島々との一連の合意も巧みに取り決めた。しかしプトレマイオスが世界の諸事件の辺境に留まっている期間はもうさほど長くないだろう。

プトレマイオスの結婚

確かな年代は不明だが、プトレマイオスはほぼ間違いなく三一七年に、四人目の、そして最も影響力のある妻ベレニケと結婚した（のちのベレニケ一世――この名前はプトレマイオス家で人気があった）(28)。プトレマイオスは四度結婚し、三人の妻から子供たちをもうけたことがわかっている(29)。彼は一夫多妻だったと言われているので、結婚するために前の妻と離婚することはおそらくなく、したがって妻たちは宮廷で一緒に暮らした(30)。彼女たちが皆お互い仲が良かったかどうかは別問題である。ペラの宮殿で一緒に暮らしていたフィリッポス二世の妻たちの間には、緊張関係があった。ただしこれは、おそらくお節介なオリュンピアスがいたことが大きいだろう(31)。

プトレマイオスの最初の妻はアテネ人の遊女タイスで、彼女は三三〇年にペルセポリスで宮殿に放火するようアレクサンドロスを説き伏せたと言われている。プトレマイオスが彼女と出会ったのはこの逸話より早い時期だったかもしれない。というのも彼女はアジア中を放浪してさんざん苦労したことに不平を言っており、それは彼女がこの遠征軍につき従った多数の遊女たちのひとりであったことを示唆するからだ(32)。プトレマイオスが実際に彼女と結婚したと伝えるのは、古代作家のひとりだけである(33)。しかしながら彼が息子のひとりを祖父にちなんでラゴスと名づけたことを考えると、おそらく二人は〔正式に〕結婚したのだろう。最初に生まれた息子たちには、通常は祖父〔まず父方、次いで母方〕の名前がつけられた。だから庶子だとすれば、プトレマイオスが自分の最初の息子にラゴスと名づけたとは考えにくい。アレクサンドロスの最初の息子は庶出であり、祖父にちなんだフィリッポスではなく、ヘラクレスと名づけられたことが思い出される。

プトレマイオスはタイスから息子二人と娘一人を得た(34)。彼は息子のどちらかが自分のあとを継ぐことを決して期待しなかったらしく、プトレマイオスの死に際しての王位継承で彼らは何の役割も果たさなかった。息子のひとりラゴスは三〇八年のオリンピック競技会の出場者で、もうひとりのレオンティスコスは三〇六年にキプロスでアンティゴノスの息子デメトリオスの捕虜となったが、身代金なしで解放された。娘エイレーネについては、プトレマイオスはエジプトへやって来てまもなく、彼女をキプロスのソロイの王エウノストスに嫁がせている。

三二四年のスーサにおける集団結婚式の一環として、プトレマイオスは二番目の妻を娶った、というよりアレクサンドロスによって妻が押しつけられた。ペルシアのアルタカマについては知られておらず、プトレマイオスとの間に子供をもうけたとの記録もない(35)。確かにプトレマイオスの死に際して、〔彼女の息子として〕エジプト王位を要求する者は誰も現れなかった。彼女の地位が正確にはどういうものだったかはわからないが、結婚の状況を考慮すると、アレクサンドロスに近しい指揮官や友人の妻たちと同じ部類の貴族には属していなかった。結婚させられた者たちは、ひとりを除いて全員が、バビロン協定のあとというのも、スーサで外国人の妻と結婚させられた者たちは、ひとりを除いて全員が、バビロン協定のあとで妻を離縁したらしいからだ(36)*。唯一知られている例外はセレウコスで、彼はバクトリアの貴族スピタメネスの娘であるアパマと生涯連れ添った(37)。

＊近年の研究はこのような通説を批判している。九十人以上のペルシア女性で名前がわかっているのは十人にも満たず、離縁に言及した史料もほとんどない。大王の死後数年で多くの有力者が死んだため、妻たちについては記録に値することがなかったとも考えられる。

プトレマイオスの三番目の妻はアンティパトロスの娘エウリュディケで、おそらく三二〇年に結婚した。彼がエウリュディケからもうけた息子で確実なのは、プトレマイオス・ケラウノス（「稲妻」）とメレアグロスの二人で、おそらく三番目にアルガイオス、娘はリュサンドラとプトレマイスの二人だった。ケラウノスとメレアグロスは、二八〇年代末から二七九年までのごく短い時期にマケドニア王となった。リュサンドラは三〇〇年にトラキアのリュシマコスの息子アガトクレスと結婚し、プトレマイスは二八七年にデメトリオス・ポリオルケテスと結婚した（アルガイオスについては後述）。

プトレマイオスの四人目で最も影響力の大きい妻は、三二〇年頃にメンフィスへやって来たベレニケだった（図七・二）。ベレニケはそれ以前にフィリッポスという名の、家柄の低いほとんど無名のマケドニア人と結婚していたが、おそらく彼は彼女がエジプトへ行くまでには死亡していた。[38] 彼女とフィリッポスには三人の子ども、息子のマガスと二人の娘、アンティゴネとテオクセネがいた。[39] 三一六年ないし三一五年に、ベレニケとプトレマイオスの結婚から娘アルシノエが生まれ、三〇九年冬にベレニケはコス島で息子プトレマイオスを生んだ。[40] もうひとり、フィロテラという娘がいたが、生年はわからない。これらの子供たちのうち、マガスは三〇〇年にキュレネでプトレマイオスの代理統治者となった。アンティゴネは二九六年にエペイロスのピュロスと結婚し、プトレマイオスは二八五年からエジプトの共同支配者として父を継いだ。娘アルシノエ（二世）は母の野心的な血統を受け継いだ。というのも彼女はエジプトを支配していた弟プトレマイオス二世と結婚し、これによって実の兄弟姉妹婚というプトレマイオス朝の伝統を始めたからだ。[41] この結婚でプトレマイオス二世はフィラデルフォス（「姉妹を愛する者」）という添え名を得ると同時に、ソタデスという名のよく知られた卑猥な詩人から嘲笑を買った。彼は「陛下は神聖ならざる穴に棒を押し込んだ」という詩句のせいで、プトレマイオスの命令により鉛の棺に入れられ溺死させられた[42]。

古代作家たちは、すべての妻の中でプトレマイオスはベレニケを最も重視し、彼らの結婚は恋愛結婚だったと主張した[43]。彼女はおそらくエウリュディケと共にプトレマイオスの宮廷へ到着してまもなく愛人になった[44]。たちまち彼女は考慮せねばならない勢力となった――エペイロスのピュロスが二九八年に人質としてエジプトへ送られた時、彼はすべての妻の中で彼女が最も影響力を持っていると見抜いて、特別に注意を払った[45]。ちょうどオリュンピアスが息子アレクサンドロスに常に期待を寄せたのと同じく、ベレニケも息子プトレマイオスに期待を寄せ、もしかすると夫に、最年長の子供であるプトレマイオス・ケラウノスより、自分の息子を次のエジプト王にするよう説得したかもしれない[46]。王位継承については、第12章でプトレマイオスの晩年を扱う時に取り上げることにしよう。

これに付随して興味深いのは、プトレマイオスの娘たちの誰ひとり、エジプトに関連する女性名のうち最も有名になった名前、クレオパトラを与えられなかったことだ。この名前はずっと後に導入された――最初のクレオパトラは実はセレウコス王家の一員で、アンティオコス三世の娘だった。彼女は一九五年に従兄弟のプトレマイオス五世エピファネス（在位二〇四‐一八一年）と、彼が十三歳の時に結婚した。この名前は明らかに人気を得た。

プトレマイオスとエウリュディケの息子アルガイオスの出自は議論を呼んでいる。というのも後二世紀のギリシア人著作家パウサニアスが、プトレマイオス二世は自分の兄弟アルガイオスを裏切りの科で（エウリュディケの息子だったと言われる名前不詳の兄弟と共に）処刑したと主張しているからだ[47]。もしこれが本当なら、エウリュディケはアルガイオスの母親ではあり得ず、コス島でプトレマイオスを生

図7.2　プトレマイオスと妻ベレニケ　提供：GRANGER.COM/アフロ

んだのは疑いなくベレニケだから、ベレニケがアルガイオスの母親ということになる。論争点を説明するひとつの方法は、パウサニアスが意味しているのはプトレマイオスの（同じ母親から生まれた）実の兄弟ではなく、異母兄弟であるとすることだ。ただしパウサニアスは同じ節で、マガスをプトレマイオスの異母兄弟と呼んでおり、よって彼は実の兄弟と異母兄弟の違いを明らかに認識していた。パウサニアスは歴史家ではないので、アルガイオスの地位について、それゆえ彼の母親について単純な間違いを犯したのかもしれない[48]。これはさすがに言いすぎだろうが、最近のとある研究はこう主張する。アルガイオスはプトレマイオスのどの妻による息子でもなく、アレクサンドロス大王とタイスの非嫡出子である。アレクサンドロスがタイスと関係を持ったのち、妊娠した彼女を（胎内の）アルガイオスと共に）プトレマイオスに与えた時、プトレマイオスは進んで彼を養子に迎えたのだ、と[49]。

攻勢に出る

カッサンドロスがマケドニアとギリシアで采配を振るっている間に、アンティゴノスはアジアをさらに奪い取った。この過程でアンティゴノスは数年間におよぶ軍事行動の末、不屈のエウメネスを三一六年に追い詰めて捕えたが、その間には両陣営ともに失敗を経験した。[50] エウメネスがコイレ=シリア、フェニキア、キプロスのような、プトレマイオスの影響圏内に入った諸地域で多数の傭兵を集め始めた時には、プトレマイオスもエウメネスに対して独自の軍事行動をとった。三一八年、プトレマイオスは艦隊を率いて小アジアの（キュインダ近くの）ゼフュリオンへ出撃し＊、そこからエウメネスの兵士をできるだけ多く味方につけようとする一方、エウメネスを支持したことでキュインダの指揮官たちを厳しく非難した。[51] だが彼は完全に失敗した。おそらくその理由は、エウメネスに対する兵士たちの忠誠心だけでなく、二人の王がポリュペルコンおよびオリュンピアスと協力して、エウメネスだけに従うよう彼らに命じていたからである。[52] それゆえプトレマイオスは作戦を断念して帰国した。

＊小アジアにはゼフュリオンという地名は岬も含めて複数ある。このゼフュリオンはキリキア地方の沿岸でキュドノス川の西にあり、ローマ時代にはハドリアノポリスと呼ばれた。キュインダの正確な位置は不明。

三一六年までにエウメネスからの脅威は消えた。アンティゴノスは尊敬に値するこの敵を数日間投獄したが、どうやら殺すのを躊躇したらしく、ついにこの件は彼の手から取り上げられて、数人の護衛兵がエウメネスを絞殺した。アンティゴノスは彼の遺灰を、カッパドキアにいる彼の寡婦と子供たちに送った。[53] 今やアンティゴノスは巨大な軍隊を持ち、アジアの広大な地域を支配し、スーサ、エクバタナ、ペルセポリスの宮殿群にある莫大な財宝を利用することができた。高齢にもかかわらず、彼の目標はアレクサンドロスが支配した帝国を復活させることであり、それはギリシアとマケドニアを自分が引き継ぐことを意味した。彼の目標達成は、他の者たちが許すことのできないものだった。

エウメネスの兵力を減らそうとしたのを別にすれば、プトレマイオスはこうした事件が起きている間は傍観に徹した。しかし三一五年、彼は激化しつつある対立にいきなり引き込まれた。その年の晩夏、アンティゴノスはバビロンに移動したが、どうやらセレウコスのした財政問題の処理方法をめぐって彼と激しく口論し、セレウコスがプトレマイオスのもとへ逃げるという結末になった[54]のだ。だがアンティゴノスのいざこざは、セレウコスの人気を恨んだことと、アレクサンドロスの最後の首都たるバビロンを彼が支配していることに、より大きくかかわっていたのかもしれない。セレウコスはメソポタミアとシリアを通ってプトレマイオスのもとへ逃れた。その理由は、ディオドロスの言葉を借りれば、「プトレマイオスの親切さ、それに自分のもとへ逃げてきた者たちに対する懇《ねんご》ろで友好的な態度の評判が広がっていた」からというより、本当に避難先が他になかったからである[55]。カッサンドロスは、アンティゴノスに攻撃された場合にギリシアにおける地位を維持できるか不確かだったし、リュシマコスはまだトラキアを平定するのに手一杯だった。

　プトレマイオスはジレンマに陥った。もしもセレウコスを見捨てれば、彼を永久に敵にする危険を冒すことになる。一方で支援すれば、アンティゴノスの怒りを買うだろう。結局プトレマイオスは後者を選択した、その理由はおそらく、自分とアンティゴノスとの関係はどのみちぎくしゃくしていることを知っていたし、だからこそ手に入るすべての同盟者を必要としていたからだ。こうして彼はセレウコスをかつての同僚にして友人として迎え入れた。

　セレウコスはプトレマイオスに、アンティゴノスは彼の恐るべき軍隊とともに全帝国を奪い取り、第二のアレクサンドロスになるつもりだと警告した[56]。セレウコスの主張は彼の亡命に劣らず衝撃的だったので、アンティゴノスがアレクサンドロス帝国の東部全体を支配していることも、その地域の他の総督たちが彼の支持者であるか、または彼を恐れながら暮らしているかのどちらかであることも——三一九年にアンティパトロスが死んで以来、これが彼の計画だった――見逃すことはできなかった[57]。アンティゴノスはおそらくテュロスで、麾下のマケドニア軍をおだてて自分に摂政職を与えるよう仕向けた可能性すらあった[58]。プトレマイオスはセレウコスをバビロンに復帰させるため、積極的な方策をとることを決意した。これにはリュシマコスとカッサンドロスも追随したが、セレウコスもまた自身の大義に賛同するよう彼らを説得した[59]。

三一五年末、プトレマイオス、リュシマコス、カッサンドロスの代表団が上部シリアでアンティゴノスと会見し、セレウコスがバビロンに復帰するのを許すよう彼に命じた[60]。アンティゴノスの領土をさらに減らそうとして、彼らは次のように要求した。プトレマイオスは全シリアの支配を、リュシマコスはヘレスポントス゠フリュギアの（これは彼の王国がヘレスポントスの両側にまたがることを意味する）、カッサンドロスはカッパドキアとリュキアの支配をそれぞれ与えられるべきこと、アンティゴノスはエウメネスの敗北で手に入れた戦利品の分け前を彼らに与えるべきこと、さもなくば戦争である、と[61]。驚くまでもなくアンティゴノスは、彼らの条件では自身の東部領の大半を失うことになるので、最後通告を嘲笑った。いかなる外交交渉も彼には無駄だった。セレウコスは確かにひどい扱いを受けたものの、プトレマイオス、リュシマコス、カッサンドロスの要求には根拠がなかった。こうして第三次後継者戦争（三一五―三一一年）が始まった[62]。

アンティゴノスはフェニキアへ南進し、プトレマイオスと同盟していないキプロスの王たちと提携するため、アゲシラオスを使節として派遣する一方、ロドス人には自分のために艦隊を建造するよう説得を試みた。こうした動きは明らかに、これらの島々やパレスチナ方面からの攻撃に対してエジプトが脆弱であることを知っているプトレマイオスに、圧力をかけることを意図していた。しかしながら、アゲシラオスは群小のキプロス王たちに成功を収めただけで、プトレマイオスへの忠誠を保ったニコクレオンのような強力な王たちには不首尾に終わった。ここでもキプロスに対するプトレマイオスの、以前からの注意深い外交政策が報われたことが見てとれる[63]。

三一四年、アンティゴノスはプトレマイオス、カッサンドロス、リュシマコスの連合に反撃し、カッサンドロスがオリュンピアスを殺害してロクサネとアレクサンドロス四世をアンフィポリスに幽閉し、テッサロニケを強いて自分と結婚させたことを非難した[64]。彼はまだペロポネソスにいたポリュペルコンに一〇〇〇タラントンを送り、カッサンドロスに共に対抗するための支援を申し出た[65]。それから本土とアジアのギリシア人に対し、市内には外国の駐留軍を置かず自由と自治を約束するという、思い切った布告を発した[66]。彼の動機は、カッサンドロスの軍事力を掘り崩し、この時点での同盟者を確保するという実際的なものだった[67]。ただし彼の命令は、帝国全土のどこのギリシア都市にも駐留軍を置くことを禁じたため、他の後継者たちにも影響を及ぼした——もちろん誰もそんなものは一顧だにしなかった。

アンティゴノスを凌ぎカッサンドロスに対抗しようと、プトレマイオスはギリシア人に同じような宣言を発布して、自分もまさにアンティゴノスと同じく彼らの自由に関心を持っていると主張した[68]。プトレマイオスの宣言は、アンティゴノス、ポリュペルコン、カッサンドロスの誰が誰に勝利するかにかかわらず、自分を解放者として巧みに触れ込むものだった[69]。もちろんプトレマイオスもアンティゴノスと同じく、ギリシア人の最善の利益など知ったことではなかったし、彼がキュレネとその周辺の多くの都市に駐留軍を置いていることも、ギリシア人には周知のことだった[70]。しかしプトレマイオスの動きは彼の野心を示している。彼はギリシア人から英雄と見られるようアンティゴノスと競い合っており、それどころか三〇八年のギリシア獲得の試みに向けて土台作りをしていたのかもしれない[71]（第9章参照）。

三一二年までにポリュペルコンは、国境方面でも圧迫してきていたカッサンドロスの側から、ペロポネソスにおける重要な諸都市の多くをなんとか味方に引き寄せた。これはアンティゴノスにとって、シリアでの軍事行動を打ち切り――そこでは最近プトレマイオスからパレスチナとフェニキアを奪っていた――マケドニアへ侵攻するための好機となったことだろう。しかし彼にとってはプトレマイオスのほうが日に日に大きな脅威となりつつあった。プトレマイオスの海軍はアンティゴノスの海軍よりはるかに強力で、その指揮官ポリュクレイトスに以前敗れたことで、アンティゴノスはキプロスへの介入もロドスから船を得るのも妨げられていた。(72) 実際に(プトレマイオスのもとで海軍提督を務めていた)セレウコスと一〇〇隻のプトレマイオスの三段櫂船は、プトレマイオスの兄弟メネラオスと合流し、キプロス全体をプトレマイオスの味方につけた。(73) プトレマイオスはアレクサンドロスにふさわしい迅速な軍事行動によって、この成功をさらに推し進めた。三一三年のキュレネの反乱を鎮圧した後、プトレマイオスは自ら軍を率いてキプロスへ渡り、最近アンティゴノス側についた四人の王を殺害ないしは捕え、サラミスの王で長年の友人であり同盟者でもあるニコクレオンを、全キプロスの将軍(ストラテゴス)にしたのである。(74) ただし彼は用心深くメネラオスを将軍として島に留め、ニコクレオンに目を光らせた。(75) このちプトレマイオスは北部シリアの二つの都市を包囲し、キリキアへ航行してマッロスを獲得し、その住民を奴隷として売り払ってからエジプトへ帰った。(76)

プトレマイオスの増大しつつある勢力に押されて、アンティゴノスは折からテュロスを包囲中だったにもかかわらず、彼に対して宣戦布告した。(77) アンティゴノスは息子のデメトリオスに、シリアでプトレマイオスに挑戦するよう命じた。(78) しかしプトレマイオスはとっくに策を講じており、テュロス包囲戦でアンティゴノスは思いがけない困難に出会った。プトレマイオスの支援を受けたテュロスは、アンティゴノスに抗して十五か月間持ちこたえたのだ。にもかかわらずアンティゴノスは、デメトリオスにエジプトへ侵攻するよう命じた。(79) ペリシテ人の古くからの都市ガザで、デメトリオスは(セレウコスに支援された)プトレマイオスとその軍が自分と交戦すべく待ち構えているのを見出した。(80) デメトリオスに同行していたアンティゴノスの将軍ネアルコスとピトンは、デメトリオスに待つよう忠告したが、デメトリオスは攻撃しか頭になく、彼の兵士たちにも攻撃を呼びかけた[81]。彼はまだ二十代前半だったが、父と共にエウメネスと戦ったことがあり、これが初めての独立した指揮権だった。無理もないことだが、彼は自分の実力を示したいと思ったのだ[82]。ガザのすぐ南の広大な平原で、両軍は戦うべく相まみえた。三一二年晩秋のことだった。

ガザの会戦

プトレマイオスの軍隊は歩兵一万八〇〇〇と騎兵四〇〇〇を含み、その大半はエジプト人「大衆」（プレートス）だけでなくマケドニア人、ギリシア人、傭兵であった[83]。これらエジプト人の一部は兵士の役を果たしたが、他の者たちは備品や飛び道具の運搬を手伝った。おそらく（すべて歩兵だったに違いない）エジプト人は、マケドニア式戦闘法の訓練を受けていなかったろう。それでプトレマイオスは、エジプト人をひとりも含まない騎兵に依存したことが証明するように、自身の兵士が勝利することを予期していた。しかし彼がエジプト人を招集して自分のために戦わせたという事実——これは彼がその軍隊に現地人を用いたのが知られる最初の機会である——は、彼がデメトリオスを軽く考えてはいなかったことを示している。確かに軽く考えるべきではなかった。というのも侵入軍は歩兵一万二五〇〇、騎兵四五〇〇、戦象四三頭から成っていたからだ。プトレマイオスはまだ軍中に戦象を持っていなかったが、これは驚きである。彼はインド産の戦象は利用できなかったけれども、アフリカ産の戦象なら使うことができたかもしれない[84]。

戦いは激戦になると予想された[84]。三二六年ヒュダスペス川でのアレクサンドロスと同様に、プトレマイオスは最大の危険が敵の戦象と騎兵からくることがわかっていた。そこで彼は戦象の前進を阻止するため、地面に大釘を埋め込み、戦列を横切って鎖を設置した。さらに、これもヒュダスペス川でのアレクサンドロスを忠実に写し、動物を傷つけ象使いを討ち取るために弓兵と投槍兵を用意し、混乱と苦痛の中で巨大な動物が自軍の戦列目がけて駆け出すようにした。デメトリオスがこの種の反撃を予想していなかったのは、彼の失態であった。彼はヒュダスペス川にはおらず、アレクサンドロスが身の毛もよだつ戦術を実行するのを見られなかったが、デメトリオスの傍にはネアルコスのように、ヒュダスペス河畔の戦いに参加してアレクサンドロスの戦術を報告できたはずの古参の将軍たちがいたのである。

　デメトリオスは、（近衛兵二〇〇を含む）歩兵四四〇〇と〔騎兵三〇〇〇および〕戦象三〇頭を擁する左翼を指揮した。右翼には騎兵一五〇〇を展開し、残りの歩兵と一三頭の戦象は中央に配置された。彼が立てた戦術は、左翼の騎兵が敵の戦列を圧倒し、右翼の騎兵を活用してプトレマイオスの戦列を打ち砕くというものだった。デメトリオスの戦列を見たプトレマイオスは、いくつか細かな修正を施した。彼はセレウコスの支援を受けて、自ら右翼と三〇〇〇の騎兵を指揮した。対面する敵のより大きな兵力に対して右翼を増強する必要があったため、左翼にはわずか一〇〇〇の騎兵を置いただけだった[85]。アレクサンドロスと共に戦い、この華々しい将軍の活躍ぶりを観察するという経験のおかげで、プトレマイオスは、戦術上の最大の要所に騎兵を大勢置くことが勝利の助けになるだろうと知っていたのである。

　予想通りデメトリオスは、プトレマイオスの右翼に向けて彼の強力な左翼を解き放ったが、プトレマイオスの騎兵はデメトリオスが願ったようには屈服せず、それどころか敵の騎兵を押し返し始めた。これと同時に侵入軍の戦象は、大釘や、象と象使い目がけて雨霰《あられ》と放たれる飛び道具によって無力化された。統制できなくなった象たちは驚いて後退するか捕獲された。戦象による攻撃の失敗はデメトリオスの兵士たちを意気阻喪させ、戦闘は激しい白兵戦となって、プトレマイオスの兵士たちが常に優位に立った。恐慌状態に陥ってデメトリオスの騎兵は退却し、歩兵も安全なガザへ逃れようと、すぐそれに続いた。ところがプトレマイオスがすばやく彼らに襲いかかったので、デメトリオスはフェニキアとキリキアを通過してさらに北へ、最終的にシリア北部にまで逃れるはめになった。戦いの激しさにもかかわらず、デメトリオス側の死者はわずか五〇〇人だった（これは騎兵を含んでいたに違いない）[86]。プトレマイオスとセレウコスはデメトリオスに遺体の収容を許し、さまざまな捕虜を身代金なしで彼に返還した[87]。それでもプトレマイオスは敵兵八〇〇〇と戦象を捕獲し、これはアジアにおいてアンティゴノスに打撃となった。プトレマイオスはこの新たな人員をエジプト中の割当て地（クレーロイ）に分散させ、軍役に召集されるまで耕作させた。

ガザはプトレマイオスにとって最初の重要な会戦だった。そして彼は自分が戦場においては猛々しい敵であり、軍の有能な指揮官以上のものであることを証明した。勝利ののち、彼はガザを占領し、フェニキアとシリアに進軍した。シドンはただちに降伏したが、テュロスは彼に反抗した[88]。のちにテュロス駐留軍の指揮官アンドロニコスは彼の手に落ちた。彼を罰するよりも、プトレマイオスは彼の以前の反抗を許し、宮廷に迎え入れた。この寛大な振舞いが示すのは、ディオドロスの主張によれば、彼が「非常に優しくて寛大であり、親切な行ないをする性向があるということだ。彼の勢力を最も増大させ、多くの者たちに彼の友好を分かち合いたいと望むようにさせたのは、まさにこれであった[89]」。プトレマイオスに対するディオドロスの大げさな評価は、プトレマイオスが他のどの後継者たちとも同じくらい冷酷で狡猾だったという事実を明るみに出す。と同時に思い起こすべきなのは、アレクサンドロス大王もまた実際的な理由から、多くの敵たちを敬意を持って扱うよう注意していたこと、そしてプトレマイオスは彼の行動をその目で見ていたということである。

プトレマイオスは、デメトリオスがキリキアから上部シリアへ移動したことを聞くと、将軍で友人でもあるキレスを派遣してデメトリオスを追わせた[90]。キレスはその任務にふさわしくなかった。デメトリオスは彼を打ち負かし、戦わずして彼と七〇〇〇人の兵士を捕獲した。おそらくガザの後での自分の指揮官たちに対するプトレマイオスの待遇への見返りとして、デメトリオスはキレスに危害を加えることなくプトレマイオスのもとへ帰した。アンティゴノスはガザの会戦の報せを聞くと、プトレマイオスが破ったのは「髭も生えていない若者の群れにすぎん。ここからは本物の男たちが相手だ」と言ったと伝えられる。(91) それから彼はなんとしてもプトレマイオスと対戦しようと、息子と合流すべく進軍した。本国からこれほど遠く離れたところで、復讐心に燃えたアンティゴノスとその軍隊に直面する危険を冒すよりも、プトレマイオスは助言者たちの意見を受けて、エジプトへ帰るべき時が来たと決心した。(92) 彼はシリアから撤退し、帰国の途中で彼の兵士たちは、アッカ、ヨッパ、ガザを含むいくつかの重要な町を破壊した。おそらくアンティゴノスを妨害するためであろうが、(93) もしそうだとしたら彼の計画は効果がなかった。なぜならアンティゴノスはシリアとフェニキアの全域を奪い取ることができたのだから。

総督の石碑――そしてヌビア?

成功裏に終わったプトレマイオスのシリア侵攻は、いわゆる総督の石碑に記録されている(図七・三)。これは三一一年十一月にアレクサンドリアの東、北西デルタ地帯でかつてペルシア人に奪われた土地――およびその収入――をプトレマイオスが取り戻してくれたことを記念して、(現代のテル・エル=ファラインに)ブトの神官たちが建てたものである。「余、総督プトレマイオスは、父の復讐者にしてペの主人であるホルスと、ペとテプの女主人であるブトに、パタヌトの領地を、この日より以降永久に、そのすべての村々、そのすべての町、そのすべての住民、そのすべての耕地、そのすべての水、そのすべての牛、そのすべての鳥、そのすべての家畜、そこに産するすべてのものと共に、かつてのように、王にして二つの国土の支配者であり、永久《とこしえ》に生きるカッバシュによってなされた贈り物によっ

図 7.3　プトレマイオス 1 世の「総督の石碑」、花崗岩製、おそらくエジプトのブト出土、前 311 年（Cairo CG 22182）Aidan Dodson 撮影

て、それ以降に加えられたものと合わせて、回復する」[94]。

石碑は一八七一年にカイロで発見され、今はカイロのエジプト博物館にある。神聖文字で書かれたこの記念碑は、少なくともプトレマイオスの軍事作戦のひとつについての、ゆえに彼の治世についての、類のないエジプト語の文献史料である。それはまた神官たちが彼の寛大な行為の中に、教訓的で政治宣伝にも役立つ利点をすばやく見出したことを示している。石碑でプトレマイオスを良き支配者として表現することで、神官たちはこれが彼と将来のプトレマイオス王たちに影響を与え、平和に統一されたエジプトを統治するよう望んだ。さらに言えば、神聖文字を読める者だけがそのメッセージを理解できるのだが、この石碑についての情報が口頭で広まるにつれて、神官たちはエジプト中で彼ら自身と彼らの神殿のためにさらなる威信を得ることになる[95]。

これらの神官たちに対するプトレマイオスの寛大さは、直近の軍事的成功と無事の帰還を神々が与えてくれたことに対する感謝の念に発するものと言われている。しかしそこにはそれ以上のものがあった。プトレマイオスはアンティゴノスからの復讐を心配していたに違いなく、そしてアレクサンドリアと北西デルタ地帯は敵の侵入に対してとりわけ脆弱だった[96]。彼がエジプトへ移ってすぐにキプロスの王たちと同盟を結んだのは、そのためである。つまり彼がこの地域を神官たちに与えたのは、本当は寛大さとは関係がなく、攻撃を受けた場合に彼ら――と神々――を自分の側につけるという戦略がすべてだった。こうして彼は宗教を軍事上の判断に利用したのである。これについては彼の宗教政策を論じる時に見ることになろう（第11章）。

総督の石碑は他に二つの理由から重要である。第一に石碑は、三一一年にそれが建てられた時までに、プトレマイオスが首都をアレクサンドリアに移していたことを示している[97]。正確にいつ遷都したのかはわからないが、可能性があるのは三一四年である。なぜならこの年にアンティゴノスはエジプトへの進軍を容易にするため、シリアに駐留していたプトレマイオスの軍をすべて追放したからだ[98]。おそらくプトレマイオスは、アンティゴノスが、かつてペルディッカスがメンフィスで自分を攻撃するためナイル川を渡ろうとしたのと同じ誤りを犯さずに、ペルシオンから西へ向かって侵入してくると予想したのだろう。もしもそうした事態が生じれば、プトレマイオスはエジプトを守るためメンフィスより都合のいい地点にいる必要があったので、戦略上の目的からアレクサンドリアに移ったのである。

総督の石碑はまた、プトレマイオス一世の第二の軍事行動、つまり「イレムの領土」に対し、その住民がエジプトに対して行なったことに対する報復と、彼が「彼らの住民、男も女も、そして彼らの神々」と共にエジプトへ帰還したことを記録している。これまで、この軍事行動はエジプトの南部国境に近いヌビア*に対するもので、クシュ王国が国境地帯に侵入したため、プトレマイオスが三一二年ないし三一一年初めに敢行したと論じられてきた[99]。プトレマイオス二世が二七〇年代にヌビアへ遠征し、紅海沿岸に植民市を建設したこと、彼の後継者たちがヌビアで活動していたことについては、疑問の余地はない[100]。しかし一般に考えられているように、プトレマイオス二世は直近のクシュ王国によるエジプト侵入に対応してヌビアへ遠征したのだろうか、それとも父親と同じ道をたどったのだろうか？

＊ヌビアとはナイル川第一急湍《きゅうずい》からスーダンのハルツームあたりまでを指し、これをエジプト人はクシュ、ギリシア人はエチオピアと呼んだ。エジプト新王国の崩壊後、ナパタを首都とするクシュ王国が成立したが、三五〇年頃に滅びた。

史料の現状では正確に答えることができないが、ともかく他の史料は最初にヌビアへ行ったのはプトレマイオス二世であるとする[101]。石碑にある「イレム」という名前も手がかりにはならない。これはヌビアの地名だが、神聖文字のさまざまな発音を考えると、この単語は別の地域の人々、たとえばアラブ人やパレスチナのユダヤ人、さらにはシナイ半島のアラブ人さえ指すかもしれない[102]。ほかに提唱されてきたのは、プトレマイオスが人的資源を増やすために遠征したというもので、その前提は、彼がこれらの人々に彼ら自身の奴隷（碑文は男たちと女たちに言及している）と宗教を保持することを許しており、もしも彼らが戦争捕虜にすぎないならこれを許すはずがないということである[103]。

プトレマイオスが神官たちに土地を返してやった理由に見られるように、彼がシリア遠征後にアンティゴノスの復讐を懸念していたことを考えれば、アンティゴノスがエジプト侵攻を決めたとして、彼が南部国境に進軍し〔首都から〕これほど遠く離れている間にアンティゴノスがアレクサンドリアにそうやすやすと接近するのを許すというのは、ありそうにないと思われる。

アルゲアス朝の最期

三一二年末、むしろ三一一年春かもしれないが、プトレマイオスはセレウコスのバビロン帰還を支援するため、彼に一〇〇〇人の兵（歩兵八〇〇と騎兵二〇〇）を与えた[104]。セレウコスはアンティゴノス派の駐留軍をバビロンから追放し、三一一年五月までにかつての国土に対する支配を回復した。住民が彼の復帰を歓迎したのは、アンティゴノスが住民にほとんど配慮しなかったせいであろう[105]。もう安全だと感じたセレウコスは、大胆にも自分がアジアの将軍であると宣言し、長きにわたるセレウコス王朝はこの年から始まるとされる[106]（三一一－六五年）。当然のことながら、セレウコスの怖いもの知らずの宣言は、（おそらくセレウコスが意図していた通り）アジアの将軍であったアンティゴノスを怒らせただけでなく、プトレマイオス、カッサンドロス、リュシマコスをも動揺させた。

ガザの会戦の余波は、すべての陣営が疲弊して互いに不信感を持ったことだった。もう一度和平交渉を行なうべき時であり、それは三一一年秋、とある未知の場所で開催された。ポリュペルコンとセレウコスを除くすべての重要人物が出席した[107]。そこでアンティゴノスとカッサンドロス、プトレマイオス、リュシマコスは、アンティゴノスの領土の多くを彼らの間で分割し、こうして第三次後継者戦争を終わらせた。他の者たちがリュシマコスのことをより真剣に考慮し始めたのが見てとれるのは興味深い。彼は三一一年に小アジア北部のポントス地方への遠征を成功させ、アンティゴノス派の軍を打ち破っていた。[108] 彼は他の者たちより「少しばかり長く時機を待っていたにすぎ」ず、それは見事な成果を上げた。[109]

カッサンドロスはヨーロッパを支配して、アレクサンドロス四世の後見人となった。リュシマコスは(再び)トラキアを安堵されたが、ヘレスポントス=フリュギアを放棄せねばならなかった。プトレマイオスは(今ではキプロスとリビアを含む)エジプト、およびアラビアにおける若干の領土を保持したが、フェニキアとパレスチナを断念せねばならなかった。アンティゴノスは三一九年以来彼が征服した領土のすべてを失ったものの、(ヘレスポントス=フリュギアを手に入れて)アジアの将軍に留まった。この合意を和平協定と呼ぶのは誤りであり、とりわけ当事者の誰もこの合意を真剣に考えなかったのだから、敵対関係における束の間の休止と言うべきである。[110] プトレマイオスとアンティゴノスは互いに和平を結んだが、彼らの関係はプトレマイオスによるキプロスとシリアの保持をめぐって緊迫したままだった。アンティゴノスはキプロスを自分が有するアジアの一部と見なし、シリアには軍の拠点を置いていたが、そのシリア全体をプトレマイオスは欲しかったのである。[111] さらに(まだギリシアにいた)ポリュペルコンも、セレウコスも協定のメンバーではなかった――実際セレウコスとアンティゴノスは互いに一度も和平を結ばず、したがって三一五年に始まった戦争は続いていた。[112]

開戦時にアンティゴノスとプトレマイオスによって提唱されたギリシア人の自由の宣言もこの協定に組み込まれ、メンバー全員が宣誓した。ギリシア諸都市の自由は後継者たちによって冷笑的なやり方で利用された。なぜならギリシア人の自治を何らかの方法で妨げる者は誰でも、他の者たちにもてあそばれるだろうからだ――すでに指摘したように、それは「変わることのない開戦理由《カーサス・ベリ》であり、それほど幸運でないか、あまり政治宣伝に熱心でない敵に戦争を仕掛けるための、都合のいい口実であった」[113]。次章で見るように、プトレマイオスは翌年アンティゴノスに宣戦布告するためにこれを利用した。

アンティゴノスは領土の一部を失いはしたが、自由に使える大規模な軍隊と豊富な物資、膨大な金塊をなおも所有していた。しかしセレウコスにバビロンの保持を許すことには明らかに不満をいだいていた。というのも協定後まもなく、彼はセレウコスを再び追放しようと一連の攻撃を開始したからだ（いわゆるバビロニア戦争）。それでも三〇九年には最終的にこれを諦め、二人は合意に達した[114]。同じように三一〇年までにプトレマイオスは、キリキアの諸都市に対する不法な試みの科でアンティゴノスを告発し、リュシマコスとカッサンドロスに対し、アンティゴノスに対抗して自分に協力するよう呼びかけた。おそらくこれはプトレマイオスが、協定の遵守を誓っておきながら、自身の計画を練っていたという証拠である[115]。

後継者たちが三一一年に合意した事項は、十三歳のアレクサンドロス四世が成人するまで有効であるとされていた[116]。とはいえ、アレクサンドロス大王の時代のように、アルゲアス朝のただひとりの王が全領土を支配し、総督たちに支えられるという方式は、今では不可能だった。ある論者がいみじくも表現したように、後継者たちは「『アレクサンドロス〔四世〕が成人する時に』という条項を、『もしもアレクサンドロスが成人するならば』と読んだ[117]」。そしてこれがアレクサンドロスの死刑執行令状の署名となった。三一〇年春、カッサンドロスは五年前のオリュンピアスによる王殺しという行為を都合よく忘れ、アレクサンドロス四世とロクサネを看守に毒殺させた[118]。（少なくとも）アレクサンドロスはアイガイに埋葬された。他の後継者たちの誰もカッサンドロスを譴責《けんせき》しなかったことは、彼らの暗黙の是認と安堵を示し――また政治の偽善をも示していた。なぜならアンティゴノスは以前、アレクサンドロスとロクサネを幽閉したことでカッサンドロスを非難していたからだ。ディオドロスが信用できるなら、実際のところ「カッサンドロスとリュシマコス、プトレマイオス、それにアンティゴノスもまた、王に由来すると彼らが予想していた危険［すなわち王が釈放され支配権を行使すること］から解放された。というのもこれ以降、もはや王国を継承する者が誰もいなかったので、すでに諸民族や諸都市を支配していた者たちの各々は王権への望みを心に抱き、自分の権限の下に置かれた領土を、あたかも槍で勝ち取った王国であるかのように保持したからである(119)」。ここでも軍事的征服に基づく彼らの支配権の正統化が見られる(120)。

反発のなさは、一年後、アレクサンドロスの非嫡出子で、三二三年のバビロン会議で王の候補として推薦されたヘラクレスが殺害された時も同じだった。ポリュペルコンは、カッサンドロスを追放するために利用しようとして、ヘラクレスをギリシアに連れて来ていた。しかしカッサンドロスは今や高齢のポリュペルコンと取引し、彼にマケドニアの土地を与えてペロポネソスの統治者とした。その見返りに、卑劣なポリュペルコンはヘラクレスとその母バルシネを絞殺するよう命じた(121)。

アレクサンドロス四世の死と共にアルゲアス朝は終焉し、そして、フィリッポス二世とアレクサンドロスの治世で頂点に達した単一のマケドニア帝国も公式に終焉した。意味深いことに、そしておそらく驚くべきことに、残った後継者たち――今ではもう総督ではなかった――はすぐには王（バシレウス）を名乗らず、バビロニアとエジプトではアレクサンドロス四世の治世年がさらに数年続いた(122)。三〇六年に王の称号を帯びるまで、後継者たちはあと四年待つことになる。彼らが待ったのは、生まれて初めてアルゲアス朝の王に仕えていない状態に慣れるまで時間がかかったこと、そして王位の宣言は自分でしなければならないことだったからである。おそらく、というよりむしろ、アンティゴノスが帝国に対する野望からその時が来たと決意するまでは、他人に個人攻撃のために利用されるのを恐れて、実際には誰も敢えてその称号を名乗ろうとしなかった。今では後継者たちは、血統に基づく正統性ではなく軍事力に基づく絶対的支配者であった。そして彼らは、自身の領土を拡大し軍事的優位を維持しようと常に尽力する帝国主義者であった(123)。

第8章　アレクサンドロスの遺体

三二一年にプトレマイオスがアレクサンドロスの遺体を乗っ取り、エジプトに埋葬したのは、後継者戦争で優位に立ち、世界におけるエジプトの地位を向上させるためだった。彼がアレクサンドリアの大半を完成させ、有名な図書館と研究所《ムセイオン》をそこに創設したこともそうだ。そうすることでプトレマイオスはヘレニズム時代を通じて、そしてローマ時代に至るまで、エジプトを他の後継諸王国のどれからも際立つものとした。だが最も長く存続したのはアレクサンドロスという名前の引力だった。彼の死から三世紀後、三〇年にアレクサンドリアに到着したオクタウィアヌス、すなわち未来の皇帝アウグストゥスは、アレクサンドロスの墓の隣にある歴代のプトレマイオス王たちの墓を見たいかと尋ねられた。彼はこう答えたと伝わる。「私は遺体ではなく、王を見たいのだ[1]」。

アレクサンドロスを横取りする

アレクサンドロスの葬列は、おそらく三二一年秋、ついにバビロンからアイガイへの長い旅へと出発した。王の遺体を運ぶため入念に造られた霊柩車、「車輪付きの小さなイオニア風神殿[2]」（図八・一）を建造するのに二年もかかったので、出発はこれほどまでに遅れたのだった。同時代の作家でカルディア

図 8.1　アレクサンドロスの霊柩車（Candace H. Smith 作図）

出身のヒエロニュモスがこの霊柩車を詳細に描写し、彼の説明はディオドロスの著作によって保存された。(3) その車は幅一八フィート、長さ一二フィートで、宝石をちりばめた柱と鈴、花環で飾り立てられ、史上初の緩衝器を誇り、六四頭の騾馬《らば》で牽かれた。アレクサンドロスの黄金の棺は彼の紫の衣服で覆われ、その周りに彼の武具が置かれ、霊柩車の中に安置されて黄金の網で隠され、霊安室への入口は二頭の黄金のライオンで守られた。ギリシア、マケドニア、アジアの芸術の粋が霊柩車に満ちていた。各側面には目を見張るような絵画が掛けられていた。その一枚は戦車に座乗するアレクサンドロスで、一方でマケドニア人の朋友たち、もう一方でペルシア人護衛部隊が脇を固めていた。もう一枚は、インド人兵士を乗せて背後にマケドニア人歩兵を従えた戦象を登場させた。三枚目は騎兵部隊を描き、最後の一枚は艦隊の絵であった。どの絵画も敵を圧倒するマケドニア人の(過去、現在、さらに未来の)力を表わし、またギリシアへの街道筋にいる潜在的な反乱者に対して警告のメッセージを発する政治宣伝であった。

三二一年の晩夏と冬の間のある時点で、プトレマイオスはダマスカスでアレクサンドロスの葬列を制圧した。(4)(葬列の責任者である)アリダイオスは何ら抵抗しなかったので、不意を打たれたか、あるいはプトレマイオスと事前に何らかの取り決めさえしていたのかもしれない。プトレマイオスは遺体を伴ってメンフィスへ帰り、競技会を催してその到着を祝った。(5) 飾り立てた霊柩車の消息は不明である。

後三世紀のある作家に、プトレマイオスが霊柩車のアレクサンドロスの遺体を、亡き王の衣装を着せた似姿と取り替えたという奇妙な逸話がある。ペルディッカスが葬列に追いついた時、プトレマイオスはエジプトへ逃げ帰ったが、ペルディッカスはアレクサンドロスの遺体を救ったと信じたので、プトレマイオスを追わなかった。騙されたとわかった時には、プトレマイオスを追撃するには遅すぎたという。(6) 他の史料のどれひとつとして、プトレマイオスのこのような行動をほのめかすことすらない。

よってこの物語は興味本位のものとして却下するのがふさわしい。

プトレマイオスはアレクサンドロスの遺体をメンフィスに埋葬したが、アレクサンドリアを自分の首都にするつもりだったので、王の墓は一時的なものにすぎなかった。確かに「数年後」[7]、アレクサンドロスの遺体をアレクサンドリアに移しており、総督の石碑がプトレマイオスはそこに住んでいたと告げているので、移転は三一一年までになされたに違いない（一七六-一七七頁）。彼の息子プトレマイオス二世が弟のアルガイオスに、アレクサンドロスの遺体をメンフィスからアレクサンドリアに移すよう命じたという伝承があるが、これはまずあり得ない。プトレマイオス一世がそれを移したという、他の古代作家たちの説明のほうを採るべきである[8]。さらにあり得ないのは、このアルガイオスはアレクサンドロス大王とタイスの非嫡出子で、プトレマイオスが彼を養育したという伝承だ。これは、アレクサンドロスの庶出の息子でプトレマイオスの継子であるから、アルガイオスが遺体の移送を任されたのだと説明しようとするものである[9]。

確実なのは、プトレマイオス一世が遺体をアレクサンドリアに移したということだ[10]。彼の行為はまた、「遺体を受け入れる土地は永久に祝福され、破壊されることがないだろう」という予言を満たすものだった[11]*。こうした予言に耳を傾けることには効果があった。三三三年にアレクサンドロスがゴルディオスの結び目を解いたことは、誰であれ結び目を解いた者がアジアを支配する定めであるとの予言を考えれば、心理的にペルシア人の士気を低下させたに違いない[12]。プトレマイオスはそれを目撃したであろう。今やアレクサンドロスの遺体は彼に、巨大な政治宣伝上の価値は言うまでもなく、マケドニア人古参兵たちに対する権威の源を与え、自身の権力とヘレニズム世界におけるエジプトの勢力を確立するという彼の意図を示した[13]。後継者の伝統的な任務である遺体の埋葬を、彼が注意深く行なったことが持つ含意を見逃すことはできない。すでに見たように、プトレマイオスが王の遺体を奪ったことは、その政治的利点を目当てに同じく遺体を要求したペルディッカスとの、うわべのあらゆる関係を破壊した。遺体を取り戻そうとして彼はエジプトに侵攻し、破滅的な結果を招いたのだった（第6章参照）。

＊大王に最も信頼された予言者アリスタンドロスの予言と伝わる。

プトレマイオスが遺体を埋葬した霊廟は、そのために建てさせたもので、アレクサンドリアでソーマ（遺体）とセーマ（墓）の両方の名で呼ばれた。[14] これは市内のブルケウム区に位置することとなる（後述）。プトレマイオス四世フィロパトル〔愛父王〕（在位二二一―二〇四年）はセーマを建て、そこに自分の母とそれ以前の三人のプトレマイオス王たちをアレクサンドロスと並んで埋葬した。セーマは宮殿複合体の一部だったと言われる。[15] これ以降セーマはプトレマイオス朝のすべての支配者の埋葬場所となった。それゆえ、プトレマイオス一世がアレクサンドロスのために墓を建てたが、プトレマイオス四世が自分の家族とアレクサンドロスを安置するため新たな墓を建てた際に、元の墓が放棄されるか取り壊されたことはまず間違いない。[16] 前二〇年代にアレクサンドリアに住み、当時の都市の様子を描いたストラボンの記述からわかるように、霊廟は王宮建造物の一部であった。「いわゆるソーマも王宮の一部で、王たちの墓とアレクサンドロスの墓を含む囲い地であった」。[17] 大勢を埋葬する複合施設のメッセージは明白である。それは「生きていようと死んでいようと、プトレマイオス王たちはアレクサンドロスと不可分である」というものだ。[18]

プトレマイオス一世はメンフィスにアレクサンドロスのための祭祀を導入した。この都市がエジプトの宗教的中心だったことを思えば、神官たちがこれにどう反応したかを知りたいところだが、それはわからない。[19] アレクサンドリアに遺体を移した後、プトレマイオスはアレクサンドロスを神格化し、ここで崇拝した。[20] これは驚くことではない。というのもアレクサンドロスが都市を創設したのであり、伝統的に都市の創設者（クティステス）はそれゆえに崇敬されたからだ。その名を冠した神官職も設置され

（神官のひとりはプトレマイオスの兄弟メネラオスだった）、市内のさまざまな区域にアレクサンドロスの彫像が建てられた。プトレマイオスの措置はもちろん、敬虔のためというより政治目的だった。アレクサンドロスのセーマ、彫像、祭祀は人々の心に絶えずプトレマイオスとアレクサンドロスとのつながりを、すなわちアルゲアス朝とのつながりを思い起こさせることになる。それらはプトレマイオスの支配に「威厳という特別なオーラ」を与え、[21]その結果としてセーマは歴史を通じて訪問者を惹きつけ、アレクサンドリアがヘレニズム世界の中心となるのを可能にした。

このように、アレクサンドロスの遺体はプトレマイオスにとってこの上なく重要なものだったが、続くプトレマイオス朝の支配者たち、それにアレクサンドリアの市民たちでさえ、それを同じように尊敬した[22]。さらにプトレマイオスの措置は人々を惹きつけて、文民や軍人としてエジプトへ移住することを促し、これが彼の個人的威信だけでなくエジプトの経済と軍隊への後押しとなった。ディオドロスはこの側面を手際よく要約している。「［アレクサンドロスを］埋葬し、英雄的な供儀と壮大な競技会でもって彼を称えることで、［プトレマイオスは］人々だけでなく神々からも正当な報酬を勝ち取った。なぜなら彼の寛大さと高潔さのゆえに、人々は四方八方から奮ってアレクサンドリアへやって来て、喜んで彼の軍隊に登録したからである[23]」。

アレクサンドリア

今日では約四五〇万の人口をもつエジプト第二の大都市アレクサンドリアは、公式には三三一年四月七日、アレクサンドロス大王によって創設された[24]。後六四一年にイスラム教徒がエジプトを征服し、新しい首都カイロとなるものを創設するまで、それは約千年の間、ヘレニズム、ローマ、ビザンツの各時代のエジプトの首都であった。ヘレニズム時代におけるアレクサンドリアの影響力は、二世紀半ばまでにこの都市がエジプト（「における」でなく）「のそばの」アレクサンドリアとして言及されたという事実に反映されている[25]。それが位置する国土自体が、その首都の下位にあるように思われたのである。あたかもアレクサンドリアは、一国の首都というよりギリシアの手本にならった独立したポリスであるかのようだった。実際にはその両方だった。アレクサンドリアはアレクサンドロスによってゼロから創られたので、常にギリシア都市になりつつあり、その多様な住民と文化的坩堝《るつぼ》としての名声にもかかわらず、本質的にギリシア都市のままであった[26]。

　アレクサンドロスはエジプトへ乗り込み、ペルシア人総督マザケスから国土の引き渡しを受けたのち、シーワ・オアシスのゼウス・アンモンの託宣所を訪問するため、メンフィスを発った。旅の休息をとったのは、ナイルのカノポス河口の西一二マイルほどにある沿岸部のマレオティス湖で、細長い地峡が湖を地中海とつないでいた[27]。ほぼ一マイル沖には、ファロスという名でホメロスにも言及された、長さ三マイルの狭い島が横たわっていた[28]。この地域にやって来て、交易と商業に適したその戦略的位置に気づいたアレクサンドロスは、ホメロスの詩句を朗唱し、都市の建設を決意した。運河でナイル川と結び、ファロス島まで延びる突堤を建設して、その両側に港を造るつもりだったのである[29]。これは彼がテュロスを包囲した時に、突堤でこの都市をを本土と連結したやり方によく似ている。

　アレクサンドロスはこの新たな創建を、地中海全域との交易都市にしようぐらいのつもりだったのかもしれない。テュロスの商業上の優越性を考えると、この点でテュロスに匹敵するものを建設したかったのかもしれない[30]。同時に彼は、この地域が防衛にうってつけの戦略的位置にあることに気づいていた。言い換えるとヘレニズム時代の高名なアレクサンドリアは、若き征服者が心に描いたものではなかったもしれず、むしろプトレマイオスの構想力、収入を増やす必要性、アレクサンドロスの名前を利用したことによるものだった[31]。その過程で古王国（二六八六－二一二五年）以来のエジプトの伝統的首都であるメンフィスはかすんでしまったが、これは予想できたことである。なぜならその位置はずっと南で、アレクサンドリアがそうなる予定だったような、商業的かつ経済的な首都にはほとんど適していなかったからだ。

アレクサンドロスが実際に都市を計画したのはいつなのかについて、史料は食い違っている。アリアノスとプルタルコスはプトレマイオスに依拠して、アレクサンドロスはシーワへ向かう途中、この場所に初めて泊まった時に計画を練り上げたと主張する。これに対してディオドロス、クルティウス、ユスティヌスはアリストブロスに基づいて、計画立案をシーワからの帰路と見なしている(32)。アレクサンドロス自身が都市の実際の区割りを思いついたとする伝承もある(33)。

［アレクサンドロスは］建築家たちに、建造すべき都市の周壁を線引きするよう命じた。しかし彼らはそのための粘土を持っていなかったので、彼はたまたま脱穀場に小麦が積んであるのを見て、穀物をあたりに撒き粘土の代わりにそれを使って周壁の印をつけるよう命じた。彼らはそのようにした。次の夜、鳥たちがやって来て穀物をついばんだ。これはひとつの前兆だと思われた。ある者は凶兆だと言った（建造される都市は占領されるだろう）。しかしアレクサンドロスは吉兆だと言い（多くの者がその都市に養われるだろうことが、それを通じて明らかだ）、ただちに大規模な都市をそこに建設し、自分の名前にちなんでそれをアレクサンドリアと呼んだ。

ディオドロスは、エテシアイ〔夏の北西季節風〕を利用して都市を涼しく保つよう、アレクサンドロスが街路を設計したとさえ述べる(34)。仮にアレクサンドロスが何かそのような設計を行なったとしたら、市内の実際の街路や区域よりも、交易と防衛の目的で港湾地区にばかり取り組んだかもしれない。

設計者として、また建設を監督するために、アレクサンドロスは当時一流の建築家であるロドス出身のデイノクラテスを任命した[35]。アレクサンドロスがこの創建においてギリシア都市の象徴――アゴラ〔広場〕、ギュムナシオン（体育訓練施設で社交的知的な集まりの場でもある）、音楽のためのオデイオン、劇場、ギリシアの神々のための聖域――をすべて備えさせようとしたのかはわからないが、これらはすべてプトレマイオス時代に始まっている。発端はおそらく、他の後継者たちに対抗する試みの一部としてアレクサンドロスとアレクサンドリアとのつながりを利用したい、そしてちょうどアレクサンドロスがアジアにギリシア文明をもたらしたように、エジプトでギリシア文明を促進したいというプトレマイオスの願望にあったのだろう[36]。これを背景とすれば、プトレマイオスがなぜ国の首都をこの地へ移してアレクサンドロスをそこに埋葬しようと望んだか――そしてそれを研究所と図書館を備えた偉大な知的中心地にしようと望んだかを理解することができる（後述）。

創設からプトレマイオスがエジプトへ移るまでの十年ほどの間に、アレクサンドリアがどの程度建造されていたかはわからない。アレクサンドロスはエジプトを去る際に、総督のクレオメネスに建造がかなりのペースで確実に進むよう指示していたので、都市の相当部分が建っていたかもしれない。ファロス島を本土と結ぶ突堤はできあがっていたに違いない。というのも突堤は、交易用の（人工の）西港（エウノストス「幸せの帰航」）と戦争用の（天然の）東港という一対の港を、作り出すと同時に守ることを意図していたのだから。突堤は長さが七《ヘプタ》スタディオン（約八分の七マイル）あったので、ヘプタスタディオンと呼ばれた。数世紀にわたって突堤の周囲に沈泥が堆積したため、かつて島であったものは今では大陸の一部である（島にあったテュロス市に似ている）。また幹線道路やその下の水路、少なくともいくつかの建造物が建てられた。クレオメネスはできたばかりの都市に貨幣鋳造所まで建てたかもしれず、プトレマイオスはこの都市へ移った時にそれを引き継いだことだろう[37]。あいにく、プトレマイ

上：図 8.2　現在のアレクサンドリア　左側の先端が旧ファロス島（Google Earth）
下：図 8.3　現在のテュロス（Google Earth）

オスのアレクサンドリアはほとんど残っていない――実際、プトレマイオス朝時代の都市も同じくほとんど残っておらず、考古学史料の大半はローマ時代のものである[38]。

プトレマイオスは明らかに市域を追加しており、一世紀の地理学者ストラボンによる詳細な描写が、おそらくプトレマイオス時代のその平面図を推定するのに役立つ[39]（図八・四）。アレクサンドリアは、東西四マイル、南北四分の三マイルの長方形に設計された。二本の幹線道路があり、一本は南北に（海からマレオティス湖まで）、もう一本は東西に走り（東のカノポス門から西の門までのカノポス通り）、市内を四つの区域に分けていた[40]。各道路は幅が一〇〇フィートあり（本土のギリシア諸都市の狭い街路と比べて前例のない幅だった）、どちらの道路も、家屋や店舗、列柱廊といった道路に沿って並ぶ建築物と共に、おそらくプトレマイオスがエジプトに移った時までには完成していたであろう。裁判所や劇場、体育場のようなさまざまな公共建造物もおそらくそうだ。こちらは二本の道路が市の中心で交わる正方形の区画に集められた[41]。プトレマイオスの時代でさえ都市は非常に多文化的で、市内のさまざまな民族が三つの異なる地区に住んでおり、誰もが自分自身の言語を話していた。土着のエジプト人はラコティス区に、ギリシア人とマケドニア人はブルケウム区に、（ヘブライ語またはアラム語を話す）ユダヤ人は彼ら自身の地区に住んだ。同時にこれらの区域は、異なる住民を事実上分離して、王宮や研究所、図書館が置かれたより排他的なブルケウム区に住む、マケドニア人とギリシア人の優越性を強調していた。

プトレマイオスが最初にエジプトへ移った時に建っていなかったのは、次のものである。ギリシア人とエジプト人の統一の助けとして彼が導入した新しい神であるサラピスの大神殿（第11章）、アレクサンドロスの遺体を安置するためのセーマ、研究所、図書館、ファロス島の灯台、（市壁の外の）墓地、防壁[42]。アレクサンドロスの少年時代からの親友であるヘファイスティオンに捧げた神殿については、アレクサンドロスがクレオメネスに亡き朋友を称えてそこに神殿を建てるよう命じたというアリアノスの記述が正しいと仮定すれば、プトレマイオスはその建設を続行しなかった[43]。アレクサンドロスがかつてアレクサンドリアに居を定めるつもりがあったとは、どの古代作家も示唆していないので、彼にふさわしい宮殿は決して建造されなかったと想定するのが妥当である。プトレマイオスがメンフィスにあれほど長く滞在した理由のひとつはおそらく、港の向こうの北側で地中海に面したアレクサンドリアで、彼のために宮殿が建造されるのを待っていたからである。

アレクサンドリアはエジプトにおける三つのギリシア都市のひとつで、あとの二つはナウクラティスとプトレマイスだった[44]。ナウクラティスは六世紀に交易目的で建てられた。上エジプトのプトレマイス(南方で、プソイという名の古代村落の跡地にある)はプトレマイオスによって建てられ、その名にちなんで名づけられた。それは彼がかつて旅した最南端で、明らかにナイル河谷全体に沿ってプトレマイオスの支配を広げることになっていた[45]。上エジプトの首都となったこの都市も、独自の国制と選挙制の官職を有するギリシア都市であった。

とはいえアレクサンドリアがいたるところを支配した。商業の中心地としてのナウクラティスの牽引力は、アレクサンドリアが力をつけるにつれて衰え、プトレマイスは常に首都の影の存在だった。だがアレクサンドリアの影響力はエジプトの外にも拡大した。プトレマイオスの時代以前には、テュロスとロドスがエーゲ海の交易を独占していたが、アレクサンドリアがその港のおかげで重要性と威信を増すと、彼らの影響力は減少した。実際、アレクサンドリアは単なる経済や文化の中心以上のものだった。プトレマイオスのおかげで、この都市はヘレニズム時代を通じて、都市計画および、諸都市の公的かつ行政的制度のための青写真となった[46]。本当のところアレクサンドリアは、プトレマイオスの死後にようやくヘレニズム世界で有名になったのであり、図書館や研究所、ファロス島の堂々たる灯台のような施

図8.4　アレクサンドリア市街図（William Shepherd, *Historical Atlas*, New York, 1911, 34–35. テキサス大学図書館蔵）

設が完成したのも彼の死後なのだが、その偉大さと巨大な知的文化的牽引力の起源はプトレマイオスと共にある。[47]

前一世紀に執筆したディオドロスによると、アレクサンドリアは当時知られていた世界で最大にして最も文明化した都市であり、彼はその自由市民が三〇万を数えたと述べている。もしこれが正しいなら、妻と子供（自由人だが、通常は自由身分の住民の一部として男性と共には数えられない）、それに奴隷を考慮に入れると、都市の絶頂期に全住民は一〇〇万近かったであろう。[48] ただし市内の〔居住〕環境は窮屈だったに違いない。後継者の治世で我々が耳にする市の秩序に関するさまざまな法律は、おそらくプトレマイオスによるもので、そのうちのひとつは、所有者の同意による場合を除き、どの家も隣の家との間隔が一フィート以下であってはならないと規定していた。[49] このように、ヨーロッパの大通りを思わせる幹線道路の幅広さは、窮屈な居住環境や脇道と著しい対照をなしていた。

アレクサンドリアに欠けていたものがひとつある。安全だ。南のメンフィスと違い、アレクサンドリア（とエジプト）は地中海からの攻撃に対して脆弱だった。にもかかわらずプトレマイオスはここを首都とするのを考え直そうとはしなかった。彼の論理は完全に政治的で——後継者戦争において優位に立てるということだった。第一に、この都市はアレクサンドロス大王と本質的なところでつながっており、プトレマイオスはこの征服者を埋葬して彼のための祭祀を創設することで、それをさらに活用した。後継者たちの多くもアレクサンドロスにちなんで諸都市を名づけたり改名したりしたけれども、どれひとつとしてアレクサンドリアのような牽引力を持たなかった。

第二に、新しい都市は新しい支配を象徴した。三三〇年にペルセポリスの儀礼用の宮殿が全焼した時、プトレマイオスはアレクサンドロスと一緒にいた。その破壊は「古きと共に去り、新しきと共に入る」ことを象徴するはずのものだった。ペルシア大王たちの時代は去り、それに代わったのがマケドニアの支配だった。同様にエジプトの首都をメンフィスからアレクサンドリアに移したことは、新しい時代と新しい支配王朝の宣言となった。だからこそ彼は『大王伝』で、その創建をアレクサンドロスに結びつけるために紙幅を割いたのであり、基本設計をしたのはアレクサンドロスであって、プトレマイオスは――文字通り――それに基づいて建てたのだとまで言ったのである。(50)

第三に、アレクサンドリアはギリシア都市であり、プトレマイオスがギリシア人およびマケドニア人の臣下にアピールする手段として意識的に促進したものであった。よってそれはエジプトを統治し支配するという彼の政策の一環となった。(51)最後に、おそらくアレクサンドロスの元来の意図とは異なって、プトレマイオスはアレクサンドリアが偉大な知的中心地となり、ライバルたちが建てたり高めたりするかもしれないどんな都市より偉大になることを望んだ。古典期を通じてギリシア世界の知的文化的な中心地はアテネであった。* プトレマイオスは彼のアレクサンドリアが、地中海世界全体の学問的な中心部となることを望んだのである。

＊古典期とは古代ギリシア史の時代区分で、ギリシア文明の最盛期たる五～四世紀を指す。

我々は図書館と研究所を、それらの文学上そしてとりわけ科学上の革新的な成果と共に、アレクサンドリアの学問的中枢と考えがちである。しかし壁画とモザイクに秀でた、影響力のあるアレクサンドリアの芸術流派も存在した（これらの表現方法における芸術家たちは、同じくマケドニアへ流派を持ち帰った）。アレクサンドリアの芸術家たちは芸術上の「二元性」を形作るためにエジプトの手本を借り、そして今度は彼らがローマの芸術家たちに影響を与えたのである。(52)

研究所と図書館

プトレマイオスがこれ以外にアレクサンドリアに付け加えた有名なものが、研究所（ムセイオン、文字通りには芸術の女神たち《ムーサイ》の聖域）と図書館、ファロス島の灯台である。正確にいつ彼がこれらに着手したのかはわからないが、死んだ時にはどれも未完成で、プトレマイオス二世の治世に完成した[53]。研究所と図書館は、マケドニア人とギリシア人が住むブルケウム区の北部で、王宮地区およびアレクサンドロスの墓の近くに、一般住民からは塀で仕切られた、広大な庭園の中に建てられていた[54]。研究所と図書館が別々の建物だったのか、それともひとつの建物にまとまっていたのかは不明だが、それぞれに学者と役人を擁する別個の組織であり、共に学者共同体のための学問と教育の拠点として機能し、古代で最もすばらしい文学的および科学的作品のいくつかを生み出した。

ムーセイオンと呼ばれた研究所は、文字通りその名が示唆するように、人間の創造的・知的思考に着想を与えると言われるムーサイのための聖域であった。現代的な言葉の意味における博物館ではなく、数学と科学に捧げられた本質的に宗教的な機関である[55]。ストラボンの優れた描写にある彼の時代の建物は、プトレマイオスの設計からそれほど変わらなかったかもしれない。建物は、そこで生活し仕事をする者たちのための遊歩道、集会室、講義室、庭園、食堂を備えていた[56]。興味深いことにストラボンは図書館には言及しておらず、これは図書館が同じ建物の一部であり、人々は一般にひっくるめてムーセイオンと呼んでいたことを示すのかもしれない。図書館は、パピルスの巻物に書かれ、識別用のラベルを付けて開架式の棚（古代の書架）に収納され、目録に記載された作品の単なる収蔵庫ではなかった。それはまた文学と（今日の言葉を使えば）文芸評論を研究するための拠点でもあった。

研究所と図書館を設置するにあたりプトレマイオスは、三一七年から三〇七年までカッサンドロスの傀儡としてアテネの支配者であった、ファレロン出身のデメトリオスから有益な支援を受けた[57]（一五八頁）。（アンティゴノスの息子のほうの）デメトリオスにアテネから追放されたファレロンのデメトリオスは、結局二九七年にアレクサンドリアへたどり着き、そこでプトレマイオスの友人となった。プトレ

図8.5　アテネのリュケイオン跡。訳者撮影

マイオスは、アリストテレスの後継者としてアテネの学園リュケイオンの学頭となったテオフラストスを招聘しようとしたが、不首尾に終わっていたので、弟子のデメトリオスでよしとした。彼はデメトリオスに図書館の蔵書の蒐集を始めるための莫大な資金を与え、研究所の知的生活の監督官に任命した。テオフラストス招聘の試みとデメトリオスに寄せた彼の信頼は、プトレマイオスが学問と探究に重点をおくアテネのアリストテレス学派に惹かれていたことを示す。実はリュケイオンもムーサイたちの聖域と図書館を持っていたので、それ自体が研究所であった[58]。プトレマイオスがエジプトに同じものを望んだのは、おそらく偶然どころではない――実際には同じでなく、もっと優れたものだった。おそらくプトレマイオスがアリストテレス派の哲学と教育に執心したのは、アリストテレスが若きアレクサンドロスと一緒にプトレマイオスを個人教授したことの証拠である。もしそうなら、それはプトレマイオスが決して忘れることのない経験であった。そして彼は自分の息子にして後継者が、アリストテレス学

派のひとりでランプサコス出身のストラトンから個人教授を受けるよう手配した。

　プトレマイオスはなぜこれらの研究拠点を求めたのか？　いくつかの理由が注目され、すべては密接に関連している。ある観点からは、彼は、知識人たちを保護して宮廷に文学的ないし芸術的傾向を与えようとしたマケドニア王たちの伝統に従っている。たとえばアルケラオス王は悲劇作家エウリピデスを宮廷に招くことに成功し、ペルディッカス三世はアテネにおけるプラトンの学園アカデメイアを後援した。フィリッポス二世はイソクラテスやスペウシッポスのようなアテネの一流の弁論家や哲学者との交際を楽しみ、アリストテレスをアレクサンドロスの家庭教師として雇った。プトレマイオスは何よりも軍人であったが、文筆に関心があり、アレクサンドロスの功業についての彼の歴史書は、誤りを含んではいても、アレクサンドロスの治世に関する後世のアリアノスの記述の主要史料となった（補論1）。とはいえ、それもまたアレクサンドリアの知的生活を刺激する上で役割を果たした。

　これらの王たちの知的伝統とプトレマイオスの構想との間の重要な相違点は、保護活動であった。幾何学者エウクレイデスを例外として（後述）、プトレマイオスは一種の「住み込み芸術家《アーティスト・イン・レジデンス》」計画として著名な知識人たちを自分の宮廷に招いたのではなく、既存の知的諸機関における学問活動を後援した[59]。言い換えると、彼はすぐれた頭脳の持ち主たちが、研究所と図書館が研究拠点として提供するものに惹かれるようにと望んだのである。そこで働く者たちが相当な給与を支払われ（課税されなかった）、賄い付きの宿泊所を自由に利用できたことは、もちろん大事だった。しかしプトレマイオスが導入した巧みな新機軸には、現代のシンクタンクないし研究センターの原型を見ることができる。すなわち人々は給与と賄い付きの部屋をもらい、共同の食事やその他の社交的活動のために集まりながら、各自の研究を自由に進めることができたのである。

　おそらくプトレマイオスは、アリストテレスとのつながりを利用することで、エジプトにおける自分

らの知的遺産とのつながりとなった[60]。さらにこれらの諸機関はエジプトに住むギリシア人にとって、独自の歴史と文化を有する外国の中で自らの地位を正統化するために、アレクサンドロスと自分の結びつきをいっそう強めようとしたのだろう。

もちろんライバルとなる図書館との後代の競争は言うまでもなく（後述）、常に政治が作用していた——政治はヘレニズム時代の文柱である[61]。プトレマイオスは彼の研究所と図書館が、エジプトおよびギリシアの文学的科学的知見、さらには芸術とも釣り合うものにしようとした。それは、そうした知見をプトレマイオス王たちと独自に結びつけるような、学問と教育の拠点となるべきものだった。プトレマイオスは、自国のため可能な限り多くの文化からギリシア語に翻訳された作品群からなる最大級の宝庫を誇りたかった。さらにそこで働く者たちが、既存の学問への重要な追加として、地方史から詩、数学、科学に至る彼らの著作を出版することを望んだ。プトレマイオスの存命中には他の後継者たちの誰も、これらの点で彼と張り合うことはできなかったから、このことは、研究所と図書館が知的機関であるのと同じくらい政治的機関であったことを示している。

研究所の保護を確かなものとして研究活動を促進するため、プトレマイオス自身が任命するムーサイの特別神官が置かれた[62]。図書館長と研究所長は通常は最も著名な学者たちで、たいていその任命は王族子弟の家庭教師を務めることと密接に関連していた。研究所で働く者たちは、数学、物理学、天文学、医学を含む科学的知見のすべての分野にわたり、彼らの作品は今日まで続く影響力を持っていた[63]。これらのひとりエウクレイデスは、プトレマイオスが個人的に保護した——すでに指摘したような進行中の組織的保護とは違い、個人的な後援を受けた唯一の事例である。エウクレイデスはアレクサンドリアで一三巻の『幾何学原論』を書いた。噂によると、プトレマイオスはこの著作があまりに難しいので、習得するのにもっと容易な方法はあるかと尋ねた。これに対してエウクレイデスは、幾何学に王の道はないと答えた[64]。これはペルシア帝国の有名な「王の道」、すなわちサルディスをはるか遠くのスーサと結び、より速くより容易な旅行を促進することになっていた道とひっかけたのである。

研究所の歴史には、他にも偉大な名前の数々がある。ヘロン（蒸気機関を発明した）、サモス出身のアリスタルコス（天文学者で、惑星系についての彼の作品は、惑星は太陽を周回するというアルキメデスの見解に影響を与えた）、ヘロフィロス（解剖学の父で、死体を解剖し、脳、目、肝臓、生殖器の知識を大幅に増やした）、キュレネのエラトステネス（地理学の父、素数を特定し、また地球の周囲を算出した最初の人物）。アルキメデス自身はアレクサンドリアでしばらく過ごしたのちシラクサへ行ったのだが、その地からアレクサンドリアの学者たちと連絡を取り続けた。

初代の図書館長は、驚くことにファレロンのデメトリオスではなく、エフェソス出身のゼノドトス（文法学者でホメロス学者）で、プトレマイオス晩年の二八四年に任命された。デメトリオスは図書館で、『運命について』という論説を含む哲学作品や文学作品を書き続けた。この論説は、運命の女神がマケドニア人にペルシアのすべての富を与えたと主張したが、同じ運命の女神がいともたやすくいつでもそれを奪うことができる、と警告した。そこにはほかにも文学の巨匠たちがいた。ランプサコス出身のストラトン（哲学者で、未来のプトレマイオス二世の家庭教師）、ロドス出身のアポロニオス（『アルゴ号の冒険』を書き、ゼノドトスを継いで図書館長となり、未来のプトレマイオス三世の家庭教師を勤めた）、ビザンティオン出身のアリストファネス（ホメロス学者で文法学者、また図書館長でもある）、キュレネ出身のカリマコス（プトレマイオス二世のもとで、ピナケスまたは「目録」として知られる一二〇巻の蔵書目録を初めて作成した）。

これらの人々は、今日の我々を導く文芸批評の基本思想を導入することに貢献した。とりわけ彼らはホメロスの詩を研究して、ホメロスはひとりの人物だったのか、あるいはその詩は多数の詩人によって作られたのかを決定しようとし、より信頼できるテキストを作成した[65]。詩作品に対する彼らの註釈と、言語やその他テキスト上の諸問題の分析は、ルネサンス期やそれ以降のホメロス学者たちに道を切り開いた。ギリシア人の生活と教育において特別な位置を占めたホメロスに重点を置いたことは、研究所と図書館はエジプトに住むギリシア人のために彼らの遺産との文化的つながりを提供したという、先に指摘した見解を支持するものである。

外国語の作品はすべて、図書館の収蔵品に納められる前にギリシア語に翻訳されねばならなかった。プトレマイオス二世は旧約聖書（ヘブライ語聖書）のギリシア語への翻訳（七十人訳聖書として知られるようになった）を始めたという伝承さえある。この翻訳作業には、ギリシア語と非ギリシア語の文化的隔たりを際立たせるという欠点がある。実をいうと初期のプトレマイオス朝エジプトでは、学者や知識人たちはたいていプトレマイオス朝の勢力圏内、とりわけキュレネ、コス、サモスからアレクサンドリアへ引き寄せられた。プトレマイオスはエジプト人の学者たちと付き合ったけれども、三世紀半ば近くまでエジプト人学者はひとりも図書館に見られない。彼らの中には歴史家で神官でもあるマネトがおり、彼の『アイギュプティアカ』（エジプト史）はファラオの治世について根本的な重要性をもっている[66]。しかしアレクサンドリアにおける、もっと言えばエジプトにおけるギリシア文学は、プトレマイオス朝の全期間を通じてエジプトの伝統を吸収し、双方の違いを際立たせるよりも両方の文化を融合させることで、（マネトのような）ギリシア語を話すエジプト人だけでなくギリシア人にもアピールした[67]。

プトレマイオスは図書館の未来の偉大さの基礎を築いたが、それが当時知られる世界で最大の作品の宝庫となったのはプトレマイオス二世の治世下であった――大英図書館と米国議会図書館の原型である。プトレマイオス二世は、世界中から書物を借りて筆写する任を負う大勢の書記を抱えていた。彼らは葦のペン、植物性樹脂と煤《すす》と水から作られたインクを用い、細心の注意を払ってテキストを、ナイルデルタのいたる所に生えるパピルスから作られた巻物に筆写した。彼らはパピルス上で縦の欄に行を連ねて書き、テキストの長さに応じてさらに紙が加えられた（パピルスの天然樹脂を使ってくっつけた）。書き終えるとパピルスの写し全体が棒状に巻かれた。テキストを読むには巻物を左手に持ち、右手で巻きをほどいていった。プトレマイオス三世は作品の収集にかけては偏執狂的だった。アレクサンドリアに入港した船で発見された書物はことごとく没収され、筆写され（原本は「船から」と表示された）、所有者には写しだけが返却されたと言われている。[68] 最盛期の図書館は数十万冊のパピルス巻子本を有したと言われるが、そのすべてが手で書かれたことを思うと、これは信じ難いほどの数である。

四八年にエジプトへ来たユリウス・カエサルは、故意に図書館に放火して、数千巻のパピルス本を台無しにしたと言われる。彼が世界史上最大の破壊行為のひとつを犯したのか、あるいは何か別の形で図書館に火がついたのかはわからない。しかしその火事のせいで、我々には筆写された多くのギリシア語作品のごく一部があるにすぎない。*

＊図書館が破壊されたとしても、研究所やサラピス神殿にかなりの数の書物が残ったと思われる。最終的にすべての蔵書が失われたのは、ローマ帝国末期のキリスト教徒による異教破壊運動のせいだった可能性が強い。

誰かが持っている物は、他人が欲しがる。のちには重要な図書館が、プトレマイオスの死後、セレウコス朝の王たちによってアンティオキアに、そしてより有名なものとして、アッタロス（在位二四一－一九七年）と彼の息子エウメネス（在位一九七－一六九年）によってペルガモンに建てられた。[69] アレクサンドリアとペルガモンの図書館の間では熾烈な競争が展開し、その結果エジプトはペルガモンの学者たちがテキストを筆写するのを妨害するため、パピルスの輸出を禁止するに至った。するとペルガモンはあっさり羊皮紙に切り換えた。それでもその名声と長命において、他のいかなる図書館もアレクサンドリアのそれに比肩することはできなかった。

図 8.6　ファロス島の灯台　提供：ALBUM/アフロ

ファロス島の灯台

ある古代史料によると、二九七年にピュロスがエペイロスに帰った時、ファロス島はすでに突堤（ヘプタスタディオン）によって本土とつながっており、プトレマイオスはファロス島の東端に白い石灰岩または大理石の巨大な灯台の建設にとりかかった。[70] 東港の入口近くでは海は浅く、岩が点在していたので、船が安全に港内へ航行できるよう灯台が助けるのは完全に理にかなっていた。同時にその建造物は、信号塔あるいは警告塔として軍事的機能も持ち得た[71]。灯台は八〇〇タラントンという巨額の費用を要した。それはその種の最初のもので、たちまち模倣されたから、ここでも今日まで受け継がれた革新を、プトレマイオスの功績だと認めることができる。高さは四〇〇フィート以上という巨大さで、実際、当時この高さを凌駕したのはギザの大ピラミッド（四八〇フィート）だけである。先細りになる三段構造で救い主ゼウス《ゼウス・ソーテール》の像がてっぺんに鎮座していた[72]（図八・六）。（像の真下に位置する）頂点からの光は、夜間は炉から、昼間は太陽光線を反射する鏡から発して、ほぼ四〇マイル離れたところからも見えた[73]。

　こうして灯台はアレクサンドリアに、人々が船で入港する際のとてつもない「驚嘆のもと」を与えた。それが古代世界の七不思議のひとつであったのは驚くことではない[74]。西暦一三二三年の地震で破壊されるまで、灯台はほとんど丸一千年にわたって立っていたのである。

　クニドス出身のソストラトスという名の人物が、その費用も含めて建造を受け負ったという伝承がある[75]。確かに灯台の奉納碑文は彼の名前を挙げている。「君主たちの友人であるクニドス人ソストラトスが、海を渡る者たちの安全のためにこれを奉納した」。ソストラトスはおそらく二七〇年代にデロス島にいたプトレマイオス二世の使節で、だとすれば彼は灯台の建築家ではなく（建築家は不明）、プトレマイオス一世の計画を取り上げた富裕な宮廷人で、都市への贈物としてプトレマイオス二世の治世に完成させたのだろう[76]。

　総体として、アレクサンドリアの壮麗さは比類ないものだった。その建築物は有名になり、知的中心として他のいかなるヘレニズム都市も比肩できなかった。ゆえにこの都市はプトレマイオス朝の偉大さと富の究極の象徴だったのである。

第9章　総督から王へ

三一一年の協定は失敗する運命にあった。その理由は何よりも、アンティゴノスのあいつぐ行動が後継者たちの側に、彼への、そしてお互い同士の不信感をかき立てたことにある。[1]だが翌年、プトレマイオスがマケドニアとギリシアの支配を含む一連の軍事作戦に乗り出したことが、とどめの一撃となった。プトレマイオスは常にアンティゴノスを疑っており、手遅れになる前に自分と一緒にアンティゴノスの勢力を抑えるよう、カッサンドロスとリュシマコスに支援を求めたほどだった。[2]三一〇年に彼はキリキアとキプロスにおけるアンティゴノスの拠点に対する行動を決断し、続いて小アジア南部へ私的な遠征を行なった。ここで彼がギリシア情勢に積極的に介入する機会が転がりこんできた。アンティゴノスの二人の息子、デメトリオスおよびフィリッポスと、甥ポレマイオスとの間で紛争が勃発し、ギリシアのアンティゴノス軍を管轄していたポレマイオスが、突然カッサンドロスと同盟したのである。三〇八年までにはプトレマイオスはまさしくギリシアにおり、マケドニアの王位をわが物にしようと試みた。この数年間の彼の軍事作戦はエジプトの防衛をテコ入れすることとは関係なく、単に高齢のライバル〔アンティゴノス〕を凌ぐためでもなかった。それは公然たる帝国主義的なものだった。[3]

帝国主義者プトレマイオス

三一〇年にプトレマイオスは、アンティゴノスが諸都市に違法に駐留軍を置いたことで三一一年協定の「自由条項」を侵害したとして、アンティゴノスを非難し、彼に対する戦争を準備した。[4] アンティゴノスがキリキアで支配している諸都市を征服するため、彼は将軍レオニデスをキリキアに派遣した。プトレマイオスがこのような挙に出たのは、おそらくこの時アンティゴノスは東方でセレウコス相手に手いっぱいで、二人ともエジプト情勢には手が出せなかったからであろう。しかしながらデメトリオスはレオニデスの軍勢を破ってみせ、レオニデスはその地域から撤退した（あるいは召喚された）。それでもプトレマイオスは東地中海において自分の存在を知らしめた。兄弟のメネラオスを（三一一年に死去したニコクレオンの後任として）サラミスの王に任命していたキプロスでは、プトレマイオスはもっと多くの成功を収めた。[5] パフォスの王ニコクレスがアンティゴノスと同盟していたため、プトレマイオスは、その戦略的位置からしてアンティゴノスが自分に対抗してこの島を利用するかもしれないと危惧していた。メネラオスとその軍勢はプトレマイオスの友人の二人、アルガイオスとカリクラテスを支援し、この二人はニコクレスをアンティゴノスと共に陰謀を企てたとの理由で自害に追いこんだ。[6] パフォスはキプロスの諸都市の中では最も裕福で、その影響力は島の西半分の大半に広がっていた。こうしてプトレマイオスは事実上キプロス全土を支配するに至り、その過程で艦隊のために十分な木材供給を手に入れた。[7]

三〇九年夏、プトレマイオスは自ら小アジア南西のリュキアへ進軍した。[8] 彼はファセリスと（アンティゴノスが駐留軍を置いていた）クサントスを味方につけ、それからカリアへ航行して、（これまたアンティゴノス駐留軍の拠点である）カウノス、（コス島の対岸の小アジア沿岸にある）ミュンドス、それにおそらくイアソスを占領してから、東地中海とエーゲ海の「境界」上に位置するコスへ移動した[9]。彼はこの島に三〇九年冬の陣営を設営し、その間に、遠征に同行していた妊娠中の妻ベレニケが、息子プトレマイオス（未来のプトレマイオス二世）を生んだ[10]。しかしプトレマイオスはその冬、新たに父親の役割を果たすだけでは満足しなかった。彼はギリシアにおけるアンティゴノス軍の指揮官であるポレマイオスを、自分のもとへ呼び寄せた。ポレマイオスは直近に、ヘレスポントス＝フリュギアの総督フォイニクスに軍を派遣しており、フォイニクスはそれを使っていくつかのギリシア都市に駐留軍を配置した[11]。プトレマイオスはポレマイオスを、何らかの方法でアンティゴノスに対抗するために使いたかったのだと思われるが、口論ののち処刑した。彼はポレマイオスの兵士たちを自軍に組み入れ、自身の人的資源をさらに増やした[12]。（コスの向かいにある）ハリカルナッソスを奪取しようというプトレマイオスの試みは、デメトリオスが介入したせいで成功しなかったが[13]、おそらく近くのロドス人とは外交的接触に入り、まもなく彼がアレクサンドロスの遺言だと宣言し、保管のためロドス人に与えた文書の起草までしたかもしれない[14]（後述）。

プトレマイオスの成功は皆の意表を突いたに違いない。彼の作戦行動がアンティゴノス一族に引き起こした動揺に加えて、手に入れた場所のすべて、とりわけクサントスとカウノスという重要都市から、プトレマイオスは艦隊のための戦略上の港、熟練した水夫、追加の収入を得た[15]。さらにコスとその地域に影響力が広がったことで、彼の交易と通信のルートはギリシアにまで拡大した。前年に東地中海に関与した後で、プトレマイオスが注意をエーゲ海へ移しつつあり――そしてマケドニアの軍事的伝統に従って軍勢を本人が指揮していることを、他の後継者たちは見逃さなかったであろう。プトレマイオスがこの時点で支配していた地域を考えれば、次なる一歩はおのずとギリシアそのものになる。彼は冬の間、ギリシアへ向かう途中の便利な寄港地であるコスに滞在していたので、遠征の最初から予定通りの動きだったに違いない。こうしてここ数年のプトレマイオスの行動は、彼自身の帝国支配への野望だけでなく、ギリシアにいるデメトリオスやカッサンドロスのような面々を見くびっていたことを示すものとして重要である。

三〇八年初春、プトレマイオスはミュンドスからギリシアへ船で渡った[16]。途中で彼は、キクラデス諸島の中で戦略的にアッティカに近いアンドロスを、アンティゴノスの兵士からなる駐留軍から解放した[17]。同時に彼はデロス島をアテネからひき離して味方につけた可能性がある[18]。これらの島々は、三一四年以来アンティゴノスと同盟していた島嶼同盟ないしキクラデス同盟の一部であった。最終的には二八六年までに、プトレマイオスはこの同盟に加盟する島々すべてを支配するのだが、明らかにこの時点ではそのつもりはなかった。なぜなら、おそらく彼はできるだけ早くギリシアへ着きたかったからだ。デロスからペロポネソス半島のコリントスまでは、あっさりした航海だった。抵抗は何もなかった。プトレマイオスはコリントスを基地とし、シキュオンを味方につけ、両都市に駐留軍を配備した。そしてギリシア諸都市を解放し、彼らに自由を与えるという彼の意図を布告した[19]。

ほぼ確実にプトレマイオスは、フィリッポス二世が三三七年に創設したコリントス同盟を復活させ、指揮するつもりであった[20]。三二二年にアンティパトロスが同盟を廃止したが、ギリシアは後継者戦争で大きな被害を受けていた。それゆえプトレマイオスは、ギリシア人がかつての同盟の時代と同じような平和（と繁栄）の時代に生きる機会を歓迎するものと期待していたことだろう[21]。さらにオリンピック期の一部であるイストミア競技会をコリントスで主催し、*（タイスによる）息子ラゴスが戦車競争に出場した[22]。プトレマイオスは競技会の主催がギリシア人の間で自分の支持拡大につながることをねらっており、この点で以前にネメア競技会を主催したカッサンドロスの前例にならっていた。

＊オリンピア競技会（古代オリンピック）は四年に一度開催され、開催年を含む四年間をオリンピック期と呼ぶ。イストミア競技会はオリンピア競技会と重ならないよう、各オリンピック期の第二年と第四年に開かれた。

三一一年以降、プトレマイオスは小アジア、リュキア、カリア、エーゲ海、そしてペロポネソスにおいてゆっくりと、だが着実に勢力を広げてきた。彼の行動は、エジプトだけを支配することに満足しない支配者であることを示している。確かに彼はエジプト国境を守り、脅威となり得る近隣の後継者たちと自身との間に緩衝国家を建設することに、堅実に成果を上げていた。しかし初めてエジプトへ移った時ですら、キュレナイカの併合や、とりわけアレクサンドロスの遺体の横取りが証明するように、無視できない影響力を持つ人物として地位を確立してきた。それがここでギリシア情勢に関与したのは、マケドニアとギリシアを支配するつもりだったのか、それともすでに示唆したように、彼は単に他の後継者たちからもっと真剣に受け止められ、真に対等だと見られたかっただけなのか[23]？　間違いなくそうではない。三〇八年までにプトレマイオスはエジプトを十五年間支配し、国土に対する二度の侵攻を挫いた。そしてライバルたちに勝るとは言わないまでも、同等であると証明する以上のことをやってのけた。彼はエジプトに十分根を下ろし、アレクサンドリアで贅沢に生活していたけれども、後継者の冠につける宝石——マケドニアの王権——の誘惑は、彼にとってもあまりに大きかった。

マケドニアとギリシアを支配することには、確かにこの魅力があった。後継者たちが三〇六年に王と名乗り始めた時（後述）、実際にマケドニア人の王であるのはカッサンドロスだけだった。このことは、一貫してアレクサンドロスとのつながりを公言していた他の者たちを苛立たせた。何よりも彼らはアレクサンドロスの肖像を描いた貨幣を発行し、後に自身の肖像を貨幣に描いた時も、いく分か大王を模倣したものだった[24]。彼らは大王とかかわりのある物語を公表した。たとえばセレウコスは、アレクサンドロスが夢の中で彼を訪ね、偉大になるだろうと告げたと主張した[25]。ある者は芸術作品を注文した。たとえば三二二年にデルフォイに建てられたクラテロスの像は、彼が狩猟中にアレクサンドロスの命を救ったことを描いており、カッサンドロスは会戦中のアレクサンドロスとダレイオスを描かせた（おそらく有名なアレクサンドロス・モザイクの原画）[26]。プトレマイオスは、アレクサンドロスの遺体をアレクサンドリアに特別に建てられた墓に埋葬し、アレクサンドロスのための祭祀を創設しただけでなく、アレクサンドロスの都市たるアレクサンドリアのために行なったことでもって、彼らのすべてを凌駕した。しかしマケドニアの宗教的中心地であるディオンの青銅像の台座が示すように、カッサンドロスだけが自分をマケドニア人の王と呼ぶことができた[27]。他の者たちは自身の領土の王であろうとも、マケドニアはカッサンドロスを優位に立たせた。彼のもとで王国は新しい局面に入った[28]。フィリッポスとアレクサンドロスの時代のコリントス同盟を取り戻したいというプトレマイオスの願望は、彼がマケドニアの王になりたいと望んだことを示している[29]。

広まる噂——「フィリッポス二世の息子プトレマイオス」と「アレクサンドロスの遺言」

ラゴスとフィリッポス二世のどちらがプトレマイオスの父親だったのかについては、すでに論じた（三〇頁）。思うに、プトレマイオスのギリシア侵攻は、自分がフィリッポスの非嫡出子だという噂や、それ以上に、以前にカッサンドロスが自身をアルゲアス王家により密接に結びつけるためにしたことをプトレマイオスは手本にしたのだという噂を、プトレマイオスが広めたことの背景事情を教えてくれる。

これまで提唱されてきたのは、プトレマイオスはエジプト王になった三〇六年にフィリッポスが自分の父親であると主張した、というのももっと以前なら、たとえばバビロン協定（三二三年）の時点なら、彼であれ彼の中傷者であれそのような主張は必要なかったから、というものである[30]。しかし三〇六年なら、プトレマイオスはちょうど王になったばかりで、何にせよ自分の地位を正統化する必要を感じなかったのは確かである。他の後継者たちと同じく、プトレマイオスは自分の領土を槍で勝ち取ったものと見なした。彼が支配する権利は、アレクサンドロスのアジア支配と同じく、正統性ではなく軍事力に基づいていた。バビロンでプトレマイオスより立場が上の人間があれほど大勢いたことを思えば、もし必要なら三二三年に自分にまつわる出自を主張していたはずだ。だが彼はそうはしなかった。フィリッポスに関する彼の主張については、別の年代と、もっとしっくりくる文脈を探す必要がある。

三つの年代が浮かび上がる。(1)アンティゴノスに打撃を与えるためプトレマイオスが「ギリシア人の自由」を布告した三一四年(一六九頁)、(2)プトレマイオスがギリシアに侵攻しようとした三〇九-三〇八年、(3)彼がアテネを援助しに行った二九五年(二四三頁)。第一と第三の冒険的企てはすぐに失敗に終わったが、第二はより可能性の強い機会である。というのもギリシアに向けて出港する前に、彼はアレクサンドロスの妹クレオパトラ――事実としてアレクサンドロスの唯一の実の姉妹(母はオリュンピアス)――に結婚を申し込んだからだ。

クレオパトラは当時アンティゴノス直属の部下である統治者の監視下に、サルディスで暮らしていた[31]。ほんの四人挙げるだけでも、ペルディッカス、カッサンドロス、アンティゴノス、リュシマコスがそれまでに彼女を求めて競い合ったが、彼女はプトレマイオスの申し出を受け入れた。おそらくプトレマイオスはマケドニアでのお互いの子供時代以来、クレオパトラと会ったことはないので、愛ゆえに結婚を望んだはずはなく、彼女に惚れられたということもありえない。そうではなく、プトレマイオスは自身をアルゲアス家に結びつけるためにクレオパトラとの結婚を望んだのであり、彼女を妻に望んだ他のすべての後継者たちも動機は同じである[32]。それではなぜクレオパトラはプトレマイオスとの結婚を選んだのか？　ディオドロスが述べるように、他の者たちは単純に自分の権力獲得に役立つから彼女を利用するのだということを明らかにしており、この点でプトレマイオスも違いはない。さらにクレオパトラは王位に対する自分自身の権利を主張したかったのかもしれず、ならば他の誰かと結婚することは野心の実現を助けたことだろう。[33]* もしかするとクレオパトラは単純に他の求婚者たちが嫌いで、プトレマイオスとは相通じるものが大きいと感じたのかもしれない。しかしもっと良い説明は、ここでプトレマイオスが流布させた（後述）彼女の兄アレクサンドロスの遺言に、クレオパトラはプトレマイオスと結婚するようにという条項があることである。後に見るようにこの文書は偽文書なのだが、彼女はそのことを知らなかった。王族成員の結婚を取り決めるのはマケドニア王の任務であったから、こうして彼女は遺言の規定に従ってプトレマイオスと結婚する以外に選択の余地はなかった。これは彼の側での見事なまでに巧妙な動きであった。

＊クレオパトラの夫であるエペイロス王アレクサンドロス（オリュンピアスの弟）が三三一／〇年冬に南イタリアへの遠征で戦死すると、クレオパトラは幼い息子の摂政となり、大王の晩年までエペイロスを統治した。よって彼女には権力行使の能力と経験があった。

プトレマイオスが意図したクレオパトラとの結婚は、三一七年のカッサンドロスとアレクサンドロスの異母姉妹（そしてクレオパトラの異母姉妹でもある）テッサロニケとの結婚によく似ている。事実カッサンドロスの結婚は、プトレマイオスが同じようにクレオパトラを利用することに影響したと思われる。カッサンドロスは三一七年にマケドニアへ向かって進軍すると、アレクサンドロス四世の後見人となった。それが結婚して王族の一員になったことで、彼はアレクサンドロスの伯父となり、自身による支配への足がかりとなった。[34] プトレマイオスは結婚がどれほどカッサンドロスの地位を高めたかを知っていた。今や彼はギリシアでカッサンドロスの権力に対抗する必要があり、思うに彼はアルゲアス家の一員と結婚したカッサンドロスをまねたのである。もしそうなら、彼の意図はカッサンドロスとテッサロニケとの結婚と同じく、マケドニアの王位を得ようとすることだった。[35] しかし結婚だけでは一般民衆にとって十分ではなかったかもしれない――結局のところカッサンドロスはアルゲアス家の妻と結婚する前に、すでに正統な王の後見人であった。それゆえプトレマイオスは、フィリッポス二世を通じてアルゲアス朝との家族関係を創作したのである。彼が自身の名前そのものを利用できたことも彼の主張に説得力を与えた。というのもフィリッポスには、三六八年から三六五年までマケドニアを統治したプトレマイオスという名の義父がいたからだ。[36]＊

＊王族のひとりで、アローロス出身と呼ばれるプトレマイオス。フィリッポスの母エウリュディケと結婚し、少年だったペルディッカス三世（フィリッポスの兄）の摂政として統治したが、成人したペルディッカス三世によって暗殺された。ただし近年は彼とエウリュディケとの結婚を疑う説が有力である。

この筋書きの中に、初期ヘレニズム時代の珍奇なもののひとつで、バビロンでペルディッカスが軍に向かって読み上げたと言われるアレクサンドロスの遺言も挿入することができるだろう。[37] この遺言は、アレクサンドロスの生涯に関する後世の空想的な記述である『アレクサンドロス大王物語』〔アレクサンダー・ロマンス〕にある、アレクサンドロスの死についての伝承の中に引用されている。この遺言は、ロクサネから生まれるアレクサンドロスの後継者や帝国の将来に関する数多くの詳細な条項を有し、プトレマイオスがエジプト総督となってクレオパトラと結婚すべきことも含んでおり、保管のためロドス人に委託されたと言われていた。

遺言は偽文書である。作者は三二一年のペルディッカスまたは三一七年のポリュペルコンで、権力の請求を強化するためだったと信じられた。ただしこれまで説得力を持って主張されてきたのは、プトレマイオスが三一一年以後、ほぼ確実に三〇九年に、カッサンドロスとアンティゴノスに対する優位を得るために作成したということだ。[38] この年代の鍵となるのは、遺言がロドス人に預けられたという主張である。すでに見たように、この島はエジプトへの近さからプトレマイオスにとって重要なものとなり、もしもロドス人に自分の敵と同盟されたら、その強力な艦隊が脅威となることをプトレマイオスは十分認識していた。プトレマイオスが外交手段でロドス人に取り入り、彼らに対して軍事力を行使しないよう常に注意を払ったのは、このためだった。その彼らにアレクサンドロスの遺言を委託するのは、プトレマイオスがロドス人に抱いていた敬意を示している。(39)

こうしてフィリッポスからの血統は、それがたとえ嫡出でなくとも、カッサンドロスが持った以上のマケドニア王位への請求権をプトレマイオスに与えた。三二三年のバビロンでは、アレクサンドロスの子ヘラクレスは非嫡出子という地位ゆえに、王位に関するいかなる考慮からも排除された。しかしそれ以降、後継者たちは影響力を拡大するためにどんなことでもやってきた。アンティゴノスおよびカッサンドロスとの対立においてプトレマイオスは、自分がフィリッポスの庶子だとマケドニア人に納得させるほうが、王や王家と何のつながりもないよりましだと決心した。彼の試みが持つもうひとつの強みは、アレクサンドロスの遺書を所有していることで、そこには彼の敵対者全員に対するあからさまな否認、彼がクレオパトラと結婚するという取り決め、すなわち彼が王権にふさわしいというメッセージがあった。

ギリシアを、とりわけマケドニアを獲得するというプトレマイオスの試みは、とりわけアンティゴノスにとって重大なものだった――あまりに重大だったので、クレオパトラがプトレマイオスと合流するためサルディスを発つ時に、アンティゴノスは彼女を殺害した。(40)彼女の死と共に、プトレマイオスの大計画はたちまち瓦解した。しかしそれに先立つ筋書きは、自分はフィリッポスの庶子であると彼が主張したのはいつ、なぜなのかについて、妥当な文脈を与えてくれる。我々はそれをアレクサンドロスの遺言という奇異なものに結びつけることができ、そうしてプトレマイオスが本当は何者であったのかを知ることができる。すなわち彼は、目的達成のためならどんな事でもやってのける帝国主義者であった。

プトレマイオスの帰還

マケドニアとギリシアをカッサンドロスから奪い取るというプトレマイオスの計画は、クレオパトラとの結婚と彼女が物理的に一緒にいることにかかっていたので、おそらく彼はミュンドスからギリシアへ船で渡るまで彼女の死を聞いていなかったろう。婚姻の絆の瓦解は彼のギリシア遠征の終焉をもたらした。自由を布告したにもかかわらず、プトレマイオスはギリシア人自身からいかなる積極的支援も得られず、イストミア競技会の主催を自称したことさえペロポネソス人にはほとんど影響を与えず、プトレマイオスがあてにしていた食料と資金を得られなかった。自由を標榜しながら駐留軍を配備する者がどれほど友好的であり得るか、ギリシア人が疑わしいと思ったのは驚くことではない。クレオパトラについての報せが届いた時点で、彼は自分の大計画が成功しないことを悟った。それでカッサンドロスと講和を結び、本国に帰った。[41] それでもまだ、シキュオンおよびコリントスという、戦略的経済的に強力な都市の支配は維持できた。[42] これは彼の側での全面的な撤退ではなく、むしろ好機が訪れるまでの計算づくの後退を示唆するのかもしれない。[43] 後に見るように、二八八年に彼は再びギリシア情勢に関与するのである。

いずれにせよ、プトレマイオスがエジプトに帰ったのは賢明だった。当時東方から帰国の途にあったアンティゴノスは、プトレマイオスの留守をねらって攻撃をしかける可能性もあった。[44] 仮定の話は別にしても、プトレマイオスの西の国境では情勢が悪化していた。キュレナイカの統治者オフェラスは、シラクサの僭主アガトクレスからカルタゴを攻撃するよう説得され、本土から一万以上の傭兵を率いてそこへ進軍した。[45] 彼は統治者としては大いに役立ったが、プトレマイオスはオフェラスの大胆な行動をまず見逃しはしなかったであろう。（三〇八年に）彼は到着すると同時にアガトクレスに暗殺されたので、その試みはともかく無に帰した。[46] しかしながらキュレナイカは、三〇〇年までの続く数年間にわたり反乱状態にあったらしい。プトレマイオスは、支配を安定させておきたければわずかの間もエジプトを離れることはできないと悟ったに違いない。

三〇八年のプトレマイオスの計画は失敗したが、それでもエーゲ海および東地中海におけるエジプト海軍の優位を増強し、次の二代の後継者も維持しようと努力した制海権の基盤を築いた。すでに十分論じられてきたように、プトレマイオスの最初の三つの対外政策の側面は防衛的であったが[47]、プトレマイオスがかつての仲間たちと同じ帝国主義的野心を抱いていたこと、彼がエジプトを帝国勢力にしたことは否定できない。三一〇-三〇八年の軍事作戦は注意深く長期的な計画の一環であり、単なる「彼にしては珍しい攻勢」ではなかった[48]。アレクサンドロスのアジア侵攻の間、彼はひとかけらの権力を得るために辛抱強く出番を待ち、それを手に入れると、自分がアレクサンドロスの後継者に値すると信じつつ、行動を起こすまで同じように辛抱強く待つ覚悟があった[49]。と同時に彼はアレクサンドロス帝国を復活させようとはせず、自身の領土と威信を増やすことをねらっていた。三二三年にバビロンでプトレマイオスが見たような、ひとりの王のもとでのひとつの帝国の時代は、とうの昔に去っていた。

アテネ――新時代

その間にアンティゴノスは再びギリシアに注意を向けていた。三〇七年初夏、アテネから始めてギリシア諸都市をカッサンドロスから解放するため、彼は息子デメトリオスに二五〇隻の軍船と五〇〇〇タラントンを与えてギリシアへ派遣した[50]。彼は、プトレマイオスが失敗した場所で自分は他のギリシア人から慕われるようにふるまえると当て込んでいた。こうして第四次後継者戦争が始まった[51]（三〇七-三〇一年）。

艦隊の大半をアッティカ半島南端のスニオン岬に残し、デメトリオスは二四隻の船を率いてアテネへ向かった。伝えられるところでは、〔アテネの港〕ピレウスの駐留軍指揮官は、彼をコリントスへ航行するプトレマイオスだと誤解し、ピレウスを攻撃から守るための鎖を設置する命令を出さなかった。この見落としのおかげでデメトリオスは港に入り、都市〔の所有権〕を要求した。[52]彼はカッサンドロスの駐留軍を破り、ファレロンのデメトリオスを追放した。こちらのデメトリオスはまずテーバイへ逃れ、それからアレクサンドリアのプトレマイオスのもとへ逃げた。[53]彼はプトレマイオスの味方になり、研究所と図書館の組織を監督するだけでなく、哲学や文学の著作を書き続けた（第8章）。

デメトリオスはもったいぶってアテネ人にカッサンドロスの支配からの自由を宣言し、一五万ブッシェル〔約五二五〇キロリットル〕の穀物、アテネ艦隊のための木材、資金を含むさまざまな贈り物を与え、そして十年間中断していた民主政を回復することを彼らに許した。[54]とはいえアテネ人はとても自由とは言えず、単に主人が入れかわったにすぎなかった。古典期に広まった急進民主政を復活することもできなかった。事実、ハブロン（四世紀の政治家リュクルゴスの息子）やデモカレス（同じく四世紀の大弁論家にして政治家でもあったデモステネスの甥）、ストラトクレス（アンティパトロスの支配期に名を上げた政治家）のような政治家たちが、ここで民会（民主政の意思決定機関）を通して導いた決議の大半は、デメトリオスとその支持者たちを顕彰するもので、アンティゴノス朝によるこの都市の占領期間（三〇七－三〇一年）を通じてずっとそんな有様だった。[55]

もちろん、この制限民主政の復活でさえ幻想だった。というのもデメトリオスはアテネを私有物のように扱ったからだ。にもかかわらず感謝の念からアテネ民衆は、――ファレロンのデメトリオスの圧政の終焉と民主政へのある程度の回帰をもたらしたので――救いの神々としてのデメトリオスと彼の父親に神なる栄誉を与えるところまで行った。民衆はこの二人に彼ら自身の祭祀、毎年の行列、アゴラ〔広場〕での彫像を与えた。さらに三〇六年には二人を王とさえ呼び、全アテネ人が登録される既存の十部族に、アンティゴニスとデメトリアスという二つの新部族を追加した[56]。

この時点でアンティゴノスは息子を呼び戻し、エジプト侵攻の先駆けとして、プトレマイオスからキプロスを奪い取りロドスと東地中海を味方につけるよう命じた[57]。なぜアンティゴノスは自分でキプロスへの攻撃をしかけて、デメトリオスをアテネに留めなかったのか、答えは単純だ。彼は年をとり、ますます若い息子に軍事行動の指揮を任せるようになっていた。アンティゴノスの場合、誰であろうと征服してやるという意欲は旺盛だったが、肉体は弱かったのだ。

プトレマイオスが突進する

すでに述べたように、ロドスとキプロスは戦略的位置ゆえに、両方を支配することが望ましかった。さらにキプロスは穀物と銅、とりわけプトレマイオスが艦隊のために必要とした木材が豊富だったから、彼も他のプトレマイオス王たちも、この島に対して何らかの影響力を維持しようと常に努力した[58]。同様にロドスはエジプトの穀物にとって重要な商業の中心地であり、ヘレニズム時代を通じてエジプトへ輸送されるすべての商品の通過地点であった[59]。アレクサンドリアで発見された大量のロドス産アンフォラは*、この二地点間の商業上の接触を証明しており、ロドス人はおそらくプトレマイオスに軍船を提供し、彼らの島を艦隊用の港として使わせた[60]。どちらの島もかつてアレクサンドロスの同盟国であり、プトレマイオスと密接なつながりを持っていた。しかし当時のロドス人はまたしても、ある時点で事実上どの後継者とも同盟を結んでいた[61]。とりわけキプロスは何年もの間、プトレマイオスとアンティゴノスの間で争いの種となってきた。それゆえデメトリオスがどちらの島も手に入れるとなると、東地中海に対するアンティゴノス朝の支配を確かなものとするだけでなく、エジプトの経済と安全に打撃を与えることになるだろう。

＊アンフォラとは両取っ手付きの大型の壺で、ワインや油の貯蔵・輸送に用いられた。

三〇六年春、デメトリオスは歩兵一万五〇〇〇、騎兵四〇〇、それに少なくとも軍船一六三隻を率い、キプロスに向けて出撃した。その途中でロドス人を味方につけようとしたが、彼らはプトレマイオスとの友好（および交易特権）を維持することを選び、彼の外交的な口説き文句を拒絶した。(62) アンティゴノスとデメトリオスはロドス人の対応を開戦理由と見なし、あとでこの島に対処しようと決心した。(63) デメトリオスはキプロスへ航行し、歩兵および騎兵と共にサラミス付近に上陸した。この都市の近郊で彼は、プトレマイオスの兄弟で歩兵一万二〇〇〇、騎兵八〇〇を擁するメネラオスと交戦し、破った。(64) メネラオスはサラミスに逃れ、デメトリオスが都市を包囲する前に、兄弟のプトレマイオスになんとか急を伝えることができた。デメトリオスの巨大な攻城塔は都市の城壁より高く、アテネのエピマコスの設計になる、装甲を施した多層階の恐るべきヘレポリス〔「都市を滅ぼす」の意〕を含んでいた。高さは一〇〇フィート以上、底部の長さは四〇フィートで、一七五ポンド〔約八〇キロ〕以上の重さの石弾を、信じがたいことに六五〇フィートの距離まで発射することができた(65)（図九・一）。

プトレマイオスは兄弟を救うため、少なくとも一四〇隻の軍船と一万の軍勢を運ぶ二〇〇隻の輸送船を率いてただちに出航した。(66) パフォスに上陸すると、彼はいくつかのキプロス諸都市から増援部隊を受けて、六〇隻の軍船からなるメネラオスの艦隊と合流する計画を立てた。(67) しかしデメトリオスは迅速に行動してメネラオスをサラミスの港に封じ込め、それから（おそらくメネラオスの運命を知らずに）到着したプトレマイオスを攻撃した。(68) 双方の艦隊とも巨大な四段櫂船と五段櫂船を含んでいたから、船の大きさと数、その他の兵器は、戦場の光景全体を息をのむほどのスケールにしたに違いない。この叙事詩的な海戦は、軍船が舳先を舳先に激突させる命知らずの戦法と、デメトリオスが船に搭載した攻城兵器を使ったこと（アレクサンドロスがテュロスで攻城塔や破城槌を舟に載せて用いたことを彷彿させ

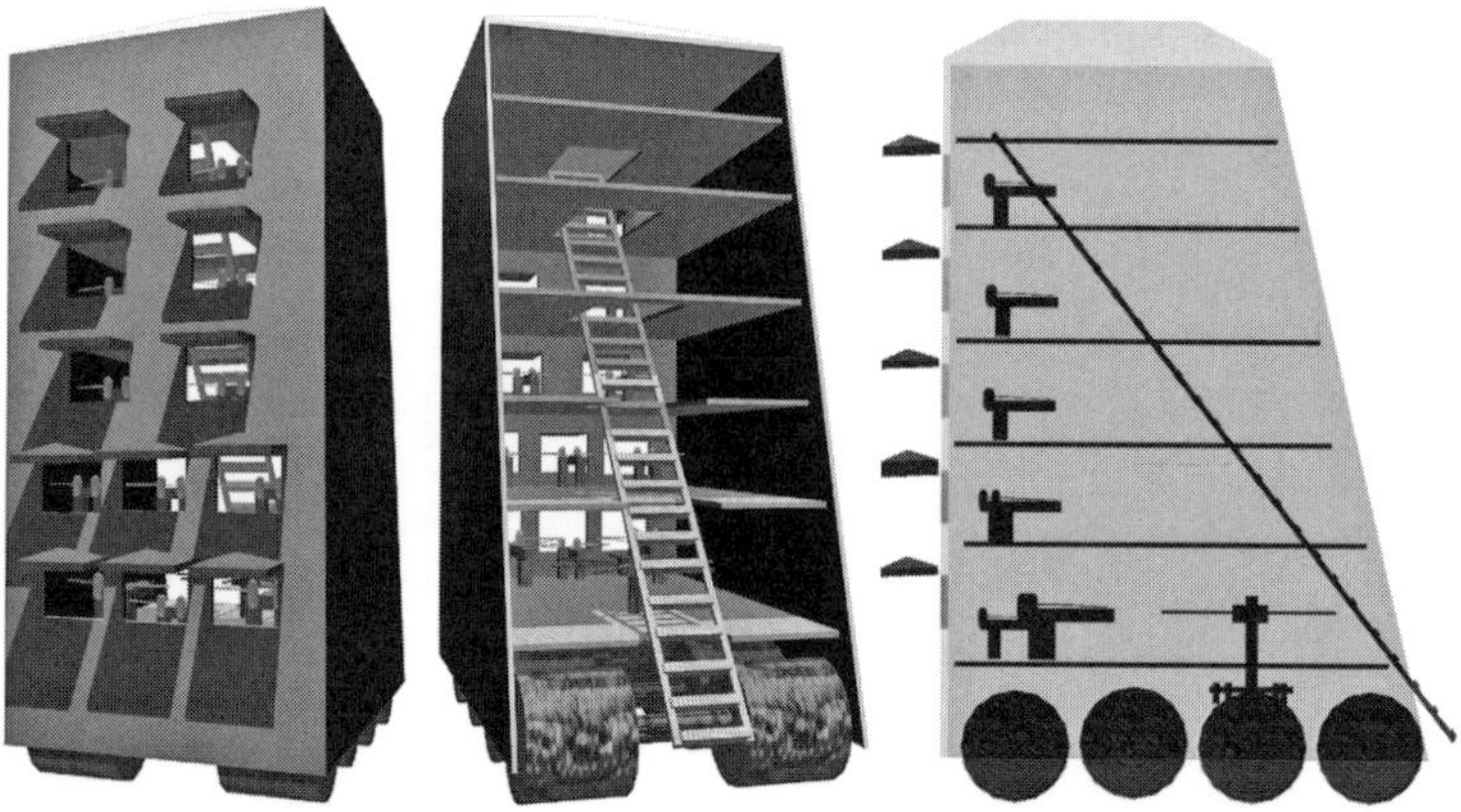

図9.1　ヘレポリス（Evan Mason 作図）Used under the Creative Commons License

る）を特徴とし、「艦隊に支援された沿岸都市をいかに攻撃し、いかに守るのが最善であるかについての素晴らしい事例研究」を提供し、次の世紀のための「教科書的な実例」となった[69]。デメトリオスは左翼がプトレマイオスの右翼を押し戻すのに成功したことで、空いたスペースに巧みに入ってプトレマイオスの中央部を攻撃することができ、中央部もまた後退させられた（これはまさにプトレマイオスが敵の戦列に対して行なうつもりだったことである）。デメトリオスの執拗な攻撃を受けてプトレマイオスは完敗し、キティオンへ退却するほか選択の余地はなかった[70]。

プトレマイオスの損害は正確にはわからないが、少なくとも四〇隻の軍船と一〇〇隻の輸送船が捕獲され、八〇隻が損傷し、八〇〇〇人の兵士が戦争捕虜となった。デメトリオスの側では二〇隻が損傷した[71]。今やメネラオスの唯一の選択肢は、キプロスをデメトリオスに明け渡すことであり、プトレマイオスのほうは、「敗北によって完全に意気阻喪したわけではなかった」けれども、しっぽを巻いてエジプトに帰ることだった[72]。こうしてデメトリオスは六年前のガザでの敗北の復讐を果たし、アンティゴノス朝は今や最有力の海上勢力となった。サラミスにおける捕虜の中にはメネラオスと（プトレマイオスがタイスから得た息子）レオンティスコスがおり、デメトリオスは彼らに無傷で身代金なしに立ち去ることを許した[73]。もうひとりの捕虜は遊女（ヘタイラ）のラミアで、おそらくプトレマイオスの愛人でキプロスまで彼に同行していたが、そこに残されていた。彼女はデメトリオスより年長で「盛りを過ぎていた」けれども、デメトリオスを誘惑し、長年にわたりアテネで多数の愛人のひとりとなった[74]。

プトレマイオスはエーゲ海における優位を取り戻すのに、二九四年までかかることになる。なおもエジプトとキュレネ、ペロポネソス内の若干の都市を持っていたが、これらは過去十六年間にわたってこつこつ手に入れてきたものからはほど遠かった[75]。次章で見るように、この年の後半にはさらに悪いことが起きた。アンティゴノスとデメトリオスが彼を権力の座から永久に失墜させようと、エジプト侵攻を決断したのである。

プトレマイオスが王となる

三〇六年にサラミスで息子が圧倒的な勝利を収めたとの報せが届いた直後、七十九歳という老齢のアンティゴノスは、後継者たちの中で最初にディアデーマ〔王位を示す飾り紐〕を頭に着け、王の称号を帯びた[76]。さらにキプロスにいる息子にディアデーマを送り、同じく王と呼ばれることを許した。リュシマコス、セレウコス、カッサンドロス、プトレマイオスは、総督である自分たちが王であるアンティゴノスとデメトリオスに劣ると見なされることのないよう、すばやく自ら王と宣言した[77]。

アンティゴノスの行動は、総督の地位という幻想を公式に終わらせた。ユスティヌスは、後継者たちが「王［アレクサンドロス大王］の息子たちが生き残っていられる限りは」王の称号を拒否した、と主張する。「彼らがアレクサンドロスに抱いた敬意はそれほど大きかったので、彼らが王のような権力を享受した時でさえ、アレクサンドロスに正統な後継者がいる間は、王の称号を控えることで満足した」。だが「正統な後継者」であるアレクサンドロス四世は、四年前に殺害されていた[78]。後継者たちがそれぞれの領土の王を名乗るのにこれほど長くかかったのは、おそらく、彼らがかつて忠誠を誓い生涯そのもとで生きてきた王朝を、自ら倒したからである。三〇六年の世界は三一〇年の世界とは大きく異なっており、今や見せかけは王権の現実に道を譲ることができた。この新しい世界は突然、王無しから何人もの王がいるようになった。どうやらプトレマイオスの軍隊が歓呼して彼を王に迎えたらしい[79]。これが起きたのが正確にいつなのかはわからず、その年代について学者たちは三〇六年説と三〇四年説の二つの陣営に分かれている[80]。古代史料は、プトレマイオス（と他の者たち）がアンティゴノスの権力に対抗するため、彼と同じ年に王になったことを示唆しているように思われる[81]。プトレマイオスは野心的な支配者だったから、いったん他の者たちが王と称したなら、従属的な地位に甘んじるとは考えられないだろう。実際、プトレマイオスは自分の王位の年代をさかのぼらせ、三二三年にアレクサンドロスが死んだ後の総督の時期さえ含めたのである[82]。

しかしプトレマイオスは、デメトリオスにサラミス沖で完敗して間もない三〇六年に王位を引き受けたりしただろうか？　この疑問から、プトレマイオスが王になるのはようやく三〇四年のことだという確信が生まれた。この年にデメトリオスによる長期間のロドス包囲戦が終わったが、その間プトレマイオスは守備側に貴重な支援を与え、またアンティゴノスによるエジプト侵攻を防いだのだった[83]（次章参照）。こうして彼は人々が王に期待するような勝利を再び手にしたのである。さらに三〇五／三〇四年はエジプト語文書の年代に適合する。* エジプト歴の一年は十一月七日から十一月六日までなので、文書は彼の王位〔第一年〕をこの年に年代付けており、そしてロドス包囲戦は三〇四年春までに終わった。彼は三〇五年、エジプト歴の新年第一日（十一月七日）に王になったが、翌年にあたるアレクサンドロスの命日までは即位を祝わなかったのかもしれない。今度はこの日が彼の即位記念日となった[84]。

＊古代ギリシア史で使われるアテネ暦では、一年は現在の七月半ばに始まり、翌年の七月半ばに終わる。よってアテネ暦の一年は三〇五／三〇四年のように、二年にまたがる形で表記する。

しかしながらどの古代作家も、自分を王と宣言した後継者たちの誰であれ、彼らの主張の裏付けに実際の勝利を必要としたとは述べておらず、彼らは互いの競争心からそうしたと述べるのみである[85]。また余計なことだがプルタルコスは、プトレマイオスの「支持者たち」が、キプロスでの最近の完敗で自分たちが落胆しているように見せないため、彼を王と呼んだと言っている[86]。プトレマイオスの王位獲得の年代付けに関して、この敗北はあまりに過大評価されてきた。海上支配の点では破滅的であっても、この時点で彼の全般的な軍事的能力はなおも恐るべきものであり、エジプトはヘレニズム世界周辺の僻地ではほとんどなかった。彼の個人的な野望とライバルたちとの関係を考えれば、敗北しようとしまいと、自身を王と呼ぶのを遅らせるのは、単純にプトレマイオスの性格にふさわしくなかった。実際次章でみるように、サラミスでの敗北からまもなくプトレマイオスは、アンティゴノスとデメトリオスがほぼ九万の軍勢と二五〇隻の船という大軍を率いてエジプトに侵攻するのを阻止した。この巨大なアンティゴノス軍を追い払ったプトレマイオスの勝利は、パウサニアスが言うように、キプロスでの惨敗に対して確実に彼の名誉を回復させたに違いない[87]。おそらく勝利した彼の軍はその勢いに乗って、プトレマイオスを王と宣言させただろう、さらにはエジプトの民衆が彼にソテルすなわち「救済王」という添え名を与える原因になったかもしれない（次章参照）。そのどちらもがプトレマイオスを、敗れたばかりのアンティゴノス家と同等な地位に置いたのだった。

エジプト語の記録がプトレマイオスの王位獲得を三〇五年に年代付けたのは、この同じ年に神官たちが彼をファラオとして戴冠するまで王とは呼ばなかったためかもしれない[88]。この称号を帯びることは、称号に関連する権利と権力のすべてを身につけたにすぎないアレクサンドロスからの、意味深い脱却である(89)。プトレマイオスの王位の年は重要であるが、完全な正確さまでは不可能である、とはいえ総合的に見て三〇六年がほぼ確実だろう。そしてアレクサンドロスの名前を利用したやり方に従い、プトレマイオスは大王の命日を待って自分の即位を祝った。まもなく彼は自身の肖像と「王プトレマイオス」の刻印をもつ貨幣を鋳造し始めた(90)。

王への昇格は、プトレマイオスが勢力を失った人物どころか、キプロスで手痛い敗北を喫したその年のうちにさえすでに立ち直っていたことを示している。それどころか彼は戦うたびごとに、他の後継者たちとの関係で立場を上げていることがわかるのだった。目的を達成するための辛抱強さがプトレマイオスの強みであり、この点で彼は確かに後継者たちの中で最も抜け目がなく、洞察力があり、成功した者と見なされねばならない。

ヘレニズム王権の出現

アレクサンドロス麾下の将校たちから総督へ(91)、そして今では王たちへと、我々は進んできた——王権はヘレニズム時代を規定する特徴のひとつである。王権はヘレニズム世界において政治権力の相貌を永久に変えた。プトレマイオスのようなヘレニズム期の支配者たちは、助言を求める時には文民の行政官たち、いわゆる友人(フィロイ)に依存した(92)。アレクサンドロスの後継者たちがそれぞれの王国を樹立した時、ひとりのマケドニア王によって指揮されるひとつの軍隊の代わりに、彼らは自分たちだけに忠誠を尽くす義務がある私的な軍隊を創出した。他のすべての新しい王たちと同じく、プトレマイオスは国法によってでなく征服の権利によって支配したが、王たちはすべて軍人だったのだからこれは驚くことではない(93)。そうすることで彼らは——アレクサンドロスと同じく——多文化的な従属民を支配するための多種多様な新しい難題に直面した。

彼らの領土で支配を維持し、調和と忠誠を促進する方法のひとつが崇拝によるもので、最終的には実際的な支配者祭祀によるものだった。王たちは祭式名を受けた——この時代でいえば、三〇七年のアンティゴノスとデメトリオス、それに三〇六年のプトレマイオスのソテル（「救済王」）である（次章参照[94]）。こうして彼らはその人だからではなく、彼らが特定の民衆のために為したことゆえに崇敬された。当初彼らは民衆からの崇拝を許さなかったが、彼ら自身の後継者たちには変化が生じた。エジプトではプトレマイオス二世が二八三年に父が死ぬと神格化し、救いの神としての父王のために祭祀を創始した。これらに続けて彼は二七二年、テオイ・アデルフォイ（神なる姉弟）として彼自身と姉にして妻であるアルシノエ二世のための祭祀を、二人の存命中に創始した[95]。こうすることで彼はヘレニズム世界における支配者祭祀の傾向を促進した[96]。王権と同じく支配者祭祀はヘレニズム世界の特徴のひとつであり、ローマの皇帝支配に影響を与えたが、プトレマイオスと彼の同等者たちがその起源において役割を果たしたのである[97]。

第10章　同等者中の第一人者

　キプロスにおけるプトレマイオスの敗北につけ込んで、アンティゴノスとデメトリオスはエジプトに侵攻した(1)。巨大な軍勢——歩兵八万、騎兵八〇〇〇、戦象八三頭——の先頭に立って、アンティゴノスは（シリア北部の）アンティゴネイアからエジプトへと出撃し、他方デメトリオスは軍船一五〇隻、輸送船一〇〇隻という同じく大規模な艦隊を率いて、ガザで父と合流すべく航行した。彼らは十月末、つまり十一月初旬にプレアデス〔すばる星団〕が沈む——これは東地中海における航海季節の終わりと冬の嵐の始まりの合図であった——八日前に、そこで合流する予定だった(2)。

　アンティゴノスはガザに着くと、プレアデスを理由に軍事作戦を遅らせるようにとの助言を受けた(3)。アンティゴノスは拒否し、兵士たちにエジプトへ向かうよう命令した。だが強い北風を伴う大嵐が、ラフィアでデメトリオスの艦隊に大きな被害をもたらした。多くの船が沈没するか損傷し、残りの船も陸の近くに危険な浅瀬があるため港に投錨できず、ガザを通過した海岸の沖合に停泊せねばならなかった(4)。アンティゴノスはこの地域に到着したというのに、艦隊と合流することができず、これが侵攻に重大な影響を与えた。

　その間にプトレマイオスはペルシオンに陣地を設営し、アンティゴノス軍が取るであろう道筋に沿ったいくつかの拠点には、すでに駐留軍を配置していた。彼はまたずる賢くも敵の傭兵たちに対し、自分に寝返るならアンティゴノスよりも高い給与——部隊長には一タラントンもの高額——を払うつもりだという伝言を送っていた。[5] プトレマイオスの駐留軍がペルシオンへ向けて行軍する敵の部隊を再三攻撃し続け、ますます多くの侵入者がナイルデルタの泥沼にはまったので、多くの敵兵がプトレマイオスのもとへ脱走した。苛立ったアンティゴノスは撤退するほかどうしようもなかった。彼がシリアへ戻るときには強風でさらに艦隊が破壊され、プトレマイオスは多数の敵船を捕獲することができた。アレクサンドリアに帰ると、プトレマイオスは盛大な催し物を開催し、神々に感謝の供儀を捧げ、カッサンドロス、セレウコス、リュシマコスには手紙を書いて、彼の勝利と自分に寝返った兵士の数を報せた。[6]

ふつう侵攻の完全な失敗を非難されるのはデメトリオスだが、アンティゴノスは気象条件が良くなる春まで待つことを拒否したのだから、同罪とせざるを得ない。[7] プトレマイオスも、デメトリオスが混乱して船で逃げた際、追い詰めて捕えなかったとして批判されてきた。[8] しかし天候を考えれば、プトレマイオスは単純な掃討作戦は行なわなかったろうし、アンティゴノスはもしも息子が危険にあると思えば、プトレマイオスと一戦交えようとする危険が常にあった。「高齢であることよりも巨体と体重のせいで、彼は軍事行動をとることが困難だった」にもかかわらず、アンティゴノスはなおも恐るべき敵だった。[9] だからデメトリオスを去らせるほうがましだった、たとえそれがさらなる戦闘を意味するとしても——それはすぐに訪れた。

前章で論じたように、プトレマイオスの熱意溢れる軍隊は、アンティゴノス軍の侵攻に対する成功に乗っかって彼を王と宣言した。民衆がソテル（「救済王」）という有名な添え名をプトレマイオスに与えたのも、この時かもしれない。とはいえより広く信じられているのは、デメトリオスの都市包囲戦に対するロドス人の抵抗をプトレマイオスが支援したことで、三〇四年にロドス人からそれをもらったというものだ。それゆえこの包囲戦を論じた後に添え名の問題を扱うのがよいと思われる。

ロドス包囲戦

デメトリオスは、三〇六年にキプロスを包囲して奪い取る前、同じ年にロドス人から受けた外交上の拒絶を忘れていなかった。三〇五年夏、彼はロドス人に、一〇〇人の人質を差し出しすべての港を自分に開放するよう命じた。ロドス人が拒否すると、彼は島を包囲した[10]。プトレマイオスはロドスを支援しないわけにはいかなかった。それは、ロドスの人々がかつてアンティゴノス朝に対抗して味方してくれたことへの誠意からではなく、万一デメトリオスの手に落ちれば、エジプトにとって大変な脅威になるからだった。プトレマイオスはまだキプロス沖での海軍の敗北から回復する途中だったので、守備側の援助に送ることができたのは、大量の食料とおそらく一五〇〇人の部隊だけだった[11]。カッサンドロスとリュシマコスは二人とも、デメトリオスが成功すれば次は自分たちに向かってくるだろうと怖れ、同じく支援を送った[12]。

デメトリオスは四万の軍と二〇〇隻の軍船、それに船に搭載するだけでなく地上でも展開するための攻城塔を運搬する一七〇隻以上の輸送船を有していた。彼の包囲用装備は、巨大な恐るべきヘレポリスを含んでいた（図九・一）。デメトリオスの大軍勢と攻城兵器がロドスの城壁に猛烈な衝撃を与えたにもかかわらず、守備側はひたむきな決意をもって抵抗した。包囲戦が三〇四年までもつれこんだので、デメトリオスは父親と共に再びギリシアに介入したくなり、手を引くことを決断した。プトレマイオスが艦隊を再建しつつあったため、不安になったのかもしれない。そうしたわけで彼はロドス人と合意に達した。デメトリオスはロドス人の自治を認め、市内に駐留軍を置かなかった。ロドス人は彼の同盟者となり、人質を引き渡し、アンティゴノス朝の軍事行動を支援すること――ただし意味深長なことに

「プトレマイオスに対する戦争の場合を除く」――に同意した[13]。

一年以上続いた包囲戦は二つの理由で有名になった。第一に、失敗したとはいえ、攻城装備の巨大さと恐るべき威力のゆえに、デメトリオスにはポリオルケテス（「諸都市の略奪者」）という添え名がつけられた[14]*。第二に神々への感謝の捧げものとして、ロドス人は港のそばに巨像を建てた。彼らの守護神である太陽神ヘリオスの、高さ一〇五フィートの青銅像である。それには三〇〇タラントンという途方もない費用がかかったが、彼らはデメトリオスが捨てていった攻城装備の一部を売却することで支払った。建造に十二年を要し、ロドスの巨像としてさらに有名になったこの像は、古代世界の七不思議のひとつとなった[15]。それは半世紀後の地震で壊れ、西暦六五三年のアラブ人の侵入後に溶解されるまで、がれきと化して横たわっていた。

＊原書では "Sacker of Cities" だが、"Besieger"（攻城者）と呼ばれることが多い。本書でも「攻城者」の訳語を採用する。

救済王プトレマイオス

ロドス人は感謝の念からカッサンドロスとリュシマコスの像を市内に建てたが、最大の支援をくれたプトレマイオスについては、シーワのゼウス・アンモンの託宣所に、彼を神として敬っていいかどうかうかがいを立てた。求めが聞き入れられると、ロドス人は市内にプトレマイオスのための聖域（プトレマイオン）と祭祀をうち建てた[16]。さらにパウサニアスは、自分の時代にアテネのオデイオン（音楽堂）の前に立っていた歴代のプトレマイオス王たちの像を描写する時、それぞれの王には各自の添え名（エピクレシス）が与えられ、ロドス人はソテル（救済王）という添え名をプトレマイオスに贈ったと述べている[17]。

ただし、当時プトレマイオスが救済王と呼ばれていたかは確かでなく、よって問題の諸事件から四百年後に執筆しているパウサニアスは間違いをおかしているかもしれない[18]。ひとつには、パウサニアスはプトレマイオス王たちに関するいくつかの事実を間違えて、たとえばプトレマイオス二世がアレクサンドロスの遺体をアレクサンドリアに持ってきたとか、プトレマイオス一世は二世のために退位した、などと言っている[19]。この時代の主要史料であるディオドロスは、ロドス人の顕彰について論じる時に添え名については何も述べておらず、またプトレマイオスの生前から一世紀までに至るロドスの神官碑文も彼をソテルとは一度も呼んでいないので、パウサニアスは確かに間違ったのである。実際パウサニアスは著作の他の箇所で、アレクサンドロスはオクシュドラカイ人の包囲戦でプトレマイオスが自分の命を救ってくれたので、彼をソテルと名づけたという伝承を含めている。だが事実としてプトレマイオスはそこにいなかったし、彼の『大王伝』でもそのように述べているのである[20]!

この件についてのディオドロスの沈黙を深読みすべきではない——結局のところ、たとえばアレクサンドロスの死の直後におけるもっとも重要な事件であるバビロン協定についての記述で、ロクサネの赤子がアレクサンドロスの後継者と見なされたことについて、彼は何も述べていない。だからディオドロスは、彼自身に理由があってプトレマイオスに関する諸事実を省略したのかもしれない。ロドスの神官碑文に添え名がないのは驚くべきことだが、おそらくソテルは祭祀の称号や神なる栄誉とは何も関係なく、単に世俗的な意味での「救済王」を意味しているのだろう。もしそうなら、この言葉がこれらの宗教文書に現れることは考えられないだろう[21]。

これまで提唱されてきたのは、おそらく二六三年にプトレマイオス二世が初めて彼の父をソテルと呼んだということである。というのも四ドラクマ銀貨の表面《おもてめん》にプトレマイオスの肖像が、裏面に「救済王プトレマイオスの」という刻印があるからだ[22]。しかしながら二八〇年代半ばのある碑文は、キクラデス島嶼同盟がプトレマイオスに神なる栄誉を与え、彼を「救済王」と呼んだことを記録している[23]。彼はおそらく二九〇年代ないし二八〇年代のいずれかにこの同盟をデメトリオスの支配から解放したので（後述）、明らかに彼は生前にこの添え名を受けたのである。

誰が最初にプトレマイオスを救済王と呼んだのかを確実に知ることはできず、通説はなおもロドス人を支持している。[24] しかしもしロドス人でないとすれば、ほかに誰がいるだろう？　プトレマイオスが自分の民衆を外国勢力の侵攻から三度も救ったことを考えれば、明らかな候補者は一般民衆である。最初の機会、すなわちペルディッカスがエジプトに侵攻した三二〇年は、エジプトはプトレマイオスの下に入ってせいぜい二年しかたっていなかったのだから除外できる。彼らが何を知っていたにせよ、もしかしてペルディッカスがプトレマイオスより良い支配者であったかもしれない。よって候補は他の二つの文脈である。ひとつはプトレマイオスが三一二年にガザでデメトリオスを打ち負かし、その脅威からエジプトを守った時、もうひとつはごく最近、アンティゴノス朝の大規模な侵攻からこの国を救った時である。

この（三〇六年の）三番目の機会に理がある。悪天候でデメトリオスの艦隊は威力を喪失したとはいえ、プトレマイオスはアンティゴノスの巨大な陸軍を寄せつけず、エジプトを救った。この成功で彼の軍隊はほぼ確実に彼を王と宣言し、一般民衆は彼をソテルと名づけることでこの手本に従った。この呼び名は、三〇七年にアテネ人をカッサンドロスから解放したことで、アンティゴノスとデメトリオスを救いの神々と呼んだアテネ人の先例にならったものである。エジプトにプトレマイオスに属する祭祀がなかったことは、アレクサンドロスが自らの神性を気取ったことに対する反発をじかに目撃したプトレマイオスが、自分が神なる栄誉と結びつけられるのを拒否したことと符合していた。[25] 三〇四年以降はロドスに（そして二八六年以降はキクラデス諸島に）プトレマイオスのための祭祀があったが、これらの場所はエジプトではなかった。アレクサンドロスと同様にプトレマイオスもファラオの権利と責任を引き受け、それはエジプト人にとっては神性を含んでいたが、ギリシア人とマケドニア人にとってはそうではなかった。第11章で見るように、プトレマイオスの目的はエジプトでの自分の公的イメージを向上させることだけだった。こうしてエジプトにおけるギリシア人とマケドニア人の臣民は、添え名を祭祀と結びつけることなく、彼を救済王と呼ぶことができたのである。(26)

イプソスの会戦とアンティゴノスの死

三〇四年にロドスで失敗した後、デメトリオスはカッサンドロスおよびポリュペルコンの影響力からギリシア人を解放しようと、ギリシアへ帰った。(27) そこではアテネがカッサンドロスとの戦争に巻き込まれ、三〇四年に包囲されていた。(28) アテネ人からうまい具合に援助を求められると、デメトリオスは三三〇隻の船と数千の軍でもってカッサンドロスをアッティカから追放し、ボイオティアを北へ抜けて彼をテルモピュライまで追い払い、道々でこれらの地域をアンティゴノス朝の味方につけた。(29) アテネ人は感謝の念からデメトリオスがパルテノン神殿の内室で生活するのを許したが、そこで彼が何人もの遊女や若い男たちと堕落した生活を送ったことに人々は憤慨し、彼がアテナ女神を侮辱したと信じた。(30) デメトリオスが突然二五〇タラントンという巨額の税金を要求すると、彼らは激怒したものの、大変な苦労をして大急ぎでこれをかき集めたのに、結局彼はそれをラミアや他の遊女たちに、香油を買うために与えた。(31) さらに悪いことに彼は、ギリシアの宗教結社の中で最も聖なるもののひとつである〔エレウシスの〕密儀に入信しようと決心したので、アテネ人は彼の希望に迎合するため、通常なら一年かかる入信儀式の期間を一か月に縮めることを余儀なくされた。(32)

この時期にデメトリオスはギリシアにおけるカッサンドロスの影響力をしだいに弱め、三〇二年にはシキュオンとコリントスをプトレマイオスの駐留軍から解放し、シキュオンの名を自分にちなんでデメトリアスに変えた[33]。コリントスで彼はギリシア諸都市からの使節に対し、彼自身とアンティゴノスを指導者としてコリントス同盟を再建するという父の意向を伝えた[34]。ただし二人のねらいは、フィリッポスとアレクサンドロスの時代のように、この同盟をマケドニアがギリシアを支配する手段として使うのでなく、カッサンドロスに対抗するギリシア同盟として、またマケドニアに侵攻するための足がかりとして用いることにあった[35]。それゆえデメトリオスは（彼以前にフィリッポスとアレクサンドロスがそうだったように）、ギリシア軍の指揮官に選ばれた。しかしカッサンドロスは戦うつもりはなく、アンティゴノス家の家長たる八十歳代のアンティゴノスに降伏条件を提示したが、アンティゴノスは即座にこれを拒否するよう息子に指示した。彼はカッサンドロスをギリシアとマケドニアから永久に放逐したかったのである[36]。

挑戦状を受けたカッサンドロスはプトレマイオス、リュシマコス、セレウコスとの同盟を更新した。彼らは、マケドニアの支配権を手に入れたアンティゴノスに攻撃されるよりは、むしろアジアでアンティゴノスと一戦交えようと決めたのである[37]。彼らの計画は、高齢のアンティゴノスがマケドニアに侵攻するのを阻止するだけでなく、デメトリオスの召還を余儀なくさせて、カッサンドロスを救うというものだった。三〇二年夏、カッサンドロスはデメトリオスに対処するためギリシアに向かう一方、リュシマコスはプトレマイオスおよびセレウコスと合流すべく小アジアに侵攻した。セレウコスは歩兵二万、騎兵一万二〇〇〇、鎌戦車一〇〇両を率いていた[38]。プトレマイオスは彼らに加わらず、軍を送っただけだった[39]。自身の利益追求の模範を示すかのように、彼はアンティゴノスの状況を利用してシリアとフェニキアに侵攻し、ビブロスとおそらくはダマスカスを含むアンティゴノスの駐留拠点を攻略し、こうして三度《みたび》コイレ＝シリアを占領した[40]。シドンの包囲中にどうやらプトレマイオスは、アンティゴノスがリュシマコスとセレウコスを戦闘で打ち負かしたとの報せを受けたらしく、やむなくシドン人と講和を結んでエジプトに帰った。ただしこれは虚報だった。

やはりアンティゴノスはデメトリオスを呼び戻したので、デメトリオスは（すでにギリシアに滞在していた）カッサンドロスと和睦するしかなかった[41]。三〇一年春、両陣営はフリュギア中部の小さな町、イプソスで対戦した。これは命運を賭けた一戦だった。もしアンティゴノスが勝てば、彼はただちに敵対者全員の王国を征服し、アレクサンドロス帝国に匹敵する帝国を創り上げる構えだったからだ[42]。この重要な会戦については、古代史料の乏しさのためほとんどわかっていない。連合軍の総指揮はリュシマコスが執り、これは最近数年間に彼がどれほど重要な人物になったかを示していた[43]。リュシマコス自身は歩兵の指揮を執り、セレウコスの息子で後継者のアンティオコス（ペルシア人アパマから生まれた）が騎兵を指揮した。彼らの下には歩兵六万四〇〇〇、騎兵一万五〇〇〇、戦象四〇〇頭、鎌戦車一二〇両があった[44]。プルタルコスは、対するアンティゴノス軍が歩兵七万、騎兵一万、戦象七五頭から成っていたと述べている[45]。アンティゴノスおよびデメトリオスと戦ったのは、エペイロスの若き王ピュロスだった[46]。

両軍ともに、重装歩兵を中央に、軽装歩兵をその左右に置き、騎兵は左右両翼を補強する形で戦列を展開した。デメトリオスは右翼に、アンティゴノスは中央で歩兵の背後に位置を占めた。セレウコスとリュシマコスが正確に戦列のどこに陣取っていたかはわからない。アンティオコスは左翼にあり、それゆえ父のセレウコスは彼と共にいたか、あるいは歩兵の前面に並べられた象部隊を指揮していたかもしれない。

デメトリオスはアンティオコスを攻撃して圧倒するべく、軍を率いて敵の戦象を回り込んだ。アンティオコスに対して優位に立ったが、退却する敵騎兵を追撃するうちに、自分があまりに遠くへ行きすぎ、味方の軍から事実上孤立してしまったことに気づいた。また馬たちが戦象の姿と臭いを恐れたせいで、彼自身の歩兵部隊の右側面がさらけ出されることになった。ここへセレウコスが参戦し、大胆にもデメトリオスの翼に騎兵を寄せては引くという戦術を取って、相手の兵士が自分に寝返るよう促した。相当数の騎兵が寝返ったが、それ以上が逃走した。アンティゴノスはデメトリオスをなんとか呼び戻そうとし、自軍の兵士を鼓舞しようとしたが、そうはいかなかった。連合軍の歩兵に取り囲まれ、アンティゴノスは「雨霰《あめあられ》のごとき投槍」の犠牲となった(47)。おそらく彼の巨体そのものが戦場では邪魔になったのだろう。

デメトリオスは歩兵五〇〇〇、騎兵四〇〇〇と共になんとかエフェソスまで逃れた(48)。かつてアレクサンドロスはダレイオス三世やインドの藩王ポーロスといった敵たちを、彼らの地位にふさわしい敬意をもって遇した。リュシマコスとセレウコスも同様で、アンティゴノスをこの上なく盛大に、かつ王の表徴と共に埋葬した。

こうして第四次後継者戦争は終結し、それと共に隻眼のアンティゴノスも彼自身の野心の犠牲となって最期を遂げた。彼は「兵卒の地位から権力の座に上り、その時代で最強の王となったが、運命の贈り物に満足せず、不当にも他の者たちすべての王国を手中に収めようと企てた(49)」。アンティゴノスは過去二十年間のヘレニズム世界の歴史を創り上げた。この点で、イプソスはたしかにひとつの時代の終わりであった(50)。しかしそれでアンティゴノス朝が終わったわけではまったくなかった。デメトリオスはなおもキプロス、ギリシアと小アジアにおける若干の基地、シドン、テュロス、(アッティカ東部の海岸線の沖で、戦略上重要なエウボイアを含む)キクラデス島嶼同盟、それに地中海で最大の艦隊を所有していた(51)。二九〇年代半ばまでには、彼はイプソスでの父親の敗北に復讐し、ギリシアを征服する準備ができているだろう、そして彼の息子はローマ時代まで続くアンティゴノス朝を樹立するに至るだろう。

アレクサンドロスの元来の後継者のうち、まだ生き残っていたプトレマイオス、リュシマコス、セレウコスというわずか三人の間には、つかの間の不安定な平穏があった。

イプソス以後のプトレマイオスの立場

後継者たちは今やアンティゴノスの領土を「あたかも巨大な死骸であるかのように」解体し、各人がその分け前を取った[52]。リュシマコスはタウロス山脈までの小アジア全土を受け取り、彼の王国領を大きく増やした。カッサンドロスはマケドニアとギリシアの支配者として再確認されたので、新しく増えた領土はなかった。シリアとパレスチナの全域を独力で取り戻したプトレマイオスも同様だった。この二人が何も与えられなかったのは、おそらく戦闘で命を危険にさらすことがなかったからであろう。重要な勝利者はセレウコスで、アンティゴノスの所有地の残りを受け継いだことで、領土を東はアフガニスタンに至るまで大幅に増やした。彼は賢明にもインドにはかかわらなかったが、新しい王のチャンドラグプタと同盟を結んだ。チャンドラグプタはマウリヤ帝国の創設者で、〔北インドを統一した〕彼自身の地位は、アジアの王たるアレクサンドロスの前例によるところが大きかった[53]。こうしてセレウコスは、ヘレニズム諸王国の中で地理的に最も広大なものとなり、プトレマイオス朝に次ぐ長命を保つことになる王朝の基礎を据えたのである[54]。

プトレマイオスとセレウコスは今やフェニキアをめぐって熾烈な争いに入ったので、かつて三一二年にセレウコスがバビロンに復帰するのをプトレマイオスが支援したことは、無視されたように思われる。セレウコスは、プトレマイオスがイプソスで戦わなかったためいかなる報償にも値しないとして、この地域の支配権を要求した[55]。これに対してプトレマイオスは、自分が今なお連合勢力の一員であり、フェニキアを約束されていたという事実を挙げて反論した[56]。セレウコスの行為は、プトレマイオスが戦場に不在だったこととはそれほどかかわりなく、（この時点ではデメトリオスが保持していた）テュロスとシドンという二つの主要都市を誰が支配するのかということに、より大きくかかわっていた[57]。この地域はまた二人の王の間の戦略上重要な軍事緩衝地帯であり、それぞれの王は〔ここを支配する時には〕、この地の穀物、油、ワイン、またサウジアラビアからコイレ＝シリアまで続く、いわゆる香料ルートの利用から利益を得ることだろう。

最終的にセレウコスが折れたが、二人の衝突はさらに関係が悪化する兆しであり、セレウコスが「友好関係のゆえ自分はさしあたり干渉しないが、侵入を選択した友人にはどう対処するのが最善であるかをあとで考えるつもりだ」と述べたので、なおさらそうであった[58]。公式には属州「シリアとフェニキア」として知られ、キュレナイカに次いでプトレマイオス王たちの二番目に大きい海外領土であるプトレマイオス領シリアを誰が所有するかという問題は、二つの王朝の間で大きな紛争の種として残った[59]。

おそらく三〇〇年にキュレナイカの反乱が終息した。この反乱は、統治者のオフェラスがシラクサのアガトクレスに裏切られ処刑された三〇八年に勃発していた（二一七頁）。キュレナイカはプトレマイオスとの関係を断っていたが、西方国境でのその価値ゆえに、プトレマイオスとしては独立を許すわけにはいかなかった。彼は継息子のマガスを統治者に任命した[60]。独立を試みた二五八－二四六年の短い時期を別にすれば、キュレナイカは九六年まで二世紀以上にわたり、プトレマイオス朝の拠点となる領土であり続けた。

先に引用したセレウコスの不気味な警告をプトレマイオスは真剣に受け止めた。なぜなら同じ年、あるいはおそらく二九〇年代のごく初めに、ますます影響力を増大させていたリュシマコスとの関係を支えるため、彼は二つの政略結婚を取り決めたからだ[61]。政略結婚はヘレニズム時代のひとつの特徴だったので、この時期の数多くの王朝間の結婚は異例なことではない。プトレマイオスの娘アルシノエ（ベレニケとの娘）は年配のリュシマコスと結婚し、もうひとりの娘リュサンドラ（エウリュディケとの娘）

は、リュシマコスの息子アガトクレスと婚約した[62]。リュシマコスは、プトレマイオスが三〇六年のキプロスでの敗戦以来再建しつつあったエジプト海軍の強さを頼んで、この同盟を喜んだ。リュシマコスはこの艦隊を、小アジアでデメトリオスに忠実ないくつかの町に対して用いることをあてにしていたのである。

セレウコスは自前の海軍を持たず、脆弱だと感じていたので、新たな同盟者を求めて周りを見渡した。二九八年、彼は皆のうちデメトリオスに相手を定めた。「敵の敵は友」という古典的な事例である。本当のところ彼には他に選択肢がなかったのだが、デメトリオスにしてみれば、セレウコスの接近が自身の影響力を立て直す糸口を与えてくれたので、これを歓迎した。両者の合意を固めるため、セレウコスはデメトリオスの娘ストラトニケ（フィラとの娘）と結婚した[63]。この結婚には奇妙な後日譚がある。セレウコスの息子アンティオコスはストラトニケと恋に落ちた。セレウコスは二九三年にこれに気づくと、息子を上部シリアの王とし――そしてストラトニケを妻として息子に与えたのである[64]。

これらの外交同盟から、プトレマイオスとリュシマコス対セレウコスとデメトリオスという、主役たちの新たな組み合わせが出現した。カッサンドロスはどちらの側にも関与しなかったが、おそらくそれは、彼がギリシアのことで手一杯だった一方で、他の者たちは小アジアと東地中海にかかわりを持っていたからだろう。しかしその時セレウコスは思いがけずプトレマイオスに埋め合わせをしようとし、プトレマイオスとエウリュディケとの娘プトレマイスとデメトリオスとの結婚を取り決めることで、プトレマイオスをデメトリオスと和解させようとした[65]。セレウコスがなぜこのような行動をとったのかはわからない。彼はフェニキアをめぐる争いの後で関係改善を図りたいと望んだか、あるいはリュシマコスが自分に立ち向かってくる場合に備えて、できるだけ多くの同盟者を得ようとさえ望んだのかもしれない[66]。プトレマイオスはセレウコスの協定を受け入れた。というのもイプソスの会戦後、彼の関心はむしろエジプト国内の事柄にあり、他の王たちとの紛争を避けていたからだ。しかし同時にデメトリオスには非常に気をつけていたので、彼が確実に取り決めを守るよう慎重を期して人質を要求した。[67]

デメトリオスはこれらの外交的結婚にはほとんど発言権を持たず、明らかにセレウコスとプトレマイオスの脇役を務めていたが、ゆっくりと、だが着実に力をつけつつあった。彼はキリキアを獲得し、二九六年には、リュシマコスがキリキアを手に入れる直前にキプロスへ移動した。[68]今では彼はギリシアに注意を集中していたので、キリキアの喪失は気にならなかった。かといって、プトレマイオスないしセレウコスを動揺させるわけにはいかなかった。それゆえ彼は友人同士を近づけ、敵同士をもっと近づけるという、昔からのルールに従って行動した。イプソスの敗戦後、彼の同盟者ピュロスはエペイロスの王位を失って亡命していた。今やデメトリオスは彼を人質としてプトレマイオスのもとに送り、エジプト王に対する善意を示す一方、セレウコスにも良い印象を持たれるようにした。[69]しかしそれから二九五年にデメトリオスがギリシアとマケドニアを奪うために出航し、その野心があからさまになると、プトレマイオスはすぐに、今一度〔ギリシア〕本土への介入に乗り出した。

プトレマイオスの再度のギリシア介入

二九七年五月、カッサンドロスが結核のためマケドニアの首都ペラで死んだ。[70]長男フィリッポス四世が彼を継いだが、わずか四か月後に彼も結核で死んだ。[71]彼の死後にはカッサンドロスのあと二人の息子、アンティパトロス一世とアレクサンドロス五世が共同で王位につき、母テッサロニケが摂政となった。[72]彼女は次男のアンティパトロスより三男のアレクサンドロスを好んでいたけれども、共同統治を主張した。ほぼ間違いなくアレクサンドロスがアクシオス川より西側のマケドニアを支配し、アンティパトロスは川の東側を支配した。こうしてマケドニアはほとんどフィリッポス二世以前の分離主義者の時代に戻った。彼は三五八年に上部（西）マケドニアと下部（東）マケドニアを統合し、国の繁栄と強大化への道を切り開いたのだが。

プトレマイオスはしばらくの間ギリシアとマケドニアの紛争から距離を置いていたが、カッサンドロスが亡くなり、ピュロスがエジプトにいたことで、私的な野心を再び刺激された。プトレマイオスは若きピュロスをエペイロスの王位に復帰させることが、ギリシア情勢に対する自身の発言力を取り戻す手だてになると見た。彼はピュロスを、ベレニケが前夫のフィリッポスからもうけた娘アンティゴネと結婚させ、二九七年に軍をつけてエペイロスへ送り出した。[73] ピュロスは常に「プトレマイオスに言われて拒むことはなく、自分にできることなら何でも役に立ちたがっていた」ので、プトレマイオスの緊密な同盟者であり続けた。[74] ピュロスの支配下で、エペイロスはギリシア世界における卓越した地位へと押し上げられた。ピュロス自身はこの時代の最も偉大な軍事指導者のひとりで、ついにはイタリアへ侵攻し、二八〇年にヘラクレアで、二七九年にはアスクルムでローマ人を打ち破った。にもかかわらず、そこでの勝利は自分の軍勢に壊滅的な打撃となったので、「ピュロスの勝利」という言葉が生まれた。[75]

マケドニアの内部分裂を利用したもうひとりがデメトリオスで、二九五年、彼はマケドニア王権を得るための機は熟したと決意した。イプソス以後のアテネ人は、彼らの指導的政治家ストラトクレスからデメトリオスに忠誠を保つよう強く勧められたにもかかわらず、デメトリオスに背を向けていた。デメトリオスはエフェソスから出立してアテネへ向かったが、デロス島でアテネの使節団が追いついた。使節団は彼に対し、いかなる王もアテネでは歓迎されないし、彼の妻デイダメイア（ピュロスの姉妹で、三〇二年に結婚していた）はすでにメガラへ追放されたと告げた。[76] デメトリオスは氷のような冷静さでこの報せを受け取り、彼の船でまだピレウス港にあった数隻を返還するよう要求し、聞き入れられた。[77] アテネ人はまたリュシマコスとの関係を開始した。[78] だが彼らの行動はすべて軽はずみであり、この失敗が高くつくことがのちにわかる。

手始めにペロポネソスで軍事行動を起こした後（ここでデメトリオスはメッセネ包囲中に射出機による矢の一撃を顎に受けた）、彼はアテネ人に対する報復に乗り出し、都市を包囲した[79]。人々はすでに穀物不足のために困窮しており、一メディムノス〔約五二リットル〕の穀物が通常価格ならわずか五ドラクマなのに、三〇〇ドラクマも支払わねばならなかった。状況があまりに悪化したので、アテネ人の軍事指導者ラカレス（カッサンドロスの同盟者で、三〇〇年に権力を掌握していた）は、二九九年と二九八年にリュシマコスから穀物の贈与を取りつけた[80]。デメトリオスの包囲は市内に飢饉を引き起こし、その悲惨さは、父親と息子が一匹の死んだ鼠をめぐって死に物狂いで争ったという、プルタルコスの逸話に表れている[81]。プトレマイオスは一五〇隻の船をアテネ人のもとへ派遣した。ただし彼の艦隊は、デメトリオスの三〇〇隻という大艦隊が襲いかかろうとするのを見ると、用心深くアイギナ島の沖合に停泊した。このことはおそらくプトレマイオスの名声をいくらか傷つけることになろう[82]。

二九四年四月、アテネ人の間に分裂が生じ、ラカレスに敵対する一派はデメトリオスに降伏するよう民衆を説得した。命の危険を恐れてラカレスはテーバイへ逃げた。こうしてデメトリオスは再びアテネの支配を手に入れた。民衆は彼とその妻に対する自分たちの以前の扱いのせいで、彼の怒りを被るだろうと確信していたが、デメトリオスは寛大にも一〇万ブッシェル〔約三五〇〇キロリットル〕の穀物を与えて彼らの苦難を軽くしてやった。同時に彼は市内（アクロポリスの向かい〔南西側〕、ムーサイの丘）とピレウスに駐留軍を配置し、自分の部下から成る寡頭政を樹立した[83]（民主政の民会がしばらくは機能していたことを決議が示しているので、おそらくただちにではなかった）。

アテネを支配したことでデメトリオスはギリシアの支配を手にしたので、スパルタに対する短期間の遠征の後、二九四年秋に彼はマケドニアへ目を向けた。そこでは事態の奇怪な展開が起こり、アンティパトロス一世が母テッサロニケを殺害し、弟のアレクサンドロス五世を追放して、王国を単独で支配できるようになっていた。[84] アレクサンドロスはアンティパトロスをただで済ませるつもりはなく、（当時ペロポネソスにいた）デメトリオスとピュロスに支援を要請した。デメトリオスは息子のアンティゴノス・ゴナタス（「がに股の」）をアテネの監督に残し、北へ向かった。とはいえ、ともかくも地理的により近いピュロスと違い、彼の動きは緩慢だった。ピュロスがアンティパトロスを追い出したが、アレクサンドロスを助けたことへの報償として、彼は自身の王国に隣接するマケドニア南西部を手に入れた。

これらすべての事件が進行している間、デメトリオスはまだ北へ進軍しつつあった。オリュンポス山麓のディオンで、彼はアレクサンドロスから、もうあなたは必要ないとの伝言を受け取った。これはアレクサンドロスの致命的な誤りだった。[85] 何も問題はないふうを装って、デメトリオスは無礼な若者を宴会に招き、自分に陰謀を企てたとして殺害させた、あるいは殺せと彼が言った。それからデメトリオスは自分をマケドニア王と宣言し、人々は彼を受け入れる以外にほとんど選択の余地がなかった。[86] 彼と（カッサンドロスの姉妹）フィラとの長きにわたる結婚生活、アルゲアス朝に対する彼自身とその父親の全般的な忠誠心、それにその執念を考えれば、多くの点でデメトリオスは王位に十分ふさわしかった。[87]

災難の前兆を見てとったアンティパトロス一世は、マケドニアを捨ててリュシマコスのもとへ逃れた。そこでは援助は得られなかった。というのもリュシマコスはトラキア北部のゲタイ人との戦いに自ら乗り出したものの、彼らの王に敗れ、その年の大半を彼らの首都へリスで投獄されていたからだ。[88] リュシマコスがこのような災難に遭っていた頃、デメトリオスはちょうどテッサリアへの遠征を成功裡に終わらせたところだった。それからボイオティアを攻撃して多くの町を占領し、そのうちテーバイに駐留軍を置いた。彼はトラキアを自分の領土に加えたくて、ボイオティアを発ってただちにそちらへ進軍したが、狡猾なリュシマコスがすでにゲタイ人の手から逃れたとの報せが届くと、マケドニアに帰った。[89]

プトレマイオス最後の遠征

アテネ沖での自国艦隊のぱっとしない試みにもかかわらず、プトレマイオスは、デメトリオスがマケドニアで手一杯な間に、さらに彼の領土をすばやく奪った。二九四年にプトレマイオスは、十二年前の三〇六年に失われたキプロスをついに奪回した。[90]彼はこの島の都市サラミスを包囲し、デメトリオスの妻フィラと対戦した。彼女は島の防衛全般を指揮し、都市が占領されるまで、勇敢にも守備兵たちの気力を奮い起こした。彼女は子供たちと共に捕えられたが、プトレマイオスはかつて自分の息子レオンティスコスを返してくれたデメトリオスの高潔な振舞いを思い出し、彼女を贈物と共に夫のもとへ送った。[91]五八年にローマ人のせいで再び失われるまで、キプロスは二世紀以上にわたってプトレマイオス王たちのものになる。

ほぼ確実にこの時、プトレマイオスはデメトリオスのエーゲ海での領土を奪ったが、その中にはもともとアンティゴノスがおそらく三一四年に創設したキクラデス島嶼同盟も含まれていた。[92]プトレマイオスの行動でエジプトは、続く半世紀間、二四五年まで全キクラデスとエーゲ海の海上ルートの支配を手にした。[93]ネシアルコス(「島嶼監督官」)が任命された。[94]同盟は彼に感謝して、救済王たるプトレマイオスのための祭祀を創始した。[95]彼はさらにシドンとテュロス(どちらの場所でもデメトリオスの駐留軍を追放して)、それにリュキア全域も占領し、これら諸地域をプトレマイオス朝の支配下に置いた。二八八年末まで、そこには二人のオイコノモイ(財務官)が見出される。[96]プトレマイオスがおそらく従属王として統治することを許したシドンの王フィロクレスは、彼の最高位の将軍のひとりとなり、プトレマイオス二世の治世初期まで、エーゲ海と小アジアに対するプトレマイオス朝の支配を固めるのを助けた[97]。またこの時にプトレマイオスは小アジア南岸のパンフュリアを占領したかもしれない。なぜならプトレマイオス二世の治世にあたる二七八年まで、パンフュリアルコス（パンフュリア執政官）が確認できるからだ[98]。プトレマイオス二世は父王の行政政策を継続したので、この官職を創設したのはおそらくプトレマイオス一世であり、よって彼がパンフュリアを手に入れたのだろう。プトレマイオスの帝国は今では相当な規模となり、その点で彼は称賛に値する。

次の一、二年、ほとんど自分の王国に留まっていた王たちの間には、不穏な静けさがあった[99]。プトレマイオスの新しい領土に対してセレウコスは、とりわけイプソス後に自分が狙っていただけに、心穏やかであるはずはなかったが、にもかかわらず彼は事を起こさなかった。それから二九一年、デメトリオスはピュロスの妻のひとりラナッサと結婚し（彼女は自発的に夫のもとを去り、彼と一緒になった）、ピュロスとの関係を悪化させた。ピュロスはそれ以前に、フィリッポス二世の時代以来マケドニアとギリシアの間の緩衝地帯であったテッサリアへ略奪遠征を行なって、その地方でのデメトリオスの影響力を覆そうとしたが、失敗している[100]。二九〇年、デメトリオスはデルフォイのピュティア競技会に参加できなかったので[*]、アテネで彼自身の手でオリンピア競技会を開催してからエペイロスへ侵攻したが、ほとんど何も得られなかった[101]。

＊アイトリア人がデルフォイ付近の道を占拠していたため。

しばらく前からデメトリオスの贅沢な暮らしぶりは、マケドニア人の間で憂慮すべき不満の種となっていた。彼らは王であっても質実剛健を大切にしていたのだ。デメトリオスは、金で刺繍した紫の衣装、これ見よがしの帽子、金を散りばめた靴を含む、たいへんな衣装もちだったので、「いささか芝居がかっていた[102]」。また彼はマケドニア人の嘆願を読もうとせず、謁見の機会も与えなかったので、マケドニア人は自分たちが軽視されていることに憤懣やるかたなかった。彼らはまたアジア侵攻というデメトリオスの大計画には、ほとんど魅了されなかった。それは歩兵九万八〇〇〇、騎兵一万二〇〇〇、(十五段および十六段櫂船という「巨大軍船」を含む)軍船五〇〇隻からなる――「アレクサンドロス以来誰も所有したことのない」――巨大な軍隊を伴い、マケドニアの国庫で賄われるというのだ。[103]

デメトリオスのアジア侵攻はなんとしても阻止しなければならなかった。プトレマイオス、リュシマコス、セレウコス、それに(少し前のデメトリオスとの休戦協定にもかかわらず)ピュロスは、彼の支配を終わらせるという唯一の目的のために結束した。この第五次後継者戦争は二八八年夏に勃発し、始まったとほとんど同時に終わった。[104] プトレマイオスはデメトリオスに忠実な諸都市を味方につけるべく、ギリシアへ向けて出港した。[105] 同時にピュロスが西から、リュシマコスが東からマケドニアへ侵攻した。ギリシアにいたデメトリオスは、ギリシアにおける権益を守るため息子のゴナタスを残し、ただちに北へ進軍した。

今度ばかりは幸運はデメトリオスに味方しなかった。兵士の多くにリュシマコスとピュロスに寝返られて、彼は妻のフィラを置き去りにし、変装して(いつもの王の装束の代わりに黒の外套を着て)カッサンドレイアへ逃げた――彼女は夫の不幸に耐えられず、毒をあおって自害した。[106] カッサンドレイアを発ったデメトリオスは、ギリシアにおける自分の影響力を取り戻そうと決意して、コリントスでゴナタスと合流した。リュシマコスとピュロスはマケドニアの支配を分け合い、王位に対抗する者が確実にいなくなるよう、リュシマコスは自分の義理の息子でかつて〔アレクサンドロス五世との〕共治王だったアンティパトロス一世を殺害させた。[107] デメトリオスはペロポネソスで電撃的な遠征を敢行し成功を収めたが、ギリシアを取り戻すという目的はアテネ人によって挫かれた。二八七年、デメトリオスが(彼から離反していた)アテネに向かって進軍すると、民衆はピュロスとプトレマイオスに緊急の訴えを送った[108]。プトレマイオスは穀物と資金、それにスフェットス区出身のカリアス（アテネからの亡命者で当時はプトレマイオス軍に仕えていた）の指揮下に一〇〇〇の傭兵を送り、カリアスはアンドロス島に拠点を置いて配下の艦隊を待機させた[109]。この援助でアテネ人はデメトリオスに対抗し、彼は包囲戦を──そしてギリシアを断念した。ギリシアにおける彼の残りの領土はゴナタスが保持することになったが、デメトリオスは小アジアにおけるリュシマコスの影響力を覆そうとして、小アジアへ渡った[110]。

しかしデメトリオスはうまく行かなかった。緒戦でサルディス占領を含む若干の成功を収めた後、リュシマコスの息子アガトクレスによって組織的に撃退され、八〇〇〇の兵を失った。絶望した彼はセレウコスに手紙を送って援助を求めたが、セレウコスは彼の降伏を要求し、それから投獄した[111]。リュシマコスはセレウコスに、デメトリオスを処刑すれば二〇〇〇タラントン支払うと申し出たが、セレウコスは拒否した[112]。三年後の二八二年、デメトリオスは過度の飲酒のため五十四歳で死んだ。セレウコスは彼の遺灰を、紫の衣装で飾られ王の飾り紐を添えた黄金の骨壺に入れて、ギリシアにいる彼の息子アンティゴノス・ゴナタスに返還した。息子は父を（パガサイ湾に面した）デメトリアスに埋葬した[113]。

キプロスとキクラデス島嶼同盟の支配、それにアンドロス島に海軍拠点を置いたことは、プトレマイオスがエーゲ海全域と東地中海を支配したことを意味した[114]。しかしながらアテネでデメトリオスが敗退すると、プトレマイオスは後継者たちの連合から手を引いた。彼はギリシア本土におけるいかなる戦闘にも個人としては参加しなかったが、おそらくそれは、この時までに約八十歳になっており、たぶん健康状態が悪化していたためであろう。我々の知る限り、これが彼の最後の遠征だった。彼が若い息子を共治王にした二八五年まで、そして二八三年の死まで、プトレマイオスについては何の音沙汰もない（第12章）。

後継者たちの最期

二八五年にデメトリオスがセレウコスの手に落ちると、リュシマコスは自分が全マケドニアを奪うための機が熟したと決意した。彼の侵攻は完璧な成功だった。ピュロスはエペイロスへ追い返され、こうしてリュシマコスはマケドニアの単独の王となった[115]。プトレマイオスやセレウコスと同じく、リュシマコスも三二三年のバビロン協定以来長い道のりだった。二八三年にプトレマイオスが死ぬと、元来の後継者たちの中で存命なのはリュシマコスとセレウコスだけ、それもセレウコスは七十五歳、リュシマコスは七十二歳だった。どちらももう長くは続かないだろう。

アルシノエ(二世)とその異母兄弟であるプトレマイオス・ケラウノスは、ギリシアとマケドニアを支配するための足がかりとして、トラキアを手に入れようと長らく狙っていた。アルシノエは今やリュシマコスが彼の長男で(後継者でも)あるアガトクレスに裏切りの疑いをかけるよう企み、不運で無実のアガトクレスは処刑された。リュシマコスはこの行為に続いて息子の友人たちを追放し、彼らは安全を求めてセレウコスのもとへ逃れた[116]。その中にはプトレマイオス・ケラウノスとその姉妹リュサンドラ(アガトクレスの寡婦)も含まれていた。セレウコスはこの逃亡をライバルの弱さの証拠だと解釈し、リュサンドラと彼女の兄弟はほぼ間違いなくこの信念を煽り立てた。その結果二八二年冬、セレウコスは小アジアに侵攻し、リュシマコスは侵入者と対戦すべく軍を集めた[117]。二八一年、彼らはコルペディオンの会戦で干戈を交え、セレウコスがリュシマコスを打ち破って殺した。それからセレウコスはトラキアとマケドニアを自分の王国に付け加えた。今やアレクサンドロス帝国に次ぐ規模の帝国を支配するのは彼の番だった。

その夏(二八一年)、セレウコスはマケドニアを所有すべく海を渡った――アレクサンドロスと共にアジアに侵攻した三三四年以来、彼が故国に帰るのはこれが初めてだった。彼にとって不幸なことに、もうひとりの人物がマケドニアの王位を狙っていた――プトレマイオス・ケラウノスである。このプトレマイオスは奸計によってセレウコスを殺害し、自身を王と宣言した。彼の支配は控え目に言っても短いものだった。二七九年、ガリア人の大規模なギリシア侵攻が起き、ガリア人はデルフォイ、さらには小アジアにまで侵入した。プトレマイオス・ケラウノスは二七九年に彼らとの戦闘で殺され、彼の頭部は勝利した敵の槍の先端に突き刺された。さらに二年間ガリア人は猛威を振るったが、二七六年にゴナタスが（トラキアの）リュシマケイアでの戦闘で彼らを破り、アンティゴノス二世ゴナタスとしてマケドニアの王位についた（在位二七六―二三九年）。彼が本当のアンティゴノス朝を創始し、一六八年にローマ人によってマケドニアとギリシアがローマ帝国の一属州とされるまで存続した(118)。

二八一年のセレウコス暗殺と共に、後継者戦争は、四十年に及ぶ流血、陰謀、殺害、騒乱の末、最終的に終結した。この戦争から三つの偉大なヘレニズム諸王朝が興った。エジプトのプトレマイオス朝、シリア、メソポタミア、イランのセレウコス朝、マケドニアとギリシアのアンティゴノス朝である。これらの支配者すべての血統はアレクサンドロスの上級将校にさかのぼり、よって彼らの帝国はアレクサンドロス大王自身にさかのぼる。この点で三者とも大王を継承するに値した――ただしプトレマイオスを頂点に、その度合いには差があった。

第11章　プトレマイオスとエジプト

プトレマイオスの治世におけるエジプトの人口は正確にはわからないが、プトレマイオス朝時代末期には、ギリシア人、マケドニア人、トラキア人、イリュリア人、アレクサンドロスが征服したアジア諸地域出身の人々、ユダヤ人、それにもちろんエジプト人を含めて約七〇〇万人にのぼった(1)。その大半は国土の三つの主要地域、つまり上エジプトと下エジプト、それにプトレマイオスが耕作と定住のため大幅に拡大した地域であるファイユームで、小さな町や村に住んでいた。首都メンフィスはデルタ地帯から南にほど近いナイル川沿いにあり、数万の人口があった(2)。プトレマイオスは三一一年までに首都をアレクサンドリアに移しはしたが、メンフィスは宗教と儀式の中心であり続けた。他の後継者たちは明らかにプトレマイオスのエジプト支配にとって脅威であったが、多文化的な国をいかに効率よく統治するかという問題にも直面した。ファラオたちと違って彼には正統な支配権がなかったので、自分を確実に受け入れてもらうため、結局のところ宗教および異文化の理解に根ざした複合的な政策に着手した。

プトレマイオスがどのようにエジプトを支配したのか、あるいは民衆が本当は彼のことをどう考えていたのかについて、古代の史料は、後代のプトレマイオス朝の支配者たちとは対照的にほとんど語らない。とはいえ、プトレマイオス朝の支配全体のいくつかの側面を考察することで、彼に対するアレクサンドロスの影響だけでなく、彼が何を、なぜ行なったのかを垣間見ることができる。したがって本章はプトレマイオスの三つの主要な統治の分野、すなわち民衆との関係、行政と経済、宗教――三つはすべて重なり合うのだが――に分かれることになる。

ここでひと言注意しておかねばならない。私は社会経済的および文化的な多くの主題、たとえば家族生活、農村地帯と都市部の違い、社会秩序、法律を扱うつもりはない、なぜならここでもまた我々の情報はプトレマイオス一世以後のものであり、それをプトレマイオスに当てはめるのはあまりに仮定が大きすぎるからだ。しかしながら註における参照文献の多くは、(たいていやむを得ず)プトレマイオス朝の全期間に言及している。(3)

民衆との関係

第一に、プトレマイオスの支配の性格はいかなるものだったか?(4) マケドニア王は内政および対外政策のすべてにおいて最終決定権を持っていた――「朕は国家なり」という格言はルイ十四世のはるか以前に存在していたわけだ。王は、とりわけ遠征中には、しばしば諮問会議を構成した最も近しい朋友たち(ヘタイロイ)に助言を求めることができた。王たちは彼らの助言を聞き入れる必要はなかったが、プトレマイオスは他の後継者たちと同じく、国事に関して友人や朋友たちに助言を求めた。結果として、助言者たちの名称がヘタイロイから友人(フィロイ)に入れ替わるのが見られる。実際にはいかなる官職にも選ばれなくても、支配者に依存されたことで、フィロイたちはそれ自体で強い影響力を持つようになった。(5) エジプトの場合これらのフィロイ(後にはアルキソーマトフュラケス=「上級側近護衛官」)は、少なくともプトレマイオスの時代にはマケドニア人とギリシア人からなり、現地人ではなかった[6]。隻眼のアンティゴノスは自分のフィロイから成るシュネドリオン（諮問会議）を持っていたらしく、プトレマイオスもこれに類するものを有していただろう[7]。このようなものがプトレマイオスの「宮廷」であったが、とはいえ結局のところ彼が専制君主――言い換えれば典型的なマケドニア王――であることは、誰もが知っていた。

プトレマイオスの最大の難題は、自分のもとで生きるエジプト人と他の人口集団――ギリシア人、マケドニア人、アジア人、トラキア人、それにユダヤ人――の隔たりを埋めること、そして誰もが自分を支配者として受け入れるようにすることだった[8]。エジプト人のこととなると、これはより大きなジレンマをもたらした。結局のところマケドニア人は征服者としてエジプトにいるのであって、征服されたいなどとは誰も思わない。プトレマイオスは指導者に服従するというエジプト人の習慣に助けられた。ファラオ時代に人々は神官たちとファラオの意志に従っていた。この厳格な制度がアレクサンドロスによるエジプトの支配を可能にした。彼はファラオではなかったが、マアト（「正しい秩序」）という古来の理想が確実にエジプト中に行きわたるよう努力したし、それがファラオに期待されるものであった。プトレマイオス王たちはみなそうした。プトレマイオスは首都をメンフィス（そこでファラオは神々の父プターと結びつけられた）からアレクサンドリアに移したし、彼の王権はマケドニアの手本に従いはしたが、それでもエジプトの習慣、宗教、法にはすぐに対応した[9]。プトレマイオスは、アレクサンドロスがアムン＝レーと結んだ密接なつながりを意図的に維持することで、自分が神によって選ばれ、神に愛される息子であることを示したが、この二つの語句はどちらも彼の公式な玉座名の一部であり、彼の支配を神が援助していることを意味した。（アレクサンドリアから南に約二〇〇マイルの）オクシュリンコスのある神殿の浮彫りは、エジプトの繁栄のためにマアトを捧げているプトレマイオスを表わしており、つまり彼は明らかにファラオとしての自分の義務を真剣に受け止めていた[10]。

このようにしてエジプト人はプトレマイオスを王にしてファラオと見なし、ブトの神官たちは総督の石碑で彼を「エジプトの偉大な支配者」とさえ呼んだ。他方でギリシア人とマケドニア人の臣民たちも、自分たちが支配者に期待する責務が果たされる限りは彼を受け入れた。プトレマイオスの支配の「二面性」は、彼の貨幣に見られる、王の飾り紐《ディアデーマ》をつけた世俗的な肖像と、神殿でのファラオとしての描写がよい例である（図一・一、一・二）。これらの表象は、プトレマイオス朝エジプトのもうひとつの要素を際立たせる。すなわちこれらの支配者たちの下でこの国はエジプト的でもギリシア的でもなく、その生活と社会のあらゆる側面において交雑物《ハイブリッド》だということだ。[11] プトレマイオスは単なるエジプトの王ではなく、王にしてファラオであった。ファラオという称号を帯びることで、プトレマイオス王たちはエジプトに対する彼らの政治的正統性を確立しただけでなく、新しい型の支配と支配者をもたらした。自分をアジアの王と呼び始めた時のアレクサンドロスと同じく、プトレマイオスも日々新しい難題に直面し、頼りにできる先例はなかった。プトレマイオスが行なったことは明らかに、社会に対して上からではなく、社会を通して権力を行使することだった。[12]

帝国の東半分でのアレクサンドロスと同じく、プトレマイオスも無数の異なる習慣に直面した。[13] かつてマケドニア王がペルシアを支配したことは一度もなかったため、アレクサンドロスはすばやく適応しなければならなかった。彼は、新しい王権を最もうまく表現する言葉である、アジアの王と自らを呼び、マケドニア風とペルシア風を混ぜ合わせた衣装を、兵士たちの敵意を呼んだにもかかわらず着用した。[14] アフガニスタンとインドの反乱は、人々がアレクサンドロスを彼らの王として受け入れなかったことを証明した一方で、彼が行なったこと、あるいはむしろ行なおうとしたこと、そして彼が直面した成功と失敗は、すべての後継者たちがそれぞれの多様な従属民に対処するようになった時に、優れた人生経験となった。

アレクサンドロスは初めてこの国を支配した時、エジプト人に自分たちの宗教を実践することを許し、(牡牛の姿をした)土着の神アピスに供儀を捧げさえした。プトレマイオスはそれが民衆に与えた影響を目の当たりにしていたであろう。ペルシアでもアレクサンドロスは宗教の自由と社会的習慣を許したが、バクトリアとインドでは話は違った。たとえば彼は、犬に高齢者や病人を生きたまま食べさせるという慣習を禁止し、インドでは尊敬されているブラフマン族の哲学者たちを虐殺した。一方でバクトリアの習俗は我々と同じくギリシア人にも嫌悪感を起こさせたが、にもかかわらずアレクサンドロスの一方的な行動は現地の習慣への干渉であり、そのように受けとられた。彼はなぜバクトリア人がこのような慣習を持っているのかを理解しようとせず、インドではブラフマン族がインドの政治と宗教、社会で果たしていた深い役割を把握しそこなったか、あるいは気にもかけなかった。

プトレマイオスは、アレクサンドロスを悩ませたのと同じ類の問題に直面するなどまっぴらだった。強欲なクレオメネスを処刑し、エジプト人に彼ら自身の法に従い、彼ら自身の法廷を持ち、彼らの宗教的信条と社会的習慣を維持できるように注意を払ったことで、プトレマイオスはおそらく現地住民の人気を勝ち取った[15]。彼はまたエジプト人エリートと良好な関係を保持しないわけにはいかなかった(神官にして歴史家のマネトとの親交はそうした一例である)。なぜならアレクサンドロスと同じく、彼の支配を受け入れさせ、そうすることで社会の他の階層にそれを「売り込む」のを助けるために、社会の上層部を必要としたからだ。この点でプトレマイオスは多くの土着エリートが行政組織に留まることを許したが、彼らは土着の言語と習慣を知っているのだから、ともかくそれは実際的な動きであった。

影響力があり尊敬もされている神官たちに彼は適切な敬意を払ったものの、その理由は常に実際的だった。たとえば三一一年、ペルシア人に奪われた土地をブトの神官たちに返してやったのは、敬虔からというよりも、この地域がアンティゴノス軍の侵攻に直面した場合に備えて彼らの好意を得ておくことのほうに関係していた（一七四―一七六頁）。神官たちは感謝の念からプトレマイオスのために総督の石碑を建て、それはおそらく現地住民に対して彼の支配を正統化するのに役立ったが、他方でプトレマイオスが三一二年ないしその直後にテーベ地方に都市プトレマイス（時にプトレマイス・ヘルミウと呼ばれる）を建設した際には、これが上エジプトの首都であるテーベに対抗して南方にプトレマイオス朝の影響力を広げるためだということを、人々はまず見逃さなかったであろう[16]。エジプト人はまた、プトレマイオスが現地民と非現地民を結びつける手段として導入したサラピスの祭祀にも、あまり発言権を持たなかった（後述）。

プトレマイオスは外国人、とりわけマケドニア人とギリシア人がエジプトへ移住するのを意図的に奨励した。これは軍隊の規模を大きくするためだけでなく、これらの移住者たちが貨幣経済の下で生活した経験があり、プトレマイオスはエジプトに物々交換への依存に替えてそうした経済を導入しようと決めていたからである[17]（後述）。ギリシア人はたちまち最大の移住者集団となり、農村部と都市部の両方で現地住民と共存して生活するようになった[18]。実際ギリシア人はヘレニズム時代を通じて最大の入植者集団であり続けた[19]。結果としてギリシア語は全国でますます広く話されるようになり、さらにプトレマイオスはギリシア語を行政の公式言語とした。おそらくこれはいきなり起きたわけではない。しかしながら公的な場面では現地語の使用がしだいに少なくなったので、ギリシア語が徐々に浸透したことはエジプト語の読み書きにも影響を及ぼした[20]。

ギリシア語を学び、書き、話すことを誰にでも強制するような王令は一度もなかったが、非ギリシア語話者が官僚組織に参入することは困難どころか不可能だったから、彼らは取り残されたと感じた。エジプトは決して二言語併用国ではなかったが、三世紀末までにエジプト人の一部は二か国語を話した――望んだからではなく、官僚組織に参入するには必要だったからだ[21]。重要なことだが、ギリシア人もマケドニア人もエジプト語を読み話すことは期待されなかった――プトレマイオス朝のすべての支配者の中で、エジプト語を解したのは多言語話者のクレオパトラ七世だけだったのである。[22]

プトレマイオスはユダヤ人にもエジプトへの移住を強く望んだ。すでに多くが南部エジプトのエレファンティネに住んでいたが、三一二年のガザの会戦後にはさらに多くがこの国に移住し始めた。すべてのプトレマイオス王の下で、そしてローマ時代にも、彼らは社会で重要な役割を果たした。[23] 多くは農民か職人だったが、相当な人数が徴税人として、さらには法の執行のため行政機関に雇われ、そのため彼らもギリシア語を話し書かねばならなかった。

プトレマイオスの相談役にエジプト人はひとりもおらず、プトレマイオス朝の行政言語はギリシア語だったので、現地住民がもしも官僚組織に参入したければこの言語を学ばなければならなかったし、それは容易であったはずがない。[24] あるいはまた彼らはギリシア名を採用したかもしれない。たとえば二世紀末にある村の書記だったメンケスは、名前をアスクレピアデスに変えた。[25] 彼の仕事は、賃貸料など自分の村でのさまざまな農業経営活動についての報告を、上司に提出することだった。

プトレマイオスの陸軍と海軍においても、現地民はたいてい片隅に追いやられていたかもしれない。エジプト人部隊はラフィアの会戦で重要な役割を果たし、二一七年にはプトレマイオス四世とセレウコス朝の王アンティオコス三世間の戦いに参加して、この年代以降にはプトレマイオス朝の軍隊においていっそう目立つようになった。それ以前にエジプト人が戦ったことがわかるのは、三一二年、ガザの会戦でアンティゴノス軍に対抗してプトレマイオスを支援した時だけである。プトレマイオスあるいは彼の直接の後継者たちは、エジプト人とギリシア人兵士の間の言語上の違いゆえに、ガザ以後までは軍に現地民を用いなかったと、これまで提唱されてきた。[26] それもあり得るが、ガザ以後でも現地民は軽装歩兵としての採用だったので、言語の違いは主要な問題ではなかったように思われる。[27] プトレマイオスのおかげですでに、国内に永住し訓練を積んだギリシア人、マケドニア人、傭兵たちがいつでも供給できる態勢にあったことを思えば、おそらく当時のプトレマイオス王たちは、ずっと後になるまで地元民を最前線の兵士として訓練する必要を感じなかったのであろう。

プトレマイオスは疑いなく兵士たちの忠誠心を得、寛大さと指揮官としての手腕で明らかに兵士たちを麾下に引き寄せた。たとえばペルディッカスとアンティゴノスの軍隊は時には脱走者を出したし、さらに教訓的なのは、プトレマイオスが三〇六年にキプロスでデメトリオスに敗れた後、彼の兵士たちの多くは、デメトリオスが多額の給与を支払おうとしたにもかかわらず、勝利者の軍隊に仕えることを拒否し、エジプトに帰ろうとしたことである[28]。

しかし現地民と非現地民との隔たりは、決して完全には埋まらなかった。プトレマイオスがとりわけ研究所と図書館によってアレクサンドリアに刺激を与えたのは、彼の支配をギリシア人とエジプト人に好かれるようにするためだった、活気に満ちたアレクサンドリアはギリシア都市だったからである。ここは文明の中枢であり、エジプトを地中海世界における文化の中心地として発展させるのを助けた（第8章参照）。それでも非エジプト人学者たちが優先されたのは明らかで、それはほぼ一世紀にわたって変わらなかった。さらに、アレクサンドリアにエジプト人、ギリシア人、ユダヤ人の民族ごとに居住区が分かれたのは、プトレマイオスのしたことかもしれない。この都市は異なる文化、民族、言語の坩堝ではあったが、これら異なる居住区はその住民の社会的区分を際立たせた[29]。

時がたつにつれて、公私両面のあらゆる事柄で外国人と現地民の間に問題が発生し、おそらくそれらはたいてい行政や法廷での意思決定の際にマケドニア人とギリシア人が優遇されたことが原因だったのは、驚くことではない[30]。村や町で役人や軍隊の宿舎を強制的に民家に割り当てることなど、プトレマイオス王たちが頼らざるを得なかった他の諸施策も評判が悪かった。ギリシア世界では、いかなる状況にも対応できるよう軍の分遣隊が広い範囲に分散させられたので、これは頻繁にあることだった。エジプトではナイル川の毎年の洪水のせいで居住空間が限られていたため、おそらく居住区は大勢の兵士を宿泊させねばならず、地元住民の負担となる費用と兵士の側での悪用に対する不満がつのった。三世紀中頃のプトレマイオス二世のある書簡は、「[兵士たちが]オイコノモイ[役人]から宿舎の割当てを受けず、勝手に家々に押し入って住民を追い出し、力ずくで住みつくため、暴力が増大していること」を自分は認識していると述べている。続けて彼は、兵士たちがこのような振舞いを止めること、家族と共に民家を割り当てられた時には家をきれいにしてから去るべきことを命令している。[31] プトレマイオス一世の時代にこれらの悪用が起きたかどうかはわからないが、彼が軍に依存していたこと、エジプト中に部隊を展開していたことを思えば、当然起きたことだろう。[32]

ここまで描いてきた状況は、民族的一体性を失いつつあり、年を追うごとにますます「ギリシア化」しつつあった国のように見える。しかしそうではない。ひとつには、エジプトの文化と習慣はエジプトに住む者たちに影響を与えた。たとえばギリシア人は彼ら自身の文学の中でエジプトとエジプト人について書いたし、初期プトレマイオス朝の肖像はエジプト様式から多大な影響を受けた。[33] エジプトの宗教的信条の象徴はギリシア宗教に入り込んだ。サラピスの崇拝はその最も明白な例であり〔二六八―二六九頁参照〕、ギリシア人は(オシリスの姉妹)イシスの祭祀をも始めた。とりわけ農村部のギリシア人はエジプト流の灌漑のしきたりを採用したし、ファラオ時代の官僚組織の基本実務がプトレマイオス朝のそれを形作った。さらに(プトレマイオス四世までの)初期プトレマイオス時代の神聖文字史料の研究は、神官や将軍の出身階層であるエジプト社会の上層部が、彼らの生きたさまざまな領域でなおも影響力を行使したこと、経験豊かなエジプト人の将軍たちがプトレマイオス軍に仕えたことを示唆している。[34] ヘレニズム時代のエジプトはファラオ時代のような独特のエジプト風では決してなかったが、現地住民はなおも彼ら自身の神々を崇拝し、彼ら自身の社会的習慣を実践し、彼ら自身の言語を話した。要するにエジプトは、「ギリシアとエジプトという二つの顔をもつ社会であり、結果として両方の文化の共生が進行中だった」のである[35]。

プトレマイオスに対する不満の声は聞こえてこないので、外国人と地元民の違いはあっても、彼は支配者として受け入れられていた。おそらく彼は自分の人気を獲得するため、そして自分の支配の正統化を促進するため、寛大で気前がいいというイメージを意図的に助長した。というのも、史料は彼の性格のこれらの側面を強調しているからだ。ディオドロスはプトレマイオスが「現地民を親切に扱った」と述べ、ユスティヌスは彼がいかに「並外れた自制心によってエジプト人の支持を獲得したか、そして隣接する君主たちへの恩恵と寛大な振舞いによって彼らに恩義を負わせたか」について述べている[36]。これらの特徴は、アレクサンドロスが治世末期に誇大妄想に陥り、宮廷の誰に対しても恐怖を植えつけたらしいのとは確かに異なっている。またプトレマイオスはアレクサンドロスのように自分が神だなどと自負したりせず、それによって軍隊や民衆から遠ざかったりはしなかった[37]。もしそうなら、プトレマイオスはここでもアレクサンドロスの成功と失敗から学んでいたことになる。本当のところ、住民の中で外国人と現地民の要素の隔たりは、決して埋めることができなかった。それでも、軍の将兵たちおよび彼自身の住民との接触を絶やさないこと、またすべての臣民の宗教的社会的習慣を擁護することで、プトレマイオスはこのように首尾よく支配することができたのである。

行政と経済

プトレマイオス朝の行政と経済について知られていることのほぼすべては、プトレマイオス二世（在位二八三－二四六年）とその後継者たちの時代のものである[38]。とりわけプトレマイオス二世は多くの新しい税金と法律を導入し、その過程で「それまで知られていた最も精緻で広汎な官僚機構」を創り上げた。(39)ただし彼は、父親に起源を持つ官僚機構に付け加えたに違いない。同じことがプトレマイオス朝の経済政策についても当てはまり、プトレマイオス一世はこれまでたいてい思われてきたよりはるかに大きな役割を果たした。(40)

プトレマイオスは最初にエジプトを占領した時に、アレクサンドロス時代の既存の行政組織を受け継いだ。この組織では、エジプト人が彼らの国の行政を担っており、クレオメネスがすべての税を徴収する任務を負っていた。その後、三二五年にアレクサンドロスはクレオメネスを総督とした。ファラオ時代以来、エジプトは四〇の州(ノモイ〔単数形はノモス〕)に区分され、同数ずつ上エジプトと下エジプトに分けられていた。各州はさらに郡(トポイ)と村(コーマイ)に分割された。各州は裁判官と徴税人を兼ねる州長官によって管轄された。州長官たちは王の首席文官であり王にのみ服従するディオイケテス〔財務大臣〕の統制下にあった。これらの区分と(たいてい地元民である)高官を継続するだけでなく、州において下級の任務を遂行するおびただしい役人たち(地方税を徴収し、所領と土地を登録し、農地を監督し、警察官としても活動する)も用いることで、プトレマイオスはマケドニア風とエジプト風の慣行をひとつに融合していたと見ることができ、そうするにあたってはアレクサンドロスを手本としていた。(41)

アレクサンドロスはひとたびペルシア帝国を打倒すると、いかにそれを支配するかという厄介な問題に直面した。(42)六世紀末にペルシア王ダレイオス〔一世〕は、帝国のあまりの大きさゆえにそれを二〇の総督領に分割した。各総督領は、事実上独立した総督の支配下に置かれた。彼がなすべきは、確実に税を大王に納めることと、必要な時に軍隊を招集することだった。アレクサンドロスはこの慣行を採用したが、それを改造する必要に迫られた。たとえば三三〇年以降、彼は地元の貴族が総督になることを許したが、軍事と財政の権限は剝奪してマケドニア人に与えた。

アレクサンドロスの行為は純粋に実際的なものだった。一般住民と同じ社会的宗教的習慣を持ち、同じ言語と方言を話す者たちが必要だったのである。現地人を総督に用いることで彼らが自分に忠誠を示し、今では肩書だけの飾り物にすぎないとしても、民衆がマケドニア人の支配と折り合いをつけるのを助けてくれるだろうという期待もあった。さらにアレクサンドロスは税の徴収と管理を円滑にするため、帝国財務官の職務を導入した。また行政の一環としてさまざまな都市を建設したが、それらは軍事拠点としても機能し、交易と通信を促進した(43)。

エジプトはペルシア帝国よりはるかに小さかったが、先に指摘したように、それでもプトレマイオスは多様な被支配民に対処して支配を維持するという課題を抱えていた。しかし彼は、アレクサンドロスがいかにして行政上の問題に取り組んだかをじかに見て、そこから学んだのである。だから、エジプト農村部のさまざまな役人たちとアレクサンドリアの宮廷の間の仲介人として活動する高官を持つことは理にかなっており、よってディオイケテスが見かけの上で帝国財務官の形をとった。プトレマイオスはさらにそれまでのノモイのエジプト人長官たちをギリシア人とマケドニア人に交代させた。もちろん必然的に、ノモイの下級および中級の地位には多くの地元民を用いねばならなかったのだが。彼はおそらく各ノモスに、軍事を管轄し彼にのみ責任を負うストラテゴスつまり将軍を設置した。そのうちにストラテゴスはより大きな権限を持つようになり、そこには司法権すら含まれていたかもしれない。というのも各ノモスのさまざまな町にギリシア人の法廷があったらしく、確実にプトレマイオスの時代には存在したからだ(44)。ここでもプトレマイオスの行為は、自身の配下を高い地位に任命するというアレクサンドロスの慣行に従っている。都市プトレマイスの建設やアレクサンドリアの拡張も、都市を建設するというアレクサンドロスの政策に類似している。

クレオメネスを排除して以降は、すべての税がプトレマイオスのもとに流れてきた。しかし国土の富と資源にもかかわらず、この国は軍隊のための人員も、艦隊のための木材も、貨幣のための銅も十分ではなかった。そこでプトレマイオスは自身と国をもっと豊かにし、軍隊に必要な巨額の費用の支払いを助けるために、対外政策と連携した野心的な経済計画に乗り出した(45)。そうすることによって彼のすべての政策は、プトレマイオス二世による後の経済改革のための基礎を据える以上のことをした。プトレマイオスの政策はエジプトを、もはやかつてのようなアジアの一部ではなく、ギリシア世界の一部としたのである(46)。

プトレマイオスは彼の後継者たちと同じく、エジプト全域で交易と農業を奨励した(47)。中でも農業に対する奨励策には灌漑および土地の開墾事業が含まれ、そのすべてが耕作可能な土地の量、つまり作物の量を増やすのを目的としていた。同様に重要だったのが、アレクサンドリアを商業の一大中心地にして商業港に変えることだった。メンフィスは地中海およびエーゲ海の主要な交易網から遠く離れたところに位置していたので、これこそがアレクサンドリアを首都にしたおもな理由のひとつ、おそらくは最も重要な理由であった。プトレマイオスがファロス島の灯台だけでなく、アレクサンドリアの二つの港を造るためにヘプタスタディオン〔長さ七スタディオンの〕突堤）を建造したのは〔一九一頁〕、都市に偉大さを添える手段であるのと同じくらい、経済政策の一部であった。ゆえにアレクサンドリア遷都は商業活動を、したがって収入を劇的に増やしたことだろう。プトレマイオスのさまざまな海外領土、とりわけキュレナイカ、コイレ＝シリア、キプロス、小アジア、そしてエーゲ海の島々も国庫を潤した。これら諸地域での彼の活動は、防衛的および帝国主義的な理由からだけではなかった。というのもこれらの地域からは、エジプトでは手に入らない天然資源、とりわけ艦隊用の木材が供給されたからである。

住民は容赦なく課税された。支配者としてプトレマイオスは、神殿と聖域を除く国のすべての土地の所有権を握っており――これを「王料地」と呼ぶことができる――、そしてすべての土地はさまざまに異なる扱いを受け課税された(48)。王料地の大半はあらゆる民族の小作農民に貸し付けられ、彼らは年次賃貸料とその他の税金を納めたが、これに加えて彼が与えた種用の穀物に対しては、定められた割合で翌年に支払う必要があった。おそらくプトレマイオスはエジプト全域で、指定された土地区画（クレーロイ）を兵士が耕作する「クレールーキア」〔軍人植民〕という地位を考案し、後期プトレマイオス朝時代にその数は増大した。自軍の兵士をこれらの土地に定住させることで、プトレマイオスは常備軍を維持するための資金を節約できた。これらの兵士の一部は自発的にエジプトに来た移住者だが、他は軍に動員された者たちだった。たとえば三二〇年のペルディッカスの軍は、エジプトに入った時からプトレマイオスが自分の側に丸め込んでいたし、三一二年のガザの会戦後には、〔デメトリオス軍の〕八〇〇〇の兵士が「すべての県に」住むべく送り出された(49)。これらの兵士たちは、耕作に従事し必要な時には軍務に就く義務があり、おそらく地元民のいかなる反乱をも潜在的に抑制する働きをした。そういうわけで彼らの支払う賃貸料は低く抑えられ、エジプト人の隣人たちに比べれば多少とも特権的な階級に属していた(50)。

プトレマイオス朝のエジプトでは、ほとんどすべての物にたいてい法外な税が課せられた(51)。たとえば販売には一〇%税、葡萄農園、果樹園、庭園には三分の一税、さらに鳩を売った利益に対してさえ同率の税があった。税に加えてプトレマイオス王たちは独占を強制したが、これまたプトレマイオス一世に始まるかもしれない慣行である。鉱山、石切り場、塩の生産に対する独占があったが、おそらく最も有名なのは油の生産をプトレマイオス二世が独占したことである(52)。これは種まきから油を定額で売ることまで、あらゆることを統制した。プトレマイオス一世は、エジプトの海外領土に対して同じ税率と徴税方法を課したことにも関与していた(53)。プトレマイオス王たちの下での税の増殖は、アレクサンドリアにはあらゆる仕方の記録と帳簿を扱う巨大な行政機関があったに違いないことを意味した。

プトレマイオスはさらに経済の貨幣化の一環として、そしてそれまでもっぱら物々交換であった取引に換えるため、より軽い標準のエジプト貨幣——金、銅、それにとりわけ銀——に加え、新たに青銅貨幣も導入した。[54] アレクサンドリアに貨幣鋳造所を建設したのが彼とクレオメネスのどちらであるかはわからない。しかしながらその貨幣鋳造所によってプトレマイオスは首都での活発な貨幣流通が可能になり、どの貨幣も彼の名前で発行されたことで、鋳造所はエジプトを主権国家に変える上での重要な一歩となった。

プトレマイオスの最大の業績のひとつは、エジプトを「閉じられた貨幣流通体系」に変えることであった。[55] エジプトにおいてエジプト貨幣以外のいかなる貨幣の使用も禁じたのである。商人その他の者たちがエジプトに持ち込んだ外国貨幣は、何であれ到着と同時に引き渡されねばならず、彼の新しい標準に従って再鋳造された。この措置は国庫にさらなる収入をもたらした。なぜならすべての交易はより軽い標準貨幣で営まれたので、より重い外国貨幣を鋳造しなおせば、プトレマイオスに追加の収入をもたらしたからである。とりわけ彼が穀物、木材、金属の大半を輸入していたキュレナイカ、キプロス、コイレ＝シリアとエジプトとの間に、統一された貨幣体系を施行したことは、これら諸地域に対する彼の依存および影響力を維持するための巧妙な経済行動の双方を際立たせている。そこではプトレマイオス朝の貨幣だけが使用可能だったので、他の国々との交易は事実上遮断されていた。

国家に対する罰金をドラクマ銀貨で支払うよう命じた三〇四年の布告がある。[56] これはおそらくプトレマイオスが三〇六年に王になった後に導入した一連の新法の一部で、罰金が、認められた貨幣を用いて時宜にかなったやりかたで確実に支払われるようにするものだった。これらの貨幣にはまだアレクサンドロスの肖像が刻印されており、プトレマイオスが自身の力で王になった後だけでなく、大王の死後二十年たっても発行されたので、この布告はまた興味深いことに、プトレマイオスが亡き大王とのつながりを継続していたことを垣間見せてくれる。

プトレマイオスは、エジプトに大きな利益をもたらした経済政策ゆえに称賛に値するし、この政策は見過ごされがちな彼の一面を示すものである。とはいえプトレマイオスは官僚組織の上層部にいるギリシア人とマケドニア人を意図的に厚遇し、その官僚組織の言語をギリシア語にすることで、多くのエジプト人を統治にかかわる地位から締め出した。[57] この点で彼は、同じように自身の現地服属民に重税を課して軽んじた他の後継者たちと何ら変わらない。[58] エジプト人は、プトレマイオスの施策がまさしく自分たちを犠牲にして彼とその王朝を途方もないほど裕福にしたという事実に、見て見ぬふりをすることはなかったろう。プトレマイオス四世が神官たちに譲歩を余儀なくされたことや、プトレマイオス五世が現地住民を宥めようとして、アレクサンドリアでなくメンフィスでファラオに戴冠されたことに見られるように、続く数十年にわたって現地民の不満が抵抗へと変わったのは、さして驚くことではない。

宗教

神官はエジプト社会における強力な要素であり、プトレマイオスはエジプトに着くと同時に彼らを味方につけることに着手した。彼は土着の宗教に反することは何もしないと保証し、言葉通りに行動した。[59] 実際、プトレマイオスの偏見のなさを示すのが、テーベのアムンの神官たちに対する伝統的な税の支払いを継続していることである。[60] ある程度はエジプト人の温かい歓迎に応えて、またエジプト人がある専制君主を別の専制君主と取りかえたわけではないとはっきりさせたくて、彼はアピスに供儀を捧げた。彼の行為は、エジプトの聖牛を殺したカンビュセスのような以前のペルシア人支配者たちとの対比を意図したものだった。プトレマイオスはまた、エジプトの最も古い神殿のいくつかを修復したり増築したりすることにも積極的だった。それにはテーベのアムン＝レー神殿の（アクメヌの聖域を含む）一部やヘルモポリスのトトの大神殿が含まれていた[61]。

とはいえ、エジプト宗教に対するプトレマイオスの態度は常に現実的であり、自身の支配を強化するためだった。三一一年にナイルデルタのブトの神官たちに、ペルシア人がかつて奪った土地と収入を回復してやった。これに感謝して彼らはいわゆる総督の石碑を建て、プトレマイオスのしたことおよび神官の地位と諸権利を認めたことを称賛した（一七四頁）。彼が神官たちの好意を得たのは当然だが、結局のところ彼の行為は、アンティゴノスが侵攻してきた場合にこの地域を守る助けとするためだった。

三〇六年にプトレマイオスはファラオになり、上エジプトと下エジプトの王、ラーの子、アンモン（アムン）に愛される者という公式の称号を受けた[62]。エジプト人の忠誠を維持するため、プトレマイオスがファラオに結びついたさまざまな義務を注意深く実行したことはすでに指摘した。しかしながら彼は神性というジレンマに直面した。ファラオはホルス（オシリスとイシスの息子で、生者の国の支配者）として地上における神でもあり、死後には復活して（死者の国を支配した）オシリスの特性を帯びた。しかしアレクサンドロスがおそらく自分自身を神と見なしたのに対し、プトレマイオスは確かにそうはしなかった[63]。彼はロドス人やキクラデス島嶼同盟が彼のための祭祀を持つことに満足したが、エジプト人には誰ひとりそれに倣うことを許さなかった。ファラオとしてのプトレマイオスは厳密に言えばエジプト人にとって神であり、ファラオとしてのプトレマイオス王たちはすべて神々の最高神官であって、神殿の壁にはエジプトの神々に供儀を捧げる姿で描かれた。ただしプトレマイオスがこの称号を採用したのは政治的行為であった。それは現地民を宥めはしたが、マケドニア人とギリシア人がアレクサンドロスに対して感じたのと同じ反感を引き起こすことはなかった。

プトレマイオスとその後継者たちはファラオとして、新しい建築とりわけ神殿に資金援助をする責任があり、その結果今度は神殿に像が描かれることで、支配の後押しをされた[64]。こうしてプトレマイオスは、たとえばメンフィスのような古都においてだけでなく、デルタ地帯のハトホル神殿やナウクラティスのアムン神殿の建設にも貢献した。エジプトの首都がアレクサンドリアに移された後も、メンフィスは重要な宗教的中心地であり続け、すべてのプトレマイオス王たちからそう認識された。聖牛アピスが埋葬されたのはメンフィスであり、プトレマイオスはその神官たちに干渉しないよう注意を払った[65]。アヌビス（ミイラ化の神）の神殿を、プトレマイオスの新しい神サラピスのための神殿であるサラペイオンに結びつけるため、エジプト風のスフィンクス参道に資金を提供したかもしれない。

これら初期の諸行為においてプトレマイオスは、たとえば同じようにアピスに牡牛を捧げたアレクサンドロスと明らかに競い合っていた。しかしファラオのものであるさまざまな称号を受けた後、アレクサンドロスはエジプトを発って二度と戻らなかった。プトレマイオスはエジプトに留まるつもりだった。そして彼はエジプト人、ギリシア人、マケドニア人にそれぞれの神々を崇拝する自由を許すことで満足する一方、宗教を調和を創り出す手段と考えた。この目的のため、ティモテオスとマネトという二人の助言者とも相談して、おそらく彼は臣下たちのための新しい守護神、サラピスを創出した[66]。この神は、ギリシアの神であるゼウスおよびプルートーと、エジプトの聖牛で死後にはオシリスと同一視されたアピスとの習合である。地下世界の神であるプルートーとの組み合わせは、死後の生命の保証を与えることを意図していた。というのもエジプト人は、自分たちは死後にはより幸福な生活を送るものと信じていたからだ。この観念は、幸福を死後の生活と同等には見なさなかったギリシア人には無縁なものだった。

ある伝承によるとプトレマイオスは、神が自分に対して、黒海沿岸のシノペからエジプトへ神の像を持っていくように、そうすることで土着のエジプト人を統一する助けにするようにと命じる夢を見た。

これは、彼が新しい神をすべての民衆に押しつける理由を説明するためにつくられた噂だったのかもしれない[67]。アレクサンドロスの時代にサラピスの祭祀はあったが、プトレマイオスの実際的な革新は、自分の民衆を結び合わせる手段としてこの神の崇拝を広めたことである[68]。プトレマイオスはエジプト中にサラピスのための聖域を建てるだけでなく、すべての州にこの神の神殿を建設することを命じた。当然ながら、最大のサラペイオン（神殿）はアレクサンドリアにあった。ここではどうやらこの神の信奉者たちが神殿内で一晩中眠ることで、さまざまな病気が治ることがあり、サラピスをちょっとした救済神にした。神殿にはサラピスの像が納められていたと言われるが、それは髭を生やしたゼウスで、モディウス（エジプトの穀物計量器）を頭に被り、三つの頭を持つプルートーの犬ケルベロスを足もとに従えていた。ここでもギリシア人とエジプト人の信仰を融合していることが、この像の図像学から明らかである。サラピスの祭祀は、テオドシウス帝がキリスト教を支持してこれを禁止し、キリスト教徒の群衆がアレクサンドリアのサラペイオンを破壊した後四世紀末まで残存したが、エジプト人はエジプト在住のギリシア人やマケドニア人ほどには、決して本当にサラピスを受け入れはしなかった[69]。

サラピスの祭祀は、種々雑多な民衆を統一しようというプトレマイオスの決意を示すがゆえに重要である。アレクサンドロスが人々に人気があったことを考えると、サラピスの人気を後押しするため、プトレマイオスが大王の名前をこの神に結びつけた可能性さえある[70]。プトレマイオスの後継者たちも同様に、この神への崇敬を支配者祭祀への足がかりに用いて、彼ら自身の支配を支えるためにサラピスを売りこんだ[71]。最終的にサラピスはエジプトの外でも崇拝された。この神の神殿がデロスやエフェソスに建てられたし、ヘレニズム時代の多くの王たちは、彼らの領域内に統一を創り出す助けとして、この神を採用することの価値を認識していた[72]。

プトレマイオスの直面した数多くの難題にもかかわらず、彼のエジプト統治の中には、さまざまな民族の権利、習慣、法律、宗教を承認するための、そしてマケドニア人、ギリシア人、土着のエジプト人および他の者たちの統一を押し進めるための、真の挑戦を見てとることができる。たとえば彼は、新たに到着したギリシア人やマケドニア人を定住させるため、ただ土地を没収して現地住民を追放するようなことは、このような施策が引き起こす不満をわきまえていたのでしなかった。その代わりに、移住者が現地住民と協力して生きるよう、彼らを田園地帯の全域に、とりわけエジプト人の集落があまり密でないファイユームに分散させた。にもかかわらず、彼の行政的、経済的およびその他の施策すべての核心には、プトレマイオスによるエジプト支配を継続させることがあった。この点で彼は成功した。というのも、行政と経済に関する革新が彼の後継者たちの下で数世紀にわたって続いたように、その支配も数世紀にわたって続いたからである。

第12章　終焉——そしてその先へ

二八〇年代中頃にギリシアへ最後の介入を行なった後、プトレマイオスの勢力は最大となり、リュシマコスとセレウコスはもはや脅威ではなくなった。今や年老いてほぼ確実に健康が衰える中、プトレマイオスは彼がこれほど偉大にした都市アレクサンドリアで余生を送る心づもりをした。すでに自分の後継者を指名して王朝の創出へと足を踏み出しており、死後に混乱や不安、さらには三二三年にアレクサンドロスが死んだ時のような謀反《むほん》すら起きなかったのは、将来に対する彼の目くばりのたまものである。プトレマイオス家の支配を盤石《ばんじゃく》にした点で、プトレマイオスは、三三六年の死後にすんなりアレクサンドロスが即位したフィリッポス二世のほうと共通点が多い。

プトレマイオスの仲間の君主たちはそこまで幸運ではなかった。リュシマコスの後継者と思われた長男アガトクレスは、すでに見たように裏切りの科で処刑された。二八一年のコルペディオンの会戦でリュシマコスが殺されると、ギリシアとマケドニアを奪おうとねらうセレウコスが彼の玉座を奪った。セレウコスは（アパマとの結婚から生まれた）息子のアンティオコスを自分の共同支配者にすることで、プトレマイオスを見習ったように思われる。これは二九一年のことで、その十年後、ギリシアを手に入れようとトラキアへ渡った父親がプトレマイオス・ケラウノスに殺されたことで、アンティオコスは単独の王となった。アンティオコスはシリアの反乱に直面し、二七八年にはガリア人の侵攻を受けた。さらに悪いことには、王位を維持するためケラウノスと和約を結び、ギリシアとマケドニアに対する父の権利を放棄しなければならなかった。*

*ケラウノスはほどなくガリア人との戦いで殺された（二五〇頁）。

プトレマイオスの後継者

二八七年、プトレマイオスの四番目の妻ベレニケは、自分の息子プトレマイオスが、異母兄プトレマイオス・ケラウノス（三番目の妻エウリュディケから生まれた）を抑えて後継者に昇格することを確実にした。(1) 彼女の行動は、オリュンピアスが自分の息子アレクサンドロスを、異母兄アリダイオスを飛び越えてマケドニア王位の後継者にした策略を思い起こさせる。ファレロンのデメトリオスはプトレマイオスにケラウノスを選ぶよう強く勧めたようだが、無駄に終わった。(2) 知識人は政治に干渉すべきではない――デメトリオスが父親に言ったことを忘れなかったプトレマイオス二世は、二八〇年に彼を逮捕して処刑した。毒蛇に咬ませて殺したと言われている。(3)

しかしながら長男を退けるのは通則に反することであり、プトレマイオスは年下の息子を王位継承者とした理由を、彼が臣民たちに受け入れられるように説明しなければならなかった。(4) ケラウノスは異母弟と合意を結ぼうとし、エジプトに対するいかなる権利も放棄することさえ申し出たようだが、無視された。(5) この時点で彼とエウリュディケはアレクサンドリアを去ってリュシマコスの宮廷へ、のちにはセレウコスの宮廷へ赴き、セレウコスはどうやら「彼の父親が死んだら、父の王国であるエジプトを返す」ことを約束したらしい。(6) そうなることはなかった。

なぜプトレマイオスは当時三十二歳ほどのケラウノスをさしおいて、二十二歳ほどだった若いプトレマイオスを支持したのか？　ベレニケは彼に対して最も影響力を持っていたと言われるので、おそらくベレニケの懇願ゆえであろう。[7]だがプトレマイオスは現実主義者であった。ほぼ四十年にわたって、控えめに言っても動乱の時代にエジプトを支配していたし、プトレマイオス家の支配を確実に続かせたかった。彼は決定を下すにあたって妻の魅力に屈するような人物ではない――もしもカエサルとアントニウスがクレオパトラのうわべのカリスマ性に抵抗するだけの自制心を持っていたら、歴史はどれほど違っていたことだろう！　プトレマイオスとタイス、エウリュディケ、ベレニケとの結婚から何人もの息子が生まれており、その一人をケラウノスの代わりにすることを彼はそれまで検討しなかったのだから、ケラウノスに代えて年少の息子を選んだことについては別の理由があったに違いない。

ケラウノスは「若く、戦争に関することは未経験で、軽率で性急な性格であり、思慮も洞察力も発揮しなかった」と言われる。[8]この未経験と不安定な性格が、このあと二七九年に侵入したガリア人との戦闘で彼の死につながった。もしもケラウノスのこうした側面が二八〇年代初めまでに明らかになっていれば、分別があり公平で、プトレマイオスのような軍事経験を持つ者なら、ケラウノスの特質および指導者としての才覚のなさは君主として危険だと考えたであろう。エジプトとシリアの関係が悪化しつつあったことを考えると、プトレマイオスは、ケラウノスが王になればその衝動的な性格がエジプトの将来に害を及ぼすと考えたのかもしれない。

それにおそらく年少のプトレマイオスは、ランプサコス出身の詩人ストラトンと、アレクサンドリアで初代図書館長だったエフェソス出身のゼノドトスが家庭教師であったことを考えると、ケラウノスより優れた知性を持っていたのだろう。プトレマイオスは強いだけでなく、図書館と研究所を監督するためにより学問のある者を望んだのかもしれない。[9]明らかにプトレマイオスは年少の息子を最良の選択と見なしたからこそ後継者としたのだ。そしてその選択が正しかったことを彼は証明した。プトレマイオス二世は父親のような軍人ではなかったが、エジプトは彼の長い治世（二八三―二四六年）のもとで繁栄した。王国は帝国勢力であり続け、図書館と研究所は最大級の知的進歩を遂げ、ファロス島の灯台が完成した[10]。

プトレマイオスの死

プトレマイオスの生涯の最後の数年についてはほとんど知られていない[11]。二八五年、おそらく年齢と健康の衰えのため、彼は後継者プトレマイオスをエジプトの共治王とした[12]。共同統治という考えは、のちにプトレマイオス二世がケラウノスの要求に対抗して考案したと信じられている。しかしこれはありそうにない[13]。またプトレマイオスは死ぬ前にプトレマイオス二世に王位を譲って退位したという主張もありそうにない[14]。

プトレマイオスは自分の支配について二つの異なる紀年法を用いたので、正確な没年がわからない。最も可能性が高いのは二八三年の一月から夏前までのどこかである[15]。彼はおよそ八十二歳で、「評価に値する数々の業績の栄光に満ちた記録」と共に、アレクサンドリアで安らかに世を去った[16]。プトレマイオスはアレクサンドロスの後継者第一世代の中で、ただひとり天寿を全うしたが、これは当時において容易なことではなかった。彼はアレクサンドロスの遺体を納めたセーマの近くに埋葬されたことだろう。そしてプトレマイオス四世の治世（二二一―二〇四年）に、遺体はプトレマイオス朝の支配者たちの安息所となった新しい王家の墓廟に移された[17]。

父の死去にあたってプトレマイオス二世は葬送競技会と供儀を催した[18]。彼の動機は政治と融合した敬虔にあり、それは父親を敬うと共に友人や助言者たちを味方につけるためであった。さらに両親をテオイ・ソテレス（「救済神たち」）として結びつけることで、ベレニケをプトレマイオスの他のすべての妻たちより上位に押し上げたかもしれない。彼は父親をテオス・ソテル〔救済神〕として神格化した際に、プトレマイオス王たちの王朝祭祀を創設したが、その起源はプトレマイオス一世がアレクサンドリアに創設したアレクサンドロスの祭祀にあった。[19]

プトレマイオスからクレオパトラへ

プトレマイオス二世は父の死を受けて単独の支配者となり、おそらく二八二年一月七日にファラオとして戴冠した。[20] 父親は彼が確実に次の王になるようにしていたが、プトレマイオス二世の王位継承は円滑なものではなかったかもしれない。[21] どうやらエウリュディケの息子のひとりがキプロスで反乱を起こし、[22] アルシノエ一世（王の最初の妻）は夫に対する陰謀で告発され、さらにもうひとつの陰謀を、彼の異母姉妹テオクセネとシラクサのアガトクレスの間の娘が企んだ。[23]* ケラウノスからも王位に挑まれるおそれがあり、最後にプトレマイオス二世が兄弟のアルガイオスを裏切りゆえに処刑したことは、この兄弟が新しい王に対する何らかの陰謀に関与したかもしれないことを意味する。[24] こんな具合にプトレマイオス二世は手一杯だったが、にもかかわらずすばやく苦もなくすべての障害を克服した。

＊テオクセネは、プトレマイオス一世の妻ベレニケと彼女の前夫フィリッポスの娘。

プトレマイオス二世は父親とは非常に違っていた。[25] なにより、途方もない宴会や度を超えた動物狩猟、とりわけ象の狩猟を楽しんだ。[26] プトレマイオス一世が質素で保守的だった点が息子は逆だった。治世の初期に彼はアレクサンドリアの街路で桁外れに贅沢で金のかかる政治宣伝の行列を催したが、そこにはさまざまな扮装をした数百人の人々や、象からシマウマ、駝鳥、水牛、檻に入れたライオン、虎、豹、はてはサイに至るまで、あらゆる動物と鳥の見本が含まれていた。[27] プトレマイオス一世はエジプトでは自身のための祭祀を受け入れなかったが、プトレマイオス二世は二七二年にテオイ・アデルフォイ

（姉弟神）としての、自身と姉にして妻であるアルシノエ二世のための祭祀を設立し、それが今度はヘレニズム世界における支配者祭祀の慣行を促進した[28]。

プトレマイオス二世はまた軍事的衝突より外交を好み、結果として彼のもとでプトレマイオス一世の軍事的な君主政は、より文化的で文民的な性格に変化した。この変化はプトレマイオス家の王妃たちにも影響を与えた。序文で私は次のような問題を提起した。「王妃を顎で使うような男性支配者たちと共に始まった王朝が、支配者として女王を、とりわけクレオパトラのような強力でカリスマ的な女王を戴く王朝へと、どのように発展したのか？」この変容は、常に妻たちを確実に自分に服従させたプトレマイオス一世とは関係ないが、プトレマイオス二世には関係がある。二七四年以前のある時点で彼は実の姉であるアルシノエ（二世）と結婚することで、彼女を政治的に卓越した地位へ引き入れた。というのもアルシノエは弟と共にエジプトを統治し、エジプトさらにはギリシアの政治における最大の立案者のひとりになったからだ[29]（図一一・一）。未来の女王たち（クレオパトラ一世、三世、そして有名な七世）も同じく夫たちに対して自己主張した。

プトレマイオス二世と実の姉との結婚は近親婚の傾向も生み出し、それは成人したプトレマイオス王の領域にとどまらなかった――五一年に十八歳のクレオパトラ七世は十歳の弟プトレマイオス十三世と結婚した。プトレマイオス二世とアルシノエ二世には子供ができなかった[30]*。しかし一世代後のプトレマイオス四世（在位二二一―二〇三年）と彼の姉妹アルシノエ三世との結婚からは、息子のプトレマイオス五世が生まれた。この近親婚は、プトレマイオス王たちが自らの特異性と権力の象徴として利用したという意味で、性的ではなく政治的なものであった[31]。

＊アルシノエ二世はプトレマイオス二世と結婚した時（二七五年頃）、すでに四十歳ほどだった。プトレマイオス二世にはすでに複数の息子があり、二人の結婚はそもそも出産を目的にはしていなかった。

図 12.1　プトレマイオス２世と姉にして妻アルシノエ２世
提供：GRANGER.COM/アフロ

時代が進むにつれてその勢力は衰えたといっても、プトレマイオス王朝がまぎれもなく強力だったことに疑問の余地はない[32]。二四六年から二二一年までのプトレマイオス三世エウエルゲテス（「善行王」）の治世には、シリアへの軍事介入が起こり、スパルタと同盟したばかりか、東部シリア、エーゲ海、トラキアにまでエジプトの影響力は拡大した。だがこれがエジプト帝国の頂点だった。プトレマイオス四世フィロパトル「最愛の父の息子」〔愛父王〕（在位二二一-二〇三年）の下でエジプトはうまく立ち行かず、彼の治世にシリアのアンティオコス三世（「大王」）が二一九年に下部シリアとパレスチナを奪い、エジプト侵攻の準備までしたが、二一七年にプトレマイオス軍がラフィアで彼を破った。プトレマイオス四世は自軍に多数のエジプト人を使うことを余儀なくされたので、土着の住民はよりよい待遇を求め始め、神官たちも社会的な影響力を増した。

　プトレマイオス五世エピファネス〔顕現王〕（在位二〇三-一八一年）もシリア問題に直面した。二〇二年にアンティオコス三世は、なおもラフィアでの敗北に対する復讐を渇望してコイレ＝シリアを占領し、さらに（レバノン-パレスチナ国境の）パニオンの会戦でエジプト軍を打ち破り、ついには小アジアにおけるプトレマイオス朝の領土を味方につけた。幸いなことに一九五年、プトレマイオスがアンティオコスの娘クレオパトラ（一世）と結婚したことで、両王国の間に和平が成った。プトレマイオス五世は本国で増大する不満にも直面していたので、十二歳だった一九六年、人々を宥めるためアレクサンドリアではなくメンフィスでファラオに戴冠したのは意味深いことだった(33)。彼は地元の諸神殿に多額の奉納をし、これ以降神官たちは社会において非常に強力な役割を果たしたので、未来の皇帝アウグストゥスとなるオクタウィアヌスが三〇年にエジプトを占領した後でさえ、ファラオとなるのに彼らの支持を得るよう心がけたほどだった(34)。

プトレマイオス五世の後継者はプトレマイオス六世フィロメトル「愛母王」（在位一八一-一四五年）であった。この支配者はアンティオコス四世のエジプト侵攻に直面し、一六八年にはペルシオンとメンフィスを占領され、アレクサンドリアまで包囲された。絶望したプトレマイオスがローマに支援を求めたため、アンティオコスはやむなく撤退したが、こうしてエジプトの国事にローマを関与させることになったのだった(35)。ローマとの友好関係は、クレオパトラ七世（在位五一-三〇年）までローマがエジプトに関与しなかったことの理由である。プトレマイオス六世とクレオパトラ七世の間には、一連の搾取的なプトレマイオス家の支配者たちが登場し、彼らの行動はエジプト人をさらに激怒させた。その中には自分の姉妹に加えて姪（クレオパトラ二世と三世）と結婚したという、ひどい嫌悪感を催させるプトレマイオス八世（在位一四五-一一六年）が含まれる。一三〇年に彼が逃亡を余儀なくされると、怒った群衆は宮殿に乱入して彼の像を粉々にした。彼は妻のクレオパトラのせいにして、大あわてで逃げる際に彼女を置き去りにした。そして自分たちの若い息子を殺すと、その体をばらばらにして箱に入れ、誕生日の贈り物として子の母親に送った。

しかしローマの支配の拡大は防ぎようがなかった。本書の幕開けに登場した有名なクレオパトラが、可能な限り長くローマを牽制し、ローマ帝国主義の趨勢に対抗してエジプトの独立を維持したことは、彼女の努力のたまものである。(36)彼女は四八年にユリウス・カエサルを誘惑し、四六年にはカエサルと一緒にいるために彼との子供と共にローマへ移った。クレオパトラはローマの民衆からは常に憎まれ、軽蔑して「エジプト人」と呼ばれていたので、四四年三月イデスの日〔一五日〕にカエサルが暗殺されるとエジプトへ逃げ帰った。ローマがすでにギリシア、マケドニア、シリアを帝国に呑み込んでいた時、彼女はまだローマをエジプトの国事に介入させずにいた。ここでローマは内戦で分裂し、四二年にマルクス・アントニウスとオクタウィアヌスは二人の間で世界を分割して、オクタウィアヌスはイタリアと西方を、アントニウスは東方を取った。エジプトにローマからの自由を確保するため、クレオパトラはまずアントニウスの愛人となり、そして妻となった。彼と共にエジプトを支配したかもしれないが、クレオパトラはこの国を自分の物以外の何ものとも見なさなかった。しかし三四年にひとたびオクタウィアヌスがアントニウスを共和政の敵と宣言すると、災難の前兆が現われた。三一年、アクティウムの決定的な海戦でアントニウスとクレオパトラに終焉が訪れた。翌年彼らは自害した。

マケドニア帝国の設計者フィリッポス二世および建築家である息子アレクサンドロスと同じく、プトレマイオス一世は息子にエジプト帝国の建築用のパーツを残した。すなわち安定したエジプト、正常に機能する行政組織、富、恐るべき軍隊と艦隊、数多くの地理的諸地域――キュレナイカ、キプロス、フェニキア、パレスチナ、コイレ＝シリア、小アジアのさまざまな地域、そしてギリシアの多数の島々に対する支配である。(37)かつて正しく言われたように、「エジプトにおけるプトレマイオス朝の支配の最初の五十年は、［プトレマイオスの］諸々の行動を通じてのみ特徴づけることができる」。(38)プトレマイオスの死後二百五十年もの間、彼が作り上げた国が古代最大の帝国勢力たるローマによって最も危険な国のひとつと見なされたことは、プトレマイオス王朝の創設者にふさわしい賛辞である。

最も偉大な後継者？

プトレマイオスの業績は、彼の支配が国法上の正統性ではなく軍事的征服に基づいていたことを考えると、なおさら目覚ましいものだった。厳密に言うと、「軍事的征服」という表現は彼の権力基盤を歪めてしまう。アレクサンドロスが三三一年にエジプトをマケドニア帝国に吸収できたのは、おもに当時のペルシア人支配者に対するエジプト人の憎悪のゆえだった。アレクサンドロスはエジプト人と戦って征服する必要はなく、エジプト人も彼の治世の間に一度も反乱を起こさなかった。三二三年に死んだ時でさえ、エジプトがマケドニアの支配を払いのけることはなく、これらすべてによってプトレマイオスは切れ目なく権力の座におさまることが可能になった。彼のエジプト支配はもちろん軍事力に根ざしたもので、本書を通して指摘してきたように、彼はこの国を槍で勝ち取った自分の領土と見なしたが、いかなる反乱にも遭っていない。この人気の理由のひとつは、プトレマイオスが心から寛大で気前のいい人物だったらしいということだが、ディオドロスが明らかにしているように、それは自分の君主政を正統化する助けとして注意深く助長したイメージであった。同時に彼は、たとえばキュレネの人々や哀れなクレオメネスが知ったように、まったく無慈悲になることもできた。フィリッポス二世やアレクサンドロスのように、寛大さと外交で効果があるのはある程度までにすぎなかった。

プトレマイオスの成功は、彼の出自と権力への上昇を考えた際にも注目に値する。彼はアレクサンドロスの下で将軍ではなかったし、アレクサンドロスも彼を将軍と見なしたことはなかったようだ。彼は数々の戦闘や包囲戦で王と共に戦い、屈強で忠実な兵士であった。それでもアレクサンドロスは自分の信頼できる少年時代の友人に、遠征中はごくわずかな指揮権を与えたにすぎなかったが、そのうちの三二八年にベッソスを拘束したことが転機となった。ただしプトレマイオスの他の指揮権は、たとえ彼が『大王伝』でそれらを大げさに描こうとしたところで、本質的に偵察および掃討の類だった。三二八年に王の側近護衛官に昇進したことは確かに彼にとって大成功であり、アレクサンドロスからの信頼の証であった。それでも、王の少年時代の友人ばかりか他の同時代人たちもプトレマイオスを飛び越えて、千人隊長になったペルディッカスのように、はるかに重要な地位へ上って行った。

しかしエジプトにおけるプトレマイオスの経歴、とりわけ三二〇年に同地でペルディッカスを、三一二年にガザでデメトリオスを、三〇六年にエジプト近くでデメトリオスとアンティゴノスを打ち破ったことは、プトレマイオスが敵の落伍者を捕えたり殺したりする程度どころではない人物だと示した。デメトリオス、アンティゴノス、ピュロスはこの時代の最も優れた将軍であったが、プトレマイオスがピュロスと緊密な同盟を結ぶだけでなく、デメトリオスとアンティゴノスを打ち負かしたのを忘れることはできない。このように彼は大いなる成功を収めた軍事戦略家にして指導者であり、三二〇年にラクダの砦でペルディッカスを相手に、あるいは三一二年にガザの会戦で戦った時、さらには三〇二年にコイレ＝シリアに進軍した時に見たように、マケドニアのどの王とも同じく、最前線から指揮して自分の兵士たちに呼びかけた。彼の軍は彼を尊敬したし、敵の軍勢を丸め込んで自軍の兵力を増やすのは難しくなかった。

アレクサンドロスはプトレマイオスの潜在力を見過ごしたように思われるが、その理由はわからない。おそらく側近の中では、ペルディッカスやクラテロスら他の者たちのほうが強い個性と見解を持っていたからか、あるいはパルメニオンやクレイトスのように年長者ゆえのより大きな権威を持っていたためだろう。プトレマイオスは単に、指揮官の地位に「ふさわしい資質」を備えていないと見られたのかもしれない。しかし彼の持ち場がアレクサンドロスの上級スタッフの周辺だったことは、多くの面で有利に働いた。側近護衛官としておそらく彼は、将軍や総督たちが互いに抱いたのと同じ疑念や不信の目で見られることはなかっただろう。

三二三年バビロンでのアレクサンドロスの死後、明らかにプトレマイオスはいつまでも出番を待っているつもりはなかった。ペルディッカスの計画に対する挑戦と帝国統治のための革新的な提案をしたことで、彼はたちまち、かつてアレクサンドロスのもとで他の者たちが一緒に仕えてきた人物とは別人となった。彼の提案は衝動的なものではなかった。アレクサンドロスが死んで後継者問題が重大なものとなった時、プトレマイオスは自分が他の者たちと対等な地位に就く好機と見た、それゆえ顧問会議〔という案〕を押し出したのだ。彼は自分の提案が受け入れられないとわかっていたかもしれないが、欲しかったものは手に入れた、すなわち真剣に耳を傾けてもらうこと、それに権力である。プトレマイオスがほんの数日で側近護衛官からエジプト総督に昇進したことは称賛に値する。そしてエジプトで、また他の後継者たちとの関係で彼がどう振る舞ったかは、三二〇年のトリパラデイソスおよび三一一年の協定で彼に与えられた領土から、またアンティゴノスに対抗するための支援を求めて三一五年にセレウコスが彼のもとへ逃げてきたことから明らかである。

プトレマイオスは個人的な経験から、バビロン協定の他の当事者たちのさまざまな個性と貪欲のせいで、彼らの間に途切れなく平和が続くことは決してないだろうと気づいており、それは正しかった。彼が賢明にも位置を理由にエジプトを選んだのはそのためである。初期ヘレニズム時代の主要な紛争地帯から離れており、豊富な天然の要害を持つおかげで、プトレマイオスは支配を強化し資源と戦闘力を増大させることができたが、他方で他の後継者たちは互いに戦い殺し合った。しばしば考えられるような、エジプトを残りの世界から切り離すことだけ、あるいは純粋に防衛的な政策を追求することだけに専心した人物であるどころか、古代作家たちさえ見てとったように、プトレマイオスは帝国の分け前を欲する点で他の者たちと何ら違わなかった[39]。

三二三年バビロンでの演説に始まるプトレマイオスの野心を我々はたどってきた。三二二年のクレオメネス処刑、三二一年のアレクサンドロスの遺体の奪取、五回の後継者戦争すべてにおいて彼が果たした役割、そしてとりわけ三〇八年のギリシアとマケドニア獲得の試み。たとえばアンティゴノスのように、同時に多くの戦線で行動することはなかったが、プトレマイオスはとりわけ北部と東部でエジプトを守り、それを拡大するという戦略方針に従った。プトレマイオス二世が相続したエジプトは、東地中海とエーゲ海の海に君臨したのは言うまでもなく、キュレナイカ、キプロス、ロドス、コイレ＝シリア、フェニキア、キクラデス諸島を支配していた。父一世の海上支配はエジプトを敵対勢力から守っただけでなく、交易を容易にし国の繁栄を助けた[40]。プトレマイオスは時には海上での優位を失うことがあり、とりわけキプロス沖で手痛い敗北を喫した後の三〇六年がそうだったが、わずか数年で盛り返し、たいてい以前より強い立場に復した。強力な経済政策と官僚組織の改革のおかげで、プトレマイオスは間違いなくエジプトをアジアの一部という存在から引き出して、ギリシア世界に参入させた[41]。正しく言われてきたように、彼の業績についての評価は、若干の「不運で単発の出来事」ではなく、治世全体を通じてのエジプトおよび彼の王国における出来事に基づく必要がある[42]。

キプロス沖での敗北と同じ年にプトレマイオスは王となり、当時の最も影響力ある支配者たち、アンティゴノス、デメトリオス、リュシマコス、セレウコス、カッサンドロスらと本当に肩を並べる者となった。領土を付け加えながら彼らを出し抜き続けた（そして彼らの大半より長生きした）ことで、彼は同等者中の第一人者となった。それでも、後継者たちの多くと同じく、ひとつの目標が常に彼の手から逃れた——ギリシアとマケドニアの支配である。三〇八年のマケドニア獲得の試みから、プトレマイオスが本当は何者であったかがわかる。彼はひとりの帝国主義者、すなわち目標を達成するためには、アレクサンドロスの妹クレオパトラを含めて誰であろうと利用し、自分がフィリッポス二世の庶子であるという噂を流したり、アレクサンドロスの偽の遺言を流布させたりすることを含めて、手段を選ばぬ帝国主義者であった。計画が破綻した時、なおも彼は本土での諸事件に関与していた――二九七年にピュロスがエペイロスの王位を取り戻そうとするのを後援し、二八八年にはアテネを支援したのである。

エジプトにおけるプトレマイオスの活動および民衆との関係については、史料の乏しさゆえにあまりわかっていない。彼の死に際して現地民の反乱が起きなかったことは、エジプト人がプトレマイオスの支配を受け入れるようになっていたことを示す。たとえ彼の統治では現地民がマケドニア人とギリシア人ほど好遇されておらず、最終的には軍隊を養うための収入を増やすことに向けられていたとしても、プトレマイオスは土着の神々を尊重し、エジプト人に彼ら自身の社会的宗教的習慣を許し、すべての服属民と良好な関係を育むよう本気で努力した。おそらく彼はここでアレクサンドロスと共に経験したことに影響されていた。プトレマイオスの敬虔さは彼がエジプトに到着した時から明白であったし、三一一年にブトの神官たちが北西デルタで彼らの土地（と収入）をプトレマイオスに戻してもらったことを記念して、総督の石碑を建てたことは、彼らの側での心からの思いに触発されたものだと思われる。それからサラピスがあった。この神の導入はギリシアの神とエジプトの神を共通の崇拝にまとめるものだったゆえに、プトレマイオスの側の見事な手腕であった。アレクサンドロス大王でさえ、これほど進取の気性に富むことは試みなかった。

後継者戦争ではアレクサンドロスの名前が与える優位ゆえに、プトレマイオスはいつでもすばやく大王の名前を利用し、豪華な宮殿から異国風で裕福な国を支配するようになった。しかし生活様式は、アレクサンドロスが結局いきついたスタイルより伝統的なマケドニア風だった。アレクサンドロスが衣装から香水までペルシア風の贅沢の影響力に屈し、自身の神性を気取るまでになったのに対し、プトレマイオスは古風な世代のひとりであり続けた。本国のマケドニア人と同じく、彼はあっさりした食事をとり、素朴なワインを飲み、平民のような服装をして、たいてい虚飾を避け、何であれ生活でのより洗練された持ち物のせいで目標から遠ざかることはしなかった。彼はいかなる神性の見せかけも避けようと非常に骨を折った。例外はファラオとしての役割の一部であった神格だが、それはエジプト人の臣民向けに限られた。

このようにプトレマイオスは、彼がエジプト人をいいように利用したり、ギリシア語とギリシア文化を押しつけたりしたやり方を考慮に入れてもなお、本当に人々の利益を気遣っていたと思われる。プトレマイオスはエジプトの首都を、アレクサンドロスとのつながりに加えて、単に経済的および安全上の理由だけでメンフィスからアレクサンドリアへあっさりと移し、そこまでやめることもできた。だがそうせず、さらに踏み込んで大図書館と研究所を創設したことで、二重に利益を得た。それは彼にライバルたちが持たなかったものを与え、彼のエジプトを世界の知的中心地にしたのである。アンティゴノスが臣民を敬意を持って扱うことは決してなかった。アレクサンドロス大王は臣民の社会的宗教的習慣を決して完全には理解せず、むしろ彼ら自身の文化を無視して恨みを買った。しかしプトレマイオスはそれらを理解することで、本当に自分が好かれるようにしたのである。

マケドニア王国の農村部に住んでいたとるに足りないマケドニア人の息子でありながら、プトレマイオスはアレクサンドロス大王の信頼できる友人のひとりに、そして個人的な護衛官に昇進した。アレクサンドロスの後継者第一世代のひとりとして、彼はエジプトの総督に、それから王になり、自身と国のために相当な富と権力を蓄え、ヘレニズム諸王朝の中で最も長命の王朝を創設した。彼が行なったこと、それを始めたやり方、そして行動の素晴らしい成果によって、おそらく彼はこれら後継者の中で最も偉大な者となった。彼はこの観点から見られるに値する。プトレマイオスは王、指揮官、政治家、知識人の見事な模範であった。

プトレマイオスを「世界史に決定的な影響を与えた」人物として描くのは行きすぎかもしれない[43]。しかし彼がエジプトの歴史だけでなく初期ヘレニズム世界の歴史を、これまでたいてい考えられてきたよりはるかに広範に形作るのを助けたことは、疑問の余地がない。

補論1　プトレマイオスの『アレクサンドロス大王伝』

ラゴスの子プトレマイオスとアリストブロスの子アリストブロスの二人が、フィリッポスの子アレクサンドロスについて同じことを書いている場合は、それらがまったく真実であるとして記録し、異なることを書いている場合は、そのうちより信頼できて語るに値すると思われるほうを選ぶことにする。実際アレクサンドロスについては他の作家たちもさまざまなことを書いてきたが、これほど多くの著作家がこれほど互いに一致しないことを伝える人物はほかにない。しかし私にはプトレマイオスとアリストブロスが記述の面で最も信頼できると思われた。というのもアリストブロスはアレクサンドロスの遠征に従軍したし、プトレマイオスはその点に加えて、彼自身が王であったので、偽りを述べることは他の者以上に不名誉なことだったからである。(1)

アリアノスは彼の『アレクサンドロス大王史（東征記）』の序文で右のように書いている。アリアノスは一般にアレクサンドロスの治世に関する後世の記述史料の中で、王から何世紀も後に書いたにしても、最も信頼できると見なされている。なぜなら彼が述べているように、おもにアレクサンドロスの生涯と経歴に関するプトレマイオスの歴史書と、もうひとりの同時代人であるカッサンドレイア出身のアリストブロスの歴史書を用いているからで、この二人はいずれもアレクサンドロスの遠征に同行したからだ[2]。アリアノスが述べるように、少なくとも彼の時代までの歴史上の人物で、その生涯と経歴がこれほど矛盾した説明の対象になった者はなかったというのは確かに本当である。とはいえ、アレクサンドロスと共に行軍した作家たちを用いることの価値は理解できる一方で、プトレマイオスは王であったのだから事実を歪曲する可能性はより低い、だから彼の説明はいっそう信用できるというアリアノスの説明は、我々には素朴すぎる。すでに見たように、プトレマイオスは他のライバルたちと同じく、欺瞞を用いて計画を実行することを恐れなかった。したがってアレクサンドロスについての説明で、なぜプトレマイオスが信頼できるというのだろう？

実際のところ、プトレマイオスの『大王伝』はあらゆる種類の問題を引き起こす[3]。第一に、我々が持っているのはその全体ではなく、後世の作家たち、とりわけアリアノスに引用されたり言い換えられたりした抜粋（ふつう「断片」と呼ばれる）にすぎない[4]。実のところ『大王伝』がどれほどの長さだったのかもわかっていない――アリアノスはその断片の大半を含んでいるが、それでも長短さまざまの三五か所にすぎない。第二に、プトレマイオスがそれを書いた本当の理由を決定するのは不可能だし、作品中の情報は疑わしい[5]。かつて、アリアノスはプトレマイオスの記述について、独創性など考えもせずにそっくり従ったと言われたが、この結論に同意する者はもはやほとんどいないだろう[6]。プトレマイオスは自分自身には有利に、同時代人の多く、おもにペルディッカスに対しては不利になるよう偏っており、それゆえ彼の『大王伝』は危険なまでに主観的なものとなっている。

すでに述べたように、プトレマイオスは自分が描いている諸事件に居合わせたと私は信じており、アレクサンドロスの侵攻における彼の役割については、そうした逸話や、彼がかかわった人々が話の中にどう投影されているかに注意を払いながら、彼の『大王伝』を用いてきた。彼の潤色と偏向のすべてをここで繰り返す必要はないものの、そのいくつかについては実例のつもりで多少のことをやはり述べておかねばならない。

おそらくプトレマイオスは、三三一年のペルシア門での戦闘（七一頁）および三二八年のベッソスの拘束（七九頁）における自分の役割を誇張した[7]。後者に関しては他の古代作家の誰も、村人たちが事前の合意を反故にしてベッソスの引き渡しを拒否したため、プトレマイオスは彼らが折れるまで外交と軍事的威嚇に訴えざるを得なかった、などとは言ってない。事実アリアノスは、アリストブロスによればスピタメネスとダタフェルネスがベッソスを引渡したと述べている。同様に、三二六年にインドでプトレマイオスがアスパシオイ人の首長と死闘を交わしたというのも、ホメロス的な雰囲気を持っているが、アレクサンドロスが大喜びするような白兵戦と張り合うため、おそらく意図的にそうしたのである。

自分がやったとプトレマイオスが主張していることは重要だが、語っていないこともまた重要である。たとえば彼は、三二八年にアレクサンドロスとクレイトスの間で勃発《ぼっぱつ》し、王に古参の将軍を冷酷にも殺害させることになった激論（八一-八二頁）については、何も述べていない。すでに示唆したようにプトレマイオスが、クレイトスに対するアレクサンドロスの卑劣で非英雄的な反応を、自分の『大王伝』の読者に隠しておきたかったのも当然である[8]。しかし、彼はこの事件が自分の名声に痛手となることからも、除外したのかもしれない。彼は王の側近護衛官であり、当初は口論をやめさせて、クレイトスを部屋から押し出しさえしたのだが、クレイトスが戻ってくるのを阻止せず、この時にクレイトスが王を攻撃したのかもしれない。よって、プトレマイオスの印象を悪くしないためには、事件全体を省略するのが好都合だったのである。

同じことが、インドにおけるマッロイ人包囲戦でプトレマイオスがしたことになっている行動にも当てはまるだろう（一〇二頁）。アリアノスとクルティウスが主張するには、プトレマイオスはアレクサンドロスと一緒にいて彼の救出を手助けし、それに対して王は彼にソテル（「救済者」）という添え名を与えて報いた。しかしプトレマイオス自身はこれをすべて否定した[9]。ここでも彼の異議申し立ては、彼が護衛官として王を十分に防護せず、つまり自身の任務を適切に遂行しなかったという事実を覆い隠すためかもしれない。

またプトレマイオスはさまざまな人物、とりわけペルディッカスに対する敵意をあからさまにする[10]。『大王伝』は三三五年のテーバイ攻めにおけるペルディッカスの向こう見ずな攻撃から始まるが、それは凄惨な戦闘につながり、多くのマケドニア人兵士が殺されるか負傷した[11]（五〇頁）。ペルディッカスがそのような行動をしたというのはアリアノスが唯一の史料であること、ディオドロスは彼がアレクサンドロスの命令に忠実に従ったと述べていることは注目に値する[12]。別の場面でディオドロスとクルティウスは、三三一年のガウガメラの会戦で負傷した数人の上級将校にペルディッカスが含まれていたと述べているが、アリアノスの記述にはペルディッカスが含まれておらず、これはプトレマイオスが彼を省略したことを意味するのかもしれない[13]。プトレマイオスは同僚護衛官のひとりであったペルディッカスが、とりわけアレクサンドロスの死後、あまりに急速に影響力ある地位へと昇進するのを見て、おそらく憎んでいたのだろう。そしてもちろん両者の関係は、ペルディッカスがプトレマイオスからエジプトを奪い取ろうとした時に永久に悪化した。それゆえプトレマイオスはガウガメラでのペルディッカスの武勇を表に出したくなかったのであり、テーバイで大きな犠牲を出したペルディッカスの性急さなるものは、真実からほど遠いと思われる。とはいえ、プトレマイオスの記述はペルディッカスにテーバイ破壊の責任を負わせるつもりだったとか、『大王伝』全体がペルディッカスに対抗するために書かれた、などと主張するのは行きすぎである[14]。

真実性の問題に加えて、プトレマイオスがなぜ、あるいはいつ『大王伝』を書いたのかもわかっていない。アリアノスは彼の序文で〔本章冒頭の引用箇所に続けて〕「〔プトレマイオスとアリストブロスは〕アレクサンドロスが死んだのちに執筆したので、実際に起きたのとは異なることを書くよう強制されたわけでなく、それによって得をすることもなかった」と述べている。[15] アレクサンドロスの死後にプトレマイオスが記述をしたことはほぼ確実だが、執筆の年代は彼が書いた理由とは関係ないと思われる。[16] 彼の作品が（同時代の他のアレクサンドロスの歴史家たちとは対照的に）煽情的でないことと、プトレマイオスが治世の末期に書いたことをおもな理由として、これはアレクサンドロスの治世について客観的で正確な説明になることを意図していたという説がある。[17] この見解には異議が出されてきた。プトレマイオスは後継者戦争の初期に政治宣伝の目的で執筆していたのであり、その際に他の後継者たち、とりわけペルディッカスに対して優位に立つよう、出来事を選択して『大王伝』を組み立てたというのである。[18] さらに、アレクサンドロスのアジア侵攻で自分がはたした役割を潤色することと、自身が実際以上に大王の腹心の友であったと描くことで、アレクサンドロスの古参兵たちの忠誠を得るための一助とするつもりだったのかもしれない。

ここで私は第三の選択肢を提案する。プトレマイオスの『大王伝』は、単純に彼の治世における歴史執筆「活動」の一部であり、そこにはアブデラ出身のヘカタイオスのエジプト史（ヘレニズム時代で最も重要なエジプトの記述）や、クレイタルコスのアレクサンドロス大王史（古代で最も人気のあった大王の伝記で、その中でプトレマイオスは重要な役割を果たした）が含まれる。なにしろプトレマイオスは、神官にして歴史家のマネト――彼の『アイギュプティアカ（エジプト史）』は当時おそらく準備段階にあった――を含むエジプト人の知識人とも交流があったのだ。そしてアレクサンドロスの侵攻について自分の立場からの見解を書いたことで、彼はその「活動」の中に自ら飛び込む機会をつかんだというものである。

まず『大王伝』執筆の初期と後期の背景について考えてみよう。アレクサンドロスの死の直後の時期の混沌とした目まぐるしい事態の流れを考えれば、死に至るまでの大王についての洗練された記述を書き上げるのはおろか、書き始める時間がプトレマイオスにあったとすら想像しにくい。プトレマイオスはおそらく自分に対するペルディッカスの態度を最初から警戒したであろうし、とりわけペルディッカスがクレオメネスを密偵のごとく押しつけてきた時にはそうだったろう。しかしプトレマイオスはエジプトで地位を確立したりキュレナイカへ侵攻したりするのに多忙すぎて、何かを執筆することなど考えられなかった。それゆえこれまで主張されてきたように、これはペルディッカスに対する影響力を得ることを意図した作品だったというのは、ありそうにないと思われる(19)。さらに二人の決裂は、三二一年にプトレマイオスがアレクサンドロスの遺体を盗み、ペルディッカスが翌年エジプトに侵攻せざるを得なくなったことで、初めて本当に起きたのである。

第一次後継者戦争（三二一–三二〇年）とトリパラデイソス協定（三二〇年）の後では、プトレマイオスはエジプトで、バビロン協定（三二三年）後の二、三年間当時よりはるかに強力な地位にあった。三一〇年のアルゲアス朝最後の王アレクサンドロス四世の殺害は、たとえ後継者たちが三〇六年まで王という公式の称号を採っていなかったにしても、彼らを総督から職権上の王へと変化させた。同じ三〇六年にプトレマイオスは攻城者デメトリオスのせいで敗北とキプロスの喪失という打撃を受けたが、それでも王となり、アンティゴノス朝に侵攻されるという重大な脅威に堂々と立ち向かった。五年後の三〇一年、アンティゴノスはイプソスの会戦で殺され、第四次後継者戦争（三〇七–三〇一年）は終結した。残りの後継者たちにとってデメトリオスはなおも恐るべき敵であったが、プトレマイオスが彼らの策謀に巻き込まれることは以前よりはるかに少なくなった。

言い換えると、プトレマイオスが三〇六年にエジプト王としての地位を築くまでは、そしてこの年以降の諸事件で彼がはたした役割を思うと、政治宣伝という理由からアレクサンドロスについて書く必要はなかったし、ペルディッカスはとっくに死んでいた。それゆえ彼の『大王伝』が書かれた背景を見つけようとするなら、たとえば三〇六年より以前、あるいは彼の治世末期のどちらかを考えねばならない。前者について私はすでに、三〇八年のマケドニア王位獲得の試みの一部としてプトレマイオスは、アレクサンドロスの遺言を捏造し、自分がフィリッポス二世の庶子であるとの噂を流し、アレクサンドロスの妹クレオパトラとの結婚をお膳立てしたのだ、と主張した（二一二─二一六頁）。おそらくプトレマイオスは早くも三一〇年から、すなわちアレクサンドロス四世が殺され、プトレマイオスがキリキア、リュキア、カリア、コスへの一連の軍事作戦を開始した年から、マケドニアとギリシアを奪い取る計画を立てていたであろう。彼の目的は、同じくマケドニアの王権を求めて競い合っていたアンティゴノス家を犠牲にして、東地中海およびエーゲ海諸地域における支配的勢力となることだった。おそらくこの時プトレマイオスは、自分を大王の腹心の友とする政治宣伝用のアレクサンドロスの伝記が、自分がマケドニアの民衆に受け入れられる可能性を強めるだろうと考えた。しかしこの種の歴史を書くには、この時間枠──三一〇年から三〇八年──は、とりわけ彼が当時は毎年活発な海外遠征を行なっていた以上、確かにあまりにも短い。

プトレマイオスの治世のより遅い時期に目を向けるべきなのはこういう理由からであり、そうすることで執筆の年代と目的を関連づけるための根拠が示されるだろう。社会から孤立して執筆したわけではないから、プトレマイオスが単に、当時執筆されて増えつつあった歴史書に自著を加えたいと思ったということも排除できない。アレクサンドリアの研究所と図書館の創設者として、彼自身もひとりの知識人であった。そしてすでに伝説上の人物となりつつあったアレクサンドロスと肩を並べて戦ったことを思えば、かの大王と共に進軍したことについて、自分自身の観点から書きたくなるのはもっともだった。そうすると、彼は自分自身の役割を得々として高める一方で、自分の宿敵だからという理由でライバルたちを悪しざまに書くことに熱中した可能性も排除できない。現代のある学者の見解がここでは非常に適切である。「プトレマイオスの作品が今日のように断片的な状態である限り、彼の目的に関する謎は未解決のままにしておくのがよいだろう。わずかにわかっている範囲で言えば、プトレマイオスは単に歴史を書きたいからこれを書いたということもあり得るのだ。もしそうだとしたら、作品執筆の時期には政治的な関連などほとんどなかったことになる[20]」。

その通りだろうが、この見解はいささか悲観的であると思う。すでに見たように、プトレマイオスは可能な限りいつでも事件の前面に出ようとする人物で、古代作家たちでさえそれに気づいていた——それゆえクルティウスは、プトレマイオスが「本当に自分自身の栄光には傷をつけない者だった」と述べている[21]。現存する断片、および与えられたり与えられなかったりする情報から現れるのは、脇役に甘んじる気がなく、自身の欠点に目を向けず、何人かの人物を過小評価するか無視する人物による、軍事的視点からのアレクサンドロスの伝記である。それゆえプトレマイオスが、バビロンでのアレクサンドロスの死後に自分がしたことを何も述べていないのは驚くべきことだ。つまり、ペルディッカスとアンティゴノス家を打ち破ったこと、アレクサンドリアへの遷都、文化的知的中心地としてのアレクサンドリアに彼が与えた刺激、エジプト帝国の樹立、救済者と名づけられたこと、そしてもちろんエジプトの王になったことである。「自分自身の栄光には傷をつけない者」である人物にとって、エジプトにおけるプトレマイオスのまさしく正真正銘の業績は、潤色も省略も必要なく、何も変える必要のないものなのに、それについて沈黙しているのは確かに意味深長である。実際、プトレマイオスは自身のエジプト史を計画していたマネトと宮廷で接したことで、アレクサンドロスおよび彼自身のエジプトについて書こうとする意欲をかき立てられたはずである。しかし彼はそうしなかった。

後継者戦争での自分の広汎な役割と並外れたエジプト支配のどちらもプトレマイオスが論じなかったのは、『大王伝』を書き始めたのが晩年で、二八三年の死までにはアレクサンドロス死後の出来事に取りかかっていなかったことを示唆する。おそらく彼が書記相手に口述を始めたのは、すでに公的および軍事的生活からほとんど引退し、息子と玉座を共有していた二八五年であろう。もしそうなら、彼の「記憶あるいは想像力のせいで自制心を失った」ため、または「四十年という霧」のため、彼が間違いを犯したのももっともである。[22]

確実に言えるのは、プトレマイオスは自分のエジプト支配について書くつもりだったということで、それが実現していればおそらく我々はもっと多くの個人的な潤色や敵対者への中傷を我慢せねばならなくなっていたであろう。同時に我々は、後継者戦争という動乱の時代について、アリアノスの『アレクサンドロス以後の出来事』のごくわずかな断片からは探り出せないような、はるかに広範囲に及ぶ同時代の歴史像を手に入れられていたことだろう。

＊プトレマイオスの歴史書の原題は不明で、著者は便宜的に *History of Alexander* と称し、二九五頁では、プトレマイオスは大王死後の出来事も書くつもりだったと述べる。しかし実際に書かれたのは大王の治世のみであった。よって本書ではプトレマイオスの作品を『大王伝』と呼ぶことにする。

補論2　情報源

プトレマイオスの生涯は、フィリッポス二世とアレクサンドロス大王のもとでマケドニアが偉大だった時代から、マケドニア帝国の崩壊を経て偉大なヘレニズム諸王朝の形成まで、後期古典期と初期ヘレニズム時代に及んでいる。これらの時代について書いた古代作家たちは人数も信頼性も実にまちまちなのだが、その理由はおもに彼らが本書で扱う諸事件よりずっと後の時代に生きて書いたためである。多くの作家はアジアにおける超人的な偉業のゆえにアレクサンドロスにより重点を置き、長く複雑な後継者戦争については誰もそこまで深くは扱わなかった。だから、初期ヘレニズム時代について我々の知識に欠落があることで、プトレマイオスの生涯と行動の多くの側面は闇の中である。彼に関する史料については、とりわけ Seibert 1969, pp.52-83; cf. Habicht 2006c を参照のこと。

フィリッポスとアレクサンドロスの治世については、四篇の主要な記述史料がある。ディオドロス・シクルス（シチリア出身の）はローマ共和政の末期に、神話時代から五四年のユリウス・カエサルのガリア遠征までの『歴史叢書』を書いた（四〇巻のうち一五巻だけが現存する）。アリアノス（ルキウス・フラウィウス・アリアノス・クセノフォン）は、後二世紀にアレクサンドロスの伝記を書いた。クイントゥス・クルティウス・ルフスのアレクサンドロス史は後一世紀中頃から後半にかけて書かれ（一

○巻のうち八巻だけが現存する）、ユスティヌス（マルクス・ユニアヌス・ユスティヌス）は後二世紀から四世紀の間に、グナエウス・ポンペイウス・トログスによる前一世紀の作品の摘要（要約）を書いた。これに加えて他の作家では、たとえば伝記作家プルタルコスは後一世紀から二世紀にかけて、ローマ共和政末期までの（アレクサンドロスを含む）傑出したギリシア人とローマ人の伝記シリーズを執筆した。それから地理学者ストラボン（前一世紀から後一世紀）とパウサニアス（後二世紀）が、多くの地域や諸都市に加えて歴史上の諸事件の記述を提供している。さらに、たとえばポリュビオス（前二世紀）やリウィウス（前一世紀）にも本書の時代についての言及が散在している。

これら後世の古代作家たちは、本書が扱う出来事と同じ時代に書かれた、より以前の数多くの作品を使用した。それらはみな、後世の作家が引用や要約したものを除いてすべて失われた。より重要な同時代の記述には以下の者たちによるものが含まれる。プトレマイオス（補論1参照）、カッサンドレイア出身のアリストブロス、サモス出身のドゥーリス、オリュントス出身のカリステネス、（小アジアの）コロフォン出身のクレイタルコス。これに加えて、アレクサンドロスの最後の日々と彼の死を記録したカルディア出身のエウメネスによっておそらく編纂された『エフェメリデス（王室日誌）』がある。

後世の作家たちにはみな問題があり、とりわけより以前の諸史料をどれほど注意深く用いたか、そして王権や指揮能力に対するローマ人の態度に影響され、それに合わせた表現方法で記述したかどうかが重要である。これに加えてプルタルコスの伝記の情報は、彼が歴史的な正確さよりも対象とする人物の個性や道徳性のほうにより関心があったため、しばしば疑わしい。歴史的な真実性はパウサニアスにとっても主要目的ではなく、時には矛盾したり誤ったりした情報を与えることがある。フィリッポス二世とアレクサンドロスに関する古代史料についての議論は、Worthington 2014, pp.311-319 の補論（参考文献付き）を参照。

ヘレニズム時代になると、記述作家はそれほど利用できないが、重要な考古学史料がある。cf. Rostovtzeff 1941, vol. 1, pp.255-261; Seibert 1969, pp.52-83, and 1983, pp.1-69; Walbank 1984b; Shipley 2000, pp.5-32, 196-201; and Habicht 2006c.

アリアノスは後継者たちの伝記も書いたが、断片しか現存しない（*FGrH* 156）。Goralski 1989. クルティウスは第一〇巻の最後の部分で、三二三年のアレクサンドロスの死からバビロン協定までの諸事件をおおざっぱに扱っている。ディオドロス（第一八―二一巻）は、アレクサンドロスの死に続き三一一年までの複雑な時期について、たとえ彼が述べることが時には疑わしく、年代に誤りがあるとしても、最も多くの情報を与えてくれる。cf. Anson 2014a, pp.116-121 and 157-162. しかしながら三一一年の協定以後は、ディオドロスは含める事象をより吟味するようになり、シチリア、カルタゴ、ローマの事情にますます関心を持つようになる。最も完全な記述はユスティヌスのそれで（第一三―一五巻）、たとえ作品がより以前の歴史書の摘要であるとしても、彼は信頼できる史料と見なされている。

デメトリオス・ポリオルケテス、エウメネス、ピュロスについてもプルタルコスの伝記があるが、先に指摘したように、歴史上の信頼性はプルタルコスの得意分野の中にはない。それからパウサニアスやストラボンのような他の作家たちにもプトレマイオスへの言及があり、ストラボンによるヘレニズム時代のアレクサンドリアの記述は、現存する唯一のものである（Strabo 17.1.6-10）。

この時代についての同時代の記述は（アレクサンドロスに関するものと同様に）、失われたか断片的である。先に引用した者たちに加えて、カルディア出身のヒエロニュモスがいる（エウメネスが三一六年に死ぬまで彼の支持者で、その後アンティゴノスの陣営に移った）。ヒエロニュモスは二七二年のピュロスの死に至るまでの後継者戦争について書き、これをアリアノスは自著『アレクサンドロス以後の出来事』に使い、ディオドロスとユスティヌスはそれぞれの記述で、さらにプルタルコスも彼の伝記で使用している。

これ以外の重要な史料には『パロス大理石』ないし『パロス年代記』（*BNJ* 239）が含まれる。しばしば欠落があるが、二九九／八年に至るまでの年表が記録されたものだ。cf. Anson, 2014a, pp.116-121, 157-162, and 184-186, and Sickinger *BNJ* 239. それから三一一年にブトの神官たちが、かつてペルシア人に奪われた土地を返還してもらったことをプトレマイオスに感謝して建てた、いわゆる総督の石碑がある。この石碑はプトレマイオスに関する唯一の神聖文字史料で、彼が三一一年までにアレクサンドリアに移ったことも教えてくれる。Goedicke 1985 を参照。

貨幣は非常に重要な同時代史料である、ただしプトレマイオスの治世となると限られる。彼はフィリッポス三世とアレクサンドロス四世の名前で貨幣を発行していた時でさえ、他の後継者たちと同じく政治宣伝の目的で、アレクサンドロスの頭部を刻印した貨幣を鋳造し続けた。のちにプトレマイオスは自身の頭部を刻印した貨幣を鋳造したが、三〇六年に王になった後でもまだ、アレクサンドロスの肖像を刻印した銀貨を用いていた。

最後に大変重要なのが同時代のパピルスで、プトレマイオス朝エジプトについては豊富に残っており（実に数万枚）、行政と日常生活にかかわるあらゆる情報——賃貸借契約、請負契約、神殿との諸関係、嘆願書——を含んでいる。パピルスのほぼすべてはギリシア語で書かれており（一部はエジプトの日常の書き言葉である民衆文字《デモティック》だが）、現存する文書の年代はプトレマイオス二世と彼の後継者たちの時代ではあっても、おそらく多くの行政上の施策を導入したり、自分が用いるために適合させたりしたプトレマイオス一世の治世についての手がかりを与えてくれる。Rostovtzeff 1941, vol.1, pp.256-259; Turner 1984, pp.118-119; Shipley 2000, pp.196-201.

年表

＊年はすべて紀元前

三六七（?）　プトレマイオスが生まれる。
三五九―三三六　アレクサンドロス大王の父、マケドニアのフィリッポス二世の治世。
三五三（?）　プトレマイオスがペラで王の近習（?）として仕え始める。
三三八　カイロネイアの会戦。おそらくプトレマイオスも戦った。フィリッポスがギリシアの支配者となる。
三三七　コリントス同盟がマケドニアによるギリシアの覇権を保証する。フィリッポスがアジア侵攻を発表する。ピクソダロス事件により、プトレマイオスおよびアレクサンドロスの他の友人たちが追放される。
三三六　フィリッポス暗殺（六月）、アレクサンドロス三世（大王）が王となる。
三三五　アレクサンドロスがトリバッロイ人とイリュリア人に対して遠征する、テーバイの反乱、おそらくプトレマイオスもこれらの遠征に参加した。
三三四　アレクサンドロスがアジアに侵攻する（夏）。グラニコス河畔の会戦。ミレトスとハリカルナッソスの包囲戦。おそらくプトレマイオスはこれらすべてに居合わせた。
三三三　アレクサンドロスが小アジア沿岸地方を征服する。ゴルディオスの結び目を「解く」。

アレクサンドロスがタルソスで病のため死にかける。イッソスの会戦にプトレマイオスも参加。

三三二　アレクサンドロスがテュロスとガザを包囲する。レバントの征服。アレクサンドロスがエジプトに入り、その降伏を受ける。おそらくプトレマイオスはこれらすべてに居合わせた。

三三一　アレクサンドロスがアレクサンドリアを創建する。プトレマイオスは王に同行してシーワのゼウス・アンモンの託宣所を訪問する。ガウガメラの会戦にプトレマイオスも参加。アレクサンドロスがバビロンとスーサを占領する。ペルシア門での戦闘。プトレマイオスはこの戦闘でペルシア人残存兵を掃討する任務を負う。

三三〇　プトレマイオスが王の側近護衛官に昇進する。

三二九　バクトリアとソグディアナの反乱。

三二八　プトレマイオスは失脚したベッソスを拘束する任務を負う。プトレマイオスがソグディアナで作戦行動をとる部隊を指揮する。バクトリアとソグディアナの反乱の終結。

三二七　コリエネスの岩砦の包囲戦、ここでプトレマイオスは夜間作戦の指揮をとる。近習たちの陰謀がプトレマイオスに密告されたと言われる。アレクサンドロスがインドへ進軍。プトレマイオスを含む大王の兵士たちがアスパシオイ人との死闘に参加し、プトレマイオスは彼らの首長を白兵戦で殺したらしい。アオルノスの岩砦の包囲戦、ここでプトレマイオスは中心的な役割を果たす。

三二六　ヒュダスペス河畔の会戦、プトレマイオスもここで戦ったであろう。ヒュファシス川での騒擾（プトレマイオスの立場は不明）。

三二五　プトレマイオスとその他の者たちがハルマテリアで、蛇の毒に浸した矢によって瀕死の傷を負う。アレクサンドロスがプトレマイオスを伴ってインダス川を下り、インド洋に到達する。インドを発つと反乱が起きる。ゲドロシア砂漠を横断する破滅的な行進、おそらくプトレマイオスも同行する。

三二四　ブラフマン族の哲学者カラノスの自己犠牲による自殺のため、プトレマイオスが火葬堆を手配する。スーサでの集団結婚式、プトレマイオスはアルタバゾスの娘アルタカマと結婚する（二番目の妻）。ヘファイスティオンの死後、コッサイオイ人への遠征にプトレマイオスも参加する。

三二三　アレクサンドロスがバビロンで死去（六月十一日）。バビロン協定。（ペルディッカスを摂政として）フィリッポス三世とアレクサンドロス四世が王と宣言され、アレクサンドロスの帝国が分割される。プトレマイオスがエジプトの総督となる。この年または翌年にプトレマイオスがエジプトへ移る。

三二二　プトレマイオスがクレオメネスを処刑する。キプロスの王たちと同盟を結ぶ。キュレナイカを征服。

三二一　プトレマイオスがアレクサンドロスの遺体を奪い取る。ペルディッカスがプトレマイオスに宣戦布告する。第一次後継者戦争の開始（三二一―三二〇）。

三二〇　プトレマイオスがエウリュディケと結婚する（三番目の妻）。ペルディッカスがエジプト侵攻に失敗する。プトレマイオスがフィリッポス三世とアレクサンドロス四世に償いをし、摂政職を申し出られる（断わる）。第一次後継者戦争の終結。トリパラデイソスの協定。プトレマイオスはエジプトの総督として安堵され、アンティパトロスが二人の王の摂政となる。プトレマイオスがコイレ＝シリアとフェニキアを併合する。キュレネへのさらなる介入。

三一九 アンティパトロスが死去。ポリュペルコンが後継者となる。アンティパトロスの息子カッサンドロスがポリュペルコンに対抗して、プトレマイオス、隻眼のアンティゴノス、リュシマコスと同盟する。第二次後継者戦争の開始（三一九―三一六）。

三一七 フィリッポス三世アリダイオスの殺害。カッサンドロスがマケドニアとギリシアを支配する。アテネでファレロンのデメトリオスの政権が始まる（三一七―三〇七）。プトレマイオスがベレニケと結婚する（四番目の妻）。

三一六 エウメネスが死去。第二次後継者戦争の終結。

三一五 セレウコスがプトレマイオスのもとへ逃れる。プトレマイオスがアンティゴノスに対抗してリュシマコス、カッサンドロスと同盟する。第三次後継者戦争の開始（三一五―三一一）。

三一四 プトレマイオスがアンティゴノスの布告に対抗するため、ギリシア人の自由を宣言する布告を発するが、ほとんど効果なし。おそらくこの年にプトレマイオスは首都をアレクサンドリアに移す。

三一二 プトレマイオスがキプロスの支配を獲得する。シリアとキリキアへの遠征。デメトリオス（攻城者）がエジプトに侵攻、ガザの戦いでプトレマイオスがデメトリオスを破る。「総督の石碑」がプトレマイオスを称える。プトレマイオスの部隊がセレウコスのバビロン帰還を支援する。セレウコス王朝が公式に始まる（三一一―六五）。第三次後継者戦争の終結。

三一一 アレクサンドロス四世とその母ロクサネの殺害。マケドニアのアルゲアス朝の終焉。アンティゴノスに対する軍事作戦の一環として、キリキアの諸都市をアンティゴノスから奪うため、プトレマイオスが将軍レオニデスを派遣する。

三一〇

三〇九　プトレマイオスがリュキアとカリアへ遠征する。コスを獲得して冬の間そこに留まり、その間にベレニケがコスでプトレマイオス（二世）を産む。ハリカルナッソスの包囲戦は失敗に終わる。プトレマイオスは今や東地中海とエーゲ海の諸地域で優勢となる。

三〇八　プトレマイオスはギリシアへ渡航し、ギリシアとマケドニアの支配を奪おうとする。アレクサンドロスの遺言を流布させる。おそらくこの時、自分がフィリッポス二世の庶子であるとの噂を流す。故アレクサンドロス大王の妹クレオパトラに結婚を申し込むが、アンティゴノスが彼女を殺したため、計画は頓挫する。プトレマイオスはギリシア遠征を終わらせ、カッサンドロスと講和を結んでエジプトへ帰る。キュレナイカの反乱（三〇〇まで）。

三〇七　アンティゴノスとデメトリオスがアテネを占領し、ファレロンのデメトリオスを追放する。第四次後継者戦争の開始。プトレマイオス、リュシマコス、カッサンドロス、セレウコス対アンティゴノスとデメトリオス（三〇七―三〇一）。

三〇六　デメトリオスが（キプロスの）サラミスでプトレマイオスを破り、キプロスの支配を獲得して、次の数年間プトレマイオスの海上勢力を麻痺させる。アンティゴノスとデメトリオスが王位につく。リュシマコス、セレウコス、カッサンドロス、プトレマイオスもまた王となる。デメトリオスとアンティゴノスがエジプト侵攻に失敗する。エジプト人が（？）プトレマイオスにソテル（「救済王」）の称号を与える。

三〇五―三〇四　デメトリオスによる空前の（ただし失敗に終わる）ロドス包囲戦。ロドス人がプトレマイオスのための祭祀を創設する。

三〇一　イプソスの会戦。アンティゴノス朝の敗北とアンティゴノスの戦死。プトレマイオスがコイレ＝シリアを占領する。第四次後継者戦争の終結。

三〇〇–二九九　キュレナイカの反乱が終息。プトレマイオスの継息子マガスが統治者に任命される。プトレマイオスがトラキアのリュシマコスと同盟する。

二九七　カッサンドロスが死去。プトレマイオスがピュロスによるエペイロス王位回復の試みを支援する。ファレロンのデメトリオスがアレクサンドリアに到着する。研究所と図書館が具体化する。ファロス島の灯台の建設が始まる（または継続する）。

二九五　デメトリオスが再びギリシア獲得の試みに乗り出す。プトレマイオスはギリシアへ艦隊を派遣するが、効果なし。デメトリオスがアテネを占領し、ギリシアの支配者となる。

二九四　プトレマイオスがキプロスを再び獲得する。デメトリオスからキクラデス島嶼同盟を引き継ぐ（？）。島嶼同盟の参加国がプトレマイオスのための祭祀を創設する。デメトリオスがマケドニア王となる。プトレマイオスは続く数年間エジプトに留まる。

二八八–二八七　プトレマイオスの最後の遠征。デメトリオスのアジア侵攻計画が、プトレマイオス、リュシマコス、セレウコス、ピュロスを反デメトリオス連合の形成に導く。第五次後継者戦争の開始。プトレマイオスはギリシアへ渡航し、ピュロスとリュシマコスはマケドニアに侵攻する。プトレマイオスはアテネに援助と軍事支援を送る。ベレニケの息子プトレマイオスがエジプト王位の後継者となる（二八七）。

二八五　プトレマイオスが息子にして後継者のプトレマイオス（二世）を共同支配者とする。

二八三　一月／二月　プトレマイオス一世が死去、八十二歳くらい。プトレマイオス二世が王となり、アレクサンドリアに父を埋葬する。両親をテオイ・ソテレス（「救済神たち」）と名づける。プトレマイオス一世の神格化と彼に対する祭祀。

謝辞

わが編集者ステファン・ヴランカに対し、この企画を進んで取り上げてくれたこと、終始一貫した支援、それに原稿に対するコメントについて今一度お礼を言えて、大変うれしく思う。彼にいまだに絶縁されずにいるのは、なおさら驚きだ。またオックスフォード大学出版会の皆さん、とりわけ製作の過程を通じて本書の指南役となってくれたサラ・スヴェンドセンにお礼を申し上げる。

数々の欠点を指摘しつつも、これを出版すべきとおっしゃってくれた未知の審査員に、ありがとう。

ジョセフ・ロイズマンは、不平はほどほどに、本書全体の草稿を読んでくださった。彼の多くの示唆と受け止めに対して、また彼とハンナ・ロイズマンの長年にわたる、とても重要な友情と支援に対して、心からの感謝を申し上げる。

クリステル・フィッシャー＝ボヴェトにも、プトレマイオスとエジプトを扱った第11章へのコメントについて大いに感謝している。この章を彼女がどれほど改善してくれたかを知っているのは、彼女と私だけだ。彼女が黙っていてくれますように。

またエイダン・ダドソンには、総督の石碑の写真（図七・三）を提供してくださったことに感謝を。

最後に、長らくたいへんな思いをしてきた私の家族に。週に七日もパソコンの前に座ってこの作品を書くのが仕事だということを、彼らは今なお受け入れようとしない。二回に一回以上、不平を言わずに私に作業をさせてくれてありがとう。

訳者あとがき

本書はイアン・ウォーシントンの *Ptolemy I: King and Pharaoh of Egypt*, Oxford, 2016 の全訳である。翻訳にあたっては著者の了解を得た上で、系図および訳者撮影の写真数枚を挿入した。著者のご好意に感謝したい。

著者のウォーシントンは現在オーストラリアのマッコーリー大学教授で、古典期アテネの政治家と弁論術の研究から出発し、二〇〇〇年代には古代マケドニアとアレクサンドロス大王に関する著書を次々と刊行してきた。最新の研究領域はヘレニズム・ローマ時代のアテネ、アレクサンドロスと現代の戦争の比較研究にまで及び、古代ギリシア史のかつてなく広汎な分野で先端的な研究を牽引している。

ウォーシントンがこれまで刊行した単著書は次の通りである。

A Historical Commentary on Dinarchus: Rhetoric and Conspiracy in Later Fourth-Century Athens, Ann Arbor, 1992

Greek Orators vol. 2, *Dinarchus 1 and Hyperides 5 & 6*, Liverpool, 1999

Alexander the Great: Man and God, Edinburgh, 2004

Philip II of Macedonia, New Haven and London, 2008

Demosthenes of Athens and the Fall of the Classical Greece, Oxford, 2013

By the Spear: Philip II, Alexander the Great, and the Rise and Fall of the Macedonian Empire, Oxford, 2014

Athens after Empire: A History from Alexander the Great to the Emperor Hadrian, Oxford, 2021

The Last Kings of Macedonia and the Triumph of Rome, Oxford, 2023

共著書には次の二冊がある。

Lives of the Attic Orators: Pseud-Plutarch, Photius and the Suda, Oxford, 2015 (with J. Roisman and R. Waterfield)

The Military Legacy of Alexander the Great: Lessons for the Information Age, London and New York, 2024 (with Major M. Ferguson)

編著書は次の通りである（共編を含む）。

Ventures into Greek History: Essays in Honor of N. G. L. Hammond, Oxford, 1994

Persuasion: Greek Rhetoric in Action, London, 1994

Voice into Text: Orality and Literacy in Ancient Greece, Leiden, 1996

Demosthenes: Statesman and Orator, London and New York, 2000

Epea and Grammata: Oral and Written Communication in Ancient Greece, Leiden, 2002 (co-edited with J. M. Foley)

A Companion to Greek Rhetoric, Malden, 2007

A Companion to Ancient Macedonia, Chichester, 2010 (co-edited with J. Roisman)

Alexander the Great: A Reader, 2nd ed., London and New York, 2011

これに加えて特筆すべきは、二〇〇七年から公開が始まったオンライン版 *Brill's New Jacoby* の編集責任者を務めていることだ。二十世紀前半にドイツのＦ・ヤコービが、今では失われた歴史家八五六人の断片を集め、『古代ギリシア歴史家断片集』を編纂した。オンライン版はその断片をすべて英訳した上、最新の研究に基づく註釈を付しており、しかも註釈の一～二割が毎年更新される。今や古代ギリシア史の専門家には必須のインフラといってよい（ちなみに断片とは、作品自体は失われたものの、後世の作家による引用や要約を通じた残されたテキストのこと）。

さて、ヘレニズム諸王朝のひとつであるプトレマイオス朝は、かの有名なクレオパトラ女王が君臨し、ローマに滅ぼされたエジプト最後の古代王朝として名高い。高校世界史Bで習う必須用語でもある。しかし王朝の創設者であるプトレマイオス一世という人物については、アレクサンドロス大王の後継者のひとりで有名な図書館を創ったということ以外には、あまり知られていないだろう。同時期に成立したセレウコス朝やアンティゴノス朝にしても、せいぜいセレウコス朝がアレクサンドロス帝国の最大領域を継承したことくらいしか、一般読者には思い浮かばないのではなかろうか。その理由は、アレクサンドロス大王については一般向きの書物が何冊もあるのに対し、その後継将軍たちを詳しく描いた日本語作品がなく、後継者戦争の記述もヘレニズム時代全般を扱った書物のごく一部にすぎないからだ。しかしアレクサンドロス大王がこれほどまで有名になったのも、実は将軍たちが我こそは大王の正統な後継者だと主張して、マケドニア人の支持を得るため大王の遺産を最大限に利用したからである。彼らは貨幣に大王の肖像を描き、大王にならって都市を建設し、君主崇拝を導入し、異民族とうまく共存できる統治を模索した。大王の数々の政策は未完に終わったが、後継者たちが大王の先例を十全に活用したからこそ、アレクサンドロスの名前は不滅のものとして生き残ったのだ。そうでなければアレクサンドロスは、流星のように突如現れて消えていった征服者のひとりにすぎなかったろう。そうした後継者たちの中で後世に最も大きな遺産を残したのがプトレマイオス一世であり、彼が創設したプトレマイオス王朝である。

本書はプトレマイオス一世を取り上げた研究書であるが、彼の生涯と業績をヘレニズム世界の形成という激動の時代の中で生き生きと描いた、魅力的な伝記作品でもある。ウォーシントンはこの時期に関するおびただしい専門研究を渉猟し、複雑な後継者戦争の展開をプトレマイオスの視点から可能な限りわかりやすく整理し、時には通説に異議を唱えながら、プトレマイオスの人物像を浮かび上がらせる。専門家にも一般読者にも読み応え十分な内容である。

本書の特徴として、次の四点を挙げることができる。

第一に、東方遠征中のプトレマイオスの経歴をていねいにたどったこと。彼は側近護衛官という名誉ある地位についたものの、軍指揮官としては小部隊を率いた経験しかなく、軍人としての業績はきわめて不十分であった。それゆえ遠征中の彼は他の一流の将軍たちの影に隠れた存在だった。

第二に、大王の死後に開かれたバビロン会議の模様を活写したこと。アレクサンドロスという大黒柱を突然失って困惑する将軍たちが、どのような将来構想をぶつけあい、妥協に至り、また互いに抹殺し合ったかが、臨場感あふれる筆致で描かれる。と同時に、プトレマイオスがエジプト総督という重要な地位を手に入れた理由が語られる。あまり注目されてこなかったこの問題について、著者はプトレマイオスの内面に踏み込み、説得力ある分析を展開している。エジプトはコンパクトにまとまった豊かな地域で、アレクサンドロス帝国の他の諸地域から相対的に孤立し、外から攻めるのは困難だった。プトレマイオスはこの特質を、遠征軍のエジプト滞在中すでに認識していた。彼は日陰の地位に甘んじることができず、権力を渇望した。並みいる将軍たちを前に大胆な自己主張をしたおかげで、彼は他の将軍たちと対等の地位へ飛躍することができたのだ。

第三に、エジプト総督、さらにエジプト王となったプトレマイオスの瞠目すべき業績を、後継者戦争の展開にからめてたどったこと。他の将軍たちが早くから勢力争いにのめり込む中、彼はじっくりと国力を蓄え、好機と見るや決然と拡張政策に打って出た。ギリシアとマケドニア本国の征服は成らなかったが、

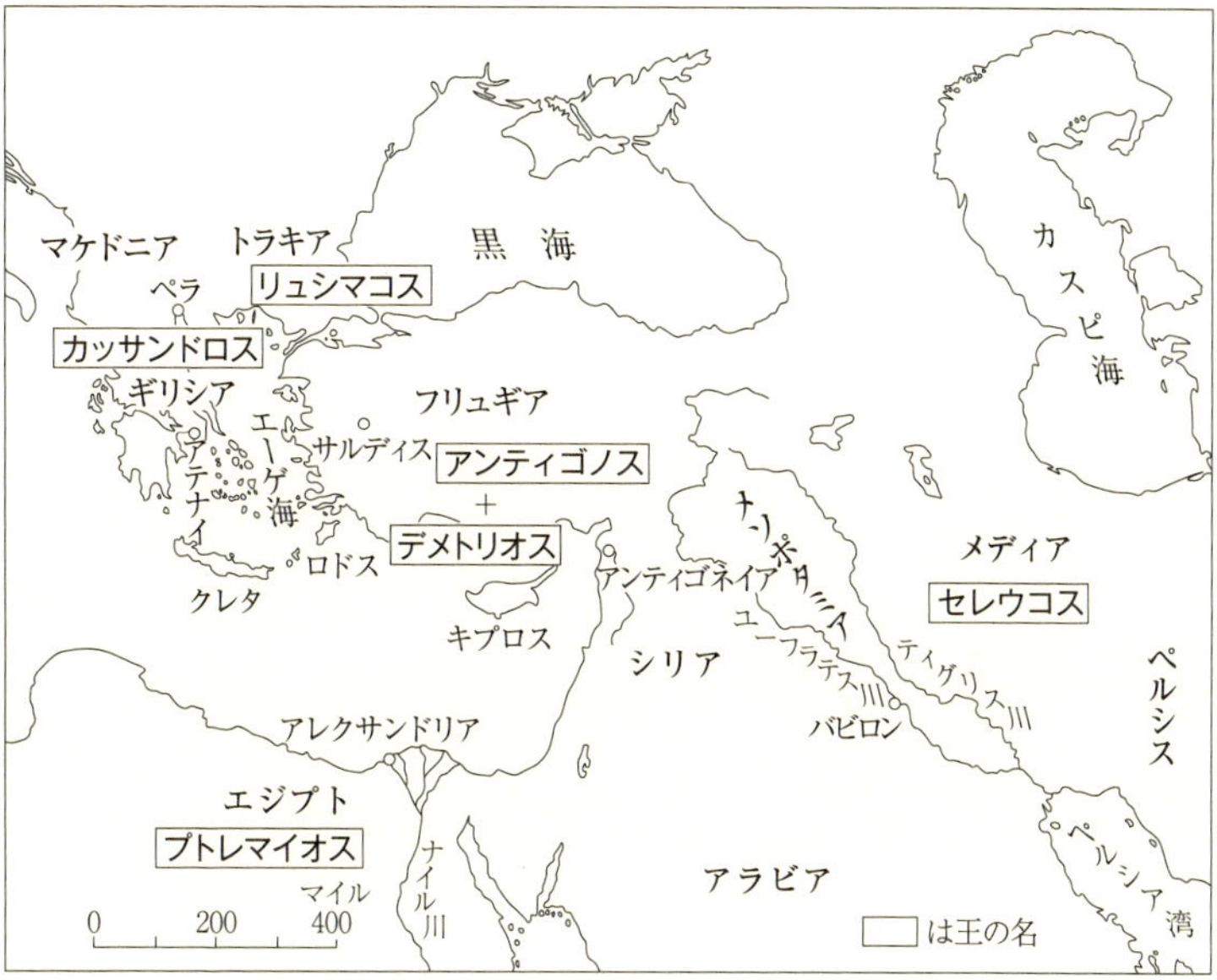

ヘレニズム諸王国の出現

他の諸王国との複雑な合従連衡の末に、安定した王権を樹立することができた。大王の遺体を強引に手に入れて墓を建てたのは、大王の真の後継者を名のる上で比類ない影響力となった。またアレクサンドリアへの遷都、有名な図書館や研究所の創設、港の入口にそびえる灯台の建設など、プトレマイオス朝の代名詞ともなった施策はことごとく彼の発案によるものだった。彼の洞察力と先見の明、断固たる実行力にはあらためて驚嘆させられる。

第四に、プトレマイオスが晩年に執筆したアレクサンドロスの伝記的作品について、多面的に考察したこと。後継者戦争で敵対関係にあった将軍たちについて、プトレマイオスの筆は辛辣だ。その一方で彼は自身の功績を誇張したり、都合の悪い事実を覆い隠したりしている。中でも問題なのは、インダス流域のマッロイ人との戦いで大王が瀕死の重傷を負った時、自分は他の地域に派遣されていたと述べていることだ。この記述は他の大王伝との比較研究において再三取り上げられてきたが、その史実性は証明されてこなかった。ここで著者は独自の解釈を示す。すなわちプトレマイオスは側近護衛官として大王を守るという任務を果たせなかったがゆえに、責任を免れようとして真相を隠したというのである。目から鱗とはこのことで、実に説得力がある。

もう一点付け加えると、著者はプトレマイオス自身の結婚＝婚姻同盟についても記述しているが、彼の息子プトレマイオス二世が彼の娘、すなわち二世の実の姉アルシノエ二世と結婚したこと、こうして二代目から兄弟姉妹婚が王朝の慣例になったことは、あまり掘り下げていない。この主題についてはE. D. Carney, *Arsinoë of Egypt and Macedon: A Royal Life*, Oxford, 2013が詳しく論じている。刊行年の都合から著者がこの研究書を参照できなかったのは残念だが、拙訳があるので（カーニー『アルシノエ二世——ヘレニズム時代の王族女性と結婚』白水社、二〇一八年）、合わせてお読みいただければ、初期プトレマイオス朝をより立体的に理解できるだろう。

後継者戦争期について日本語で読める書物はないと述べたが、有名な伝記作家プルタルコスには、プトレマイオスの同時代人を扱った伝記がいくつもある。アテネ人では政治家デモステネスと将軍フォキオン、大王の書記官エウメネス、一時期マケドニア王となった攻城者デメトリオス、エペイロス王ピュロスなど。いずれもプルタルコス『英雄伝』全六巻（西洋古典叢書、京都大学学術出版会）に収められているので、参照していただきたい。

最後に、本書に関連する一般読者向けの書物を挙げておく。

澤田典子『アレクサンドロス大王』ちくまプリマー新書、二〇二〇年
野町啓『学術都市アレクサンドリア』講談社学術文庫、二〇〇九年
森谷公俊『アレクサンドロスの征服と神話』講談社学術文庫、二〇一六年

モスタファ・エル＝アバディ『古代アレクサンドリア図書館——よみがえる知の宝庫』（松本慎二訳）中公新書、一九九一年

ジャン＝イヴ・アンプルール『甦るアレクサンドリア』（周藤芳幸監訳）河出書房新社、一九九九年

六年前の『アルシノエ二世』と同じく、今回の翻訳でも白水社の糟谷泰子さんに本当にお世話になった。心よりお礼を申し上げたい。

二〇二四年十一月三〇日

森谷公俊

訳者略歴

一九五六年生まれ。帝京大学名誉教授。専門は古代ギリシア・マケドニア史。著書に『アレクサンドロス大王 東征路の謎を解く』『図説アレクサンドロス大王』（以上、河出書房新社）『アレクサンドロスの征服と神話』（講談社学術文庫）など多数、訳書にプルタルコス『新訳アレクサンドロス大王伝』、ディオドロス『アレクサンドロス大王の歴史』（以上、河出書房新社）、カーニー『アルシノエ二世――ヘレニズム世界の王族女性と結婚』（白水社）がある

プトレマイオス一世

エジプト王になったマケドニア人

二〇二五年一月一〇日 印刷
二〇二五年二月五日 発行

著者 イアン・ウォーシントン
訳者Ⓒ 森《もり》谷《たに》公《きみ》俊《とし》
装丁者 奥定泰之
発行者 岩堀雅己
印刷所 株式会社三秀舎
発行所 株式会社白水社

東京都千代田区神田小川町三の二四
電話 営業部〇三（三二九一）七八一一
編集部〇三（三二九一）七八二一
振替 〇〇一九〇・五・三三二二八
郵便番号 一〇一・〇〇五二
www.hakusuisha.co.jp

乱丁・落丁本は、送料小社負担にてお取り替えいたします。

株式会社松岳社

ISBN978-4-560-09152-4

Printed in Japan

索引

あ行

か行

さ行

た行

な行

は行

ま行

や行

ら行

古代の作品と略号

プトレマイオスの『アレクサンドロス大王伝』（後世の作家たちによって引用され要約されたもの）、ディオドロス、ユスティヌスからの引用は、以下の翻訳を使用した〔他の古代作家の引用は訳者によるか、註で指示した〕。

プトレマイオス『アレクサンドロス大王伝』
C. A. Robinson, *The History of Alexander the Great*, vol. 1（Providence, RI; 1953）.

ディオドロス
R. M. Geer, *Diodorus Siculus 18 and 19.1-65*, Loeb Classical Library, vol. 9（Cambridge, MA: 1947）.
R. M. Geer, *Diodorus Siculus 19.66-110 and 20*, Loeb Classical Library, vol. 10（Cambridge, MA: 1954）.
F. R. Walton, *Diodorus Siculus 21-32*, Loeb Classical Library, vol. 11（Cambridge, MA: 1957）.

ユスティヌス
R. Develin and W. Heckel, *Justin: Epitome of the Philippic History of Pompeius Trogus*（Atlanta, GA: 1994）.

以下の現代の著作は、文献情報の繰り返しを減らすため註では次のように略し、Austinについては一貫して初版を用いる。

Austin　M. M. Austin, *The Hellenistic World from Alexander to the Roman Conquest: A Selection of Ancient Sources in Translation*（Cambridge: 1981）.
（オースティン『アレクサンドロスからローマの征服までのヘレニズム世界：英訳による古代史料選集』）

BNJ　I. Worthington（editor-in-chief）, *Brill's New Jacoby*（Leiden: 2007-）.
（ウォーシントン責任編集『ブリル版新ヤコービ』）

FGrH　F. Jacoby, *Die Fragmente der griechischen Historiker*（Berlin/Leiden: 1926-）.
（ヤコービ『古代ギリシア歴史家断片集』）

原註

序章　クレオパトラからプトレマイオスへ

1　クレオパトラについての文献は膨大である。たとえば以下を参照。Rice 1999; Walker and Higgs 2001; Burstein 2004; Ashton 2008; Roller 2010. より一般向けの研究としては、Schiff 2010 and Fletcher 2011.

2　最も新しいものとして、Worthington 2014 を参照。

3　王の側近護衛官（「七人」）については、Heckel 1978, 1986, and 1992, pp.237-246, 257-259 を参照。

4　Vandorpe 2010, p.160.

5　プトレマイオスに関する史料は Seibert 1969, pp.52-83 に引用され、論じられている。彼の研究書の大半は、古代史料についての非常に注意深い分析に根ざしている。

6　関連文献を引用しながらこの用語を論じたものとしては、たとえば Green 1990, pp. 312-332; Shipley 2000, pp.1-5; Bugh 2006. また Errington 2008, pp.1-9 を参照（p.8 に「マケドニアの世紀」という語句がある〔'世紀' は複数形〕)。Samuel 1989, pp.1-12（「アレクサンドロス以後の時代に関する近代の諸見解」）は、西方から東方へのギリシア的なるものの拡大に関するドロイゼンの見解の受容、および過去 150 年間のヘレニズム時代とヘレニズム文化の概念についての興味深い記述である。

第 1 章　若きプトレマイオス

1　クルティウス 9.8.23. 訳文は Yardley 1984（同箇所).

2　Ellis 1994, p. ix.

3　プトレマイオス王たちの防衛的帝国主義という説は、Will 1966, pp.153-208 によって初めて提唱された。Walbank 1993, pp.100-130 も参照。この主張はポリュビオス 5.34.2-4 がプトレマイオス 4 世を、先代たちと違いエジプト防衛を優先しなかったとして批判していることを大きな根拠としている。

4　以下を参照。Seibert 1969,（たとえば）pp.19-20, 187; Bosworth 2000; Huss 2001, p. 169; Braund 2003, p.28; Caroli 2007, pp.70-71 and pp.99-104（対外政策について); Grabowski 2008. もっと最近、詳細に扱ったものとしては Hauben 2014 および Meeus 2014. Strootman 2014a も参照。これらの著作はすべて、防衛理論および分離主義者論の立場をとる諸学者の文献一覧と分析を提供している。

5　Meeus 2014, pp.265-270.

6　Vandorpe 2012, p.160.

7　Bowman 1986.

8　プトレマイオス朝エジプトについては Mahaffy 1898; Bouché-Leclercq 1903-1907; Bevan

1927; Elgood 1938; Rostovtzeff 1941, vol. 1, pp.252-422, and 1954, pp.109-154; Tarn and Griffith 1952, pp.177-209; Bagnall 1976; Turner 1984; Bowman 1986; Samuel 1989 and 1993; Hölbl 2001; Huss 2001; Thompson 2003; Bingen 2007; Manning 2010; Vandorpe 2010; Lloyd 2010; McKechnie and Cromwell 2018. また以下も参照、Grant 1982, pp.37-48; Walbank 1993, pp. 100-122; Shipley 2000, pp.192-234; Errington 2008, pp.143-161, 165-171, 290-308. さらに Van 'T Dack, van Dessel, and van Gucht 1983 所収の諸論文。プトレマイオス 1 世の支配に関する文献は第 5 章註 86 を参照。

9 プトレマイオスに関する古代史料は Seibert 1969, pp.52-83 が引用し論じている。

10 Bouché-Leclercq 1903, pp. 1-3; Seibert 1983, pp. 222-232; Heckel 1992, pp. 222-227; Caroli 2007, pp. 9-16.

11 アリアノス 2.11.8, 3.6.5, および Seibert 1969, pp. 8-9.

12 プルタルコス『モラリア』458a-b.

13 ポルフュリオス（*BNJ* 260）断片 2.2、テオクリトス 17.26、クルティウス 9.8.22.

14 彼らがオレスティスに住んでいたとするビュザンティオンのステファノス、*Oristia* の項よりも、アリアノス 6.28.4, アリアノス『インド誌』18.5 を採るべきである。

15 Bouché-Leclerq 1903, p. 3.

16 パウサニアス 1.6.2（ラゴスとの関係にも言及している）; クルティウス 9.8.22、「スーダ辞典」Lagos の項。

17 パウサニアス 1.6.2、ポルフュリオス（*BNJ* 260）断片 2.2、サテュロス（*BNJ* 631）断片 1.

18 貨幣の図像学とその政治的意味は、Lianou 2010, pp.129-130.

19 Collins 1997, とりわけ pp.461-473.

20 たとえば Green 1990, p.104; Heckel 1992, p.222.　史料は Collins 1997, pp.439-440, 448-450.

21 非嫡出に対する態度は Collins 1997, pp.453-457.

22 Worthington 2014, pp. 109-110.

23 偽ルキアノス『長命族（マクロビオイ）』12.

24 プルタルコス『アレクサンドロス伝』10.4、アリアノス 3.6.5 および Worthington 2014, pp. 110-111.

25 クルティウス 7.4.34 を参照。

26 Heckel 1992, pp. 205-208.

27 Bagnall 1976, pp. 40-42.

28 ディオドロス 19.62, 79, 20.21.47-53、プルタルコス『デメトリオス伝』17.1、ユスティヌス 15.7.

29 アテナイオス 12.55、アイリアノス『ギリシア奇談集』9.3. Thompson 2003, pp.113-114 は、神官としてのメネラオスに言及するエジプト出土のパピルス文書（*P. Eleph.* 2）を引用している（「プトレマイオスの治世の、ラゴスの子メネラオスの神官在職期の、第 5 年目」)。Hazzard 2000, p.105 n.16 を参照。284 年という年代は Samuel 1962, p.12.

30 Ellis 1994, p.58.

31 さらに Ashton 2010, pp.971-977 を参照。

32　ピュロスについてはプルタルコス『ピュロス伝』3.4、デメトリオスについてはプルタルコス『デメトリオス伝』2.2

33　プルタルコス『デメトリオス伝』19.4.

34　プルタルコス『モラリア』458b.

35　服装はクルティウス 9.8.23、食事はアテナイオス 3.58、彼の言葉はプルタルコス『モラリア』181f.

36　Bouché-Leclercq 1903, p. 3.

37　Hammond, 1990, pp. 261–290; Carney 2008, pp. 145–164.

38　Worthington 2008, pp. 74–82, and 2014, pp. 59–61.

39　Worthington 2014, pp.95–97 を参照。

40　プルタルコス『モラリア』189d.

41　プトレマイオス *FGrH* 138.

42　下記の事項については Worthington 2014, pp.14–22 を文献リストと共に参照。古代マケドニアについては、とりわけ Roisman and Worthington 2010 所収の諸論考を参照。

43　エフィッポス（*FGrH* 126）断片 1＝アテナイオス 3.120e.

44　王室日誌（*FGrH* 117）断片 2b＝アテナイオス 10.434b.

45　Worthington 2014, pp. 109–110.

46　Worthington 2008, pp.8–11, and 2014, pp.20–21.

47　Andronikos 1983; Hardiman 2000, pp.505–521.　マケドニアの諸都市と物質文化については、Lane Fox 2011 所収の諸論考も参照。

48　フィリッポスの治世の詳細は、Ellis 1976; Cawkwell 1978; Hammond and Griffith 1979, pp.203–698; Hammond 1994; Worthington 2008 and 2014（後者は彼をアレクサンドロスと比較し対照している）. 将軍および戦術家としてのフィリッポスに焦点を当てたものに Gabriel 2010. また Müller 2010 も参照。

49　Hammond and Griffith 1979, pp.405–449; Fuller 1960 pp.39–54; Worthington 2008, pp.26–32, and 2014, pp.32–38; Gabriel 2010, pp.62–69. マケドニアの軍隊については Sekunda 2010 も参照。

50　リュクルゴス弁論第 1 番『レオクラテス弾劾』50.

51　その背景は Worthington 2008, pp.158–171. これに Dimitriev 2011, pp.67–90 を追加すること。

52　Worthington 2014, pp.115–119. アレクサンドロスについては同 pp.302–309 を参照。また Squillace 2015 も参照。

53　King 2010, pp.371–391 が文献を引用しつつ論じている。

54　Heckel 2003a. また Weber 2009 も参照。

55　公式称号としての「友人」およびその区分（「首席友人」など）については Thompson 2003, p.113 を参照。

56　Billows 1995, pp.20–24 および随所に。Strootman 2014a, pp.307–322 も参照。

57　プルタルコス『カミルス伝』19.5.8. 戦闘は Hammond 1973; Hammond and Griffith 1979, pp.596–603; Worthington 2008, pp.149–151, and 2014, pp.85–89; Gabriel 2010, pp.214–222. また Ma 2008 も参照。

58　Ellis 1994, p.4.
59　ディオドロス 16.86.1.
60　Ellis 1994, p.5.
61　アリアノス 1.25.1-2、クルティウス 6.9.17, 10.24、プルタルコス『モラリア』327c. またユスティヌス 11.1.1-2 も参照。〔ギリシア人の〕不満については Worthington 2008, pp. 187-188.
62　ディオドロス 17.3.6-4.9、アリアノス 1.1.2-3 および Worthington 2014, pp. 126-127.
63　Worthington 2014, pp. 128-130.
64　プトレマイオス（*FGrH* 138）断片 1＝アリアノス 1.2-3, 4、断片 2＝ストラボン 7.3.8.
65　Austin, no. 2, pp. 9-11（＝プルタルコス『アレクサンドロス伝』10.6-11、ディオドロス 17.14）および Worthington 2014, pp. 131-135.
66　プトレマイオス（*FGrH* 138）断片 3 ＝ アリアノス 1.8.
67　ディオドロス 17.12.3. ただしクルティウスの最初の 2 巻が現存しないことは、指摘する価値がある。
68　『大王伝』の年代と論拠に関連したテーバイ包囲戦におけるペルディッカスの描写については Errington 1969, pp.236-237 を参照。ただし Roisman 1984, pp.374-376 の慎重さにも注目すること。Ellis 1994, pp.20-22 および補論 1 を参照。
69　ディオドロス 17.17.3, 5. アンティパトロスについては Baynham 1994; Gilley and Worthington 2010, pp.199-205 を参照。
70　兵力の数は Austin, no.3, pp.11-12（プルタルコス『アレクサンドロス伝』15、ディオドロス 17.17.3-4)、また Worthington 2014, pp.139-140 が文献を引用しながら論じている。
71　ディオドロス 17.17.2.

第 2 章　アレクサンドロスと共にペルシア侵攻

1　Seibert 1969, pp.1-26.　アレクサンドロスのアジア遠征におけるプトレマイオスの役割については、Welles 1963 が他の指揮官たちの役割と比較しながら有益な概観を与えている。アレクサンドロスのペルシア侵攻の詳細は、古代史料と現代の文献を終始引用している Worthington 2014, pp.140-211 を参照。繰り返しを避けるため、本章ではたいていこの書物への参照を指示する。
2　大王の義務および総督や民衆との関係は Worthington 2014, pp.142-143. ペルシア帝国については、たとえば Briant 2002; Waters 2014 を参照。
3　グラニコスの会戦については Worthington 2014, pp.141-150.
4　Devine 1988.
5　アレクサンドロスの指揮能力については Fuller 1960; Burm 1965; Devine 1989a; Cartledge 2003, pp.157-188, 219-266; Strauss 2003; Gilley and Worthington 2010.　また Worthington 2014, pp.140-309 も参照。
6　ミレトスとハリカルナッソスの包囲戦については Worthington 2014, pp.154-156.
7　Worthington 2014, pp.157-159.
8　アリストブロス（*FGrH* 139）断片 7＝アリアノス 2.3.7、プルタルコス『アレクサンド

ロス伝』18.4. またクルティウス 3.1.16、ユスティヌス 11.7.16 も参照。

9 Fredricksmeyer 1961.

10 Worthington 2014, pp.163-164.

11 両軍の接近とイッソスの会戦については Worthington 2014, pp.164-169.

12 ディオドロス 17.31.2、アリアノス 2.8.8、クルティウス 3.2.4-9、ユスティヌス 11.9.1、プルタルコス『アレクサンドロス伝』18.6.

13 プトレマイオス（*FGrH* 138）断片 6＝アリアノス.2.11.8.

14 Fredricksmeyer 2000.

15 テュロス包囲戦については Worthington 2014, pp.173-178.

16 Murray 2012, pp.95-100.

17 アリアノス 2.24.4.

18 ガザ包囲戦については Worthington 2014, pp.178-179.

19 エジプトにおけるアレクサンドロスは Worthington 2014, pp.179-184. また Caroli 2007, pp.20-24, Bowden 2014 も参照。

20 ペルシア占領下のエジプトは Perdu 2010, pp.149-158; Lloyd 2010.

21 アリアノス 3.1.1-3、クルティウス 4.7.4.

22 Ellis 1994, p.5. また Errington 2008, p.145 も参照。

23 Ladynin 2014.

24 戴冠しなかったとする説に Burstein 1991. 反対説に Bowden 2014, pp.40-43. しかし Burstein のほうに説得力がある。

25 シーワ訪問については Worthington 2014, pp.180-183, Bowden 2014, pp.43-53. アレクサンドロスの神性については Worthington 2014, pp.265-269 を参照。

26 Austin, no. 8, pp. 18-20（アリアノス 3.3-4 短縮版）, Hölbl 2001, p. 11 も参照。

27 プトレマイオス（*FGrH* 138）断片 8＝アリアノス 3.3.5; アリストブロス（*BNJ* 139）断片 13-15＝アリアノス 3.3; カリステネス（*FGrH* 124）断片 14b＝プルタルコス『アレクサンドロス伝』27.3-4.

28 プトレマイオス（*FGrH* 138）断片 8＝アリアノス 3.3.5.

29 プトレマイオス（*FGrH* 138）断片 9＝アリアノス 3.4.5. またアリストブロス（*BNJ* 139）断片 13-15＝アリアノス 3.3-4 も参照。この逸話について今日では Collins 2014 を参照。Collins は、シーワ訪問に関する史料の中でカリステネスが最も信頼できると主張する。

30 Worthington 2014, pp.265-269.

31 プトレマイオス（*FGrH* 138）断片 9＝アリアノス 3.4.5（アリストブロスは〔往路と〕同じ道を通ったと述べている）. Howe 2014, pp.78-79 は別の道を取ったことを、アレクサンドロスによるアレクサンドリアの建設と神託伺いという二つの事件を切り離す必要性があることに結びつけているが、これには説得力がない。

32 Burstein 2008a. メンフィス出土の（民衆文字で書かれた）陶片でクレオメネスが総督として言及されていることについては、Smith 1988 を参照。また第 5 章註 56 で引用されたクレオメネスに関する諸著作も参照。

33 この会戦については Worthington 2014, pp.188-193.

34　アリアノス 3.8.6、ディオドロス 17.39.4、クルティウス 4.12.13、プルタルコス『アレクサンドロス伝』31.1.

35　アリアノス 3.12.5.

36　プトレマイオス（*FGrH* 138）断片 11. プトレマイオスはこの会戦の目撃証人だった。

37　クルティウス 4.16.26 および Hammond 1989a, p.149.

38　バビロンについては Worthington 2014, pp.193–196.

39　Worthington 2014, p.196（マザイオス）, pp.196–201（行政）.

40　スーサについては Worthington 2014, pp.201–202.

41　Seibert 1969, pp.8–10.

42　ペルシア門の戦闘については Worthington 2014, pp.202–204.

43　アリアノス 3.18.9.

44　ユスティヌス 13.4.10（「兵卒から」と記述している）.

45　Welles 1963, pp.107–108; Bosworth 1980a, p.328 を参照。ただし Seibert 1969, pp.4–10 はこれにはいささか批判的である。プトレマイオスの『大王伝』については補論 1 を参照。

46　ペルセポリスについては Worthington 2014, pp.204–206.

47　ディオドロス 17.71.1、クルティウス 5.6.11.

48　ディオドロス 17.70.1.

49　Austin, no.9, pp.20–21（＝ディオドロス 17.70–72 短縮版）.

50　Worthington 2014, pp.209–211.

51　アリアノス 3.21.5, 3.30.4.

第 3 章　アフガニスタンへの遠征

1　アフガニスタンにおけるアレクサンドロスの遠征の詳細は、古代史料と現代の文献を引用した Worthington 2014, pp.211–230 を参照。繰り返しを避けるため、本章ではおもにこの書物への参照を指示する。

2　Heckel 2003b.

3　プルタルコス『アレクサンドロス伝』46.

4　クルティウス 6.5.29.

5　東方様式化については Worthington 2014, pp.214–216.　フィロータス事件については Worthington 2014, pp.216–220.

6　クルティウス 6.7.15 ではペウコラオス、ニカノール、アフォベトス、イオラオス、ディオクセノス、アルケポリス、アミュンタス、デメトリオス、カリス（最後の 2 人は 6.11.37）。

7　ユスティヌス 13,4,10. 忠誠心についてはアリアノス 3.6.6. ユスティヌスの〔「兵卒から」という〕指摘は、たとえば Collins 1997, p.474 が主張するような、プトレマイオスが高貴な生まれでなかったことを示唆するのではなく、単に彼が兵卒から昇進したことを示唆するにすぎない。

8　Heckel 1986.

9　Ellis 1994, p.10. Ellis も、アレクサンドロスとプトレマイオスが疎遠になっていたので

はないかと疑っている（p. 86, n. 36）。彼は、フィリッポスが死ぬとすぐにアレクサンドロスがプトレマイオスを側近護衛官に選んだというアリアノス 3.6.6 の記述を根拠として、もしも彼がこの時に側近護衛官となり、330 年に再び任命されたなら、これは〔その間に〕降格があったことを示すという。これは、プトレマイオスがゆっくりとアレクサンドロスの寵愛を取り戻し、330 年に再び側近護衛官に任命されるまで、アジア遠征の初期段階ではプトレマイオスがめったに言及されない理由を示唆している。しかし〔アリアノスの〕同じ箇所は単純に、プトレマイオスが 336 年に呼び戻され、最終的に側近護衛官になったことを意味するだけかもしれない。Bosworth 1980, p.283 を参照。

10　ディオドロス 17.83.7–9、アリアノス 3.29.6–30.5、クルティウス 7.5.19 以下、および Worthington 2014, p.222.　なおユスティヌス 12.5.10–11 は、プトレマイオスがこの任務についたことには言及しない。史料については Seibert 1969, pp.10–16 を参照。

11　プトレマイオス（*FGrH* 138）断片 14＝アリアノス 3.29.6–30.5.

12　アリアノス 3.30.1–2.

13　スピタメネスとダタフェルネスが無事にベッソスを引き渡したと述べるアリストブロスは、明らかに後世の古代作家たちに好まれた。Welles 1963, pp.109–110 を参照。プトレマイオスの『大王伝』については補論 1 を参照。

14　Worthington 2014, pp.223–228.

15　アリアノス 4.16.2–3.

16　Worthington 2014, pp.225–227.

17　アリアノス 4.8.7.

18　アリアノス 4.8.8–9、クルティウス 8.1.45, 48.

19　クルティウス 8.1.45, 48.

20　Roisman 2003. クレイトス事件については同 pp.288, 319–320 を参照。

21　Seibert 1969, pp.18–19。また cf. Errington 1969, pp.238–239 を参照。ただし Roisman 1984, pp.307–378 に注目すること。

22　この数か月の年代は議論になっている。Bosworth 1981.

23　Worthington 2014, pp.228–229.

24　バクトリアにおけるアレクサンドロスの諸都市がギリシア化を広めるのにどう役立ったかについては、Waterfield 2011, pp.32–36 の指摘を参照。

25　Worthington 2014, pp.229–230.

26　アリアノス 4.21.4.

27　Worthington 2014, pp.231–232. ロクサネについては Ogden 1999, pp.43–44, and 2011, pp. 124–133 を参照。

28　Austin, no.11, pp.22–25（＝アリアノス 4.10.5–12.5）、および Worthington 2014, pp.233–234.

29　Worthington 2014, pp.234–235.

30　クルティウス 8.7.1. 訳文は Heckel and Yardley 2003, p.253.

31　アリストブロス（*BNJ* 139）断片 31、プトレマイオス（*FGrH* 138）断片 16＝アリアノス 4.14.1.

32　Golan 1988.

33 アリアノス 4.13.7.

34 クルティウス 8.6.22.

35 Errington 1969, p.234 を参照。

第4章　インドへ、そして帰還

1 インドにおけるアレクサンドロスの遠征と帰還の詳細は、古代史料と現代の文献を引用した Worthington 2014, pp.235–290 を参照。繰り返しを避けるため、本章ではおもにこの書物への参照を指示する。

2 インド侵攻の動機については Worthington 2014, pp.235–236.

3 Seibert 1969, pp.19–21.

4 アリアノス 4.23.3.

5 プトレマイオス（*FGrH* 138）断片 18＝アリアノス 4.24.3–4.

6 インド遠征に関するプトレマイオスの説明については、Howe 2008 を参照。『大王伝』については補論1を参照。

7 プトレマイオス（*FGrH* 138）断片 18＝アリアノス 4.24.8.

8 プトレマイオス（*FGrH* 138）断片 18＝アリアノス 4.24.10.

9 プトレマイオス（*FGrH* 138）断片 18＝アリアノス 4.25.1–2.

10 プトレマイオス（*FGrH* 138）断片 18＝アリアノス 4.25.1–3.

11 Worthington 2014, pp.237–238.

12 ディオドロス 17.84、アリアノス 4.27.3–4、プルタルコス『アレクサンドロス伝』59.6–7.

13 アオルノス包囲戦は Worthington 2014, pp.241–242. 包囲戦におけるプトレマイオスについては Seibert 1969, pp.21–23 を参照。

14 アリアノス 4.29.1–6 の記述はおそらくプトレマイオスに由来する。クルティウス 8.11.5 がプトレマイオスでなくミュリナスの名前を挙げていることに注意。ただしこれは裏付けがとれない。

15 ポーロスの軍について古代史料はさまざまな数字を与えている。歩兵3万、騎兵4000、6人乗り戦車300、戦象200（アリアノス 5.15.4）、同じ数字だが戦象は85のみ（クルティウス 8.13.6）、歩兵5万、騎兵3000、戦車1000、戦象130（ディオドロス 17.87.2）、歩兵2万、騎兵2000（プルタルコス『アレクサンドロス伝』62.2）。会戦については Worthington 2014, pp.243–250.

16 プトレマイオス（*FGrH* 138）断片 20＝アリアノス 5.14.5–15.2.

17 ディオドロス 17.89.1–3、アリアノス 5.18.2–3.

18 Bosworth 1996, pp.6–8; Dahmen 2007, pp.6–9, 109–110; Bhandare 2007. それに、とりわけ Holt 2003. これらの貨幣のうち10枚が現存する。

19 アリアノス 5.22.4–24.5、および Seibert 1969, pp.23–25.

20 Worthington 2014, pp.283–288.

21 クルティウス 9.2.11. 訳文は Heckel and Yardley 2003, p.260. 軍の不満については Briant 2010, pp.63–66.

22 Austin, no. 12, pp.25-26（＝アリアノス 5.28-29.1), および Worthington 2014, pp.251-253.

23 Bosworth 1996, p.144.

24 Worthington 2014, pp.253-256.

25 プトレマイオス（*FGrH* 138）断片 25＝アリアノス 6.10.1.

26 クルティウス 9.5.21 とパウサニアス 1.6.2 は、プトレマイオスがアレクサンドロスの命を救ったと述べているが、これは誤りで、プトレマイオスは『大王伝』でこの行為については何も述べていない（アリアノス 6.11.8)。

27 アリアノス 6.11.8（プトレマイオス *FGrH* 138 断片 26a に由来する)。

28 Welles 1963, pp.114-115. また Roisman 1984, p.382; Bosworth 1988, pp.79-83 も参照。プトレマイオスの『大王伝』については補論 1 を参照。

29 Heckel 2002 を参照。

30 ブラフマン族とインド社会における彼らの役割については、Worthington 2014, pp.257-258.

31 Eggermont 1975, pp.114-125 はアレクサンドロスがハルマテリアを包囲したことを受け入れるが、この町をバルチスタン、すなわちゲドロシアに置いている（ストラボン 15.2.7 を参照)。ここはアレクサンドロスがインドを発った後に行軍した地域である。

32 ディオドロス 17.103.3-8、クルティウス 9.8.21-28、ユスティヌス 12.10.3. アリアノスはこの逸話について何も述べていない。

33 この植物はセイヨウキョウチクトウの一種（*Nerium odorum Sol.*)〔白または桃色の芳香性の花をつける有毒植物〕である。Ellis 1994, p.13 が史料を引用している。

34 Welles 1963, p.115 は、プトレマイオスはこの逸話があまりにも「些末ないしはロマンチック」であるためにこれを無視したか、あるいはプトレマイオスはこれを書いたがアリアノスが無視したかのどちらかだと信じている。

35 アリアノス『インド誌』18.5.

36 Worthington 2014, pp.261-263.

37 プトレマイオスについては Ellis 1994, p.13.

38 アリストブロス（*BNJ* 139）断片 49a＝アリアノス 6.24.

39 アリアノス 6.24.1.

40 アレクサンドロスの神性については Worthington 2014, pp.265-269. プトレマイオスが『大王伝』でこの酒浸りの行進を記録していない（アリアノス 6.28.2）のは、おそらくそれが王の芳しくない面を際立たせてしまうからだろう。

41 アリアノス 7.3.2.

42 カレス（*FGrH* 125）断片 19a＝アテナイオス 10.437a-b. またプルタルコス『アレクサンドロス伝』70.1 も参照。

43 Austin, no.14, pp.27-29（＝アリアノス 7.4.4-5), および Worthington 2014, pp.275-277.

44 アリアノス 7.4.6. なおプルタルコス『エウメネス伝』1.7 は、誤って彼女の名前をアパマとしている（これはセレウコスの妻の名前だった。プルタルコス『デメトリオス伝』31.5)。プトレマイオスの結婚については第 7 章を参照。

45 アリアノス 7.5.6.

46 Austin, no.15, pp.29–32（＝アリアノス 7.8–9, 11), および Worthington 2014, pp.277–280.

47 ディオドロス 17.108.3.

48 アリアノス 7.9.6–7.10.7.

49 アリアノス 7.12.4.

50 アレクサンドロスとヘファイスティオンの関係については Ogden 2011, pp.155–167.

51 プトレマイオスがエジプトに移った時、最初にしたことのひとつは、そこに計画されていた墓廟の建造を中止することだった。これはアレクサンドロスの上級将校たちがヘファイスティオンに対して抱いていた敵意の証拠である。

52 プルタルコス『アレクサンドロス伝』72.3–4. またアリアノス『インド誌』40.6–8 も参照。

53 アリアノス 7.15.1–3、および Seibert 1969, pp.25–26.

54 カレス（*FGrH* 125）断片 1＝アテナイオス 4.171b-c.

55 Heckel 1992, p.226 n.54. ただし Collins 2013 は、この役職はもっと重要で他の任務を含んでいたと主張する。

56 Collins 2001; Meeus 2009a.

57 Depuydt 1997.

58 王の死については Worthington 2014, pp.293–296. また Doherty 2004 も参照。ただし、プトレマイオスに殺害の責任があり、自身への疑いを晴らすため、のちに〔大王の〕治世についての説明を意図的に作り上げたという Doherty の主張は、間違いなく誤りである。アレクサンドロスの死をめぐる史料上の諸問題については、Bosworth 1971 and 1988, pp.157–184.

59 Worthington 2014, pp.302–309. また Squillace 2015 も参照。

60 これについて私は、Worthington 2014, pp.105–109 でフィリッポスを、同 pp.300–302 でアレクサンドロスを論じている。中心的な主張は、マケドニアにとってフィリッポスはアレクサンドロスより偉大な王だったということである。

第 5 章　プトレマイオスと後継者たちの勃興

1 たとえばクルティウス 10.5.4、ユスティヌス 12.15.12、ネポス『エウメネス伝』2.1. ペルディッカスについては Heckel 1992, pp.134–163.

2 Elgood 1938, p.2.

3 たとえばクルティウス 10.5.4、ユスティヌス 12.15.12、ネポス『エウメネス伝』2.1.

4 ディオドロス 18.1.4、アリアノス 7.26.3（＝プトレマイオス *FGrH* 138 断片 30)、クルティウス 10.5.5。なおユスティヌス 12.15.8 では「最もふさわしい者に」。「最も優れた者に」はギリシア語で 'to aristo'。おそらくアレクサンドロスは当時バビロンに不在だった「クラテロスに」（ディオドロス 17.117.4 では 'kratisto'）と言いたかったのだろう。プルタルコス『エウメネス伝』6.1–2 は、マケドニア人はクラテロスがアレクサンドロスを継ぐことを望んだと述べている。最期の言葉については Antela-Bernárdez 2011 を、クラテロスについては本章註 53 を参照。

5 ディオドロス 18.2.2、プルタルコス『アレクサンドロス伝』77.7–8、および Greenwalt

1985; Carney 2001; Worthington 2008, p.175.

6 Ellis 1994, p.24. また Schur 1934 も参照。

7 Hatzopoulos 1986.

8 Worthington 2008, pp.20–22.

9 Heckel 2009.

10 ユスティヌス 12.15.11. 同 13.1.8–15 も参照。

11 Bosworth 2002, pp.29–34.

12 後継者戦争については以下を参照。Schur 1934; Cloché 1959; Will 1984a and 1984b; Bengtson 1987; Hammond and Walbank 1988, pp.117–244; Green 1990, pp.5–134; Heckel 2002; Bosworth 2002 and 2007; Braund 2003; Adams 2007 and 2010; Bennet and Roberts 2008 and 2009; Romm 2011（316 年まで）; Roisman 2012; Waterfield 2011; Anson 2014a. それに Hauben and Meeus（2014） 所収の諸論考。（アレクサンドロスの侵攻を含む）これらの戦争が帝国に与えた経済的影響については、Rostovtzeff 1941, vol.1, pp.126–187 を参照。

13 しかし一般的な見解は、誰もが間髪を入れず行動したというものである。たとえば Waterfield 2012, p.19 は「事はすべて喫緊の雰囲気を帯びている」、Romm 2011, p.37 は「確実に 6 月 12 日のことである」と言う。しかしこれらの見解、とりわけアレクサンドロスの死の翌日という Romm の確信を裏付ける証拠はない。

14 クルティウス 10.5.12–13.

15 その背景とバビロン協定については、Bouché-Leclercq 1903,pp.6–10; Rosen 1967 and 1968; Wirth 1967; Seibert 1969, pp.27–38; Errington 1970; Martin 1983（1987）; Billows 1990, pp.52–58; Bosworth 1993 and 2002; Ellis 1994, pp.24–27; Meeus 2008; Waterfield 2011, pp.19–29. また Romm 2011, pp.37–55; Anson 21014a, pp.14–28 も参照。

16 Heckel 1992, pp.50–56.

17 7 人の側近護衛官の 1 人。〔この時点での〕7 人はレオンナトス、リュシマコス、アリストヌース、ペルディッカス、プトレマイオス、ピトン〔ペイトンとも呼ばれる〕、ペウケスタス（アリアノス 6.28.4）。Heckel 1992 の各人名項目を参照。

18 Heckel 1992, pp.253–257.

19 Heckel 1992, pp.91–106.

20 Heckel 1992, pp.267–275.

21 Heckel 1992, pp.38–49.

22 Heckel 1992, pp.107–133.

23 詳しくは Billows 1990 および Champion 2014.

24 Austin, no. 22, pp.41–43（= アリアノス *FGrH* 156 断片 1, 1–8、ディオドロス 18.3.2–5）、アリアノス（*FGrH* 156）断片 1, 1–8、クルティウス 10.6.-10.8（バビロンでの諸事件について最も詳しい）、ユスティヌス 13.2.1–4.25. 史料上の諸問題、とりわけ年代にかかわる問題については Roisman 2012, pp.61–71 を参照。適切にも彼は諸事件についてクルティウスの説明を採用している。反対説に Bosworth 2002, pp.29–44. また Lane Fox 2014, pp.168–170 も参照。

25 クルティウス 10.6.4–9、ユスティヌス 13.2.5.

26 Errington 1970, pp.50–51; Meeus 2008, p.44.

27　Roisman 2012, p.63.

28　クルティウス 10.6.10–12. なおユスティヌス 13.2.6–8 は、メレアグロスがヘラクレスとアリダイオスを推薦したとしているが、ユスティヌスはおそらくメレアグロスをネアルコスと混同したのだろう。ヘラクレスについては Tarn 1921; Brunt 1975 を参照。

29　ヘラクレスは 310 年に 17 歳（ディオドロス 20.20.1）または 15 歳（ユスティヌス 15.2.3）だった。

30　この航海については Worthington 2014, pp.269–270.

31　クルティウス 10.6.12–15、ユスティヌス 13.2.11–12. またパウサニアス 1.6.2 も参照。ディオドロスは、協定に向けての交渉期間中のプトレマイオスについては何も述べていない。さらに Bosworth 2002, pp.40–43, Mooren 1983 のとりわけ pp.233–244 を参照。

32　ロクサネに対するメレアグロスの同様な批判も参照。ユスティヌス 13.2.9–10.

33　Mooren 1983 は、プトレマイオスの提案は、マケドニア帝国は王がいなくても生き残れると彼が信じていたことを示す、と主張する。

34　クルティウス 10.6.15.

35　ユスティヌス 13.2.11–12.

36　Schur 1934, p.132; Rosen 1979, p.465; Seibert 1969, pp.32–33; Errington 1970, pp.74–75; Mooren 1983, p.233; Meeus 2008, pp.48–50, and 2014, pp.270–271. なお Mehl 1986, p.25 は、プトレマイオスが帝国を終焉させることを望んだとする点で、あまりに極端である。

37　クルティウス 10.6.16–19.

38　Errington 1969, pp.235–236.

39　クルティウス 10.6.22. メレアグロスの演説はクルティウス 10.6.20–24.

40　クルティウス 10.7.1–2. なおユスティヌス 13.2.8 は、メレアグロスがアリダイオス〔の即位〕を提案したとする。

41　Errington 1978, pp.114–115. アリアノス（*FGrH* 156）断片 1, 1 は、「アリダイオスが王と宣言され、彼の名前はフィリッポスに変えられた」と述べている。

42　ディオドロス 18.2.2–4、アリアノス（*FGrH* 156）断片 1, 2、クルティウス 10.7.11–9.11、ユスティヌス 13.3.5–10.　さまざまな党派間の対立および歩兵と騎兵の役割については Roisman 2012, pp.71–81 を参照。

43　アリアノス（*FGrH* 156）断片 1, 1、ユスティヌス 13.4.1–4 を参照。メレアグロスについては Heckel 1992, pp.165–170.

44　ユスティヌス 13.4.4.

45　ディオドロス 18.3.5, 28.3、クルティウス 10.5.4、ユスティヌス 12.15.7, 13.4.6. さらに Badian 1967, pp.185–189; Seibert 1969, pp.110–113; Billows 1990, pp.58–67; Erskine 2002, p.171; Meeus 2008, pp.66–68 も参照。

46　ディオドロス 18.4.7、アリアノス（*FGrH* 156）断片 1, 4、クルティウス 10.9.11–19. またユスティヌス 13.4.7–81 も参照。

47　クルティウス 10.9.19 は次のように述べる。「フィリッポスは［処刑を］止めることも命じることもなかった。そして結果が正当なものでないなら、何事も自分の行為とは認めないであろうこと〔うまくいった行為以外は責任を取るつもりがないこと〕は明白だった」。

48 〔メレアグロスの処刑を〕ディオドロス 18.4.7 は帝国分割のあとに置き、アリアノス（*FGrH* 156）断片 1, 4 とクルティウス 10.9.20–21 は帝国分割の前に置く。後者を採るのは Errington 1970, p.57; Meeus 2008, pp.58–59.

49 アリアノス（*FGrH* 156）断片 1, 5–8、デクシッポス（*BNJ* 100）断片 8、ディオドロス 18.3.1–4、クルティウス 10.10.1–4、ユスティヌス 13.4.5, 9–25、および Anson 2014a, p.22.

50 パウサニアス 1.6.2.

51 5 か月とするのはクルティウス 10.6.9、8 か月とするのはユスティヌス 13.2.5. Errington 1970, p.58 は彼女の出産を 9 月とする。

52 クルティウス 10.6.16–19. また Wirth 1967, Bosworth 1993 も参照。

53 Ashton 1991, pp.125–131 は、クラテロスはアレクサンドロスの死から最も多くのものが得られそうだったとの見解をとる。彼は「悪い時に悪い場所にいた、ぴったりの人物だった」(p.131)。

54 アレクサンドロス治下のアンティゴノスについては、Anson 1988; Billows 1990, pp.36–48; Champion 2014, pp.12–18.

55 アリアノス（*FGrH* 156）断片 1, 5、ユスティヌス 13.4.11. パウサニアス 1.6.3 は彼をペルディッカス派の人物とする。

56 クレオメネスについては Vogt 1971; Seibert 1979 and 1969, pp.39–51; Le Rider 1997; Caroli 2007, pp.37–43; Burstein 2008a; Baynham 2015 を参照。

57 Lund 1994, pp.20–33, 53–54; Shipley 2000, pp.47–51. また Archibald 1998, pp.304–316 も参照。なお Lund 1994, pp.20 and 54 は、リュシマコスは実際には総督でなく、アンティパトロスの下の将軍として活動していたと主張するが、これはあり得ない。Delev 2000, p.384. ユスティヌス 15.3.15 は、リュシマコスがその勇気のゆえにトラキアを手に入れたと主張し、その一例として、アレクサンドロスが罰として彼をライオンと一緒に部屋に閉じ込めた時、リュシマコスが野獣の舌をむしり取って殺したと述べている（15.3.7–9）。

58 リュシマコスについては Austin, no. 45, pp.83–86 (＝パウサニアス 1.9.5–10). 詳しくは Landucci Gattinoni 1992 and Lund 1994.

59 プルタルコス『エウメネス伝』、ネポス『エウメネス伝』および Westlake 1969; Briant 1972 and 1973; Schäfer 2002; Bosworth 2002, pp.98–168; Anson 2004 and 2014, pp.47–115; Romm 2011; Roisman 2012, pp.119–136, 145–152, 158–236; Champion 2014, pp.37–68. のちに後継者たちがエウメネスに矛先を向けたのは、単に彼がギリシア人であったからでなく、彼の非軍事的な地位のためである。Anson 2014b.

60 Austin, no. 46, pp.86–90 (＝アッピアノス『シリア史』52–55, 57–58, 62–63). セレウコス朝については、Bevan 1902; Bouché-Leclercq 1914; Bickerman 1938; Rostovtzeff 1941, vol. 1, pp.422–551; Mehl 1986; Grainger 1999 and 2014. また以下も参照。Tarn and Griffith 1952, pp.126–163; Grant 1982, pp.48–64; Walbank 1993, pp.123–140; Shipley 2000, pp.271–325; Bosworth 2002, pp.210–245; Austin 2003; Errington 2008, pp.36–39, 111–142.

61 Errington 2008, p.15.

62 Roisman 2012, p.87. ラミア戦争（これについては本文で後述）における古参兵の役割

を含む、古参兵とクラテロスの関係については、同書 pp.110–118 を参照。

63　Strootman 2014a.

64　アリアノス（*FGrH* 156）断片 1, 5.

65　プルタルコス『エウメネス伝』3.5.

66　後継者たち相互の不信感の発端と、アレクサンドロスがそこに及ぼした影響については Heckel 2002 を参照。

67　フィリッポス 3 世は（317 年に）死ぬまで単独の王であり、彼が死んで初めてアレクサンドロス 4 世は王になった、あるいはアレクサンドロスはフィリッポスの従属王だったとさえ唱える見解は、Habicht 2006a によって論破された。それは最初から対等な立場の共同王権だった。

68　Schäfer 2014.

69　Rathmann 2005.

70　Billows 1990, pp.56–58.

71　これらの著者たちは、「エジプトの蜃気楼」と評される非常にギリシア的なエジプト観念を持っていた。Lloyd 2010b. また Morrison 2012, pp.756–758 も参照。

72　Caroli 2007, pp.110–123.

73　Lianou 2014, pp.379–380 が論じている。

74　イソクラテス弁論第 11 番『ブシリス』14.

75　偽アリストテレス『経済学』1352a - 1353b. ストラボン 17.1.8 が、プトレマイオスはその貪欲ゆえにエジプトを得ようとしたと述べているのは問題にならない。

76　アリアノス 3.5.3–5、クルティウス 4.8.4.

77　Shipley 2000, pp.201–202.

78　Bouché-Leclercq 1903, p.9; Rosen 1979, p.464; Hölbl 2001, p.12.

79　これが Seibert 1969 の批判的見解である（たとえば同書 pp.84–90 の、プトレマイオスの対外政策に対する全般的見解）。Hauben 1977a の反論に注目すること。

80　Meeus 2014, pp.265–268 が諸史料を引用して分析しており、その中でもディオドロス 20.37.4 は、彼らの誰もが全帝国を手に入れる手段として、アレクサンドロスの妹クレオパトラとの結婚を求めたと述べている。Lane Fox 2014 も参照。プトレマイオスとクレオパトラについては本文 213–216 頁を参照。

81　Will 1984a, pp.27 and 36.

82　Meeus 2014, pp.270–271.

83　たとえば Seibert 1969, p.88 と Huss 2001, pp.185 and 192 は、プトレマイオスの野心は年月と共に変化し、彼はそれほど帝国主義的ではなくなったと考えているが、そうではない。

84　Rostovtzeff 1941, vol. 1, pp.332–351, and 1954, pp. 126–130; Bagnall 1976, pp.224–229; Lianou 2014. また Carpli 2007, pp.70–71 and 99–104 も参照。

85　Pollard 2010, pp. 449–450; Strootman 2014a, pp. 314–315。また Hauben 2014, Meeus 2014 も参照。

86　Turner 1984, p.122 の次の意見を参照。「エジプトにおけるプトレマイオス家の支配の最初の 50 年は、［プトレマイオスの］諸々の行為を通してのみ特徴づけることができ

る」。プトレマイオス1世の支配については Bouché-Leclercq 1903, pp.1–140; Bevan 1927, pp.18–55; Elgood 1938, pp.1–40; Seibert 1969; Turner 1984, pp.119–133; Ellis 1994; Hölbl 2001; pp.12–34; Caroli 2007; Lloyd 2010a; Lane Fox 2014.

87　プルタルコス『フォキオン伝』22.5.

88　ラミア戦争については、ディオドロス 18.9–13, 15–18.6; アリアノス（*FGrH* 156）断片 1, 9 および Hammond and Walbank 1988, pp.107–117; Schmitt 1992; Habicht 1997, pp.36–42; Bennet and Roberts 2009, pp.27–40; Worthington 2013, pp.330–333; Anson 2014a, pp.33–41.

89　Bosworth 1986 および、とりわけ 2002, pp.64–97. 反対説に Hammond 1989b, pp.56–68, Billows 1995, pp.183–206, Badian 1994, pp.261–268.

90　ディオドロス 18.15.1–4、および Roisman 2012, pp.111–112.

91　ディオドロス 18.16.4–5. Waterfield 2011, p.39 は、これら3人はすべて、バビロン協定でのペルディッカスによる彼らの処遇に対する不満から協力し合ったと提唱するが、これは考えにくい――たとえばバビロン協定は、ギリシアにおけるアンティパトロスの権力を弱めはしなかった。

92　ディオドロス 18.17.1–8.

93　ディオドロス 8.18.3–6; プルタルコス『デモステネス伝』28–30、同『フォキオン伝』29,30、偽プルタルコス『モラリア』846e-847b, 847d, 849a-d、および Worthington 2013, pp.334–335.

94　デモステネス最期の日々は Worthington 2013, pp.326–337.

95　ディオドロス 18.18.7.

96　ディオドロス 18.23.3–4, 25.3–6、ユスティヌス 13.6.8.13.

第6章　エジプトを確保する

1　Bevan 1927, p.18 は、プトレマイオスはアレクサンドロスが死んで5か月後にエジプトへ到着したと主張するが、これを裏付ける史料を引用しておらず、また「新しい総督たちはただちに彼らの所領へ向けて出発した」という証拠もない。Green 1990, p.9. なお Bouché-Leclercq 1903, pp.10–11 は 323 年 11 月の到着とする。

2　プルタルコス『エウメネス伝』3.1.

3　ポルフュリオス（*BNJ* 260）断片 2. プトレマイオスが王になった年については本文 223–225 頁参照。

4　ディオドロス 18.14.1. アレクサンドロスが総督たちに彼ら自身の軍の所有を禁じた、いわゆる私兵解散令はなおも有効だったとはいえ、プトレマイオスに反対するいかなる動きも起こらなかった。ディオドロス 17.106.3 および Worthington 2014,p.264.

5　プトレマイオスの兵力についてはディオドロス 18.14.1, 21.7, 28.5, 33.3–4. ガザについてはディオドロス 19.80.4. プトレマイオスには古参兵がいなかったという Bosworth 2002, p.82 の見解も参照。

6　パウサニアス 1.6.3 および Seibert 1969, pp.39–51; Ellis 1994, p.27 を参照。

7　パウサニアス 1.6.3 および Seibert 1969, p.112.

8 ディオドロス 18.14.1.

9 エジプト人を味方につけたことについては、ユスティヌス 13.6.18-19 を参照。

10 偽アリストテレス『経済学』1352a-b.

11 引用はディオドロス 18.14.2.

12 Tarn and Griffith 1952, p.207.

13 Meeus 2014, pp. 271-272.

14 結婚についてはアテナイオス 13.576e. 同盟については Rosen 1968, pp.197-198; Seibert 1969, pp.113-114; Caroli 2007, pp.83-85 を参照。

15 Bagnall 1976, pp.38-79. また Mitford 1953 も参照。

16 パロス大理石（*BNJ* 239）B 10-11、ディオドロス 18.14.1, 19-21、アリアノス（*FGrH* 156）断片 9, 16-18 および Seibert 1983, pp.101-104, and 1969, pp.91-95; Huss 2001, pp.98-103; Caroli 2007, pp.71-73. プトレマイオス治世のキュレナイカについては Bartson 1982 を参照。

17 Worthington 2014, pp. 290-291.

18 ディオドロス 18.21.7-9 および Seibert 1969, pp.91-95. パロス大理石（*BNJ* 239）B 10 はキュレネ占領を 322/321 年に置いている。

19 アリアノス（*FGrH* 156）断片 9, 19、ディオドロス 18.21.9、ユスティヌス 13.6.20.

20 *SEG* 9.1.1-46.

21 Bagnall 1976, pp.183-185.

22 ディオドロス 20.40.1; Hölbl 2001, p. 15.

23 Will 1960, pp. 269-290; Bagnall 1976, pp.25-37; Barton 1982.

24 Bevan 1927, p.9.

25 ディオドロス 18.3.5, 28.3、クルティウス 10.5.4、ユスティヌス 12.15.7, 13.4.6 および Seibert 1969, pp.110-113; Erskine 2002, p.171; Meeus 2008, pp.66-68.

26 ディオドロス 18.23.2-3、ユスティヌス 13.6.4-6.

27 ディオドロス 18.28.2-3、アリアノス（*FGrH* 156）断片 9, 25、パウサニアス 1.6.3 および Bouché-Leclercq 1903, pp.19-20; Erskine 2002, pp.167-171. 霊柩車（とそのスケッチ）については本文 183-185 頁参照。

28 ディオドロス 18.28.2、ストラボン 17.1.8. 葬列がバビロンを出発したのは夏の焼けつく暑さが収まった後、もしかすると冬だったかもしれない。Anson 1986, pp.212-217.

29 取り決めについては Bevan 1927, p.19. ユスティヌス 13.4.6 は、フィリッポス 3 世はアリダイオスは〔エジプトへ〕同行するつもりだったと述べているが、そうではない。

30 アリアノス（*FGrH* 156）断片 9, 25 は、アリダイオスがペルディッカスから首尾よく遺体を奪ったので、プトレマイオスに引き渡すことができたと言う（断片 10, 1 も参照）。

31 メンフィスについてはパロス大理石（*BNJ* 239）B 11、ディオドロス 18.28.3、クルティウス 10.10.20、パウサニアス 1.6.3、ストラボン 17.1.8. アレクサンドリアについては第 8 章。Bosworth 2000, p.219 は、アレクサンドロスの遺言とされるものに概要がある通り、アレクサンドロスはシーワに埋葬されるはずであったこと、それをギリシアに埋葬するというペルディッカスの計画を挫くため、プトレマイオスは遺体を誘拐し王の遺志に沿って行動した、という説明を受け入れる。プトレマイオスはアレクサンドロス

をアレクサンドリアに埋葬したが、エジプトの中ではあるので、アレクサンドロスの遺志にかなっている。だが遺言は、Bosworth 2000 が適切に主張するように、ライバルたちに対する政治宣伝の道具としてプトレマイオスが創作した虚構である。さらに本文215-216 頁を参照。

32 Romm 2011, p.152.

33 Lianou 2010, pp.127-128; Meeus 2008, pp.67-68, and 2014, pp.273-277.

34 Hammond and Walbank 1988, pp.121-122 with n.5 (p.121).

35 アリアノス（*FGrH* 156）断片 10, 1、ディオドロス 18.29.1、パウサニアス 1.6.3 および Bouché-Leclercq 1903, pp.22-25; Seibert 1969, pp.117-121; Caroli 2007, pp.45-47.

36 Roisman 2012, pp.93-95.

37 ディオドロス 18.25.6, 33-37. さらに Hauben 1977b. また Waterfield 2011, pp.57-60 も参照。プトレマイオスとペルディッカスの戦争に関する史料と議論は Seibert 1969, pp.96-108.

38 Waterfield 2011, p.57.

39 たとえばディオドロス 18.30.5-6、アリアノス（*FGrH* 156）断片 9, 26-27、プルタルコス『エウメネス伝』7、ネポス『エウメネス伝』4.1-4. 議論は Bennet and Roberts 2009, pp.41-54; Roisman 2012, pp.127-134; Anson 2014a, pp.63-68.

40 ディオドロス 18.37.1 とプルタルコス『エウメネス伝』8.2 は、この報せがペルディッカスの陣営に届いたのは、ペルディッカスがエジプトで殺害された 2 日後だと述べている〔原文では「エジプトに侵攻した 2 日後」だが、これは著者の誤り〕。これに対してディオドロス 18.33.1 は、ペルディッカスが侵攻する前とする。

41 ディオドロス 18.33-37、アリアノス（*FGrH* 156）断片 9, 28、パウサニアス 1.6.3、ユスティヌス 13.8.1-2, 10 および Seibert 1969, pp.114-128; Romm 2011, pp.163-167; Roisman 2012, pp.93-107, and 2014, Anson 2014a, pp.68-70.

42 ディオドロス 18.33.1-5、および Errington 1970, p.65; Ellis, 1994,p.37.

43 ユスティヌス 13.8.2.

44 ディオドロス 18.33.6-34.5. 続く引用はディオドロス 18.34.2.

45 Roisman 2012, p.101 n.41 が関連文献を挙げている。

46 ディオドロス 18.35.5、ポリュアイノス 4.19.

47 ディオドロス 18.36.5、パウサニアス 1.6.3. またユスティヌス 13.8.10 および Seibert 1969, pp.122-126 も参照。天幕についてはディオドロス 18.36.5. アリアノス（*FGrH* 156）断片 9, 28 は、彼が戦闘中に自分のヘタイロイ騎兵部隊に殺されたと言うが、これは真実ではない。ストラボン 17.1.8 は、兵士たちが彼を長槍で突き刺したと主張するが、そうした長さの武器（少なくとも 14 フィート）は天幕に収まらないので、これも正しいはずがない。ネポス『エウメネス伝』5.1 は、セレウコスとアンティゲネスがナイル川のそばでペルディッカスを殺したとするが、これもまた疑わしい。

48 ディオドロス 18.36.1.

49 ディオドロス 18.36.6-7、アリアノス（*FGrH* 156）断片 9 , 29. Errington 1978, p.118 によると、プトレマイオスは何より西方のキュレネとの国境について懸念していたので（これについては本文で後述）、彼自身が赴いたのでなく、使節を送ったかもしれない。

50 Schäfer 2014, pp.442-447.

51 ディオドロス 18.36.6-7 および Seibert 1969, pp.126-128; Errington 1970, p.60; Bosworth 2002, pp.14-15; Anson 2014a, p.70.

52 この選出がプトレマイオスの考えだったとする見解については、アリアノス（*FGrH* 156）断片 9, 30 および Errington 1970, p.66, and 1978, p.121.

53 〔分離主義の解釈をとるのは〕Will 1966, p.37; Errington 1970; p.71; Ellis 1994, p.39. 反対説に Meeus 2014, pp.277-278.

54 Roisman 2012, pp.106-107.

55 Errington 1970, pp.65-66 (Anson 2014a, p.69 も参照). プトレマイオスがペルディッカス暗殺に関与したとの説に対する反論は Roisman 2012, pp.103-104.

56 ディオドロス 18.37.1, 59.4、アリアノス（*FGrH* 156）断片 9, 30、ユスティヌス 13.8.10, 14.1.1. またプルタルコス『エウメネス伝』8.1-3、Errington 1970, p.67 も参照。

57 ディオドロス 18.39; アリアノス（*FGrH* 156）断片 9, 34-38（= Austin, no.24, pp.45-46)、ポリュアイノス 4.6.4. 事件の記述は Bouché-Leclercq 1903, pp.25-28; Caroli 2007, pp.46-47; Romm 2011, pp.173-177; Waterfield 2011, pp.66-68. 議論は Errington 1970; Billows 1990, pp.64-71; Green 1990, pp.12-17; Anson 2003; Roisman 2012, pp.136-144; Landucci Gattinoni 2014.

58 低い編年を採るのは Errington 1970, pp.75-77, and 1977; Anson 1986, 2003, and 2014a, pp.58-59; Billows 1990, pp.64-80; Roisman 2012, pp.136-144. 高い編年については Bosworth 1992 and 1993. また Wheatley 1995 も参照。諸事件の年代付け全般については Seibert 1969, pp.70-81. 2 つの編年の妥協案については Boy 2007 を参照。

59 ディオドロス 18.39.1-4、アリアノス（*FGrH* 156）断片 9, 31-33 および Errington 1970, p.67.

60 ディオドロス 18.39.4-7、アリアノス（*FGrH* 156）断片 9, 33-34、ポリュアイノス 4.6.4. この逸話については Roisman 2012, pp.136-142, 157-158, and 2015, p.79 を参照。

61 ディオドロス 18.39.5, 43.1.

62 アリアノス（*FGrH* 156）断片 9, 34.

63 ディオドロス 17.17.2.

64 Schmitthenner 1968, pp.31-46.

65 Champion 2014, p.25.

66 Billows 1990, pp.69-70 を参照。

67 アンティゴノスがペルディッカス派を壊滅させるまで、彼はこれらの広範囲にわたる権力、とりわけ巨大な軍の指揮権を持つことはなかったと、時には想定されてきたが、彼の権力に時間的な制限はなかった。Billows 1990, pp.70-71; Champion 2014, pp.199-200 n.17.

68 ディオドロス 19.46.6, 48.7-8.

69 ディオドロス 19.81 および、とりわけプルタルコス『デメトリオス伝』（プルタルコスは彼をマルクス・アントニウスと組み合わせている)、および Manni 1951 を参照。

70 ポリュビオス 5.102.1.

71 Waterfield 2011, p.41 を参照。政治目的のための一夫多妻については Greenwalt 1989 を

参照。

72 Diodorus 18.43（18.73.2でディオドロスは、プトレマイスの行為を不当と見なしている）; アッピアノス『シリア史』52、パウサニアス 1.6.4. またパロス大理石（*BNJ* 239）B 12も参照。この遠征についてはBouché-Leclercq 1903, pp.32-34, Seibert 1969, pp.129-130, Wheatley 1995を参照。Wheatleyは高い編年を支持しながらも、プトレマイオスの侵攻を320年夏に置く。

73 たとえばヨセフス『ユダヤ古代誌』12.7.8-9. Caroli 2007, pp.89-91も参照。

74 Ellis 1994, p.41; Huss 2001, pp.122-123; Vandorpe 2010, p.169を参照。

75 Abel 1935, pp.567-575; Bagnall 1976, pp.11-24.

76 *SEG* 9. 1, 1-46行 = Austin, no. 264, pp.443-445（この国制を、既述したプトレマイオスの最初のキュレネ介入時に年代付ける）および*SEG* 18. 726（翻訳はHarding 1985, no. 126, pp.159-161）. また以下も参照。Larsen 1929; Bagnall 1975, pp.28-29; Fraser 1972, vol. 1, pp.48-49, 95, 98-99, 786-788; Seibert 1983, pp.102-104; Laronde 1987; Caroli 2007, pp.6-83.

77 Austin, no. 25, pp.47-48（＝ディオドロス 18.48.4-50）.

78 ディオドロス 18.48.4-5. ポリュペルコンについてはHeckel 1992, pp.182-204.

79 Errington 2008, pp.21-22.

80 ディオドロス 18.48.4.

81 ディオドロス 18.49.1-3. リュシマコスがカッサンドロスと同盟したことは、彼がトラキアを越えて、マケドニアを含めることさえ狙っていたかもしれないことを示唆する。この解釈に対する批判はLund 1994, pp.55-57を参照。

82 ディオドロス 18.54.2-4.

83 Anson 2014a, p.84.

84 ディオドロス 18.49.4, 57.3-4、ユスティヌス 14.5.

85 この時期およびヘレニズム時代のマケドニアとギリシアについてはHammond and Walbank 1988, pp.95および随所、Walbank 1993, pp.79-99; Shipley 2000, pp.116-152; Errington 2008, pp.21-32, 45-56, 79-82.

第7章　攻勢に転じる

1 Stewart 1993, pp.229-243. プトレマイオスの貨幣については、Emmons 1954, Lorber 2005も参照。後継者たちはすべて、彼らの貨幣や美術作品でアレクサンドロスの図像を利用した。Stewart 1993, pp.229-323; Meeus 2009b.

2 Meeus 2104, pp.279-283がさらに多くの研究を挙げている。

3 〔刻文は〕Alexandreion Ptolemaiou. 年代はLorber 2005, pp.63-63.

4 ディオドロス 18.50.1-2.

5 ディオドロス 18.55-57およびSeibert 1969, pp. 129-137, 159-163; Billows 1990, pp. 82-109; Caroli 2007, pp. 47-50. なおHuss 2001, pp. 131-132は、プトレマイオスは同盟者にろくに関心がなかったので目立たなかったのだと推測する。

6 Bouché-Leclercq 1903, pp. 34-39; Green 1990, pp. 18-20; Waterfield 2011, pp. 75-83　を参照。

7 ディオドロス 18.56 および Hammond and Walbank 1988, pp. 133–134; Dmitriev 2011, pp. 113–114, 116–119.

8 Dmitriev 2011, pp. 112–134.

9 たとえばディオドロス 18.64, 68, 74–75 および Hammond and Walbank 1988, pp. 134–137.

10 ファレロンのデメトリオスの国制については Ferguson 1911, pp. 38–94; Mossé 1973, pp. 102–108（「哲学的僭主政」と称する）; Green 1990, pp. 36–51; Tracy 1995, pp. 36–51; Habicht1997, pp. 53–66; O'Sullivan 2009.

11 テオフラストスについては、たとえば Green 1990, pp. 68–71; Habicht 1997, pp. 121–123.

12 メナンドロス、演劇、政治については Grant 1982, pp. 159–162; Green 1990, pp. 65–68, 71–79; Habicht 1997, pp. 98–105.

13 アテナイオス 13.560f.

14 ディオドロス 19.11.2、ユスティヌス 14.5.9–10.

15 Hammond and Walbank 1988, p.140. ただしディオドロス 19.51.6 が、彼女は「当時の女性たちの中で最も高い威信を獲得した」と述べていることに注目すること。

16 ディオドロス 19.11.4–7.

17 ディオドロス 19.11.8–9、ユスティヌス 14.6.1–2.

18 ディオドロス 19.35.1、ユスティヌス 14.5.8, 6.2. なおパロス大理石（*BNJ* 239）B 14 は、カッサンドロスの帰国を 316 年夏としている。

19 ディオドロス 19.35.4–36, 49–50、ユスティヌス 14.6.5.「非ギリシア人たち」による人肉食はディオドロス 19.49.4.

20 ディオドロス 19.51、ユスティヌス 14.6.6–12、パウサニアス 9.7.2（石打ちによるとする）。また同 1.11.4 および Hammond and Walbank 1988, pp. 136–144; Anson 2014a, p. 115–116 を参照。年代は Errington 1977. また Anson 2014a, pp. 116–121 も参照。

21 ユスティヌス 14.6.6–12.

22 ディオドロス 19.52.1、ユスティヌス 14.6.13. 引用はディオドロス 19.52.1.

23 ディオドロス 19.52.4、ユスティヌス 14.6.13.

24 ディオドロス 19.52.5.

25 ディオドロス 19.52.2、および Errington 2008, pp.27–28. カッサンドレイアを建設した時、カッサンドロスはカルキディケ半島全体を領土に加えたかもしれない。

26 ディオドロス 19.53.2, 54.1, 63.4、パウサニアス 9.7.1. 諸国民による贈与その他の援助についてはディオドロス 19.54.2、パウサニアス 9.7.1、*IG* VII 2419; *SIG* 337（翻訳は Harding 1985, no. 131, pp.164–165）.

27 Hammond and Walbank 1988, p. 145 n. 3; Landucci Gattinoni 2010. パウサニアス 9.7.2 は、カッサンドロスがテーバイを再建したのは、アレクサンドロスおよびアルゲアス王家に関わるものすべてに対する彼の憎しみゆえだと述べている。

28 Ellis 1994, p. 42; Caroli 2007, pp. 105–108; van Oppen de Ruiter 2011.

29 結婚については Ogden 1999, pp. 68–73 および、とりわけ Caroli 2007, pp. 104–108.

30 プルタルコス『デメトリオスとアントニウスの比較』4.1 および、たとえば Bouché-Leclercq, 1903, pp. 94–95; Ellis 1994, pp. 42, 45. パウサニアス 1.6.8 は、プトレマイオスが

父親（もしもフィリッポスだったとすれば）から結婚による女性たちへの情熱を受け継いだと述べており、これは彼の一夫多妻を指すのかもしれない。一夫多妻についてはGreenwalt 1989を参照。

31　Carney 2000, pp.23–27, 29–31.

32　プルタルコス『アレクサンドロス伝』38.3およびEllis 1994, p.8.

33　アテナイオス 13. 576e.

34　アテナイオス 13. 576e.

35　アルタカマという名前はアリアノス 7.4.6. ただしプルタルコス『エウメネス伝』1.7は誤って彼女をアパマと呼んでいる。

36　Bevan 1927, p. 51; Ellis 1994, p. 15; Hölbl 2001, p. 14.

37　プルタルコス『デメトリオス伝』31.5を参照。

38　パウサニアス 1.7.1.

39　テオクリトス 17.61への古註。

40　年代はパロス大理石（*BNJ* 239）B no. 19.

41　この結婚習慣についてはCriscuolo 1994; Ager, 2005; Buraselis 2008およびKoenen 1983, pp. 157–161の見解を参照。

42　アテナイオス 14.621a.

43　テオクリトス 17.38–40. プトレマイオスに対するベレニケの影響力については、プルタルコス『ピュロス伝』4.6を参照。

44　欠損のある史料に基づいて、エウリュディケは本当はプトレマイスの姉妹だったとする見解があり、もしこれが本当なら、兄弟姉妹婚というプトレマイオス朝の習慣を始めたのは息子のプトレマイオス2世ではなく父親の1世だったことになる。しかしこの見解は誤りである。Ogden 1999, p.70.

45　プルタルコス『ピュロス伝』4.6.

46　パウサニアス 1.6.8. またアッピアノス『シリア史』62を参照。

47　パウサニアス 1.7.1.

48　アルガイオスをエウリュディケの息子とする説は、Bouché-Leclercq 1903, p. 26 n. 4; Bevan 1927, p. 53; Ogden 1999, pp. 68, 75; Hazzard 1987, p. 149を参照。

49　van Oppen de Ruiter 2013が関連史料と文献を挙げている。

50　ディオドロス 18.58–63, 19.12–34, 37–44、ネポス『エウメネス伝』7–10、プルタルコス『エウメネス伝』9–18、ユスティヌス 14.1–5およびSeibert 1983, pp. 110–114; Billows 1990, pp. 83–104; Bosworth 2002, pp. 141–158; Waterfield 2011, pp. 93–102; Roisman 2012, pp. 212–236; Champion 2014, pp. 37–68.

51　この短い遠征については、たとえばRoisman 2012, pp. 186–187を参照。

52　ディオドロス 18.62.1–2.

53　エウメネス殺害については、プルタルコス『エウメネス伝』19.1、ネポス『エウメネス伝』12.4. なおディオドロス 19.44.2は、アンティゴノスが「彼を殺した」とする。遺灰についてはディオドロス 19.44.2、プルタルコス『エウメネス伝』19.2、ネポス『エウメネス伝』13.4.

54　ディオドロス 19.55.2–5、パウサニアス 1.6.4およびBillows 1990, pp.106–107.

55　ディオドロス 19.55.5.

56　ディオドロス 19.56.

57　Champion 2014, p.73.

58　Simpson 1957, pp.371–373.

59　ディオドロス 19.56.3、パウサニアス 1.6.4.

60　ディオドロス 19.57.1（85.3 も参照）. またユスティヌス 15.1.2、Bouché-Leclercq 1903, pp. 45–49 も参照。

61　ディオドロス 19.57.1 および Billows 1990, p.109.

62　ディオドロス 19.57.2–62. また以下も参照。Seibert 1969, pp. 138–151; Will 1984a, pp. 46–52; Hammond and Walbank 1988, pp. 150–162; Billows 1990, pp. 109–134; Caroli 2007, pp. 50–56; Champion 2014, pp. 69–97; Anson 2014a, pp. 129–149. 年代については Wheatley 1998; Anson 2006; Meeus 2012.

63　Caroli 2007, pp. 85–86. なお Seibert 1969, pp. 143–144 はアゲシラオスのささやかな外交的成功を、プトレマイオスのキプロス政策が失敗した証拠と見なす（史料は「成功した積極的なキプロス政策」について述べていない）。しかしこれに対する反論は Hauben 1977a, p.265 を参照。

64　ディオドロス 19.61.1–2、ユスティヌス 15.1.3.

65　ディオドロス 19.57.5 および Billows 1990, pp.369–370. さらに Simpson 1957 を参照。

66　Austin, no. 29, pp.54–56（＝ディオドロス 19.61–62.2）. ギリシア人およびアンティゴノスとギリシア人との交渉に影響を与えた限りでの「自由」の意味については Heuss 1938, pp. 146–152; Simpson 1959; Dixon 2007; Dmitriev 2011, pp. 115–129 を参照。また Seibert 1983, pp. 179–183 も参照。アンティゴノスの生涯を通じての彼とギリシア人（本土だけでなく小アジアと島嶼部も含む）との関係については Green 1990, pp. 23–25 および Billows 1990, pp. 194–197, and pp. 189–236 を参照。

67　Manni 1951, pp. 111–114 を参照。詳細は Heuss 1938; Seibert 1983, pp. 179–183; Simpson 1959. また Billows 1990, p. 114; Anson 2014a, pp. 133–134 も参照。（他の後継者たちを復む）次の 3 年間の諸事件の詳細は、たとえば Waterfield 2011, pp. 109–120; Anson 2014a, pp. 129–149 を参照。

68　ディオドロス 19.62.1–2 および Heuss 1938, pp. 150–151; Kolbe 1916; Seibert 1969, pp. 180–183; Hauben 1977c, p. 322; Grabowski 2008, p. 35; Dmitriev 2011, pp. 115–120. また Lehmann 1988a も参照。

69　Simpson 1959, p.390.

70　彼らが自由を自分の利益になるよう皮肉な形で利用したことは、ディオドロス 19.62.2.

71　Strootman 2011, pp. 115–120; Meeus 2014, pp.286–287.

72　たとえばセレウコスがテュロス包囲戦でプトレマイオス海軍の優位性を利用したことは、ディオドロス 19.58.5–6. プトレマイオスの海軍については、たとえば Pollard 2010, pp.449–450 を参照。

73　ディオドロス 19.62.3–5. 100 隻の三段櫂船はディオドロス 19.58.5.

74　キュレネはディオドロス 19.79.1–3、キプロスはディオドロス 19.79.4–7.

75　ニコクレオンとメネラオスについては Bagnall 1976, pp. 39–42 および Hauben 1987a, p. 224.

76　ディオドロス 19.79.6–7, 80.3.

77　ディオドロス 19.61.5. 包囲戦は Billows 1990, pp.111–112, 117.

78　ディオドロス 19.69.1, 80.1–2.

79　次の数年の年代は論争になっている。Seibert 1969, pp. 164–175 および、とりわけ Hauben 1973 と Wheatley 1998 を参照。

80　ディオドロス 19.80.3–5.

81　ディオドロス 19.81.

82　平原についてはディオドロス 19.84.6. 年代は Anson 2014a, pp.159–160. プルタルコス『デメトリオス伝』5.2 によると、デメトリオスは 22 歳だった。ディオドロス 19.81.4–5 は彼を若者と呼んでいる。

83　ディオドロス 19.80.4.

84　戦闘はディオドロス 19.82–84.5、プルタルコス『デメトリオス伝』5、アッピアノス『シリア史』54、パウサニアス 1.6.5、ユスティヌス 15.1.5–9 および Bouché-Leclercq 1903, pp. 73–75; Seibert 1969, pp. 164–175; Kertész 1974; Devine 1984 and 1989b; Bennett and Roberts 2010, pp. 89–100; Champion 2014, pp. 91–97.

85　戦列の構成と戦術は Devine 1989b, pp.31–34.

86　プルタルコス『デメトリオス伝』5.3 が戦死者を 5000 とするのに対し、これを 500 とするディオドロス 19.85.3 を採用することについては Seibert 1969, pp.164–175; Devine 1984.

87　ディオドロス 19.85.3. なおユスティヌス 15.1.8–9 は、プトレマイオスがデメトリオスの友人たちを釈放し、彼らに贈り物を与えたと付け加えている。

88　ディオドロス 19.84.8, 85.4–86.2.

89　ディオドロス 19.86.2–3.

90　ディオドロス 19.93.1–2、プルタルコス『デメトリオス伝』6.2–3、パウサニアス 1.6.5.

91　プルタルコス『デメトリオス伝』6.1. ディオドロス 19.93.4 は、アンティゴノスはデメトリオスがあまりに若いことを思ってこの報せを喜んだ、そしてキレスに対するこの勝利は彼が王に値することを示すと述べる。

92　ディオドロス 19.93.4–7、パウサニアス 1.6.5.

93　Bosworth 2002, p.242.

94　翻訳は Bevan 1927, p. 31. 石碑については Seibert 1983, pp. 224–225; Caroli 2007, pp. 91–94; Lane Fox 2014, pp. 194–195 および、とりわけ Sethe 1916, pp. 11–122 no. 9; Goedicke1985; Burstein 2014 and 2015; Ockinga 2018 を参照。碑文の全訳は Bevan 1927, pp. 28–32 および Ritner 2003, pp. 392–397.

95　Schäfer 2014, pp. 447–452 はこの石碑を、支配の方法についての一種のマニュアルと呼んでいる。

96　アレクサンドリアの脆弱性については Robinson and Wilson 2010.

97　ディオドロス 18.26.3, 28.2–4、ストラボン 17.1.8、アイリアノス『ギリシア奇談集』

12.64 および Fraser 1972, vol. 1, pp. 7, 15–16 n. 79, and vol. 2, p. 12; Swinnen 1973, pp. 116, 120; Lorton 1987; Stewart 1993, pp. 221–223, 369–375; Erskine 2002, pp. 170–171. なお Gambetti 2009, p. 26 は遷都を 314 年に置く。

98 ここでの年代に関する考察について、サンドラ・ガンベッティ教授に感謝する。

99 Burstein 2008b, 2014, and 2015.

100 テオクリトス『牧歌』17、86–87 行、また Burstein 2008b も参照。

101 ディオドロス 13.7.5 はアガタルキデス（*BNJ* 86）断片 19 を引用している。

102 詳細は Burstein 2015, pp. 122–123.

103 Goedicke 1985, pp. 34–35.

104 ディオドロス 19.86.5, 90–92、アッピアノス『シリア史』54、ユスティヌス 15.4.11. セレウコスの軍事行動については Billows 1990, pp. 136–138; van der Spek 2014.

105 Anson 2014a, pp.147–148 が関連文献を挙げている。

106 312 年開始説に Bevan 1902, p. 52. セレウコス朝については第 5 章註 60 に挙げられた諸研究を参照。

107 Austin, no. 30, pp. 56–57（= ディオドロス 19.105.1–4）および Simpson 1954; Seibert 1983, pp. 123–127. また Austin, no. 31, pp. 57–59 および Harding 1985, no. 132, pp. 165–167（講和に関するアンティゴノスのスケプシス宛書簡）も参照。

108 Lund 1994, pp. 40–43; Anson 2014a, pp. 141–142.

109 Strootman 2014a, pp. 315–316.

110 Rosen 1968, pp. 205–207（帝国の終焉と見なす）; Huss 2001, p. 168; Meeus 2014, p. 289.

111 Errington 2008, p. 40.

112 Simpson 1954, pp. 30–31; Mehl 1986, p. 137; Champion 2014, pp. 98–103.

113 Hauben 2014, p. 237. また Dmitriev 2011, pp. 120–122 も参照。

114 Waterfield 2011, pp. 125–127.

115 ディオドロス 20.19.3–4 および Seibert 1969, pp. 176–183.

116 ディオドロス 19.105.1. Hölbl 2001, p. 19 は、アレクサンドロス 4 世は 14 歳に近づいており、それゆえまもなく王の近習たちの一員となっただろうと推測する。しかし彼はすでに王なのだから、これはあり得ない。

117 Waterfield 2011, p.129.

118 ディオドロス 19.105.2. またユスティヌス 15.2.5、パウサニアス 9.7.2 および Hammond and Walbank 1988, pp.164–167 も参照。

119 ディオドロス 19.105.3–4.

120 Schmitthenner 1968; Caroli 2007, pp. 171–175.

121 ディオドロス 20.28.1–2、ユスティヌス 15.2.3（アレクサンドロス 4 世とロクサネの殺害より前とする）、パウサニアス 9.7.2（毒殺とする）。アレクサンドロスとヘラクレスの殺害の決断およびこれらの事件の順序については Hammond and Walbank 1988, pp.165–168.

122 Skeat 1954, p. 9.

123 Billows 1990, pp. 241–248; Chaniotis 2005, pp. 57–68.

第 8 章　アレクサンドロスの遺体

1　スエトニウス『アウグストゥス伝』18.1. ディオ 51.16.5 も参照。

2　Stewart 1993, p.216.

3　ディオドロス 18.26-27. 霊柩車がその壮麗さで名高く、沿道で大勢の見物人を惹きつけたことはほとんど驚くにあたらない（ディオドロス 18.28.1-2）。Stewart 1993, pp.216-220 はその飾りつけについてより詳細な描写を含む。また Erskine 2002, pp. 167-171; Seibert 1969, pp. 96-102, 110-112 も参照。

4　ディオドロス 18.28.2-3、ストラボン 17.1.8. またパウサニアス 1.6.3 および Erskine 2002, pp.163-167 も参照。葬列はほぼ確実に、夏の焼けつく暑さが収まってからようやくバビロンを出発したので、遺体の奪取はおそらく冬のことだった。Anson 1986, pp.212-217. エジプトに埋葬してほしいとのアレクサンドロスの望みをおそらくプトレマイオスが尊重したことについては、本文 139-140 頁を参照。

5　Thompson 1988, p.4

6　アイリアノス『ギリシア奇談集』12.64.

7　クルティウス 10.10.20. またディオドロス 18.28.3-4 も参照。

8　この伝承についてはパウサニアス 1.7.1. 別の説明はディオドロス 18.28.3-4、クルティウス 10.10.20、ストラボン 17.1.8. Greenwalt 1988 はパウサニアスの説明を支持するが、Habicht 2006a, pp.153-154 によって誤りが立証された。パウサニアスはプトレマイオス朝の事柄について数々の誤りを犯している。たとえば本文 274 頁を参照（プトレマイオス 1 世がプトレマイオス 2 世に王位を譲って退位したとの記述）。

9　van Oppen de Ruiter 2013. プトレマイオスの子供たちについては同書 p. 112-115.

10　Bouché-Leclercq 1903, p. 142 n. 2; Fraser 1972, vol. 1, pp. 15-16, and vol. 2, pp. 31-33.

11　アイリアノス『ギリシア奇談集』12.64 および Fraser 1972, vol. 1, p.16.

12　歴史上および伝説上のアレクサンドロスに対する神話の影響については、Ogden 2011, pp. 65- 67, 76-77 を参照。また Fredricksmeyer 1961 も参照。

13　Meeus 2008, pp. 67-68, and 2014, pp. 273-277 を参照。私は同意しないが、Meeus の見解（2014, pp.276-277）によると、遺体の奪取はプトレマイオスの兵士たちにはあまりアピールしなかった、なぜなら軍隊は本国へ帰ることを望んで 326 年にヒュファシス河畔で、324 年にオピスで騒擾を起こしており、ゆえにエジプトに留まることを喜ばなかっただろうからだ。Meeus は、323 年までに軍の構成は大きく異なるものになっており、兵の多くは東方出身者だったということを考慮していない。Bosworth 1980b を参照。

14　Fraser 1972, vol. 1, pp. 15-17, 225-226; Stewart 1993, chap. 8.

15　プトレマイオス 4 世についてはゼノビオス 3.94. 墓廟の位置はストラボン 17.1.8 および Łukaszewicz 2014, pp. 198-200.

16　Fraser 1972, vol. 1, p. 16; Stewart 1993, p. 224 n. 97.

17　ストラボン 17.1.8.

18　Erskine 2002, p.165.

19　Taylor 1927. アレクサンドロス祭祀の創設とその後については Seibert 1983, pp. 226-227; Fraser 1972, vol. 1, pp. 215-226; Stewart 1993, pp. 243-245 を参照。

20 Fraser 1972, vol. 1, pp. 215–219.

21 Hammond and Walbank 1988, p. 123 がディオドロス 18.28.4–5 を引用しながら論じている。彫像については Stewart 1993, pp. 243–252; 祭祀については Fraser 1972, vol. 1, pp. 215–226.

22 Erskine 2002, pp.163–167.

23 ディオドロス 18.28.4.

24 Fraser 1972, vol. 1, pp. 3–6; Bagnall 1979, pp. 46–49.

25 Bell 1946.

26 Bouché-Leclercq 1903, pp. 121–140; Bevan 1927, pp. 91–104; Tarn and Griffith 1952, pp. 183–186; Fraser 1972; Bernand 1995; Grimm 1998; Pollard and Reid 2009; Hinge and Krasilnikoff 2009. また Bowman 1986, pp. 203–233; Caroli 2007, pp. 258–304 も参照。

27 ディオドロス 17.52.1 は、アレクサンドロスが通過した時、その場所にはラコティスの小さな漁村があったと述べている。

28 ホメロス『オデュッセイア』4.354–355「アイギュプトスの前面、波騒ぐ大海の中に、パロスと呼ばれる島があり」（松平千秋訳）。

29 Austin, no. 7, pp.17–18（＝アリアノス 3.1.5–2.2、プルタルコス『アレクサンドロス伝』26.3–10）

30 Bevan 1927, p.4.

31 Howe 2014.

32 ディオドロス 17.49.2–52.7、アリアノス 3.3.1–4.5、クルティウス 4.7.5–4.8.2、ユスティヌス 11.11.13、プルタルコス『アレクサンドロス伝』26.6 および Fraser 1972, Vol. 1, pp.3–6. なお Welles 1962 は、アレクサンドロスは新都市をどこに建てるべきか神託を伺うためシーワへ行ったと主張するが、これは誤りである。Ellis 1994, pp. 85–86 (n. 24); Hölbl 2001, p. 10. 都市建設をめぐる史料については Howe 2014, pp. 74–77 を参照。

33 『無名氏のアレクサンドロス史』（*FGrH* 151）断片 11（翻訳は Robinson 1953 の該当箇所）

34 ディオドロス 17.52.2.

35 Mansuelli 1983.

36 Howe 2014. アレクサンドロスとギリシア文明については Austin, no. 19, pp.35–37（＝プルタルコス『モラリア』328c-329d）

37 Fraser 1972, vol. 1, p.7.

38 Łukaszewicz 2014.

39 ストラボン 17.1.6–10（＝ Austin, no. 232, pp. 388–392 短縮版）。また Fraser 1972, vol. 1, pp. 7–37 がプトレマイオス朝末期までのアレクサンドリアを通観している。

40 Fraser 1972, vol. 1, pp. 7–37.

41 都市の民生用建造物——その構造——は十分にはわかっていない。Fraser 1972, vol. 1, pp. 93–131.

42 ディオドロス 17.52.2–3 とアリアノス 3.1.5 は、アレクサンドロスが城壁を設計したと述べ、タキトゥス『同時代史』4.83.1 は、それを建設したのはプトレマイオスだと言っている。

43　アリアノス 7.23.6–8.
44　Bevan 1927, pp. 90–91, 104–108; Rowlandson 2003, p. 254; Caroli 2007, pp. 304–308.
45　Thompson 2003, p. 106.
46　Caroli 2007, pp.278–280. ヘレニズム世界における都市の重要性とその建造物の変化については、Billows 2003 と Graham, Shipley, and Hansen 2006 を参照。
47　Bouché-Leclercq 1903, pp. 121–140; Bevan 1927, pp. 91–104; Hazzard 2000, pp. 36–46; Łukaszewicz 2014, pp. 201–205.
48　人口については Fraser 1972, vol. 1, pp. 38–92.
49　3 世紀中頃のアレクサンドリアの都市法の翻訳箇所は、Bagnall and Derow 1981, no. 104.
50　アリアノス 3.1.5 および Howe, 2014, pp.77–78.
51　Caroli 2007, pp. 258–304, とりわけ pp. 264–273. 行政については、本文第 11 章参照。
52　Whitehouse 2010. とりわけモザイクについては同書 pp.1017–1020.
53　Bevan 1927, pp. 124–127; Fraser 1972, vol. 1, pp. 321–322, 469, 475; Pfeiffer 1968, pp. 95–102.
54　ストラボン 17.1.8. 市内のマケドニア人とギリシア人については Fraser 1972, vol. 1, pp. 305–335.
55　Fraser 1972, vol. 1, pp. 312–319.
56　ストラボン 17.1.8　また、たとえば以下を参照。Parsons 1952; Canfora 1990; MacLeod 2000; Caroli 2007, pp. 284–291; Pollard and Reid 2009; Berti and Costa 2010; cf. Ellis 1994, pp. 54–57, Green 1990, pp. 84–91.
57　Fraser 1972, vol. 1, pp. 312–335; Caroli 2007, pp. 284–286.
58　Green 1990, p. 85; Erskine 1995, pp. 39–40.
59　Erskine 1995, p. 40.
60　Erskine 1995, pp. 41–43. また Peremans 1976; Caroli 2007, pp. 284–304 も参照。
61　Erskine 1995, pp. 38–48.
62　ストラボン 17.1.8.
63　アレクサンドリアの科学については Fraser 1972, vol. 1, pp. 336–446.
64　プロクロス『エウクレイデス第 1 巻への註釈』68.
65　以下を参照。Bouché-Leclercq 1903, pp. 121–140; Barker 1954; Pfeiffer 1968, pp. 87–233; Fraser 1972, vol. 1, pp. 447–479; Turner 1984, pp. 171–174; Caroli 2007, pp. 292–298; Morrison 2010; Rihll 2010.
66　Peremans 1976; Caroli 2007, pp. 168–170.
67　Morrison 2010, pp. 758–778.
68　Fraser 1972, vol. 1, p. 325.
69　Pfeiffer 1968, pp. 234–251; Hansen 1971, pp. 390–433.
70　『スーダ辞典』pharos の項。さらに以下を参照。Fraser 1972, vol. 1, pp. 17–20 および p. 21（ヘプタスタディオンについて）; Rihll 2010, pp. 412–413; Łukaszewicz 2014, pp. 201–204.
71　Łukaszewicz 2014, pp. 203–204.

72　この神の同定については論争がある。Fraser 1972, vol. 1, pp. 18–19.
73　ヨセフス『ユダヤ戦記』4.10.5 は 300 スタディオンと述べており、よって約 37 マイル〔約 59 キロ〕である。
74　Clayton 1988.
75　ストラボン 17.1.6.
76　Meeus 2015.

第 9 章　総督から王へ

1　ディオドロス 20.19.3 および Huss 2001, p.166 を参照。
2　ディオドロス 20.19.4 および Seibert 1969, pp.176–183.
3　プトレマイオスのギリシア遠征と野心については以下を参照。Seibert 1969, pp. 186–189; Bosworth 2000; Huss 2001, pp. 166–180; Grabowski 2008; Waterfield 2011, pp. 131–132. なお Hauben 2014, p. 235 はこれらの年月の特徴を「最もわかりにくく最も興味をそそる」と述べる。Lane Fox 2014, pp. 180–190; Meeus 2014.
4　ディオドロス 20.19.3–4 および Seibert 1969, pp. 184–185; Caroli 2007, pp. 57–58; Dmitriev 2011, p. 128.
5　時おり起きることだが、サラミスのニコクレオンをパフォスのニコクレオンと混同してはならない。Bagnall 1976, pp. 39–42; Gesche 1974. ニコクレオンとメネラオスについては Hauben 1987a, p. 224 も参照。
6　ディオドロス 20.21 および Bagnall 1976, pp. 39–40; Daszewski 1987.
7　パロス大理石（*BNJ* 239）B17 を参照。ソロイだけが独立を保ったが、ともかくこれもプトレマイオスの娘婿であるエウノストスによって統治された。Hauben 1987a, pp. 217–222. Caroli 2007, pp. 86–87 も参照。
8　ディオドロス 20.27 および Bouché-Leclercq 1903, p. 61; Caroli 2007, pp. 58–59.
9　コスとミュンドスについてはディオドロス 20.27.3, 37.1 および Wörrle 1977, p. 54. イアソスは Bagnall 1976, pp. 89–91; Garlan 1975; Giovannini 2004; Dmitriev 2011, pp. 125–126; Hauben 2014, p. 246.
10　パロス大理石（*BNJ* 239）B 19; テオクリトス 17.58–76. 生まれは 11 月 12 日だった。Grzybek 1990, p. 182.
11　ディオドロス 20.19.2. ここで言及された諸事件については Anson 2014a, pp. 151–152 を参照。
12　ディオドロス 20.27.3 および Seibert 1969, pp. 177–178.
13　プルタルコス『デメトリオス伝』7.5 および Seibert 1969, p. 186.
14　Hauben 1977c, pp. 336–337; Bosworth 2000, p. 217. プトレマイオスとロドスの関係全般については Seibert 1969, pp. 225–230.
15　Giovannini 2004, pp. 69–87. おそらくプトレマイオスは、ディオドロスが簡略化した説明の中で言及していない他のいくつかの場所も服属させたであろう。Seibert 1969, pp. 185–186; Hauben 2014, p. 246.
16　ディオドロス 20.37.1. この背景は Bouché-Leclercq 1903, pp. 62–66; Will 1984a, pp. 55–

56; Caroli 2007, pp. 59-60. 年代は Huss 2001, p. 177.

17　ディオドロス 20.37.1. 駐留軍については Huss 2001, p. 177. なお Kolbe 1916, p. 531 は、駐留軍はカッサンドロスのものだったと主張する。

18　Hauben 2014, pp. 251-252 は、もしもプトレマイオスがギリシア人解放の意図をすでに明らかにしていたなら、デロス島の宗教的重要性（かつてアポロンの故地だった）に鑑みて、政治宣伝の目的から最初の寄港地はデロスだったと主張する。そして（p.249 で）プトレマイオスは冬期にコス島から解放戦争を周知させたが、一般に受け入れらているのは、ギリシアに上陸して初めて彼が解放の意図を広めたということだと提唱する。

19　ディオドロス 20.37.1-2、ポリュアイノス 8.58.

20　Kolbe 1916; Seibert 1969, pp. 182, 187, and 1983, pp. 183-185; Horat Zuffa 1971-1972; Will 1984a, p. 55; Billows 1990, pp. 144-145; Huss 2001, pp. 177-178; Dixon 2007, pp. 173-175; Dmitriev 2011, pp. 130 and 139-141.

21　ギリシアの繁栄については Worthington 1994; Shipley 2000, pp. 130-133, and 2005.

22　ディオドロス 20.37.1 および、とりわけ『スーダ辞典』Demetrios の項。年代については Huss 2001, p. 176, ラゴスについては Ellis 1994, p. 47.

23　Errington 2008, p. 42.

24　Stewart 1993, pp. 229-323, and 2003; Dahmen 2007; Meeus 2009b. また Lianou 2010 も参照。

25　ディオドロス 19.90.4.

26　プルタルコス『アレクサンドロス伝』40.5 および Waterfield 2011, p. 50. モザイクについては Worthington 2014, pp. 170-171.

27　Green 1990, p. 31 n. 58.

28　Errington 1978.

29　さらに Seibert 1969, pp. 180-182 and 187-188 による、プトレマイオスとコリントス同盟に関する諸史料の分析を参照。Hauben 2014, pp. 235-261 は、プトレマイオスがギリシア本土で自分の影響力を広げるつもりだったと主張する点で正しいが、プトレマイオスがマケドニアの王冠を求めたことを考慮するには至っていない。

30　Ellis 1994, p. 3; Ogden 1999, p. 67.

31　ディオドロス 20.37.3, Seibert 1969, pp. 180-182, 184-189; Hammond and Walbank 1988, p. 169; Billows 1990, pp. 144-145. ただし Ellis 1994, p. 46 の慎重論に注目すること。

32　ディオドロス 20.37.4. また以下も参照。ディオドロス 18.23.3 は、ペルディッカスが「自分が最高権力を手に入れるのを助けるようマケドニア人を説得するのにクレオパトラを利用できると信じ、彼女と結婚しようと決心した」と述べ、ユスティヌス 13.6.4-6 は「自分の勢力を王室の権威でもって強化するため、ペルディッカスはクレオパトラと結婚することに思い至った」と述べている。

33　Meeus 2009c.

34　Simpson 1957, pp. 371-372 および Huss 2001, p. 139 は、テッサロニケとの結婚は、カッサンドロスが帝国の支配を断念したことを示すと主張するが、なぜそういう議論になるのか理解しがたい。

35　Elgood 1938, p. 31 は、プトレマイオスが自軍の兵士を集めるためにギリシアへ行った

と提唱するが、この時までには彼がそうする必要はなくなっていた。

36　プトレマイオスがアルゲアス朝の君主政とのつながりを強化するため、プトレマイオス家の創設者はディオニュソス神であるとの物語を流布させたのも、この時だったかもしれない。というのもサテュロスの断片が、プトレマイオスの母（ラゴスの妻）アルシノエがディオニュソスの子孫であることを示しながら、初期プトレマイオス家の系図を提示しているからである。サテュロス（*BNJ* 631）断片1およびGambettiによる*BNJ* 631断片1の註釈を参照。

37　ディオドロス 18.4.1-6.

38　Bosworth 2000, pp.207-241, および Lane Fox 2014, pp. 185-187. 前者はこれ以外の議論も再検討し、遺言のさまざまな条項を批判している。アレクサンドロスがエジプトに埋葬されることを望んだと遺言が述べているゆえに、プトレマイオスはアレクサンドロスの遺体がギリシアへ行くのを阻止すべく奪ったらしいことについては、本文139-140頁参照。

39　Bosworth 2000, pp. 217-218, 236-238.

40　ディオドロス 20.37.5-6 および Seibert 1969, pp. 184-189.

41　ディオドロス 20.37.2 は諸事件を非常に圧縮している。Hauben 2014, pp. 255-256 は、プトレマイオスが本国へ出発した理由はわからないが、彼の野心的な企てが「砂上の楼閣に終わる」ことはなかったと指摘する。

42　ディオドロス 20.37.1-2, 102.2.

43　Huss 2001, p. 178 を参照。

44　Wheatley 2002, pp. 45-46.

45　ディオドロス 20.40-42、ユスティヌス 22.7.4-5（オフェラスの動機は全アフリカを支配することだったとする）および Will 1964; Laronde 1971; Mørkholm 1980; Seibert 1983, pp. 133-136; Huss 2001, pp. 179-180; Caroli 2007, pp. 75-76.

46　ディオドロス 20.42.3-5、ユスティヌス 22.7.5-6.

47　Will 1966, pp. 153-208. また Walbank 1993, pp. 100-103 も参照。

48　Ellis 1994, p. 46.

49　Seibert 1969, p. 187 を参照。Hauben 2014, pp. 257-261 は、プトレマイオスがギリシアに対し、より防衛的な帝国主義を超えるような大計画を持っていたと結論しつつも、プトレマイオスの動機を日和見的なものと見なす。これには同意できない。なぜならプトレマイオスは王位獲得を試みる一方、アンティゴノスを食い止めようと努力しながら、早くも310年に小アジアへ侵攻することで、自身の通信網および防衛網を注意深く作り上げようとしていたからだ。

50　ディオドロス 20.45.1.

51　Caroli 2007, pp. 60-66; Waterfield 2011, pp. 134-154; Anson 2014a, pp. 153-157; Champion 2014, pp. 109-114.

52　プルタルコス『デメトリオス伝』8.3-5 およびディオドロス 20.45.2-4.

53　ディオドロス 20.45.4.

54　ディオドロス 20.45.5, 46.1、プルタルコス『デメトリオス伝』10 および Habicht 1997, pp. 66-68; Dmitriev 2011, pp. 130-131. また Oliver 2007 も参照。

55　ディオドロス 20.46.2-3 および Habicht 1997, pp. 71-74. プルタルコスがストラトクレスを嫌悪していたことは、『デメトリオス伝』11 で彼を「不愉快きわまりない人物」で「堕落した生活を送った」というように描き、彼が民衆を軽蔑していたと述べていることに明らかである。

56　Austin, no. 36, pp. 65-67（= プルタルコス『デメトリオス伝』18）; ディオドロス 20.46.1-2、プルタルコス『デメトリオス伝』10.3, 12.1、アッピアノス『シリア史』54 および Ferguson 1911, pp. 95-123; Mossé 1973, pp. 108-114; Habicht 1997, pp. 68-69; Errington 2008, pp. 47-48.

57　ディオドロス 20.46.5、プルタルコス『デメトリオス伝』15.1.

58　Bagnall 1976, pp. 38-79. また Mitford 1953 も参照。

59　Rostovtzeff 1941, vol. 1, pp. 169-173 それに、とりわけ Berthold 1984.

60　Hauben 1977c, pp. 322-330. プトレマイオスとロドスの関係全般については Seibert 1969, pp. 225-230.

61　Hauben 1997c; Berthold 1984, pp. 38-58.

62　ディオドロス 20.82.1. エジプトとの交易による収入の重要性については同 20.81.4.

63　Billows 1990, p. 202.

64　ディオドロス 20.47.3, 7、プルタルコス『デメトリオス伝』15.2、パウサニアス 1.6.6.

65　ディオドロス 20.48.2-3, 91.2-8 および Marsden 1971, pp. 84-85; Bennett and Roberts 2009, pp. 124-128.

66　ディオドロス 20.49.1-2.

67　ディオドロス 20.49.3-5、プルタルコス『デメトリオス伝』16.1、ポリュアイノス 4.7.7.

68　キプロス沖の戦闘はディオドロス 20.50-52、プルタルコス『デメトリオス伝』16、ユスティヌス 15.2.6-9、パウサニアス 1.6.6、ポリュアイノス 4.7.7、アッピアノス『シリア史』54 および Bouché-Leclercq 1903, pp. 68-70; Seibert 1969, pp. 190-206; Bennett and Roberts 2009, pp. 146-153; Champion 2014, pp. 115-120. また Hauben 1976 も参照。

69　戦闘については Murray 2012, p. 105, with pp. 105-111 それに、とりわけ Seibert 1969, pp. 190-206.

70　Seibert 1969, pp. 202-203 は全体としてプトレマイオスに批判的で、彼がパニックに陥ってキプロスを放棄したことを非難する。しかしプトレマイオスにはキプロスを去る以外に選択肢はなかった。Hauben 1977a, p. 266 も参照。

71　ディオドロス 20.52.6、プルタルコス『デメトリオス伝』16.2-3 および Seibert 1969, pp. 200-202

72　ディオドロス 20.53（引用箇所は 53.3）.

73　ユスティヌス 15.2.7.

74　プルタルコス『デメトリオス伝』16.5-6, 27.

75　Wörrle 1977, pp. 52-54 は損害を過小評価するが、実際にはプトレマイオスにとって大打撃だった。

76　ディオドロス 20.53.2、ユスティヌス 15.2.10、プルタルコス『デメトリオス伝』18.1、アッピアノス『シリア史』54 および Bouché-Leclercq 1903, pp. 70-71; Gruen 1985,

pp. 254–257; Billows 1990, pp. 156–157（アンティゴノス王権の性格については同書 pp. 158–160 を参照）.

77 Austin, no. 36, pp. 65–67（＝プルタルコス『デメトリオス伝』18）、ディオドロス 20.53.3–4、ユスティヌス 15.2.11–12, 15、アッピアノス『シリア史』54. Billows 1990, pp. 155–160; Lund 1994, pp. 156–158 を参照。また Gruen 1985, pp. 253–271; Strootman 2014a, pp. 317–320 も参照。〔他の後継者たちに対するデメトリオスの追従者たちの〕態度については、（プルタルコス『モラリア』823c に依拠した）Cohen 1974.

78 引用箇所はユスティヌス 15.2.13–14.

79 ユスティヌス 15.2.11、アッピアノス『シリア史』54.『デメトリオス伝』18.2 は、彼が「エジプトにおけるプトレマイオスの支持者たち」によって王と宣言されたと述べている——おそらくエジプト人ではなく、「マケドニア人」の間違いであろう。ディオドロス 20.53.3 は単純に、彼が王の頭飾りをつけ自ら王と署名したと言う。

80 Bosworth 2000, pp.228–238 は、プトレマイオスが少なくとも非公式には 309 年から王の称号を用いていたと主張するが、これは早すぎると思われる。ともかくアンティゴノスが先鞭をつけ、それから他の者たちが彼に従うことになったであろう。

81 パロス大理石（*BNJ* 239）B 23. ただしこの史料の年代には間違いが散見される。この節については、Sickinger による *BNJ* 239 B 23 の註釈を参照。おそらくロドス人歴史家に由来するパピルス断片も、プトレマイスが王になったのは、デメトリオスがキプロス占領に続いて 306 年秋にエジプトへ侵攻した頃であると述べている。Lehmann 1988b, pp.2–7. ポルフュリオス（*BNJ* 260）断片 2 は、プトレマイオスは 40 年間エジプトを支配した、総督として 17 年、王として 23 年と言う。これによればプトレマイオスのエジプトへの移動は（本文 133 頁で示唆したように）322/321 年、王になったのは 305 年となろう。デモティック文書では、土着の書記は彼の治世を 305 年から始めている。Samuel 1962, pp.11–24.

82 Skeat 1954, pp. 2–4, 38; Samuel 1962, pp. 11–24; Seibert 1983, pp. 139–140; Grzybek 1990, pp. 90, 96–97. しかし Jones 1997 に注目すること。

83 Gruen 1985, pp. 257–258. また Thompson 2003, p. 105 も参照。

84 Bouché-Leclercq 1903, pp. 70–72; Samuel 1962, pp. 4–11; Grzybek 1990, pp. 95–97.

85 ディオドロス 20.53.4. Meeus 2014, pp.294–301 が詳細な註記の中で関連文献と論点を要約している。

86 プルタルコス『デメトリオス伝』18.2.

87 パウサニアス 1.6.6.

88 Lehmann 1988b, pp. 8–9. また Hölbl 2001, pp. 20–21; Caroli 2007, pp. 129–131（年代について）も参照。

89 Burstein 1991; Caroli 2007, pp. 123–129.

90 Meeus 2014, pp. 300–301 が関連文献を挙げている。

91 Tarn and Griffith 1952, pp. 79–125; Mooren 1983; Walbank 1984a; Samuel 1989, pp. 21- 28; Hammond 1993a and 2000; Shipley 2000, pp. 59–107; Bosworth 2002, pp. 246–278; Ma 2003; Caroli 2007, pp. 170–187; Errington 2008, pp. 63–76.

92 Samuel 1993.

93 Billows 1995, pp. 20–24 および随所で。また Strootman 2014a も参照。

94 Tarn and Griffith 1952, pp. 53–54.

95 Hölbl 2001, pp. 101–104 が、アルシノエ 2 世の神なる地位について卓越した見解を述べている。

96 Koenen 1983; Samuel 1989, pp. 67–81; Caroli 2007, pp. 188–193; Pfeiffer 2008; Carney 2013, pp. 97–100. これに対して Hölbl 2001, pp. 92–94 は、王朝を神格化したのはプトレマイオス 1 世だとする。

97 Habicht 1970; Seibert 1983, pp. 186–188; Walbank 1984a, pp. 87–100, and 1993, pp. 210-218; Shipley 2000, pp. 156–163; Hölbl 2001, pp. 90–98; Chaniotis 2003; Waterfield 2011, pp. 203–206; Erskine 2014. とりわけプトレマイオス 1 世と同 2 世については Samuel 1989, pp. 67–81; Caroli 2007, pp. 188–193; Pfeiffer 2008; Vandorpe 2010, pp.163–164.

第 10 章　同等者中の第一人者

1 ディオドロス 20.73–76 および Seibert 1969, pp. 207–224; Hauben 1975/76; Billows 1990, pp. 162–164; Champion 2014, pp. 124–129.

2 年代については Anson 2014a, p. 165 が関連文献を挙げている。

3 ディオドロス 20.73.3.

4 ディオドロス 20.74、プルタルコス『デメトリオス伝』19.1–3、パウサニアス 1.6.6.

5 ディオドロス 20.75.1.

6 ディオドロス 20.76.7.

7 Billows 1990, p. 164. なお Wheatley 2014 は、エジプトに侵攻してプトレマイオスに敗れるという見込み違いを犯したとして、アンティゴノスを批判している。反対説に Champion 2014, p. 128.

8 アンティゴノスが撤退した理由については Seibert 1969, pp. 219–224.　同書 p.222 で Seibert は、プトレマイオスの無気力は彼の防衛的な対外政策のもうひとつの事例だと論じる。これに対する批判は Hauben 1977a, p. 266 を参照。

9 プルタルコス『デメトリオス伝』19.4.

10 Austin, no. 39, pp. 69–70（＝ディオドロス 20.81, 20.100.1–4）; ディオドロス 20.81–88, 91–100.3、プルタルコス『デメトリオス伝』20.5–22、パウサニアス 1.6.6、ポリュアイノス 4.6.16 および Hauben 1977c, pp. 328–339（ただし Billows 1990, pp. 165–166 n. 5 の批判に注目すること）; Seibert 1983, pp. 142–145, and 1969, pp. 225–230; Berthold 1984, pp. 66–80; Ellis 1994, pp. 48–49; Pimouguet-Pédarros 2001; Bennett and Roberts 2009, pp. 121–132; Murray 2012, pp. 111–117; Champion 2014, pp. 130–142. 年代は Anson 2014a, pp. 184–185.

11 ディオドロス 20.88.9, 94.3, 96.1, 98.1, 99.2, 100.3.

12 ディオドロス 20.96.3, 100.2.

13 プルタルコス『デメトリオス伝』22.8.

14 ディオドロス 20.92.2, 103.3.

15 Higgins 1988.

16　ディオドロス 20.100.3–4.

17　パウサニアス 1.8.6.「救済者」もおそらく彼の祭祀名であろう。Hauben 1977c, p. 339. 添え名の授与については以下も参照。Seibert 1969, pp. 229–230; Berthold 1984, pp. 74–76, 78; Ellis 1994, pp. 49–50; Huss 2001, pp. 189–190; Caroli 2007, pp. 194–196; Muccioli 2012, pp. 81–94.

18　エジプトの一般民衆からとする説に Hazzard 1993, Worthington 2016. 反対説に、たとえば Huss 2001, pp. 238–239; Hauben 2010.

19　それぞれ本文 186 頁および 274 頁。

20　パウサニアス 1.6.2. プトレマイオスがその場にいなかったとするのはプトレマイオス（*FGrH* 138）断片 26b、クルティウス 9.5.21. これに対してクレイタルコス（*BNJ* 137）断片 24 はプトレマイオスがその場にいたとするが、これはむしろ後世の史料、おそらくティマゲネスに由来すると思われる。関連文献を挙げた Prandi による *BNJ* 137 断片 24 の註釈を参照。アリアノス 6.11.8（プトレマイオス *FGrH* 138 断片 26a に由来する）は、大王が救助されたのはマッロイ人の包囲戦においてだが、プトレマイオスはそこにはいなかったと述べる。Hazzard 1993, p. 53, and 2000, pp. 14–15, 150, 151 を参照。

21　Johnson 2000.

22　Hazzard 2000, pp.3–24. 同じ刻印をもつ他の貨幣が 261 年までにテュロス、シドン、プトレマイス、ヨッパで発行され、その後まもなくプトレマイオス 2 世は公文書において、自身を「救済王」プトレマイオスの息子と呼び始めた。

23　Hauben 2010, pp.108–118. この碑文は（復元された）ニクリアの決議である。

24　Hauben 2010, pp.105–108.

25　アレクサンドロスの神性については Worthington 2014, pp.265–269.

26　同じことがセレウコス 1 世の息子アンティオコス 1 世にも当てはまる。彼は 275 年にガリア人を破って王国を救ったことで、「救済王」と名づけられた。

27　ディオドロス 20.100.6, 102.1.

28　Habicht 1997, pp.74–77.

29　プルタルコス『デメトリオス伝』23.1–2.

30　プルタルコス『デメトリオス伝』23.4–24, 25.9. またアテナイオス 6.253a および Habicht 1997, pp.67–81 を参照。彼の愛妾たち（と妻たち）については Ogden 1999, pp.171–173.

31　プルタルコス『デメトリオス伝』27.1.

32　ディオドロス 20.110.1、プルタルコス『デメトリオス伝』26.

33　ディオドロス 20.102–103、プルタルコス『デメトリオス伝』25.1–3.

34　ディオドロス 20.102.1、プルタルコス『デメトリオス伝』25.4. これを記録したエピダウロス出土碑文の翻訳は Austin, no. 42, pp. 76–78 および Harding 1985, no. 138, pp. 172–174. その背景は Heuss 1938, pp. 189–192; Ferguson 1948; Seibert 1983, pp. 179–183; Hammond and Walbank 1988, pp. 176–178; Billows 1990, pp. 228–232（同盟は「ギリシア合州国」を創設するものだったとする）; Dixon 2007, pp. 176–177.

35　Simpson 1959, p. 397; Green 1990, p. 34.

36　ディオドロス 20.106.1–2.

37　ディオドロス 20.106.2–5、21.1.4、ユスティヌス 15.2.16–17. またプルタルコス『デメトリオス伝』28.1–2 および Seibert 1969, pp.231–240 を参照。

38　ディオドロス 20.107.1–2.

39　ディオドロス 21.1.5.

40　ディオドロス 20.113.1–2、パウサニアス 1.6.8、Seibert 1969, pp.231–233.

41　ディオドロス 20.111.1–2. またプルタルコス『デメトリオス伝』28.1–2 も参照。詳細は Billows 1990, pp.176–185. また Seibert 1969, pp. 154–155 も参照。

42　イプソスの会戦はディオドロス 21.1.2–4、プルタルコス『デメトリオス伝』28.3–29、ポリュアイノス 4.7.4 , 4.12.1 および Billows 1990, pp. 181–184; Bennett and Roberts 2009, pp. 101–113; Champion 2014, pp. 158–161.

43　Lund 1994, pp. 70–77.

44　プルタルコス『デメトリオス伝』28.6 は兵力をこのように伝える。実際、ディオドロスは戦象を 480 頭と述べているが、これはおそらく誤りであろう。Mehl 1986, pp.201–20 を参照。

45　プルタルコス『デメトリオス伝』28.6.

46　プルタルコス『ピュロス伝』4.4.

47　プルタルコス『デメトリオス伝』29.8. またディオドロス 21.1.4、パウサニアス 1.6.7 も参照。

48　プルタルコス『デメトリオス伝』30.2. なおディオドロス 21.1.4 は、デメトリオスがキプロスのサラミスへ船で渡ったと言う。同じく逃走したはずのピュロスには、どちらの史料も言及していない。

49　ディオドロス 21.1.1.

50　Seibert 1969, p. 235; Ellis 1994, p. 51; Huss 2001, p. 190 を参照。

51　Merker 1970, p.142.

52　プルタルコス『デメトリオス伝』30.1.

53　この同盟についてはアッピアノス『シリア史』53. アレクサンドロスとチャンドラグプタについては Worthington 2014, p.261.

54　セレウコス朝については第 5 章註 60 に列挙された諸研究を参照。

55　ディオドロス 21.1.5 および Seibert 1969, pp.156–158.

56　ポリュビオス 5.67 および Mehl 1986, pp.207–212.

57　Anson 2014a, p.174.

58　ディオドロス 21.1.5.

59　これらの王朝間、それだけでなくすべてのヘレニズム諸王朝間の関係については Davies 2002.

60　パウサニアス 1.6.8; Seibert 1983, pp. 133–136; Bagnall 1976, pp. 25–26.

61　Bouché-Leclercq 1903, pp. 85–86; Lund 1994, pp. 88–90; Caroli 2007, pp. 66–67. 実際イプソス〔の結果〕は、次の数年間に数々の結婚同盟をもたらした。Cohen 1974.

62　プルタルコス『デメトリオス伝』31.5、パウサニアス 1.9.6, 1.10.3、Carney 2013, p.31–48.

63　プルタルコス『デメトリオス伝』31.5.

64　プルタルコス『デメトリオス伝』38、アッピアノス『シリア史』59-61.

65　プルタルコス『デメトリオス伝』32.6. Waterfield 2011, pp.177-178 は、本当はプトレマイオスがこの結婚の背後にあり、セレウコスが下部シリアで起こすいかなる動きをも相殺しようとした、と提唱する。

66　Anson 2014a p.176.

67　Seibert 1969, pp.30-31.

68　プルタルコス『デメトリオス伝』32.4-5 および Waterfield 2011, pp.178-179. これに続く時期のデメトリオスについては Will 1984b を参照。

69　プルタルコス『ピュロス伝』4.3-6.

70　パウサニアス 9.7.2（水腫とする）、ユスティヌス 16.1.1. 年代は Hammond and Walbank 1988, p. 208 n. 3.

71　プルタルコス『デメトリオス伝』36.1、パウサニアス 9.7.2、ユスティヌス 16.1.1.

72　プルタルコス『デメトリオス伝』36.1. 後見人または摂政としてのテッサロニケの地位については論争がある。彼女がこの役割を有したとする説は Hammond and Walbank 1988, p.210 n.3 を参照。反対説に Errington 1978, p. 126 n. 124.

73　この結婚についてはプルタルコス『ピュロス伝』4.7、パウサニアス 1.11.5、軍事支援についてはプルタルコス『ピュロス伝』5.1、パウサニアス 1.6.8, 11.5.

74　プルタルコス『ピュロス伝』6.6.

75　プルタルコス『ピュロス伝』また Austin, no. 47, pp. 90-92（＝プルタルコス『ピュロス伝』8.1-7, 14）; Lévèque 1957; Garoufalias 1979; Champion 2012 も参照。

76　プルタルコス『デメトリオス伝』30.3-4.

77　プルタルコス『デメトリオス伝』31.1-2.

78　Hammond and Walbank 1988, p.204.

79　デメトリオスの負傷についてはプルタルコス『デメトリオス伝』33.4. デメトリオスとアテネについてはプルタルコス『デメトリオス伝』33.3-34 および Dreyer 2000.

80　Austin, no. 54, pp.106-107 (*IG* v.2.344). ラカレスについては Habicht 1997, pp. 82-83. また Seibert 1983, pp. 163-165 も参照。

81　プルタルコス『デメトリオス伝』34.2. この時期のアテネについては Hammond and Walbank 1988, pp. 206-207, 211-218; Green, 1990, pp. 123-125; Habicht 1997, pp. 81-87. 穀物飢饉については Marasco 1984.

82　プルタルコス『デメトリオス伝』33.7-8.

83　プルタルコス『デメトリオス伝』34.4-7.（年代を含む）背景については Ferguson 1911, pp. 132-138; Hammond and Walbank 1988, pp. 211-212; Green 1990, pp. 124-125; Habicht 1997, pp. 86-87; Anson 2014a, p. 186.

84　プルタルコス『デメトリオス伝』36.1、ディオドロス 21.7, パウサニアス 9.7.3、ユスティヌス 16.1.1-4. この出来事とそれに続く諸事件については、Hammond and Walbank 1988, pp.212-218.

85　プルタルコス『デメトリオス伝』36、ユスティヌス 16.1.8-9. またディオドロス 21.7.1 も参照。

86　プルタルコス『デメトリオス伝』37、ユスティヌス 16.1.10-17 および Habicht 1997,

p.21.

87 王としてのデメトリオスについては Hammond and Walbank 1988, pp. 219–229; Waterfield 2011, pp. 186–190, 193–196.

88 ディオドロス 21.12、パウサニアス 1.9.6 および Lund 1994, pp.43–49.

89 プルタルコス『デメトリオス伝』39.3–7. またディオドロス 21.14.1–2 も参照。

90 プルタルコス『デメトリオス伝』35.3–5.

91 プルタルコス『デメトリオス伝』38.1.

92 ディオドロス 19.62.9.

93 Merker 1970; Seibert 1983, pp. 117–120; Bagnall 1976, pp. 136–141 も参照。

94 Austin, no. 218, pp. 359–361（任命を記録した決議）.

95 Hauben 2010, pp. 108–118.

96 Wörrle 1977.

97 Seibert 1970; Hauben 1987b.

98 Bagnall 1976, pp. 111–113; Mehl 1986, p. 273.

99 その背景とこれに続く諸事件は Anson 2014a, pp. 179–184.

100 プルタルコス『デメトリオス伝』40.1–3.

101 競技会はプルタルコス『デメトリオス伝』40.7. デメトリオスとエペイロスについてはプルタルコス『デメトリオス伝』41.2–3. デメトリオスとピュロスがのちに和解したことはプルタルコス『デメトリオス伝』43.1–2.

102 プルタルコス『デメトリオス伝』41.5–6. 同 44.9 も参照。.

103 マケドニア人に対するデメトリオスの軽蔑は、プルタルコス『デメトリオス伝』42.1. 彼の兵力はプルタルコス『デメトリオス伝』43.3–4. 引用箇所はプルタルコス『デメトリオス伝』44.1. これに続く出来事については Hammond and Walbank 1988, pp. 238–248.

104 プルタルコス『デメトリオス伝』44、同『ピュロス伝』10–12、ユスティヌス 16.2.1–3 および Hölbl 2001, p. 24.

105 プルタルコス『デメトリオス伝』44.3.

106 プルタルコス『デメトリオス伝』45.1.

107 Hammond and Walbank 1988, pp. 229–238; Lund 1994, pp. 98–100; Anson 2014a, pp. 180–181.

108 プルタルコス『デメトリオス伝』46.1–2.

109 プルタルコス『ピュロス伝』11.2. カリアス顕彰決議（*SEG* 28.60 = Austin, no. 44, pp. 80–83）については Shear 1978; Osborne 1979; Habicht 1997, pp. 95–97. プトレマイオスの支援はカリアス決議 11–42 行（Shear 1978, pp. 2–3）および Habicht 1997, pp. 127–129.

110 プルタルコス『デメトリオス伝』46.4–6.

111 プルタルコス『デメトリオス伝』47–51.

112 ディオドロス 21.20、プルタルコス『デメトリオス伝』51.3 および Lund 1994, p.104.

113 デメトリオスの死はプルタルコス『デメトリオス伝』52.1–5. 彼の埋葬はプルタルコス『デメトリオス伝』53.

114 Hammond and Walbank 1988, pp. 228, 232; Green 1990, pp. 128–129.

115 プルタルコス『ピュロス伝』12、ユスティヌス 16.3.2 および Lund 1994, pp.105-106.

116 Lund 1994, pp. 185-198.

117 Seibert 1983, pp. 165-167; Lund 1994, pp. 199-206.

118 ゴナタスについては Tarn 1913; Gabbart 1997. また Hammond and Walbank 1988, pp. 251-258; Waterfield 2011, pp. 197-212 も参照。ローマによるマケドニアの征服は Errington 1971; Gruen 1984; Eckstein 2006; Waterfield 2014. また Green 1990, pp. 414-432 も参照。

第 11 章　プトレマイオスとエジプト

1 人口はディオドロス 1.31.6-8 および Manning 2003, pp. 47-49; Fischer-Bovet 2011. また Bevan 1927, pp. 114-118 も参照。

2 Thompson 1988, pp. 32-35.

3 プトレマイオス朝（およびファラオ時代の）エジプトのすべての側面を最も包括的に扱っているのは Lloyd 2010c である。また Walbank, Astin, Frederiksen, and Ogilvie 1984c の広範にわたる諸章も参照。

4 さらに、たとえば Manning 2010, pp. 30-34, 73-116.

5 Billows 1990, pp. 246-250; Habicht 2006b; Mooren 2010.

6 「友人たち」の出身民族、とりわけプトレマイオス 2 世以後のそれについては、Strootman 2014b, pp. 126-131.

7 ディオドロス 18.50.5, 19.46.4, 48.1, 57.1.

8 民衆と社会については、たとえば Bevan 1927, pp. 79-90, 109-114; Rostovtzeff 1941, vol. 1, pp. 316-332; Tarn and Griffith 1952, pp. 197-207; Bowman 1986, pp. 122-125; Samuel 1989, pp. 35-48; Thompson 2001, pp. 301-322; Bingen 2007, とりわけ pp. 104-133, 240-255; Manning 2010, pp. 141-152 および随所で、Cruz-Uribe 2010, pp. 492-497; Strootman 2014b, pp. 111-135; Thompson 2018.

9 Samuel 1993. 王権イデオロギーと宗教政策については、とりわけ Koenen 1993. また Hölbl 2001, pp. 77-90 も参照。

10 Hölbl 2001, p. 86 が関連文献を列挙している。

11 Manning 2010, p. 3.

12 Manning 2010.

13 Worthington 2010, and 2014, pp. 196-201, 214-216, 239-241.

14 クルティウス 6.6.1-10、プルタルコス『アレクサンドロス伝』45.1-4. アジアの王の称号とその影響については Fredricksmeyer 2000 を参照。

15 法と秩序については Manning 2010, pp. 165-201; Mélèze Modrzejewski 2014 および本章でさらに展開する議論を参照。

16 都市プトレマイスについては、たとえば Bevan 1927, pp. 104-108; Mueller 2006, とりわけ 166-168 を参照。

17 Rostovtzeff 1941, vol. 1, pp. 263-264.

18 Rowlandson 2003; Bingen 2007, pp. 104-113 and 240-255.

19　文書の裏付けのあるエジプト在住ギリシア人に焦点を当てた研究は Lewis 1986 で、それはまたこの国におけるギリシア人全般についての概観でもある。Rowlandson 2003 も参照。

20　たとえば Thompson 1992. また Cruz-Uribe 2010, pp. 492–493 も参照。

21　Hölbl 2001, p. 25 それに、とりわけ Peremans 1983. 2 か国語を話すあるエジプト人による 3 世紀の手紙については Bagnall and Derow 1981, no. 113, p. 193 を参照。

22　プルタルコス『アントニウス伝』27.4.

23　Bevan 1927, pp. 111–114 それに、とりわけ Kasher 1985.

24　Falivene 1991 を参照。

25　Austin, no. 260, pp. 437–438 および Lewis 1986, pp. 104–123.

26　Peremans 1978 and 1983, pp. 273–277; Hammond 1996. また Pollard 2010, pp. 447–449 も参照。

27　Rodriguez 2004; Fischer-Bovert 2013 and 2016. ヒエログリフの証拠に基づく初期プトレマイオス朝の軍隊におけるエジプト人については、Lloyd 2002, pp. 120–122 も参照。Lewis 1986, pp. 20–26; Clarysse 1985 も参照。

28　ディオドロス 20.47.4.

29　さらに Fraser 1972, vol. 1, pp. 38–92; Peremans 1976 を参照。

30　Mooren 2010. 同書 pp. 126–127 で Mooren は、プトレマイオス朝の全時代で 40 人の「友人」および「首席側近護衛官」を挙げているが、そのうちエジプト人は 2 人にすぎない。Peremans 1976, 1980/81 も参照。

31　Austin, no. 249, p. 422. 国内の安全を守るためのプトレマイオス 2 世による他の法令については no. 250, pp. 422–423 を参照。また職権乱用に対する 2 人の人物の不満については、Bagnall and Derow 1981, nos. 114–115, pp. 193–195 も参照。

32　軍隊については Bouché-Leclercq 1907, pp. 1–69; Bevan 1927, pp. 165–177; Lewis 1986, pp. 20–26（民家の割当てについては pp. 21–24）; Pollard 2010, pp. 447–451; それに、とりわけ Fischer-Bovet 2014.

33　Morrison 2010, pp. 758–778; Ashton 2010, pp. 971–977. また本書図版 1.3 を参照。

34　Lloyd 2002, pp. 117–136.

35　Vandorpe 2010, pp. 171–179. 引用箇所は p. 178.

36　ディオドロス 18.14.1、ユスティヌス 13.6.19.

37　Worthington 2014, pp. 265–269.

38　Bouché-Leclercq 1906, pp. 123–402; Bevan 1927, pp. 132–188; Préaux 1939; Rostovtzeff 1941, vol. 1, pp. 261–415（プトレマイオス 1 世についてはわずか 6 頁！）and 1954; Tarn and Griffith 1952, pp. 186–197; Bagnall 1976, pp. 3–10 および随所で、Turner 1984; Bowman 1986, pp. 56–64; Lewis 1986, pp. 104–123; Samuel 1989, pp. 51–65（すべてプトレマイオス 1 世以後）; Hölbl 2001, pp. 58–63; Bingen 2007, pp. 157–205; Caroli 2007, pp. 213–256; Manning 2010, pp. 117–164 および随所で（ほぼすべてプトレマイオス 1 世以後）、Rowlandson 2010, pp. 238–243; Waterfield 2011, pp. 155–170（プトレマイオス朝の行政をセレウコス朝と比較している）.

39　Grant 1982, p. 40; Manning 2010. また Rowlandson 2010, pp. 243–245 も参照。

40 Lianou 2014.

41 Austin, no. 262, pp. 440-442; Ellis 1994, pp. 44-45; Falivene 1991, pp. 203-227; Caroli 2007, とりわけ pp. 110-167, 193-256; Lloyd 2010a. 州とその役人については Bevan 1927, pp. 139-144, 157-165; Tarn and Griffith 1952, pp. 196-197; Caroli 2007, pp. 251-253.

42 アレクサンドロスの行政は Worthington 2014, pp. 196-201.

43 プルタルコス『モラリア』328e は 70 都市以上と述べるが、Fraser 1996 は、アレクサンドロスが建設したのはアレクサンドリアを含めて 9 都市にすぎないと主張する。

44 法については Bouché-Leclercq 1907, pp. 196-275; Bevan 1927, pp. 157-165; Rowlandson 2010, pp. 243-244; Mélèze Modrzejewski 2014.

45 Lianou 2014.

46 Lloyd 2010a, pp. 83-105.

47 Rostovtzeff 1941, vol. 1, pp. 274-296; Lianou 2014, pp. 385-391.

48 Caroli 2007, pp. 238-248; Kehoe 2010; それにとりわけ Monson 2012.

49 ディオドロス 19.85.4.

50 Lewis 1986, pp. 24-26; Manning 2010, pp. 161-163; Fischer-Bovet 2014, pp. 199-237; 入植地については Rostovtzeff 1941, vol. 1, pp. 284-287 および Pollard 2010, pp. 450-452 を参照。

51 税については Tarn and Griffith 1952, pp. 193-194; Walbank 1993, pp. 110-112.

52 Austin, no. 236, pp. 400-407. さらに、たとえば Rostovtzeff 1941, vol. 1, pp. 302-305; Tarn and Griffith 1952, pp. 190-192.

53 詳細は Bagnall 1976. また Rostovtzeff 1941, vol. 1, pp. 332-351, 381-385 も参照。

54 Rostovtzeff 1941, vol. 1, pp. 263-264, 398-404; Lianou 2014, pp. 391-399。また Bingen 2007, pp. 216-217; Manning 2010, pp. 1301-1338 を参照。さらに Robinson 1941; Stewart 1993, pp. 229-243 も参照。

55 Lianou 2014, pp. 399-409.

56 Hagerdorn 1986; Rigsby 1988.

57 Peremans 1983, pp. 268-273; Clarysse 1985 を参照。

58 後継者全員が土着の民衆に課した税については Billows 1995, pp. 20-24, および随所で。

59 Bouché-Leclercq 1903, pp. 103-121; Bevan 1927, pp. 87-90, 177-188; Swinnen 1973; Caroli 2007, pp. 131-144; Müller 2009, pp. 172-175.

60 Peremans 1976, pp. 222-223.

61 Ladynin 2014.

62 Burstein 1991; Caroli 2007, pp. 123-129.

63 Hölbl 2001, pp. 92-94 は、プトレマイオスが自身の神性を確立するために自分をアレクサンドロスに結びつけたとするが、この見解には同意できない。

64 関連文献を列挙している Hölbl 2001, pp. 83-90 を参照。

65 Crawford 1980.

66 Austin, no. 261, pp. 438-440 および Bouché-Leclercq 1903, pp. 113-121; Bevan 1927, pp. 41-48; Seibert 1983, pp. 227-232; Bowman 1986, pp. 175-176; Ellis 1994, pp. 30-32; Hölbl 2001, pp. 99-101; Caroli 2007, pp. 309-354. なお Fassa 2013 は、サラピスと王権との長きにわたる関係のおかげで、この神が〔守護神として〕適切な選択肢となったことに注目

する（pp. 121-122）。

67　タキトゥス『同時代史』4.83-84、プルタルコス『モラリア』361f-362b. また Stiehl 1963/64; Fraser 1972, vol. 1, pp. 246-276（プトレマイオスがこの神を創出したとの見解にさえ反対する）をも参照。Burstein 2012 はタキトゥスの説明を受け入れ、それはエジプト風のベントレシュの石碑（ルーブル C 284）に基づくと主張する。

68　サラピスの初期の崇拝と神殿については、たとえば Bosworth 1988, pp.167-170.

69　たとえば Fassa 2013.

70　アリアノス 7.26.2 および Ellis 1994, p.86（n.24）を参照。

71　Stambaugh 1972; Samuel 1989, pp. 67-81; Caroli 2007, pp. 188-193; Pfeiffer 2008, pp. 387-408; Vandorpe 2010, pp. 163-164.

72　Fraser 1960.

第 12 章　終焉——そしてその先へ

1　メムノン（*BNJ* 434）断片 8.2, ユスティヌス 17.2.6.

2　ディオゲネス・ラエルティオス 5. 78-79.

3　ディオゲネス・ラエルティオス 5. 78 および Fraser 1972, vol. 1, pp. 322-323; Green 1990, pp. 87-88; Ellis 1994, pp. 59-60.

4　ユスティヌス 16.2.7-8 および Ogden 1999, p.71.

5　ユスティヌス 17.2.9-10 および Bouché-Leclercq 1903, pp. 95-100.

6　メムノン（*BNJ* 434）断片 8.2. さらに Heinen 1972, pp. 3-20; Hazzard 1987, p. 149 を参照。

7　プルタルコス『ピュロス伝』4.4 および Bevan 1927, p.53.

8　ディオドロス 22.3.1.

9　Ellis 1994, p.59 は、プトレマイオス 2 世の家庭教師たちが知られているのは、おそらく彼が次の王になったからだと、正しく述べている。ゆえにケラウノスが彼より教育程度が低かったということにはならない。

10　プトレマイオス 2 世については、たとえば以下を参照。Bouché-Leclercq 1903, pp. 141-243; Bevan 1927, pp. 56-78; Elgood 1938, pp. 41-74; Green 1990, pp. 145-147; Hölbl 2001, pp. 35-46. また McKechnie and Guillaume 2008 所収の諸論文も参照。

11　Bouché-Leclercq 1903, pp. 93-101.

12　ポルフュリオス（*BNJ* 260）断片 2.2 および Samuel 1962, pp. 25-28; Grzybek 1990, pp. 131, 171, 175;　Caroli 2007, pp. 356-359. なお Hazzard 1987, pp. 140-158 は 284 年と主張する。

13　Hazzard 1987, pp. 148-152.

14　パウサニアス 1.6.8、ユスティヌス 16.2.7 および Hazzard 1987, pp. 150 and 151. パウサニアスはプトレマイオス朝の事柄について誤りが多い。本文 186 頁参照（アレクサンドロスの遺体のアレクサンドリアへの移送）。

15　ヨセフス『ユダヤ古代誌』12.2 および Samuel 1962, pp. 28-30; Grzybek 1990, pp. 97-99（11 月説）. 322 年春とする説に Hazzard 1987, pp. 140, 146-147, 149-150.

16　ユスティヌス 16.2.7.

17　ゼノビオス『格言集』3.94. この墓については第 8 章、187 頁参照。

18　テオクリトス 17.121-125、*SIG*³ 390.27-56.

19　Bevan 1927, pp. 127-131; Walbank 1984a, pp. 97-98. また Vandorpe 2010, pp. 163-164 も参照。ベレニケの昇格はもっと後、おそらく 263 年とさえ主張されたことがある。Hazzard 2000, pp. 3-24. また Caroli 2007, pp. 196-197, 360-362 も参照。帝政期の祭祀に先立つロドスとキクラデス諸島におけるプトレマイオスの祭祀については Hauben 2010,

20　Grzybek 1990, pp. 81-86.

21　Hazzard 1987, pp. 148-152.

22　パウサニアス 1.7.1.

23　テオクリトス 17.128 への古註。

24　van Oppen de Ruiter 2013 は、アルガイオスがアレクサンドロス大王とタイスの庶子で、プトレマイオスが育てたものの、アレクサンドロスの息子として脅威となったので、プトレマイオス 2 世によって処刑された、と主張する。

25　Hazzard 2000, pp. 103-110 における、2 人の簡潔な比較を参照。

26　Austin, no. 278, pp. 458-459（＝ディオドロス 3.36.3-5, 37.7-8）.

27　Austin, no. 219, pp. 361-362（＝アテナイオス 5.201b-f, 202f-203e）および Rice 1983; Stewart 1993, pp. 252-260; Hazzard 2000, pp. 59-79.

28　第 9 章註 97 に列挙された諸研究を参照。

29　この結婚についてはパウサニアス 1.7.1. さらに Longega 1968; Burstein 1982; Hazzard 2000, p. 81-100; Carney 2013（彼女とプトレマイオス 2 世の結婚については pp. 70-105）を参照。

30　パウサニアス 1.7.3.

31　Ager 2005 もまた、プトレマイオス王たちはしばしば信じられているのと違い、遺伝的欠陥に苦しんではいなかったと主張する。

32　プトレマイオス朝エジプトについては、第 1 章註 8 に列挙された諸研究を参照。

33　196 年 3 月 27 日のプトレマイオス〔5 世〕の戴冠時に発布された課税法令は、彼の数々の称号、家系、神殿と神官たちへのさまざまな贈り物を記載していた。ほぼ二千年後の 1799 年、ナポレオンの兵士たちが（ナイル西岸の）ロゼッタで碑文を発見し、（イギリスによるナポレオンの敗北に続く）1801 年、ロゼッタ・ストーンとして知られるようになったその石碑は、ロンドンの大英博物館に移された。碑文は、上段はヒエログリフ、中段はエジプトのデモティック、下段はギリシア語という 3 つの文字で書かれており、そのおかげで、フランスの学者で言語学者のジャン - フランソワ・シャンポリオンが 1822 年にヒエログリフを解読することができた。碑文のギリシア語訳は Austin, no. 227, pp. 374-378. エジプト人の不満と反抗については McGing 1997 および McGing 2010 を参照。

34　Herklotz 2012.

35　Lampela 1998.

36　Bingen 2007, pp. 63-79.

37　Vandorpe 2010, pp. 169-171.

38　Turner 1984, p. 122.

39　ディオドロス 20.37.4. また Hauben 2014 と Meeus 2014 も参照。

40　プトレマイオスの対外政策および領土の性格については Bagnall 1976, pp. 224–229 を参照。また Caroli 2007, pp. 70–71 and 99–104 も参照。

41　Lloyd 2010a.

42　Hölbl 2001, pp. 27–28.

43　Hölbl 2001, p. 14.

補論 1　プトレマイオスの『アレクサンドロス大王伝』

1　アリアノス『序文』1-2. 翻訳は Brunt 1976 の該当箇所。

2　Bosworth 1988, pp. 40, 61–64, 79–83. また Lane Fox 2014, pp. 165–168 も参照。アレクサンドロスについてのこれ以外の記述作家たちで、同じく数世紀のちに書いたディオドロス、クルティウス、ユスティヌス、伝記作家プルタルコスの原典については Hammond 1983 and 1993b; Bosworth 1988 and 1996; Baynham 1998. また Habicht 2006c も参照。これらの原典については補論 2 を見ること。

3　前註に列挙した諸研究に加えて、Bouché-Leclercq 1903, pp. 134- 138; Welles 1963; Seibert 1969, とりわけ pp. 64–83; Errington 1969; Roisman 1984; Ellis 1994, pp. 18–22; Bosworth 1996, pp. 41–53; Bingen 2007, pp. 20–24; Howe 2008 を参照。また Schepens 1983 も参照。

4　プトレマイオスの断片は *FGrH* 138 に集められている。それらは今日 T. Howe によって *BNJ* 138 として再編集され、批判的註釈を付して翻訳されている。Robinson 1953, pp. 183–205 にもそれらの翻訳がある。

5　Roisman 1984, p. 385. また Rosen 1979, pp. 462–472 も参照。

6　Kornemann 1935.

7　ペルシア門の戦闘はアリアノス 3.18.9. ベッソスはプトレマイオス（*FGrH* 138）断片 14 = Arrian 3.29.6–30.5. また Welles 1963, pp. 107–108（戦闘の逸話）and pp. 109–110（ベッソス）も参照。

8　Seibert 1969, p. 19、また Errington 1969, pp. 238–239 を参照。ただし Roisman 1984, pp. 377–378 に注目すること。

9　アリアノス 6.11.8、クルティウス 9.5.21（プトレマイオス *FGrH* 138 断片 26a に由来する）および Welles 1963, pp. 114–115; Errington 1969, p. 239; Roisman 1984, p. 382; Bosworth 1988, pp. 76–77 and 79–83. ティマゲネスのような後世の作家は、プトレマイオスがアレクサンドロスの命を救ったとする、おそらくクレイタルコスによる初期の説明を誤って信じ、物語にプトレマイオスと添え名を付け加えたのかもしれない。以下を参照。Bosworth 1988, pp. 80–81; Muccioli 2012, pp. 81–94; Prandi によるクレイタルコス（*BNJ* 137）断片 24 の註釈。

10　他の人物たち、とりわけアンティゴノスと側近護衛官アリストヌースについてのプトレマイオスの扱い方の詳細は Errington 1969, pp. 234–235 を参照。プトレマイオスはアリストヌースを、彼の勇気と、とりわけ 323 年バビロンでの協議で彼が名を上げたせいで無視したのかもしれない。しかし Errington の見解への批判として Roisman 1984, pp. 381-382 に注目すること。

11　プトレマイオス（*FGrH* 138）断片 3 ＝ アリアノス 1.8.

12　ディオドロス 17.12.3.　クルティウスの最初の 2 巻は失われているので、彼がこの逸話を（もし扱ったとして）どう扱ったかはわからない。

13　ディオドロス 17.61.3、アリアノス 3.15.2、クルティウス 4.16.32. ただしアリアノスが別の史料を用いているとの説は、Strasburger 1934, p. 35 と Roisman 1984, p. 376 を参照。

14　Errington 1969, pp. 236–241. この見解はあまりに無理があるとするのは Roisman 1984, pp. 374–376; Ellis 1994, pp. 20–21.

15　アリアノス『序文』2。翻訳は Brunt 1976 の該当箇所。

16　年代と動機が密接に関連しているという前提については、Roisman 1984, pp. 373–374 の警告に注目すること。

17　Strasburger 1934, pp. 15–16; Welles 1963, pp. 101–116; Seibert 1969, pp. 1–26; Ellis 1994, pp. 20–22, とりわけ p. 21.

18　Strasburger 1934, pp. 53–54; Errington 1969, pp. 233–242; Bosworth 1980a, pp. 22–23; Howe 2008. しかし Roisman 1984, pp. 373–385 はこの前提を疑問視する。

19　Errington 1969, pp. 236–241. 反対説に Roisman 1984.

20　Roisman 1984, p. 385 はプトレマイオスの『大王伝』に政治的目的があることを疑っている。

21　クルティウス 9.5.21.

22　Welles 1963, p.110（ペルシア門でのプトレマイオスおよび彼のベッソス確保について）.

参考文献

Abel, F. M., "La Syrie et la Palestine au temps de Ptolémée Soter," *Revue Biblique* 44 (1935), pp. 559-581.

Adams, W. L., "The Hellenistic Kingdoms," in G. R. Bugh (ed.), *The Cambridge Companion to the Hellenistic World* (Cambridge: 2007), pp. 28-51.

Adams, W. L., "Alexander's Successors to 221 BC," in J. Roisman and Ian Worthington (eds.), *A Companion to Ancient Macedonia* (Malden, MA: 2010), pp. 208-224.

Ager, S., "Familiarity Breeds: Incest and the Ptolemaic Dynasty," *JHS* 125 (2005), pp. 1-34.

Andronikos, M., "Art during the Archaic and Classical Periods," in M. B. Sakellariou (ed.), *Macedonia, 4000 Years of Greek History and Civilization* (Athens: 1983), pp. 92-110.

Anson, E. M., "Diodorus and the Date of Triparadeisus," *AJPh* 107 (1986), pp. 208-217.

Anson, E. M., "Antigonus, the Satrap of Greater Phrygia," *Historia* 37 (1988), pp. 471-477.

Anson, E. M., "The Dating of Perdiccas' Death and the Assembly at Triparadeisus," *GRBS* 43 (2003), pp. 373-390.

Anson, E. M., *Eumenes of Cardia: A Greek among Macedonians* (Leiden: 2004).

Anson, E. M., "The Chronology of the Third Diadoch War," *Phoenix* 60 (2006), pp. 226-235.

Anson, E. M., *Alexander's Heirs: The Age of the Successors* (Malden, MA: 2014a).

Anson, E. M., "Discrimination and Eumenes of Kardia Revisited," in H. Hauben and A. Meeus (eds.), *The Age of the Successors and the Creation of the Hellenistic Kingdoms (323-276 B.C)* (Leuven: 2014b), pp. 539-558.

Antela-Bernárdez, B., "Simply the Best: Alexander's Last Words and the Macedonian Kingship," *Eirene* 47 (2011), pp. 118-126.

Archibald, Z., *The Odrysian Kingdom of Thrace: Orpheus Unmasked* (Oxford: 1998).

Ashton, N. G., "Craterus from 324 to 321 B.C.," *Ancient Macedonia* 5 (Thessaloniki: 1991), pp. 125-131.

Ashton, S.-A., *Cleopatra and Egypt* (Malden, MA: 2008).

Ashton, S.-A., "Ptolemaic and Romano-Egyptian Sculpture," in A. B. Lloyd (ed.), *A Companion to Ancient Egypt* 2 (Malden, MA: 2010), pp. 970-989.

Austin, M. M., *The Hellenistic World from Alexander to the Roman Conquest: A Selection of Ancient Sources in Translation* (Cambridge: 1981).

Austin, M. M., "The Seleukids and Asia," in A. Erskine (ed.), *A Companion to the Hellenistic World* (Malden, MA: 2003), pp. 121-133.

Badian, E., "A King's Notebooks," *HSCPh* 72 (1967), pp. 183-204.

Badian, E., "Agis III Revisited," in Ian Worthington (ed.), *Ventures into Greek History: Essays in Honour of N. G. L. Hammond* (Oxford: 1994), pp. 258-292.

Bagnall, R. S., *The Administration of the Ptolemaic Possessions Outside Egypt* (Leiden: 1976).

Bagnall, R. S., "The Date of the Foundation of Alexandria," *AJAH* 4 (1979), pp. 46–49.

Bagnall, R. S. and P. Derow, *Greek Historical Documents: The Hellenistic Period* (Chico, CA: 1981).

Barker, E. A., "Alexandrian Literature," in S. A. Cook, F. E. Adcock, and M. P. Charlesworth (eds.), *Cambridge Ancient History*, vol. 7 (Cambridge: 1954), pp. 249–283.

Bartson, L. J., "Cyrenaica in Antiquity," unpub. Ph.D. diss. (Ann Arbor, MI: 1982).

Baynham, E., "Antipater: Manager of Kings," in Ian Worthington (ed.), *Ventures into Greek History: Essays in Honour of N. G. L. Hammond* (Oxford: 1994), pp. 331–356.

Baynham, E., *The Unique History of Quintus Curtius Rufus* (Ann Arbor, MI: 1998).

Baynham, E., "Cleomenes of Naucratis, Villain or Victim?" in T. Howe, E. E. Garvan, and G. Wrightson (eds.), *Greece, Macedon and Persia: Studies in Social, Political and Military History in Honour of W. Heckel* (Haverton: 2015), pp. 127–134.

Bell, H. I., "Alexandria ad Aegyptum," *JRS* 36 (1946), pp. 130–132.

Bengtson, H., *Die Diadochen: Die Nachfolger Alexanders (323–281 v. Chr.)* (Munich: 1987).

Bennett, B. and M. Roberts, *The Wars of Alexander's Successors, 323–281 BC*, vol. 1 (Barnsley: 2008) and vol. 2 (Barnsley: 2009).

Bernand, A., *Alexandrie des Ptolemées* (Paris: 1995).

Berthold, R. M., *Rhodes in the Hellenistic Age* (London: 1984).

Berti, M. and V. Costa, *La Biblioteca di Alessandria* (Rome: 2010).

Bevan, E. R., *The House of Seleucus* (London: 1902).

Bevan, E. R., *The House of Ptolemy: A History of Egypt under the Ptolemaic Dynasty* (London: 1927).

Bhandare, S., "Not Just a Pretty-Face: Interpretations of Alexander's Numismatic Legacy in the Hellenistic East," in H. P. Ray and D. T. Potts (eds.), *Memory as History: The Legacy of Alexander in Asia* (New Delhi: 2007), pp. 208–256.

Bickerman, E., *Institutions des Séleucides* (Paris: 1938).

Billows, R., *Antigonus the One-Eyed and the Creation of the Hellenistic State* (Berkeley, CA: 1990).

Billows, R., *Kings and Colonists: Aspects of Macedonian Imperialism* (Leiden: 1995).

Billows, R., "Cities," in A. Erskine (ed.), *A Companion to the Hellenistic World* (Malden, MA: 2003), pp. 196–215.

Bingen, J., *Hellenistic Egypt: Monarchy Society, Economy, Culture* (Edinburgh: 2007).

Boiy, T., *Between High and Low: A Chronology of the Early Hellenistic Period* (Bonn: 2007).

Bosworth, A. B., "The Death of Alexander the Great: Rumour and Propaganda," *CQ*² 21 (1971), pp. 112–136.

Bosworth, A. B., *A Historical Commentary on Arrian's History of Alexander* 1 (Oxford: 1980a).

Bosworth, A. B., "Alexander and the Iranians," *JHS* 100 (1980b), pp. 1–21.

Bosworth, A. B., "A Missing Year in the History of Alexander the Great," *JHS* 101 (1981), pp. 17–39.

Bosworth, A. B., "Alexander the Great and the Decline of Macedon," *JHS* 106 (1986), pp. 1-12.
Bosworth, A. B., *From Arrian to Alexander* (Oxford: 1988).
Bosworth, A. B., "Philip III Arrhidaeus and the Chronology of the Successors," *Chiron* 22 (1992), pp. 55-81.
Bosworth, A. B., "Perdiccas and the Kings," *CQ*² 43 (1993), pp. 420-427.
Bosworth, A. B., *Alexander and the East: The Tragedy of Triumph* (Oxford: 1996).
Bosworth, A. B., "Ptolemy and the Will of Alexander," in A. B. Bosworth and E. J. Baynham (eds.), *Alexander the Great in Fact and Fiction* (Oxford: 2000), pp. 207-241.
Bosworth, A. B., *The Legacy of Alexander: Politics, Warfare and Propaganda under the Successors* (Oxford: 2002).
Bosworth, A. B., "Alexander the Great and the Creation of the Hellenistic Age," in G. R. Bugh (ed.), *The Cambridge Companion to the Hellenistic World* (Cambridge: 2007), pp. 9-27.
Bouché-Leclercq, A., *Histoire des Lagides*, 4 vols. (Paris: 1903-1907).
Bouché-Leclercq, A., *Histoire des Séleucides (323-64 avant J.-C.)*, 2 vols. (Paris: 1914).
Bowden, H., "Alexander in Egypt: Considering the Egyptian Evidence," in P. Bosman (ed.), *Alexander in Africa* (Pretoria: 2014), pp. 38-55.
Bowman, A. K., *Egypt after the Pharaohs: 332 BC to AD 642: From Alexander to the Arab Conquest* (London: 1986).
Braund, D., "After Alexander: The Emergence of the Hellenistic World, 323-281," in A. Erskine (ed.), *A Companion to the Hellenistic World* (Malden, MA: 2003), pp. 19-34.
Briant, P., "D'Alexandre le Grand aux Diadoques: Le cas d'Eumène de Kardia," *REA* 74 (1972), pp. 32-73, and 75 (1973), pp. 43-81.
Briant, P., *From Cyrus to Alexander: A History of the Persian Empire*, trans. P. T. Daniels (Winona Lake, IN: 2002).
Briant, P., *Alexander the Great and His Empire*, trans. A. Kuhrt (Princeton, NJ: 2010).
Brunt, P. A., "Alexander, Barsine, and Heracles," *Rivista di Filologia* 103 (1975), pp. 22-34.
Brunt, P. A., *Arrian, History of Alexander*, Loeb Classical Library, vol. 1 (Cambridge, MA: 1976).
Bugh, G. R., "Introduction," in G. R. Bugh (ed.), *The Cambridge Companion to the Hellenistic World* (Cambridge: 2006), pp. 1-8.
Buraselis, K., "The Problem of the Ptolemaic Sibling Marriage: A Case of Dynastic Acculturation?" in P. McKechnie and P. Guillaume (eds.), *Ptolemy II Philadelphus and His World* (Leiden: 2008), pp. 291-302.
Burn, A. R., "The Generalship of Alexander," *G&R*² 12 (1965), pp. 140-154.
Burstein, S. M., "Arsinoë II Philadelphos: A Revisionist View," in W. L. Adams and E. N. Borza (eds.), *Philip II, Alexander the Great, and the Macedonian Heritage* (Lanham, MD: 1982), pp. 197-212.
Burstein, S. M., *The Hellenistic Age from the Battle of Ipsos to the Death of Kleopatra VII* (Cambridge: 1985).
Burstein, S. M., "Pharaoh Alexander: A Scholarly Myth," *Anc. Society* 22 (1991), pp. 139-145.
Burstein, S. M., *The Reign of Cleopatra* (Westport, CT: 2004).

Burstein, S. M., "Alexander's Organization of Egypt: A Note on the Career of Cleomenes of Naucratis," in T. Howe and J. Reams (eds.), *Macedonian Legacies: Studies in Ancient Macedonian History and Culture in Honor of E. N. Borza* (Claremont, CA: 2008a), pp. 183-194.

Burstein, S. M., "Elephants for Ptolemy II: Ptolemaic Policy in Nubia in the Third Century BC," in P. McKechnie and P. Guillaume (eds.), *Ptolemy II Philadelphus and His World* (Leiden: 2008b), pp. 135-147.

Burstein, S. M., "An Egyptian Source of Tacitus' Sarapis Narrative (*Histories* 4.84)," *ZPE* 183 (2012), pp. 37-38.

Burstein, S. M., "The Satrap Stela and the Struggle for Lower Nubia," in J. R. Anderson and D. A. Welsby (eds.), *The Fourth Cataract and Beyond: Proceedings of the 12th Conference for Nubian Studies* (Leuven: 2014), pp. 573-576.

Burstein, S. M., "Alexander's Unintended Legacy: Borders," in T. Howe, E. E. Garvan, and G. Wrightson (eds.), *Greece, Macedon and Persia: Studies in Social, Political and Military History in Honour of W. Heckel* (Haverton: 2015), pp. 118-126.

Canfora, L., *The Vanished Library: A Wonder of the Ancient World* (Berkeley, CA: 1990).〔ルチャーノ・カンフォラ『アレクサンドリア図書館の謎――古代の知の宝庫を読み解く』竹山博英訳、工作舎、1999年〕

Carney, E. D., *Women and Monarchy in Macedonia* (Norman, OK: 2000).

Carney, E. D., "The Trouble with Philip Arrhidaeus," *AHB* 15 (2001), pp. 63-89.

Carney, E. D., "The Role of the *Basilikoi Paides* at the Argead Court," in T. Howe and J. Reames (eds.), *Macedonian Legacies: Studies in Ancient Macedonian History and Culture in Honor of Eugene N. Borza* (Claremont, CA: 2008), pp. 145-164.

Carney, E. D., *Arsinoë of Egypt and Macedon: A Royal Life* (New York, NY: 2013).〔エリザベス・ドネリー・カーニー『アルシノエ二世――ヘレニズム世界の王族女性と結婚』森谷公俊訳、白水社、2019年〕

Caroli, C. A., *Ptolemaios I. Soter— Herrscher zweier Kulturen* (Konstanz: 2007).

Cartledge, P., *Alexander the Great: The Hunt for a New Past* (London: 2003).

Cawkwell, G. L., *Philip of Macedon* (London: 1978).

Champion, J., *Pyrrhus of Epirus* (Barnsley: 2012).

Champion, J., *Antigonus the One-Eyed: Greatest of the Successors* (Barnsley: 2014).

Chaniotis, A., "The Divinity of Hellenistic Rulers," in A. Erskine (ed.), *A Companion to the Hellenistic World* (Malden, MA: 2003), pp. 431-445.

Chaniotis, A., *War in the Hellenistic World: A Social and Cultural History* (Malden, MA: 2005).

Clarysse, W., "Greeks and Egyptians in the Ptolemaic Army and Administration," *Aegyptus* 65 (1985), pp. 57-76.

Clayton, P. A., "The Pharos at Alexandria," in P. A. Clayton and M. J. Price (eds.), *The Seven Wonders of the Ancient World* (London: 1988), pp. 138-157.

Cloché, P., *Le Dislocation d'un Empire: Les Premiers successeurs d'Alexandre le Grand (323-281/280 avant J.-C.)* (Paris: 1959).

Cohen, G. M., "The Diadochoi and the New Monarchies," *Athenaeum* 52 (1974), pp. 177-179.

Collins, A. W., "The Office of Chiliarch under Alexander and his Successors," *Phoenix* 55 (2001), pp. 259–283.

Collins, A. W., "Alexander the Great and the Office of *Edeatros*," *Historia* 61 (2013), pp. 414–420.

Collins, A. W., "Alexander's Visit to Siwah: A New Analysis," *Phoenix* 68 (2014), pp. 62–77.

Collins, N. L., "The Various Fathers of Ptolemy I," *Mnemosyne* 50^4 (1997), pp. 436–476.

Crawford, D. J., "Ptolemy, Ptah and Apis in Hellenistic Memphis," *Studia Hellenistica* 24 (1980), pp. 1–42.

Criscuolo, L., "Considerazioni generali sull' epiteto *PHILADELPHOS* nelle dinastie ellenistiche e sulla sua applicazione nella titolatura degli ultimi seleucidi," *Historia* 43 (1994), pp. 402–422.

Cruz-Uribe, E., "Social Structure and Daily Life: Graeco-Roman," in A. B. Lloyd (ed.), *A Companion to Ancient Egypt*, vol. 1 (Malden, MA: 2010), pp. 491–506.

Dahmen, K., *The Legend of Alexander the Great on Greek and Roman Coins* (London: 2007).

Daszewski, W. A., "Nicocles and Ptolemy: Remarks on the Early History of Nea Paphos," *RDAC* (1987), pp. 171–175.

Davies, J. K., "The Interpenetration of Hellenistic Sovereignties," in D. Ogden (ed.), *The Hellenistic World: New Perspectives* (London: 2002), pp. 1–21.

Davis, N. and C. M. Kraay, *The Hellenistic Kingdoms: Portrait Coins and History* (London: 1973).

Delev, P., "Lysimachus, the Getae, and Archaeology," CQ^2 50 (2000), pp. 384–418.

Depuydt, L., "The Time of Death of Alexander the Great: 11 June 323 B.C., ca. 4.00–5.00 p.m.," *Die Welt des Orients* 28 (1997), pp. 117–135.

Develin, R. and W. Heckel, *Justin: Epitome of the Philippic History of Pompeius Trogus* (Atlanta, GA: 1994).

Devine, A. M., "Diodorus' Account of the Battle of Gaza," *Acta Classica* 27 (1984), pp. 31–40.

Devine, A. M., "A Pawn-Sacrifice at the Battle of the Granicus: The Origins of a Favorite Stratagem of Alexander the Great," *Anc. World* 18 (1988), pp. 3–20.

Devine, A. M., "Alexander the Great," in J. Hackett (ed.), *Warfare in the Ancient World* (New York, NY: 1989a), pp. 104–129.

Devine, A. M., "The Generalship of Ptolemy I and Demetrius Poliorcetes at the Battle of Gaza (312 B.C.)," *Anc. World* 20 (1989b), pp. 29–38.

Dixon, M., "Corinth, Greek Freedom, and the Diadochoi, 323–301 B.C.," in W. Heckel, L. Tritle, and P. Wheatley (eds.), *Alexander's Empire: Formulation to Decay* (Claremont, CA: 2007), pp. 151–178.

Dmitriev, S., *The Greek Slogan of Freedom and Early Roman Politics in Greece* (Oxford: 2011).

Doherty, P., *The Death of Alexander the Great* (New York, NY: 2004).

Dreyer, B., "Athen und Demetrios Poliorketes nach der Schlact von Ipsos (301 v. Chr.)," *Historia* 49 (2000), pp. 54–66.

Droysen, J. G., *Geschichte der Diadochen* (Leipzig: 1877).

Eckstein, A. M., *Mediterranean Anarchy, Interstate War, and the Rise of Rome* (Berkeley, CA:

2006).
Eggermont, P. H. L., *Alexander's Campaigns in Sind and Baluchistan and the Siege of the Brahmin Town of Harmatelia* (Leuven: 1975).
Elgood, P. G., *The Ptolemies of Egypt* (London: 1938).
Ellis, J. R., *Philip II and Macedonian Imperialism* (London: 1976).
Ellis, W. M., *Ptolemy of Egypt* (London: 1994).
Emmons, B., "The Overstruck Coinage of Ptolemy I," *ANSMN* 6 (1954), pp. 69-84.
Errington, R. M., "Bias in Ptolemy's History of Alexander," *CQ*² 19 (1969), pp. 233-242.
Errington, R. M., "From Babylon to Triparadeisos," *JHS* 90 (1970), pp. 49-77.
Errington, R. M., *The Dawn of Empire: Rome's Rise to World Power* (London 1971).
Errington, R. M., "Diodorus Siculus and the Chronology of the Early Diadochoi, 320-311 B.C.," *Hermes* 105 (1977), pp. 478-504.
Errington, R. M., "The Nature of the Macedonian State under the Monarchy," *Chiron* 8 (1978), pp. 77-133.
Errington, R. M., *A History of the Hellenistic World: 323-30 BC* (Malden, MA: 2008).
Erskine, A., "Culture and Power in Ptolemaic Egypt: The Museum and Library of Alexandria," *G&R*² 42 (1995), pp. 38-48.
Erskine, A., "Life after Death: Alexandria and the Body of Alexander," *G&R* 49 (2002), pp. 167-179.
Erskine, A., "Ruler Cult and the Early Hellenistic City," in H. Hauben and A. Meeus (eds.), *The Age of the Successors and the Creation of the Hellenistic Kingdoms (323-276 B.C)* (Leuven: 2014), pp. 579-597.
Falivene, M. R., "Government, Management, Literacy. Aspects of Ptolemaic Administration in the Early Hellenistic Period," *Anc. Society* 22 (1991), pp. 203-227.
Fassa, E., "Shifting Conceptions of the Divine: Sarapis as Part of Ptolemaic Egypt's Social Imaginaries," in E. Stavrianopoulou (ed.), *Shifting Social Imaginaries in the Hellenistic Period* (Leiden: 2013), pp. 115-139.
Ferguson, W. S., *Hellenistic Athens: An Historical Essay* (New York, NY: 1911).
Ferguson, W. S., "Demetrius Poliorcetes and the Hellenic League," *Hesperia* 17 (1948), pp. 112-136.
Fischer-Bovet, C., "Counting the Greeks in Egypt: Immigration in the First Century of Ptolemaic Rule," in C. Holeran and A. Pudsey (eds.), *Demography in the Graeco-Roman World: New Insights and Approaches* (Oxford: 2011), pp. 135-154.
Fischer-Bovet, C., "Egyptian Warriors: The *machimoi* of Herodotus and the Ptolemaic Army," *CQ*² 63 (2013), pp. 209-236.
Fischer-Bovet, C., *Army and Society in Ptolemaic Egypt* (Cambridge: 2014).
Fischer-Bovet, C., "Les Égyptiens dans les forces armées de terre et de mer sous les trois premiers Lagides," in T. Derda and A. Łajtar (eds.), *Proceedings of the 27th International Congress of Papyrology* (Warsaw: 2016), pp. 1669-1678.
Fletcher, J., *Cleopatra the Great: The Woman behind the Legend* (New York, NY: 2011).

Fraser, P., "Two Studies on the Cult of Sarapis in the Hellenistic World," *Opuscula Atheniensia* 3 (1960), pp. 1–54.

Fraser, P., *Ptolemaic Alexandria*, 3 vols. (Oxford: 1972).

Fraser, P., *Cities of Alexander the Great* (Oxford: 1996).

Fredricksmeyer, E. A., "Alexander, Midas, and the Oracle at Gordium," *CPh* 56 (1961), pp. 160–168.

Fredricksmeyer, E. A., "Alexander the Great and the Kingship of Asia," in A. B. Bosworth and E. J. Baynham (eds.), *Alexander the Great in Fact and Fiction* (Oxford: 2000), pp. 136–166.

Fuller, J. F. C., *The Generalship of Alexander the Great* (repr. New Brunswick, NJ: 1960).

Gabbart, J., *Antigonos II Gonatas: A Political Biography* (London: 1997).

Gabriel, R. A., *Philip II of Macedon: Greater Than Alexander* (Washington, DC: 2010).

Gambetti, S., *The Alexandrian Riots of 38 CE and the Persecution of the Jews: A Historical Reconstruction* (Leiden: 2009).

Gambetti, S., Satyrus, *BNJ* 631 (Leiden).

Garlan, Y., "Alliance entre les Iasiens et Ptolémée Ier," *ZPE* 18 (1975), pp. 193–198.

Garoufalias, P. E., *Pyrrhus, King of Epirus* (London: 1979).

Geer, R. M., *Diodorus Siculus 18 and 19.1–65*, Loeb Classical Library, vol. 9 (Cambridge, MA: 1947).

Geer, R. M., *Diodorus Siculus 19.66–110 and 20*, Loeb Classical Library, vol. 10 (Cambridge, MA: 1954).

Gesche, H., "Nikokles von Paphos und Nikokreon von Salamis," *Chiron* 4 (1974), pp. 103–125.

Gilley, D. L. and Ian Worthington, "Alexander the Great, Macedonia and Asia," in J. Roisman and Ian Worthington (eds.), *A Companion to Ancient Macedonia* (Malden, MA: 2010), pp. 186–207.

Giovannini, A., "Le traité entre Iasos et Ptolémée Ier (IK 28,1, 2–3) et les relations entre les cités grecques d'Asie Mineure et les souverains hellénistiques," *Epig. Anat* 37 (2004), pp. 69–87.

Goedicke, H., "Comments on the Satrap Stela," *BES* 6 (1985), pp. 33–54.

Golan, D., "The Fate of a Court Historian: Callisthenes," *Athenaeum* 66 (1988), pp. 99–120.

Goralski, W. J., "Arrian's *Events after Alexander*: Summary of Photius and Selected Fragments," *Anc. World* 19 (1989), pp. 81–108.

Grabowski, T., "Ptolemy's Military and Political Operations in Greece 314–308 BC," in E. Dabrowa, *Studies on the Greek and Roman Military History* (Krakow: 2008), pp. 33–36.

Graham, D., G. Shipley, and M. H. Hansen, "The Polis and Federalism," in G. R. Bugh (ed.), *The Cambridge Companion to the Hellenistic World* (Cambridge: 2006), pp. 52–72.

Grainger, J. D., *Seleukos Nikator: Constructing a Hellenistic Kingdom* (London: 1999).

Grainger, J. D., *The Rise of the Seleukid Empire (323–223 BC): Seleukos I to Seleukos III* (Barnsley: 2014).

Grant, M., *From Alexander to Cleopatra* (New York, NY: 1982).

Green, P., *Alexander to Actium: The Historical Evolution of the Hellenistic Age* (Berkeley, CA: 1990).

Greenwalt, W. S., "The Search for Arrhidaeus," *Anc. World* 10 (1985), pp. 69–77.

Greenwalt, W. S., "Argaeus, Ptolemy II, and Alexander's Corpse," *AHB* 2 (1988), pp. 39–41.

Greenwalt, W. S., "Polygamy and Succession in Argead Macedonia," *Arethusa* 22 (1989), pp. 19–45.

Grimm, G., *Alexandria, Die erste Königsstadt der hellenistischen Welt* (Mainz: 1998).

Gruen, E. S., *The Hellenistic World and the Coming of Rome*, 2 vols. (Berkeley, CA: 1984).

Gruen, E. S., "The Coronation of the Diadochoi," in J. Eadie and J. Ober (eds.), *The Craft of the Ancient Historian: Essays in Honor of Chester G. Starr* (Lanham, MD: 1985), pp. 253–271.

Grzybek, E., *Du calendrier macédonien au calendrier ptolémaïque: Problemes de chronologie hellénistique* (Basel: 1990).

Habicht, C., *Gottmenschentum und griechische Städte*[2] (Munich: 1970).

Habicht, C., *Athens from Alexander to Antony*, trans. D.L. Schneider (Cambridge, MA: 1997).

Habicht, C., "Argaeus, Ptolemy II, and Alexander's Corpse," in C. Habicht (ed.), *The Hellenistic Monarchies: Selected Papers* (Ann Arbor, MI: 2006a), pp. 153–154.

Habicht, C., "The Ruling Class in the Hellenistic Monarchies," in C. Habicht (ed.), *The Hellenistic Monarchies: Selected Papers* (Ann Arbor, MI: 2006b), pp. 26–40.

Habicht, C., "The Literary and Epigraphic Evidence for the History of Alexander and His First Successors," in C. Habicht (ed.), *The Hellenistic Monarchies: Selected Papers* (Ann Arbor, MI: 2006c), pp. 74–84.

Hagerdorn, D., "Ein Erlass Ptolemaios' I. Soter," *ZPE* 66 (1986), pp. 65–70.

Hammond, N. G. L., "The Victory of Macedon at Chaeronea," in N. G. L. Hammond, *Studies in Greek History* (Oxford: 1973), pp. 534–557.

Hammond, N. G. L., *Three Historians of Alexander the Great* (Cambridge: 1983).

Hammond, N. G. L., *Alexander the Great: King, Commander, and Statesman*[2] (Bristol: 1989a).

Hammond, N. G. L., "Casualties and Reinforcements of Citizen Soldiers in Greece and Macedon," *JHS* 109 (1989b), pp. 56–68.

Hammond, N. G. L., "Royal Pages, Personal Pages, and Boys Trained in the Macedonian Manner during the Period of the Temenid Monarchy," *Historia* 39 (1990), pp. 261–290.

Hammond, N. G. L., "The Macedonian Imprint on the Hellenistic World," in P. Green (ed.), *Hellenistic History and Culture* (Berkeley, CA: 1993a), pp. 12–23.

Hammond, N. G. L., *Sources for Alexander the Great* (Cambridge: 1993b).

Hammond, N. G. L., *Philip of Macedon* (London: 1994).

Hammond, N. G. L., "Alexander's Non-European Troops and Ptolemy I's Use of Such Troops," *BASP* 33 (1996), pp. 99–109.

Hammond, N. G. L., "The Continuity of Macedonian Institutions and the Macedonian Kingdoms of the Hellenistic Era," *Historia* 49 (2000), pp. 141–160.

Hammond, N. G. L. and G. T. Griffith, *A History of Macedonia*, vol. 2 (Oxford: 1979).

Hammond, N. G. L. and F. W. Walbank, *A History of Macedonia*, vol. 3 (Oxford: 1988).

Hansen, E. V., *The Attalids of Pergamum*[2] (Ithaca, NY: 1971).

Hardiman, C. L., "Classical Art to 221 BC," in J. Roisman and Ian Worthington (eds.), *A Compan-*

ion to Ancient Macedonia (Malden, MA: 2010), pp. 505–521.

Harding, P. E., *From the End of the Peloponnesian War to the Battle of Ipsus* (Cambridge: 1985).

Hatzopoulos, M. B., "Succession and Regency in Classical Macedonia," in *Ancient Macedonia*, vol. 4 (Institute for Balkan Studies, Thessaloniki: 1986), pp. 279–292.

Hauben, H., "On the Chronology of the Years 313–311 B.C.," *AJPh* 94 (1973), pp. 256–267.

Hauben, H., "Antigonos' Invasion Plan for His Attack on Egypt in 306 B.C," *Orientalia Lovaniensia Periodica* 6/ 7 (1975/ 76), pp. 267–271.

Hauben, H., "Fleet Strength at the Battle of Salamis, 306 BC," *Chiron* 6 (1976), pp. 1–5.

Hauben, H., "Sur la stratégie et la politique étrangère du premier Ptolémée," *RPh* 103 (1977a), pp. 265–266.

Hauben, H., "The First War of the Successors (321 B.C.): Chronological and Historical Problems," *Anc. Society* 8 (1977b), pp. 85–120.

Hauben, H., "Rhodes, Alexander, and the Diadochoi from 333/ 332 to 304 BC," *Historia* 26 (1977c), pp. 307–339.

Hauben, H., "Cyprus and the Ptolemaic Navy," *RDAC* (1987a), pp. 213–226.

Hauben, H., "Philocles, King of the Sidonians and General of the Ptolemies," *Studia Phoenicia* 5 (Leuven: 1987b), pp. 413–427.

Hauben, H., "Rhodes, the League of the Islanders, and the Cult of Ptolemy I Soter," in A. Tamis, C. J. Mackie, and S. G. Byrne (eds.), *Philathenaios: Studies in Honour of Michael J. Osborne* (Athens: 2010), pp. 103–121.

Hauben, H., "Ptolemy's Grand Tour," in H. Hauben and A. Meeus (eds.), *The Age of the Successors and the Creation of the Hellenistic Kingdoms (323–276 B.C)* (Leuven: 2014), pp. 235–261.

Hauben, H. and A. Meeus (eds.), *The Age of the Successors and the Creation of the Hellenistic Kingdoms (323–276 B.C.)* (Louvain: 2014).

Hazzard, R. A., "The Regnal Years of Ptolemy II Philadelphus," *Phoenix* 41 (1987), pp. 140–158.

Hazzard, R. A., "Did Ptolemy I Get His Surname from the Rhodians?" *ZPE* 93 (1992), pp. 52–56.

Hazzard, R. A., *Imagination of a Monarchy: Studies in Ptolemaic Propaganda* (Toronto: 2000).

Heckel, W., "The *Somatophylakes* of Alexander the Great: Some Thoughts," *Historia* 27 (1978), pp. 224–228.

Heckel, W., "*Somatophylakia*: A Macedonian *cursus honorum*," *Phoenix* 40 (1986), pp. 279–294.

Heckel, W., *The Marshals of Alexander's Empire* (London: 1992).

Heckel, W., "The Politics of Distrust: Alexander and His Successors," in D. Ogden (ed.), *The Hellenistic World: New Perspectives* (London: 2002), pp. 81–95.

Heckel, W., "Kings and Companions: Observations on the Nature of Power in the Reign of Alexander," in J. Roisman (ed.), *Brill's Companion to Alexander the Great* (Leiden: 2003a), pp. 197–225.

Heckel, W., "Alexander the Great and the 'Limits of the Civilised World'," in W. Heckel and L. A. Tritle (eds.), *Crossroads of History: The Age of Alexander* (Claremont, CA: 2003b), pp. 147–174.

Heckel, W., "A King and His Army," in W. Heckel and L. Tritle (eds.), *Alexander the Great: A New History* (Malden, MA: 2009), pp. 69–82.

Heckel, W. and J. Yardley, *Alexander the Great: Historical Sources in Translation* (Malden, MA: 2003).

Heinen, H., *Untersuchungen zur hellenistischen Geschichte des 3. Jh. v. Chr. Zur Geschichte der Zeit des Ptolemaios Keraunos und zum Chremonideischen Krieg* (Wiesbaden: 1972).

Herklotz, F., "*Aegypto Capta*: Augustus and the Annexation of Egypt," in C. Riggs (ed.), *The Oxford Handbook of Roman Egypt* (Oxford: 2012), pp. 11–21.

Heuss, A., "Antigonos Monophthalmos und die griechischen Städte," *Hermes* 73 (1938), pp. 133–194.

Higgins, R., "The Colossus at Rhodes," in P. A. Clayton and M. J. Price (eds.), *The Seven Wonders of the Ancient World* (London: 1988), pp. 124–137.

Hinge, G. and J. A. Krasilnikoff (eds.), *Alexandria: A Cultural and Religious Melting Pot* (Aarhus: 2009).

Hölbl, G., *A History of the Ptolemaic Empire*, trans T. Saavedra (London: 2001).

Holt, F., *Alexander the Great and the Mystery of the Elephant Medallions* (Berkeley, CA: 2003).

Horat Zuffa, G., "Tolemeo I in Grecia," *Atti Venezia* 130 (1971/ 1972), pp. 99–112.

Howe, T., "Alexander in India: Ptolemy as Near Eastern Historiographer," in T. Howe and J. Reams (eds.), *Macedonian Legacies: Studies in Ancient Macedonian History and Culture in Honor of E. N. Borza* (Claremont, CA: 2008), pp. 215–234.

Howe, T., "Founding Alexandria: Alexander the Great and the Politics of Memory," in P. Bosman (ed.), *Alexander in Africa* (Pretoria: 2014), pp. 72–91.

Huss, W., *Ägypten in hellenistischer Zeit, 323–30 v. Chr.* (Munich: 2001).

Johnson, C., "Ptolemy I's Epiklesis *Soter*: Origin and Definition," *AHB* 14 (2000), pp. 102–106.

Jones, A., "On the Reconstructed Macedonian and Egyptian Lunar Calendars," *ZPE* 119 (1997), pp. 157–166.

Kasher, A., *The Jews in Hellenistic and Roman Egypt* (Tübingen: 1985).

Kehoe, D., "The Economy: Graeco-Roman," in A. B. Lloyd (ed.), *A Companion to Ancient Egypt*, vol. 1 (Malden: 2010), pp. 309–325.

Kertész, I., "Ptolemy I and the Battle of Gaza," *Studia Aegyptiaca*, vol. 1, *Recueil d'études dédiées à V. Wessetzky à l'occasion de son 65 anniversaire* (Budapest: 1974), pp. 231–241.

King, C. J., "Kingship and Other Political Institutions," in J. Roisman and Ian Worthington (eds.), *A Companion to Ancient Macedonia* (Malden, MA: 2010), pp. 374–391.

Kolbe, W., "Die griechische Politik der ersten Ptolemäer," *Hermes* 51 (1916), pp. 530–553.

Koenen, L., "Die Adaptation Ägyptischer Königsideologie am Ptolemäerhof," in E. Van 'T Dack, P. van Dessel, and W. van Gucht (eds.), *Egypt and the Hellenistic World* (Louvain: 1983), pp. 143–190.

Koenen, L., "The Ptolemaic King as a Religious Figure," in A. Bulloch et al. (eds.), *Images and Ideologies: Self-definition in the Hellenistic World* (Berkeley, CA: 1993), pp. 25–115.

Kornemann, E., *Die Alexandergeschichte des Königs Ptolemaios I von Aegypten* (Leipzig: 1935).

Ladynin, I. A., "The Argeadai Building Program in Egypt in the Framework of Dynasties' XX-IX-XXX Temple Building," in K. Nawotka and A. Wojciechowska (eds.), *Alexander the Great and Egypt: History, Art, Tradition* (Wiesbaden: 2014), pp. 221–240.

Lampela, A., *Rome and the Ptolemies of Egypt: The Development of Their Political Relations, 273–80 BC* (Helsinki: 1998).

Landucci Gattinoni, F., *Lisimaco di Tracia: Un sovrano nella prospettiva del primo ellenismo* (Milan: 1992).

Landucci Gattinoni, F., "Cassander and the Legacy of Philip II and Alexander III in Diodorus' Library," in E. Carney and D. Ogden (eds.), *Philip II and Alexander the Great: Lives and Afterlives* (Oxford: 2010), pp. 113–121.

Landucci Gattinoni, F., "Diodorus XVIII 39.1–7 and Antipatros' Settlement at Triparadeisos," in H. Hauben and A. Meeus (eds.), *The Age of the Successors and the Creation of the Hellenistic Kingdoms (323–276 B.C)* (Leuven: 2014), pp. 33–48.

Lane Fox, R. (ed.), *Brill's Companion to Ancient Macedon* (Leiden: 2011).

Lane Fox, R., "King Ptolemy: Centre and Periphery," in E. Baynham and P. Wheatley (eds.), *East and West in the World Empire of Alexander: Essays in Honour of Brian Bosworth* (Oxford: 2014), pp. 163–195.

Laronde, M. A., "Observations sur la politique d'Ophellas à Cyrène," *RH* 245 (1971), pp. 297–336.

Laronde, M. A., "La date du diagramma de Ptolémée," *REG* 100 (1987), pp. 85–128.

Larsen, J. A. O., "Notes on the Constitutional Inscription from Cyrene," *CPh* 24 (1929), pp. 351–368.

Lehmann, G. A., "Der 'lamische Krieg' und die 'Freiheit der hellenen.' Überlegungen zur hieronymianischen Tradition," *ZPE* 73 (1988a), pp. 121–149.

Lehmann, G. A., "Das neue Kölner Historiker-Fragment (P. Köln Nr. 247) und die *chronike suntaxis* des Zenon von Rhodos (FGrHist. 523)," *ZPE* 72 (1988b), pp. 1–17.

Le Rider, G., "Cléomène de Naucratis," *BCH* 121 (1997), pp. 71–93.

Lévèque, P., *Pyrrhos* (Paris: 1957).

Lewis, N., *Greeks in Ptolemaic Egypt: Case Studies in the Social History of the Hellenistic World* (Oxford: 1986).

Lianou, M., "The Role of the Argeadai in the Legitimation of the Ptolemaic Dynasty: Rhetoric and Practice," in E. Carney and D. Ogden (eds.), *Philip II and Alexander the Great: Lives and Afterlives* (Oxford: 2010), pp. 123–133.

Lianou, M., "Ptolemy I and the Economics of Consolidation," in H. Hauben and A. Meeus (eds.), *The Age of the Successors and the Creation of the Hellenistic Kingdoms (323–276 B.C.)* (Leuven: 2014), pp. 379–411.

Lloyd, A. B., "The Egyptian Elite in the Early Ptolemaic Period: Some Hieroglyphic Evidence," in D. Ogden (ed.), *The Hellenistic World: New Perspectives* (London: 2002), pp. 117–136.

Lloyd, A. B., "From Satrapy to Hellenistic Kingdom: The Case of Egypt," in A. Erskine and L. Lewellyn-Jones (eds.), *Creating a Hellenistic World* (Swansea: 2010a), pp. 83–105.

Lloyd, A. B., "The Reception of Pharaonic Egypt in Classical Antiquity," in A. B. Lloyd (ed.), *A Companion to Ancient Egypt*, vol. 2 (Malden, MA: 2010b), pp. 1067–1085.

Lloyd, A. B. (ed.), *A Companion to Ancient Egypt*, 2 vols. (Malden, MA: 2010c).

Longega, G., *Arsinoë II* (Rome: 1968).

Lorber, C. C., "A Revised Chronology for the Coinage of Ptolemy I," *NC* 165 (2005), pp. 45–64.

Lorton, D., "The Names of Alexandria in the Text of the Satrap Stele," *GöttMisz* 96 (1987), pp. 65–70.

Łukaszewicz, A., "Sur les pas de Ptolémée Ier. Quelques remarques concernant la ville d'Alexandrie," in H. Hauben and A. Meeus (eds.), *The Age of the Successors and the Creation of the Hellenistic Kingdoms (323–276 B.C)* (Leuven: 2014), pp. 189–205.

Lund, H. S., *Lysimachus: A Study in Early Hellenistic Kingship* (London: 1994).

Ma, J., "Kings," in A. Erskine (ed.), *A Companion to the Hellenistic World* (Malden, MA: 2003), pp. 177–195.

Ma, J., "Chaironeia 338: Topographies of Commemoration," *JHS* 128 (2008), pp. 172–191.

MacLeod, R. (ed.), *The Library of Alexandria: Centre of Learning in the Ancient World* (London: 2000).

Mahaffy, J. P., *The Empire of the Ptolemies* (London: 1895).

Mahaffy, J. P., *A History of Egypt under the Ptolemies* (London: 1898).

Manni, E., *Demetrio Poliorcete* (Rome: 1951).

Manning, J., *Land and Power in Ptolemaic Egypt: The Structure of Land Tenure* (Cambridge: 2003).

Manning, J., *The Last Pharaohs: Egypt under the Ptolemies, 305–30 BC* (Princeton, NJ: 2010).

Mansuelli, G. A., "Contributo a Deinokrates," in N. Bonacasu and A. Di Vita (eds.), *Alessandria e il mondo ellenistico-romano. Studi in onere di A. Adrian* 1 (Rome: 1983), pp. 79–80.

Marasco, G., "Sui problemi dell'approvvigionamento di cereali in Atene nell'età dei Diadochi," *Athenaeum* 62 (1984), pp. 286–294.

Marsden, F. W., *Greek and Roman Artillery: Technical Treatises* (Oxford: 1971).

Martin, T. R., "Quintus Curtius' Presentation of Philip Arrhidaeus and Josephus' Accounts of the Accession of Claudius," *AJAH* 8 (1983 [1987]), pp. 161–190.

McGing, B., 'Revolt Egyptian Style. Internal Opposition to Ptolemaic Rule', *Archiv für Papyrusforschung* 43 (1997), pp. 273–314

McGing B., 'Revolt in Ptolemaic Egypt: Nationalism Revisited', in P. Schubert (ed.), *Actes du 26e Congrès international de papyrologie* (Geneva: 2010), pp. 509–516

McKechnie, P. and J.A. Cromwell (eds.), *Ptolemy I and the Transformation of Egypt, 404–282 BC* (Leiden: 2018)

McKechnie, P. and P. Guillaume (eds.), *Ptolemy II Philadelphus and His World* (Leiden: 2008).

Meeus, A., "The Power Struggle of the Diadochoi in Babylonia, 323 BC," *Anc. Society* 38 (2008), pp. 39–82.

Meeus, A., "Some Institutional Problems Concerning the Succession to Alexander the Great: 'Prostasia' and Chiliarchy," *Historia* 58 (2009a), pp. 302–310.

Meeus, A., "Alexander's Image in the Age of the Successors," in W. Heckel and L. Tritle (eds.), *Alexander the Great: A New History* (Malden, MA: 2009b), pp. 235–250.

Meeus, A., "Kleopatra and the Diadochoi," in P. van Nuffelen (ed.), *Faces of Hellenism: Studies in the History of the Eastern Mediterranean (4th Century B.C.-5th Century A.D.)* (Leuven: 2009c), pp. 63–92.

Meeus, A., "Diodorus and the Chronology of the Third Diadoch War," *Phoenix* 66 (2012), pp. 74–96.

Meeus, A., "The Territorial Ambitions of Ptolemy I," in H. Hauben and A. Meeus (eds.), *The Age of the Successors and the Creation of the Hellenistic Kingdoms (323–276 B.C)* (Leuven: 2014), pp. 262–306.

Meeus, A., "The Career of Sostratos of Knidos: Politics, Diplomacy and the Alexandrian Building Programme in the Early Hellenistic Period," in T. Howe, E. E. Garvan, and G. Wrightson (eds.), *Greece, Macedon and Persia: Studies in Social, Political and Military History in Honour of W. Heckel* (Haverton: 2015), pp. 143–171.

Mehl, A., *Seleukos Nikator und sein Reich* (Louvain: 1986).

Mélèze Modrzejewski, J., "The Judicial System in Theory and Practice. 10.1. Ptolemaic Justice," in J. G. Keenan, J. G. Manning, and U. Yiftach-Firanko (eds.), *Law and Legal Practice in Egypt from Alexandria to the Arab Conquest* (Cambridge: 2014), pp. 471–477.

Merker, I. L., "The Ptolemaic Officials and the League of the Islanders," *Historia* 19 (1970), pp. 141–160.

Mitford, T. B., "The Character of Ptolemaic Rule in Cyprus," *Aegyptus* 33 (1953), pp. 80–90.

Monson, A., *From the Ptolemies to the Romans: Political and Economic Change in Egypt* (Cambridge: 2012).

Mooren, L., "The Nature of the Hellenistic Monarchy," in E. Van 'T Dack, P. van Dessel, and W. van Gucht (eds.), *Egypt and the Hellenistic World* (Louvain: 1983), pp. 205–240.

Mooren, L., "Foreigners in the Hellenistic World: Hellenic Immigrants in Ptolemaic Egypt," in A. Tamis, C. J. Mackie, and S. G. Byrne (eds.), *Philathenaios: Studies in Honour of Michael J. Osborne* (Athens: 2010), pp. 123–137.

Mørkholm, O., "Cyrene and Ptolemy I: Some Numismatic Comments," *Chiron* 10 (1980), pp. 145–159.

Morrison, A. D., "Greek Literature in Egypt," in A. B. Lloyd (ed.), *A Companion to Ancient Egypt*, vol. 2 (Malden, MA: 2010), pp. 755–778.

Mossé, C., *Athens in Decline, 404–86 B.C.*, trans. J. Stewart (London: 1973).

Muccioli, F., *Gli epiteti ufficiali dei re ellenistici* (Stuttgart: 2012).

Mueller, K., *Settlements of the Ptolemies: City Foundations and New Settlement in the Hellenistic World* (Leuven: 2006).

Müller, S., *Das hellenistische Königspaarin der medialen Repräsentation* (Berlin: 2009).

Müller, S., "Philip II," in J. Roisman and Ian Worthington (eds.), A *Companion to Ancient Macedonia* (Malden, MA: 2010), pp. 166–185.

Murray, W. M., *The Age of Titans: The Rise and Fall of the Great Hellenistic Navies* (Oxford:

2012).

Ockinga, B.G., 'The Satrap Stele of Ptolemy: A Reassessment', in McKechnie, P. and J.A. Cromwell (eds.), *Ptolemy I and the Transformation of Egypt, 404–282 BC* (Leiden: 2018), pp. 180–216

Ogden, D., *Polygamy, Prostitutes and Death: The Hellenistic Dynasties* (London: 1999).

Ogden, D., *Alexander the Great: Myth, Genesis and Sexuality* (Exeter: 2011).

Oliver, G., *War, Food, and Politics in Early Hellenistic Athens* (Oxford: 2007).

Osborne, M. J., "Kallias, Phaidros, and the Revolt of Athens in 287 BC," *ZPE* 35 (1979), pp. 181–194.

O'Sullivan, L., *The Regime of Demetrius of Phalerum in Athens, 317–307 BCE* (Leiden: 2009).

Parsons, E. A., *The Alexandrian Library* (Amsterdam: 1952).

Perdu, O., "Saites and Persians (664–332)," in A. B. Lloyd (ed.), *A Companion to Ancient Egypt*, vol. 1 (Malden, MA: 2010), pp. 140–158.

Peremans, W., "Egyptiens et étrangers dans le milieu d'Alexandrie au temps des Lagides," *Anc. Society* 7 (1976), pp. 167–176.

Peremans, W., "Les indigènes Egyptiens dans l'armée de terre des Lagides," *Anc. Society* 9 (1978), pp. 83–100.

Peremans, W., "Étrangers et égyptiens en Égypte sous le règne de Ptolémée Ier," *Anc. Society* 11/12 (1980/ 81), pp. 222–223.

Peremans, W, "Le Bilinguisme dans les Relations Gréco-Égyptiennes sous les Lagides," in E. Van 'T Dack, P. van Dessel, and W. van Gucht (eds.), *Egypt and the Hellenistic World* (Louvain: 1983), pp. 253–280.

Pfeiffer, R., *History of Classical Scholarship* (Oxford: 1968).

Pfeiffer, S., "The God Serapis, His Cult and the Beginnings of the Ruler Cult in Ptolemaic Egypt," in P. McKechnie and P. Guillaume (eds.), *Ptolemy II Philadelphus and His World* (Leiden: 2008), pp. 387–408.

Pimouguet-Pédarros, I., *La Cité à l'épreuve des rois: Le siège de Rhodes par Démétrios Poliorcète, 305–304 av. J.-C* (Rennes: 2001).

Pollard, N., "Military Institutions and Warfare: Graeco-Roman," in A. B. Lloyd (ed.), *A Companion to Ancient Egypt*, vol. 1 (Malden, MA: 2010), pp. 446–465.

Pollard, N. and H. Reid, *The Rise and Fall of Alexandria: Birthplace of the Modern World* (London: 2009).

Prandi, L., Kleitarchos, *BNJ* 137 (Leiden).

Préaux, C., *L'économie royale des Lagides* (Brussels: 1939).

Rathmann, M., *Perdikkas zwischen 322 und 320: Nachlassverwalter des Alexanderreiches oder Autokrat?* (Vienna: 2005).

Rice, E. E., *The Grand Procession of Ptolemy II Philadelphus* (Oxford: 1983).

Rice, E. E., *Cleopatra* (Ann Arbor, MI: 1999).

Rigsby, K. J., "An Edict of Ptolemy I," *ZPE* 72 (1988), pp. 273–274.

Rihll, T. E., "Science and Technology: Alexandrian," in A. B. Lloyd (ed.), *A Companion to Ancient*

Egypt, vol. 1 (Malden, MA: 2010), pp. 409–424.

Ritner, R. K., "The Satrap Stela," in W. K. Simpson, R. K. Ritner, and V. A. Tobin (eds.), *Literature of Ancient Egypt: An Anthology of Stories, Instructions, Stelae, Autobiographies, and Poetry* (New Haven, CT: 2003), pp. 392–397.

Robinson, C. A., *The History of Alexander the Great*, 2 vols. (Providence, RI: 1953).

Robinson, D. and A. Wilson (eds.), *Alexandria and the North-Western Delta* (Oxford: 2010).

Robinson, E. S. G., "The Coin Standards of Ptolemy I," in M. I. Rostovtzeff, *The Social and Economic History of the Hellenistic World*, vol. 3 (Oxford: 1941), pp. 1635–1639.

Rodriguez, P., "Les Égyptiens dans l'armée de terre ptolémaïque (Diodore, XIX, 80, 4)," *REG* 117 (2004), pp. 104–124.

Roisman, J., "Ptolemy and His Rivals in His History of Alexander the Great," *CQ*²34 (1984), pp. 373–385.

Roisman, J., "Honor in Alexander's Campaign," in J. Roisman (ed.), *Brill's Companion to Alexander the Great* (Leiden: 2003), pp. 279–321.

Roisman, J., *Alexander's Veterans and the Early Wars of the Successors* (Austin, TX: 2012).

Roisman, J., "Perdikkas's Invasion of Egypt," in H. Hauben and A. Meeus (eds.), *The Age of the Successors and the Creation of the Hellenistic Kingdoms (323–276 B.C.)* (Leuven: 2014), pp. 455–474.

Roisman, J., "Opposition to Macedonian Kings: Riots for Rewards and Verbal Protests," in T. Howe, E. E. Garvan, and G. Wrightson (eds.), *Greece, Macedon and Persia: Studies in Social, Political and Military History in Honour of W. Heckel* (Haverton: 2015), pp. 77–86.

Roisman, J. and Ian Worthington (eds.), *A Companion to Ancient Macedonia* (Malden, MA: 2010).

Roller, D., *Cleopatra: A Biography* (Oxford: 2010).

Romm, J., *Ghost on the Throne: The Death of Alexander the Great and the War for Crown and Empire* (New York: 2011).

Rosen, K., "Die Reichsordnung von Babylon (323 v. Chr.)," *Acta Classica* 10 (1967), pp. 95–110.

Rosen, K., "Die Bündnisformen der Diadochen und der Zerfall des Alexanderreiches," *Ant. Class.* 11 (1968), pp. 182–210.

Rosen, K., "Politische Ziele in der frühen hellenistischen Geschichtsschreibung," *Hermes* 107 (1979), pp. 460–477.

Rostovtzeff, M. I., *The Social and Economic History of the Hellenistic World*, 3 vols. (Oxford: 1941).

Rostovtzeff, M. I., "Ptolemaic Egypt," in S. A. Cook, F. E. Adcock, and M. P. Charlesworth (eds.), *Cambridge Ancient History*, vol. 7 (Cambridge: 1954), pp. 109–154.

Rowlandson, J., "Town and Country in Ptolemaic Egypt," in A. Erskine (ed.), *A Companion to the Hellenistic World* (Malden, MA: 2003), pp. 249–263.

Rowlandson, J., "Administration and Law: Graeco-Roman," in A. B. Lloyd (ed.), *A Companion to Ancient Egypt*, vol. 1 (Malden, MA: 2010), pp. 237–254.

Samuel, A. E., *Ptolemaic Chronology* (Munich: 1962).

Samuel, A. E., *The Shifting Sands of History: Interpretations of Ptolemaic Egypt* (Lanham, MD: 1989).

Samuel, A. E., "The Ptolemies and the Ideology of Kingship," in P. Green (ed.), *Hellenistic History and Culture* (Berkeley, CA: 1993), pp. 168–192.

Schäfer, C., *Eumenes von Kardia und der Kampf um die Macht im Alexanderreich* (Frankfurt: 2002).

Schäfer, D., "Nachfolge und Legitimierung in Ägypten im Zeitalter der Diaochen," in H. Hauben and A. Meeus (eds.), *The Age of the Successors and the Creation of the Hellenistic Kingdoms (323–276 B.C)* (Leuven: 2014), pp. 441–452.

Schepens, G., "Les Rois Ptolémaïques et l'historiographie. Réflexions sur la transformation de l'histoire politique," in E. Van 'T Dack, P. van Dessel, and W. van Gucht (eds.), *Egypt and the Hellenistic World* (Louvain: 1983), pp. 351–368.

Schiff, S., *Cleopatra: A Life* (New York, NY: 2010).〔ステイシー・シフ『クレオパトラ』近藤二郎監修・仁木めぐみ訳、早川書房、2011 年〕

Schmitt, O., *Der Lamische Krieg* (Bonn: 1992).

Schmitthenner, W., "Über eine Formveränderung der Monarchie seit Alexander d. Gr.," *Saeculum* 19 (1968), pp. 31–46.

Schur, W., "Das Alexanderreich nach Alexanders Tode," *RhM* 83 (1934), pp. 129–156.

Seibert, J., *Untersuchungen zur Geschichte Ptolemaios' I* (Munich: 1969).

Seibert, J., "Philokles, Sohn des Apollodoros, König der Sidonier," *Historia* 19 (1970), pp. 337–351.

Seibert, J., "Ptolemaios I. und Milet," *Chiron* 1 (1971), pp. 159–166.

Seibert, J., "Nochmals zu Kleomenes von Naukratis," *Chiron* 2 (1979), pp. 99–102.

Seibert, J., *Das Zeitalter der Diadochen* (Darmstadt: 1983).

Sekunda, N. V., "The Macedonian Army," in J. Roisman and Ian Worthington (eds.), *A Companion to Ancient Macedonia* (Malden, MA: 2010), pp. 446–471.

Sethe, K., *Hieroglyphische Urkunden der griechisch-römischen Zeit* 2 (Leipzig: 1916).

Shear, T. L., *Kallias of Sphettos and the Revolt of Athens in 286 B.C.* (Princeton, NJ: 1978).

Shipley, G., *The Greek World after Alexander 323–30 BC* (London: 2000).

Shipley, G., "Between Macedonia and Rome: Political Landscapes and Social Changes in Southern Greece in the Early Hellenistic Period," *BSA* 100 (2005), pp. 315–330.

Sickinger, J., *Marmor Parium, BNJ* 239 (Leiden).

Simpson, R. H., "The Historical Circumstances of the Peace of 311," *JHS* 74 (1954), pp. 25–31.

Simpson, R. H., "Antigonus, Polyperchon and the Macedonian Regency," *Historia* 6 (1957), pp. 371–373.

Simpson, R. H., "Antigonus the One-Eyed and the Greeks," *Historia* 8 (1959), pp. 385–409.

Skeat, T. C., *The Reigns of the Ptolemies* (Munich: 1954).

Smith, H. S., "A Satrap at Memphis," in J. Baines et al. (eds.), *Pyramid Studies and Other Essays Presented to I. E. S. Edwards* (London: 1988), pp. 184–186.

Squillace, S., "The Comparison between Alexander and Philip: Use and Metamorphosis of an Ideo-

logical Theme," in T. Howe, E. E. Garvan, and G. Wrightson (eds.), *Greece, Macedon and Persia: Studies in Social, Political and Military History in Honour of W. Heckel* (Haverton: 2015), pp. 107–113.

Stambaugh, J. E., *Sarapis under the Early Ptolemies* (Leiden: 1972).

Stewart, A., *Faces of Power: Alexander's Image and Hellenistic Politics* (Berkeley, CA: 1993).

Stewart, A., "Alexander in Greek and Roman Art," in J. Roisman (ed.), *Brill's Companion to Alexander the Great* (Leiden: 2003), pp. 31–66.

Stiehl, R., "The Origin of the Cult of Sarapis," *History of Religions* 3 (1963/ 64), pp. 21–36.

Stoneman, R., "The Alexander Romance: From History to Fiction," in J. R. Morgan and R. Stoneman (eds.), *Greek Fiction: The Greek Novel in Context* (London: 1994), pp. 117–129.

Strasburger, H., *Ptolemaios und Alexander* (Leipzig: 1934).

Strootman, R., "Men to Whose Rapacity Neither Sea Nor Mountain Sets a Limit: The Aims of the Diadochs," in H. Hauben and A. Meeus (eds.), *The Age of the Successors and the Creation of the Hellenistic Kingdoms (323–276 B.C.)* (Leuven: 2014a), pp. 307–322.

Strootman, R., *Courts and Elites in the Hellenistic Empires: The Near East after the Achaemenids, c. 330–30 BCE* (Edinburgh: 2014b).

Strauss, B., "Alexander: The Military Campaign," in J. Roisman (ed.), *Brill's Companion to Alexander the Great* (Leiden: 2003), pp. 133–156.

Swinnen, W., "Sur la politique religieuse de Ptolémée Ier," in *Les syncrétismes dans les religions Grecque et Romaine* (Paris: 1973), pp. 115–133.

Tarn, W. W., *Antigonus Gonatas* (Oxford: 1913).

Tarn, W. W., "Heracles, Son of Barsine," *JHS* 41 (1921), pp. 18–28.

Tarn, W. W. and G. T. Griffith, *Hellenistic Civilisation* (London: 1952).〔W. W. ターン『ヘレニズム文明』角田有智子・中井義明訳、思索社、1987 年〕

Taylor, L. R., "The Cult of Alexander at Alexandria," *CPh* 22 (1927), pp. 162–169.

Thompson, D. J., *Memphis under the Ptolemies* (Princeton, NJ: 1988).

Thompson, D. J., "Language and Literacy in Early Hellenistic Egypt," in P. Bilde, T. Engberg-Pedersen, L. Hannestad, and J. Zahle (eds.), *Ethnicity in Hellenistic Egypt* (Aarhus: 1992), pp. 39–52.

Thompson, D. J., "Hellenistic Hellenes: The Case of Ptolemaic Egypt," in I. Malkin (ed.), *Ancient Perceptions of Greek Ethnicity* (Cambridge: 2001), pp. 301–322.

Thompson, D. J., "The Ptolemies and Egypt," in A. Erskine (ed.), *A Companion to the Hellenistic World* (Malden, MA: 2003), pp. 105–120.

Thompson, D.J., 'Ptolemy in Egypt: Continuity and Change', in McKechnie, P. and J.A. Cromwell (eds.), *Ptolemy I and the Transformation of Egypt, 404–282 BC* (Leiden: 2018), pp. 8–32

Touratsoglou, J., "Art in the Hellenistic Period," in M. B. Sakellariou (ed.), *Macedonia: 4000 Years of Greek History and Civilization* (Athens: 1983), pp. 170–191.

Tracy, S. V., *Athenian Democracy in Transition: Attic Letter-cutters of 340 to 290 BC* (Berkeley, CA: 1995).

Turner, E., "Ptolemaic Egypt," in F. W. Walbank, A. E. Astin, M. W. Frederiksen, and R.M. Ogilvie

(eds.), *Cambridge Ancient History*, vol. 7^2 (Cambridge: 1984), pp. 118–174.

van der Spek, R. J., "Seleukos, Self-appointed General (*Strategos*) of Asia (311–305 B.C.) and the Satrapy of Babylonia," in H. Hauben and A. Meeus (eds.), *The Age of the Successors and the Creation of the Hellenistic Kingdoms (323–276 B.C.)* (Leuven: 2014), pp. 232–342.

Vandorpe, K., "The Ptolemaic Period," in A. B Lloyd (ed.), *A Companion to Ancient Egypt*, vol. 1 (Malden, MA: 2010), pp. 159–179.

van Oppen de Ruiter, B. F., "The Marriage of Ptolemy I and Berenice I," *Anc Society* 41 (2011), pp. 83–92.

van Oppen de Ruiter, B. F., "Argaeus: An Illegitimate Son of Alexander the Great?" *ZPE* 187 (2013), pp. 206–210.

van 'T Dack, E., P. van Dessel, and W. van Gucht (eds.), *Egypt and the Hellenistic World* (Louvain: 1983).

Vogt, J., "Kleomenes von Naukratis— Herr von Aegypten," *Chiron* 1 (1971), pp. 153–157.

Walbank, F. W., "Monarchies and Monarchic Ideas," in F. W. Walbank, A. E. Astin, M. W. Frederiksen, and R. M. Ogilvie (eds.), *Cambridge Ancient History*, vol. 7^2 (Cambridge: 1984a), pp. 62–100.

Walbank, F. W., "Sources for the Period," in F. W. Walbank, A. E. Astin, M. W. Frederiksen, and R. M. Ogilvie (eds.), *Cambridge Ancient History*, vol. 7^2 (Cambridge: 1984b), pp. 1–22.

Walbank, F. W., *The Hellenistic World* (Cambridge: 1993).

Walbank, F. W., A. E. Astin, M. W. Frederiksen, and R. M. Ogilvie (eds.), *Cambridge Ancient History*, vol. 7^2 (Cambridge: 1984).

Walker, S. and P. Higgs, *Cleopatra of Egypt: From History to Myth* (Princeton, NJ: 2001).

Walton, F. R., *Diodorus Siculus 21–32*, Loeb Classical Library, vol. 11 (Cambridge, MA: 1957).

Waterfield, R., *Dividing the Spoils: The War for Alexander the Great's Empire* (Oxford: 2011).

Waterfield, R., *Taken at the Flood: The Roman Conquest of Greece* (New York: 2014).

Waters, M., *Ancient Persia: A Concise History of the Achaemenid Empire, 550–330 BCE* (Cambridge: 2014).

Weber, G., "The Court of Alexander the Great as Social System," in W. Heckel and L. Tritle (eds.), *Alexander the Great: A New History* (Malden, MA: 2009), pp. 83–98.

Welles, C. B., "The Discovery of Sarapis and the Foundation of Alexandria," *Historia* 11 (1962), pp. 271–298.

Welles, C. B., "The Reliability of Ptolemy as an Historian," *Miscellanea di Studi Alessandrini in Memoria di A. Rostagni* (Turin: 1963), pp. 101–116.

Westlake, H. D., "Eumenes of Cardia," in H. D. Westlake (ed.), *Essays on the Greek Historians and Greek History* (Manchester: 1969), pp. 313–330.

Wheatley, P., "Ptolemy Soter's Annexation of Syria, 320 B.C.," *CQ^2* 45 (1995), pp. 433–440.

Wheatley, P., "The Chronology of the Third Diadoch War, 315–311 B.C.," *Phoenix* 52 (1998), pp. 257–281.

Wheatley, P., "Antigonus Monophthalmus in Babylonia, 310–308 B.C.," *JNES* 61 (2002), pp. 39–47.

Wheatley, P., "Demetrius the Besieger on the Nile," in P. Bosman (ed.), *Alexander in Africa* (Pretoria: 2014), pp. 92–108.

Whitehouse, H., "Mosaics and Painting in Graeco-Roman Egypt," in A. B. Lloyd (ed.), *A Companion to Ancient Egypt*, vol. 2 (Malden, MA: 2010), pp. 1008–1031.

Will, E., "La Cyrénaïque et les partages successifs de l'empire d'Alexandre," *Ant. Class.* 29 (1960), pp. 269–290.

Will, E., "Ophellas, Ptolémée, Cassandre et la chronologie," *REA* 66 (1964), pp. 320–333.

Will, E., *Histoire politique du monde hellénistique (323–30 av. J.-C.)*, vol. 1 (Nancy: 1966).

Will, E., "The Succession to Alexander," in F. W. Walbank, A. E. Astin, M. W. Frederiksen, and R. M. Ogilvie (eds.), *Cambridge Ancient History*, vol. 7^2 (Cambridge: 1984a), pp. 23–61.

Will, E., "The Adventures of Demetrius Poliorcetes (301–286)," in F. W. Walbank, A. E. Astin, M. W. Frederiksen, and R. M. Ogilvie (eds.), *Cambridge Ancient History*, vol. 7^2 (Cambridge: 1984b), pp. 101–109.

Wirth, G., "Zur Politik des Perdikkas 323," *Helion* 7 (1967), pp. 281–322.

Wörrle, M., "Epigraphische Forschungen zur Geschichte Lykiens, 1: Ptolemaios I. und Limyra," *Chiron* 7 (1977), pp. 43–66.

Wörrle, M., "Epigraphische Forschungen zur Geschichte Lykiens, 2: Ptolemaios II. und Telmessos," *Chiron* 8 (1978), pp. 83–111.

Worthington, Ian, "The Harpalus Affair and the Greek Response to the Macedonian Hegemony," in Ian Worthington (ed.), *Ventures into Greek History: Essays in Honour of N. G. L. Hammond* (Oxford: 1994), pp. 307–330.

Worthington, Ian, *Philip II of Macedonia* (London: 2008).

Worthington, Ian, "Alexander the Great, Nation-building, and the Creation and Maintenance of Empire," in V. D. Hanson (ed.), *Makers of Ancient Strategy: From the Persian Wars to the Fall of Rome* (Princeton, NJ: 2010), pp. 118–137.

Worthington, Ian, *Demosthenes of Athens and the Fall of Classical Greece* (New York, NY: 2013).

Worthington, Ian, *By the Spear: Philip II, Alexander the Great, and the Rise and Fall of the Macedonian Empire* (New York, NY: 2014).

Worthington, Ian, "Ptolemy I as *Soter*: The Silence of Epigraphy and the Case for Egypt," *ZPE* 198 (2016), pp. 128–130.

Yardley, J., *Quintus Curtius Rufus: The History of Alexander*, Penguin Classics (Harmondsworth: 1984).

Yardley, J. and W. Heckel, *Justin: Epitome of the Philippic History of Pompeius Trogus* 1, *Books 11–12: Alexander the Great* (Oxford: 1997).

Yardley, J., P. Wheatley, and W. Heckel, *Justin: Epitome of the Philippic History of Pompeius Trogus* 2, *Books 13–15: The Successors to Alexander the Great* (Oxford: 2011).